Nah dran ... 7–10

Wirtschaft und Verwaltung

Autoren:
Thomas Braun
Sabine Fürstenau
Dieter Jäger
Dirk Siering

Schroedel
westermann

Nah dran ... 7–10

Wirtschaft und Verwaltung

Mit Beiträgen von:
Sandra Brenner, Klaus Buck, Jürgen Henzler, Ursel Imhof,
Gerhard Tripodi, Heinz-Ulrich Wolf

westermann GRUPPE

Druck A⁸ / Jahr 2020
Alle Drucke der Serie A sind im Unterricht parallel verwendbar.

Redaktion: Sylvia Bock
Herstellung: Andreas Losse
Umschlag und Innenlayout: boje5 Grafik & Werbung, Eckard Schönke, Braunschweig
Satz: AndersARTig Werbung & Verlag GmbH, Braunschweig
Druck und Bindung: Westermann Druck GmbH, Braunschweig

ISBN 978-3-507-**46332**-5

Das Wahlpflichtfach

Wirtschaft und Verwaltung 6
Die Kompetenzmappe 7

Auskommen mit dem Einkommen .. 8

Familie Müller und ihre Wünsche 10
Materielle und immaterielle Bedürfnisse 11
Eine Klassenfahrt auf dem Ijsselmeer 12
Die drei großen Bedürfnisarten 13
Konflikt bei Familie Müller 14
M **Methode:** Rollenspiel 16
Planmäßiges Vorgehen beim Kauf von Gütern .. 18
iB Wir gestalten einen Haushaltsplan 20
Das Einkommen der Familie Müller 24
Einkommensquellen 25
Die Ausgaben der Familie Müller 26
Verbraucherschutz in Deutschland 28
iB Erkundung im Internet 29
Einkaufsmöglichkeiten kennenlernen 30
Wo kaufe ich am besten ein? 31
M **Methode:** Betriebserkundung 32
BO Berufssteckbrief Verkäufer/-in 33
Käuferfallen beim Onlineshopping 34
Käuferfallen im Supermarkt 35
BO Wer bin ich? 36
BO Meine Fähigkeiten 37
BO Welcher Beruf passt zu mir? 38
BO Was sind Schlüsselqualifikationen? 39
R **Rückspiegel:** Was habe ich gelernt? 40

Der jugendliche Konsument 42

Ein neues Handy für Lucas 44
Handynutzung im Alltag 45
M **Methode:** Befragung 46
iB Einen Fragebogen gestalten 47
iB Befragungsergebnisse in Diagramme umwandeln 48
Werbung beeinflusst das Verbraucherverhalten 50
Festvertrag oder Prepaidkarte? 52
M **Methode:** Internetrecherche 53
Handytarife im Vergleich 54
Darf sich Lucas ein Handy kaufen? 56
Der Kaufvertrag und Pflichten des Käufers und des Verkäufers 58
Widerrufsrecht bei Kaufverträgen 60
M **Methode:** Partnerbriefing 61
Pflichtverletzungen bei Kaufverträgen 62
Kostenfallen beim Handy 64
R **Rückspiegel:** Was habe ich gelernt? 66

Das Marktgeschehen 68

Wie funktioniert der Markt? 70
Der Markt – Treffpunkt von Angebot und Nachfrage 71
M **Methode:** Marktspiel 72
Die Angebotskurve 74
Die Nachfragekurve 75
Der Gleichgewichtspreis 76
Preisbildung in der Marktwirklichkeit 77
Vollkommener Markt 78
Marktformen 79
Das Internet als Marktplatz 80
M **Methode:** Internetrecherche und Präsentation: Onlineshopping 81
M **Methode:** Planspiel Reisemarkt 82
Konzentration im Einzelhandel 84
Das Kartellamt 85
R **Rückspiegel:** Was habe ich gelernt? 86

Das Unternehmen 88

Unternehmen im Wirtschaftskreislauf 90
Arbeitsteilung zwischen Unternehmen 91
Die Schülerfirma 92
Aufbau eines Unternehmens 94
Fallbeispiele 95
M **Methode:** Planspiel 96
Unternehmerische Ziele 98
iB Kostenkalkulation 99

Unternehmerische Selbstständigkeit 100
M **Methode:** Zukunftsplan 101
Standortfaktoren 102
M **Methode:** Expertenrunde 103
Unternehmensformen 104
M **Methode:** Simulationsspiel Produktoptimierung 106
Organisation der Produktion 107
BO Wir erkunden einen Betrieb 108
BO Berufssteckbrief Sport- und Fitnesskaufmann/-frau 109
R **Rückspiegel:** Was habe ich gelernt? 110

BO **WEGE IN DEN BERUF** 112
Wie stelle ich mir mein Leben vor? 114
Was kann ich? 115
Erwartungen an das Praktikum 116
Zu Gast im Betrieb 117
Praktikum reflektieren 118
Praktikum dokumentieren und präsentieren 119
Informationen finden 120
Die Berufsberatung 121
Ausbildung, Schule oder Job? 122
Das Bewerbungsverfahren 123
Der Einstellungstest 124
Das Assessment-Center 125
Das Vorstellungsgespräch 126
M **Methode:** Vorstellungsgespräch simulieren 127
R **Rückspiegel:** Was habe ich gelernt? 128

DAS SOZIALE NETZ 130
Nach der Schule: Wie geht's weiter? 132
M **Methode:** Arbeiten mit Gesetzestexten 133
Der Berufsausbildungsvertrag 134
Rechte und Pflichten von Auszubildenden 135
Jugendarbeitsschutzgesetz (Auszüge) 136
Der Arbeitsvertrag 138
M **Methode:** Karikaturen auswerten 139
Die Tarifpartner 140
Die Tarifverhandlung 141
Der Arbeitskampf 142
Streik und Aussperrung: Schlecht für die Wirtschaft? 143
Betriebliche Jugend- und Auszubildendenvertretung 144
Mitbestimmung im Betrieb 145
Soziale Sicherheit 146
Die gesetzliche Krankenversicherung 147
Die Arbeitslosenversicherung 148
Die gesetzliche Rentenversicherung 149
Die Pflegeversicherung 150
Die Unfallversicherung 151
Hilfen für Familien 152
M **Methode:** Wir arbeiten mit Bevölkerungsdiagrammen 153
Der Generationenvertrag 154
Zusätzliche Altersvorsorge 155
Brutto ist nicht gleich netto! 156
Zukunft gestalten 157
R **Rückspiegel:** Was habe ich gelernt? 158

GELD 160
M **Methode:** Gruppenarbeit 162
Wie funktioniert eine Bank? 166
Verschiedene Banken 167
Das Girokonto 168
Die Überweisung 169
Dauerauftrag und Lastschrift 170
Der Kontoauszug 171
Mit Karten zahlen 172
Scheck und Reisescheck 173
iB Onlinebanking für Geldgeschäfte nutzen 174
Sparen 176
Gesichtspunkte einer Geldanlage 177
Möglichkeiten der Geldanlage 178
Kreditaufnahme: Bedingungen und Formen 180
Kreditkosten: Fallbeispiel Hofer 182
Risiken bei einer Kreditaufnahme 183

Schuldnerberatung ... 184
Privatinsolvenz ... 185
BO Berufssteckbrief Bankkaufmann/-frau ... 186
BO Kaufmännische Ausbildungsberufe ... 187
R **Rückspiegel:** Was habe ich gelernt? ... 188

Planspiel Börse ... 190
Handeln mit Aktien ... 192
Begriffskiste ... 193
Chancen und Risiken beim Kauf von Aktien ... 194
iB Kursrecherche ... 195
Das Nah-dran-Börsenspiel ... 196

Der Staat in der Wirtschaft ... 202
Konjunktur ... 204
Konjunkturphasen ... 206
Das Stabilitätsgesetz ... 208
Die Ziele des Stabilitätsgesetzes ... 210
Das magische Viereck ... 217
M **Methode:** Talkshow ... 218
Das magische Sechseck ... 223
Umweltgerechte Produktion ... 224
Steuern: Einnahmen des Staates ... 226
Aufgaben und Ausgaben des Staates ... 228
Staatsverschuldung ... 229
BO Berufe rund um das Steuerwesen ... 230
BO Bildungswege in Rheinland-Pfalz ... 231
R **Rückspiegel:** Was habe ich gelernt? ... 232

Globalisierung ... 234
Fallbeispiel Jeans ... 236
Bereiche der Globalisierung ... 237
Globalisierte Produktion ... 238
M **Methode:** Schülerpräsentation ... 240
Gruppenarbeit: Gewinner und Verlierer der Globalisierung ... 241
Fairplay beim Konsum ... 245
Verbraucherrechte in der Europäischen Union (EU) ... 246
R **Rückspiegel:** Was habe ich gelernt? ... 248

Lexikon ... 250
Bildquellenverzeichnis ... 256

Methodenübersicht

M **Methode:** Rollenspiel ... 16
M **Methode:** Betriebserkundung ... 32
M **Methode:** Befragung ... 46
M **Methode:** Internetrecherche ... 53
M **Methode:** Partnerbriefing ... 61
M **Methode:** Marktspiel ... 72
M **Methode:** Internetrecherche und Präsentation: Onlineshopping ... 81
M **Methode:** Planspiel Reisemarkt ... 82
M **Methode:** Planspiel ... 96
M **Methode:** Zukunftsplan ... 101
M **Methode:** Expertenrunde ... 103
M **Methode:** Simulationsspiel Produktoptimierung ... 106
M **Methode:** Vorstellungsgespräch simulieren 127
M **Methode:** Arbeiten mit Gesetzestexten ... 133
M **Methode:** Karikaturen auswerten ... 139
M **Methode:** Wir arbeiten mit Bevölkerungsdiagrammen ... 153
M **Methode:** Gruppenarbeit ... 162
M **Methode:** Talkshow ... 218
M **Methode:** Schülerpräsentation ... 240

Wirtschaft und Verwaltung

Liebe Schülerin, lieber Schüler,

du hast dich für das Wahlpflichtfach **Wirtschaft und Verwaltung** entschieden und möchtest dich in den nächsten Jahren mit diesem Fach beschäftigen. Du wirst lernen, sinnvolle wirtschaftliche Entscheidungen zu treffen, wirtschaftliche Zusammenhänge erkennen und Sachverhalte kennenlernen, um selbst am Wirtschaftsleben erfolgreich teilnehmen zu können. Dabei erhältst du immer wieder Hilfen, die dir deine Berufsfindung erleichtern sollen. Die Arbeit in Wirtschaft und Verwaltung soll dir helfen, deine Stärken weiterzuentwickeln und Einblicke in verschiedene Berufsfelder ermöglichen. Dabei kannst du dich über Anforderungsprofile und Ausbildungsmöglichkeiten informieren und für eine schulische oder berufliche Ausbildung wichtige Grundqualifikationen erlangen, wie z. B.:

- Arbeitsabläufe planen und durchführen,
- Durchhaltevermögen zeigen,
- mit anderen zusammenarbeiten,
- Informationen beschaffen und auswerten,
- Arbeitsergebnisse präsentieren.

Außerdem wird ein wichtiger Bestandteil des Faches das Arbeiten am Computer und im Internet sein.

Viel Spaß in WuV!

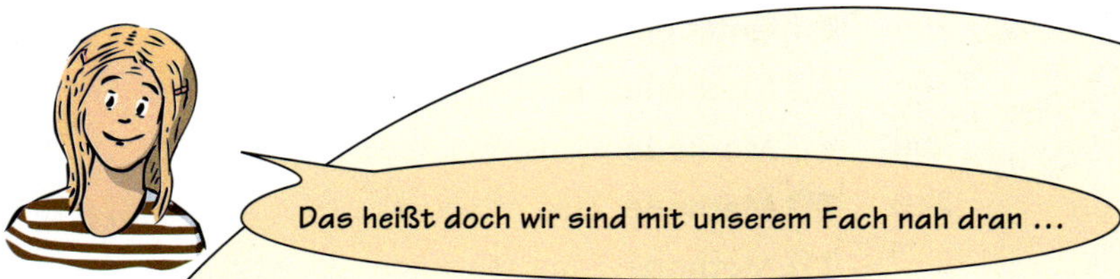

Wahlpflichtfach Wirtschaft und Verwaltung

Mit dem eigenen Geld auskommen – das sollte jeder (Kinder, Jugendliche und Erwachsene) können. Das ist aber nicht immer einfach. In Wirtschaft und Verwaltung lernst du, die Übersicht über die Einnahmen und Ausgaben zu behalten. Außerdem lernst du verschiedene Einflüsse auf deine Kaufentscheidung kennen und wirst einen Einblick in das Wirtschaftsleben erhalten: Wie funktioniert ein Markt? Wie bilden sich Preise? Was passiert in einem Unternehmen? Welche Rolle spielt unser Staat? Was ist die Börse? Was hat das Ausland mit unserer Wirtschaft zu tun? Viele Fragen, auf die du im Fach WuV Antworten finden wirst.

Informatische Bildung

Ziel des WPF ist es, dich fit am Computer zu machen:
Themen sind u. a. Tabellenkalkulationen und Präsentationen. Außerdem lernst du die Möglichkeit des Onlinebankings kennen.

Berufsorientierung

Welcher Beruf passt zu mir? Welchen Beruf möchte ich ausüben? Immer und überall begegnen uns Berufe. Das Wahlpflichtfach will dir Einblicke in die Berufswelt ermöglichen und dir Orientierung bieten.

Die Kompetenzmappe

Deine Kompetenzmappe (Portfolio) aus dem 6. Schuljahr hat dir sicher bei der Wahl deines Faches geholfen. Nun solltest du sie dir nochmals genau anschauen: Was kannst du weiterverwenden?
Für die Berufsorientierung hast du sicher schon einen besonderen Ordner. Dort kannst du all die Arbeitsblätter abheften, die sich mit deinen Stärken beschäftigen, z. B. einen Steckbrief oder die Rückspiegel.

Wofür kann man das Portfolio gebrauchen?
In deinem Portfolio befinden sich alle Dokumente, die zeigen, woran du gearbeitet hast, wie du gearbeitet hast, zu welchen Ergebnissen du gekommen bist und wie du deine Arbeit präsentiert hast.

Deine Kompetenzmappe ist also ein Beweisstück und eine Erinnerungshilfe für deinen eigenen Lernweg. Die Kompetenzmappe solltest du bis zum Ende deiner Schulzeit fortführen. Nicht alles musst du behalten, aber zumindest eine Auswahl deiner Ergebnisse aus jedem Projekt abheften. Dazu wirst du auch im Unterricht noch einiges erfahren.

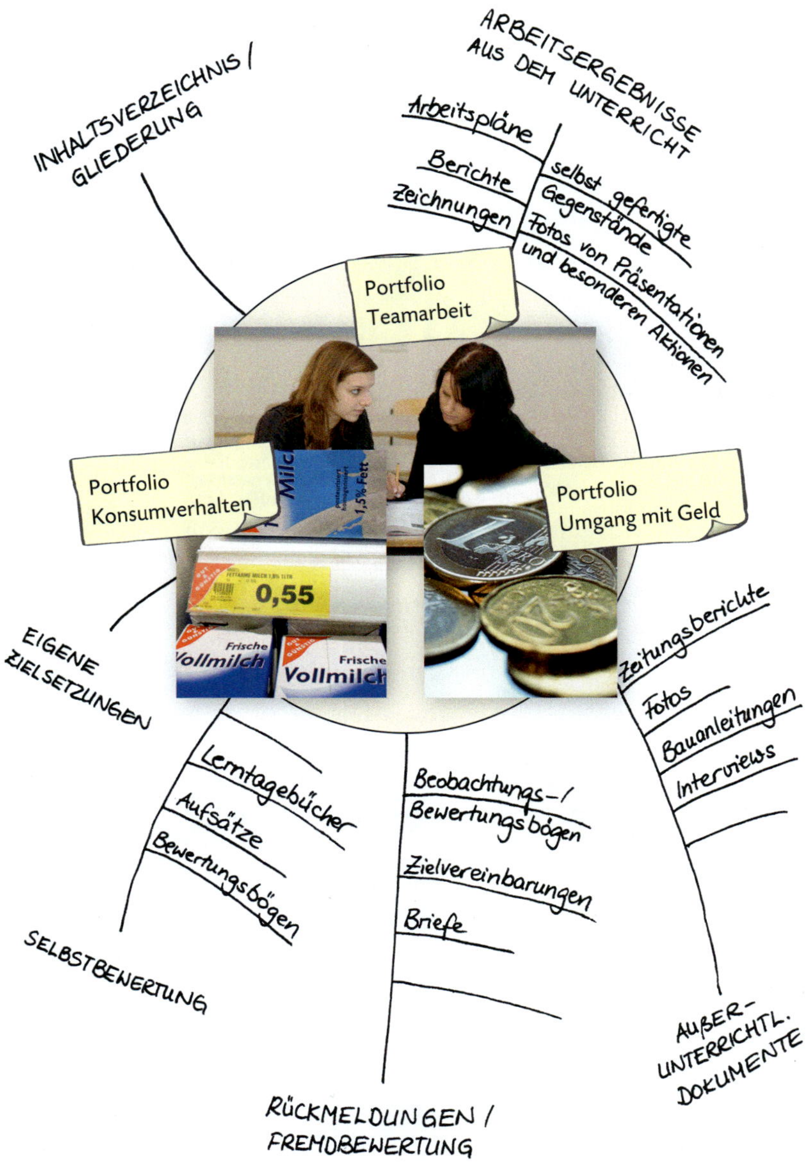

Aufgaben

1. Nimm deine Kompetenzmappe aus der 6. Klasse und überprüfe, welche Inhalte du behalten willst.
2. Erstelle jeweils ein neues Deckblatt für die neuen Klassenstufen.

Auskommen mit dem Einkommen

CHUCKS
Calvin

Familie Müller und ihre Wünsche

Familie Müller ist eine nette Kleinfamilie aus Bad Kreuznach. Vater Rainer, Mutter Martha und die beiden Kinder Lea und Karsten leben in einem Haus am Rande der Stadt. Auch Oma Tilly wohnt mit im Haushalt, seitdem sie Rentnerin ist. Alle Familienmitglieder haben unterschiedliche Wünsche für die Zukunft.

Was sie sich wünschen ...

Mutter Martha ist 39 Jahre alt. Als gelernte Zahnarzthelferin findet sie keine Arbeitsstelle. In Zukunft würde sie gerne wieder in einer Zahnarztpraxis arbeiten.
Zu ihrem vierzigsten Geburtstag wünscht sie sich von ihrer Familie eine Perlenkette, die im Schaufenster eines Schmuckhändlers ausliegt.
Die Familie hat schon lange nichts mehr zusammen unternommen. Mutter Martha plant daher einen gemeinsamen Wochenendausflug nach Hamburg.

Rainer Müller arbeitet als Angestellter in einem großen Unternehmen. In Zukunft hofft er, in seinem Beruf Karriere machen zu können.
Er möchte schnellstmöglich sein Haus bei der Bank abbezahlen.
Auf seiner Wunschliste steht ein neuer Motorradanzug. Die alte Motorradkleidung ist nicht mehr so wind- und wasserabweisend.
Wenn irgendwann genug Geld übrig ist, würde er den alten, langsamen Computer gegen einen neuen Laptop austauschen.
Er hofft, dass alle Familienmitglieder, vor allem Oma Tilly, weiterhin gesund bleiben.

Tochter Lea ist 13 Jahre alt und geht in die siebte Klasse der Realschule plus. Großen Wert legt sie auf modische Kleidung. Lea möchte unbedingt einen Pullover aus der aktuellen Kollektion ihrer Lieblingsmarke. Ihr Taschengeld in Höhe von 20 Euro im Monat hält sie für viel zu gering. Die letzten Diskussionen mit ihren Eltern über eine Taschengelderhöhung waren jedoch erfolglos.

Karsten ist mit 10 Jahren das jüngste Mitglied der Familie Müller. Er geht in die fünfte Klasse der Realschule plus und will unbedingt ein neues Fahrrad.
Mit der Schule nimmt es Karsten nicht so genau. Er verbringt den Nachmittag am liebsten mit Spielen. Sein Wunsch wäre deshalb eine hausaufgabenfreie Schule.

Oma Tilly war bis zu ihrem 65. Lebensjahr Erzieherin.
In Zukunft will sie weiterhin gesund und fit bleiben, um ihre Familie tatkräftig unterstützen zu können. Um dies zu erreichen, plant sie, von ihrem Ersparten möglichst bald einen Hometrainer zu kaufen.
Irgendwann möchte sie sich noch ihren Traum erfüllen und mit dem Schiff nach New York reisen.

Materielle und immaterielle Bedürfnisse

Jeder Mensch hat Wünsche – ob jung oder alt, ob arm oder reich. Ihr habt sicherlich vielfältige Wünsche, die ihr euch gerne erfüllen würdet. So wollen zum Beispiel viele Menschen einen guten Beruf oder ein schönes Eigenheim. Diese Wünsche nennt man auch **Bedürfnisse**.

Bedürfnisse sind persönliche Mangelempfindungen mit dem Ziel, den Mangel zu beseitigen. Stell dir vor, du sitzt auf dem Weg von der Schule nach Hause im Bus und hast großen Hunger. Dein Bedürfnis ist es, etwas zu essen. Leider hast du dein Pausenbrot schon am Vormittag verzehrt. Dein Ziel wird es sein, möglichst schnell etwas zum Essen zu besorgen, um deinen Mangel zu beseitigen.

Es gibt Bedürfnisse, die man mit Geld durch den Kauf von Waren oder Dienstleistungen befriedigen kann. Sie werden als **materielle Bedürfnisse** bezeichnet, zum Beispiel ein Auto, eine Brezel oder ein Hemd.

Es gibt aber auch Bedürfnisse nach Glück, Erfolg, Liebe, Zuneigung oder Anerkennung. Diese **immateriellen Bedürfnisse** sind für den Menschen ganz wichtig und nicht mit Geld zu befriedigen.

Bedürfnisse nach Gütern und Dienstleistungen sind nahezu unbegrenzt. Dagegen sind die finanziellen Mittel zur Befriedigung dieser Bedürfnisse meist knapp. Man wünscht sich sehr viel, kann sich aber nur einiges kaufen. Diejenigen Bedürfnisse, die der Verbraucher tatsächlich finanzieren kann, nennt man in der Wirtschaft **Bedarf**. Der Bedarf ist also aus der Vielzahl der Bedürfnisse der Teil, den man sich tatsächlich leisten kann. Ein Beispiel: Aylin möchte sich ein Buch kaufen. Da das Taschengeld dafür reicht, kann sie sich den Wunsch erfüllen – aus einem Bedürfnis wurde wirtschaftlich gesehen ein Bedarf. Anna wünscht sich einen eigenen Fernseher. Da sie dafür kein Geld hat, bleibt ihr Wunsch zwar ein Bedürfnis, wird jedoch nicht zum Bedarf.

Aufgaben

1 Erstellt eine Mindmap, in der ihr die Wünsche der einzelnen Familienmitglieder aufschreibt.

Mutter Martha Müller
- ...

Wünsche der Familie Müller

Vater Rainer Müller
- Karriere

2 Mit der Methode Brainstorming, einer Ideen- und Stoffsammlung, sollt ihr gemeinsam möglichst viele Wünsche zusammentragen.
a) Schreibe drei für dich wichtige Wünsche groß und deutlich auf eine Karte.
b) Nun stellt jeder seine Wünsche vor der Klasse vor und befestigt sie an der Tafel.
c) Doppelnennungen werden übereinander geklebt, damit man ihre Bedeutung erkennt.
d) Versucht, die Wünsche nach Bereichen zu ordnen.

3 Was ist ein Bedürfnis?

4 Wie wird aus einem Bedürfnis ein Bedarf?

5 Ordnet eure Wunschkarten an der Tafel nach materiellen und immateriellen Bedürfnissen und formuliert einen Merksatz.

6 Markiert in der Mindmap zu den Wünschen der Familie Müller die materiellen Bedürfnisse rot und die immateriellen Bedürfnisse grün. Ordnet die Bedürfnisse in einer Tabelle nach materiellen und immateriellen Bedürfnissen.

Eine Klassenfahrt auf dem Ijsselmeer

Was brauchen wir zum Leben?
Stellt euch vor, ihr würdet mit eurer Klasse eine einwöchige Schiffsreise auf dem Ijsselmeer unternehmen. Das Segelschiff wird euch mit der zweiköpfigen Mannschaft zur Verfügung gestellt. Alles, was ihr zum Leben braucht, müsst ihr mitnehmen. Der Platz an Bord des Schiffes ist jedoch begrenzt. Jeder von euch darf deshalb nur ein Gepäckstück mitnehmen. Worauf könnt ihr verzichten, was braucht ihr wirklich zum Leben?

12.1 Was nehme ich alles mit?

Tipp

Diskutiert in der Klasse, ob eine Klassenfahrt auf dem Ijsselmeer für euch interessant wäre. Plant in Gruppenarbeit eine einwöchige Klassenfahrt zum Ijsselmeer. Präsentiert im Anschluss eure Ergebnisse.
- Gruppe A: Ihr müsst mit 300 Euro pro Person bei der Planung auskommen. Versucht, das Beste herauszuholen.
- Gruppe B: Versucht, die Kosten pro Person so gering wie möglich zu halten.

Aufgaben

1. Ergänzt weitere Gepäckstücke (Abb. 12.1).
2. Entscheide dich in Einzelarbeit für 20 Gegenstände, die du auf der Seereise für wichtig hältst.
3. Warum hast du dich für diese Gegenstände entschieden? Begründe deine Entscheidung.
4. Wie könnte man diese Gepäckstücke nennen?

Die drei großen Bedürfnisarten

Grund-, Kultur- und Luxusbedürfnisse

Bedürfnisse können nach verschiedenen Kriterien unterschieden werden. Die Unterscheidung in materielle und immaterielle Bedürfnisse kennt ihr schon. Eine weitere Unterscheidung geht von der Bedeutung der Bedürfnisse für das tägliche Leben aus. Hiernach werden die Bedürfnisse in Grund-, Kultur- und Luxusbedürfnisse gegliedert.

Grundbedürfnisse

Alle Menschen müssen grundlegende Bedürfnisse befriedigen. Sie brauchen Lebensmittel, um sich zu ernähren. Sie brauchen Kleidungsstücke, um sich gegen die Kälte zu schützen und sie brauchen Unterkünfte, wie zum Beispiel Häuser, damit sie bei ungünstigem Wetter überleben können. Da der Mensch nur überleben kann, wenn diese grundlegenden Bedürfnisse erfüllt sind, nennt man sie auch Existenz- oder Grundbedürfnisse.

Kulturbedürfnisse

Es gibt Bedürfnisse, die nicht unbedingt lebensnotwendig sind, aber das Leben angenehmer machen. Sie dienen der geistigen und kulturellen Entfaltung des Menschen. Bildung, Unterhaltung, Reisen gehören zu diesen Bedürfnissen, die man als Kulturbedürfnisse bezeichnet.

Luxusbedürfnisse

Luxusbedürfnisse gehen über die Kulturbedürfnisse hinaus und steigern die Lebensqualität und das soziale Ansehen, wie zum Beispiel eine Villa. Was als Luxusbedürfnis zu werten ist, sehen Menschen unterschiedlich. Ihre Einschätzung hängt dabei von verschiedenen Bedingungen, wie zum Beispiel dem Einkommen, ab. Für den einen Menschen ist eine teure Markenjeans notwendig und ein anderer empfindet sie als unnötigen Luxus.

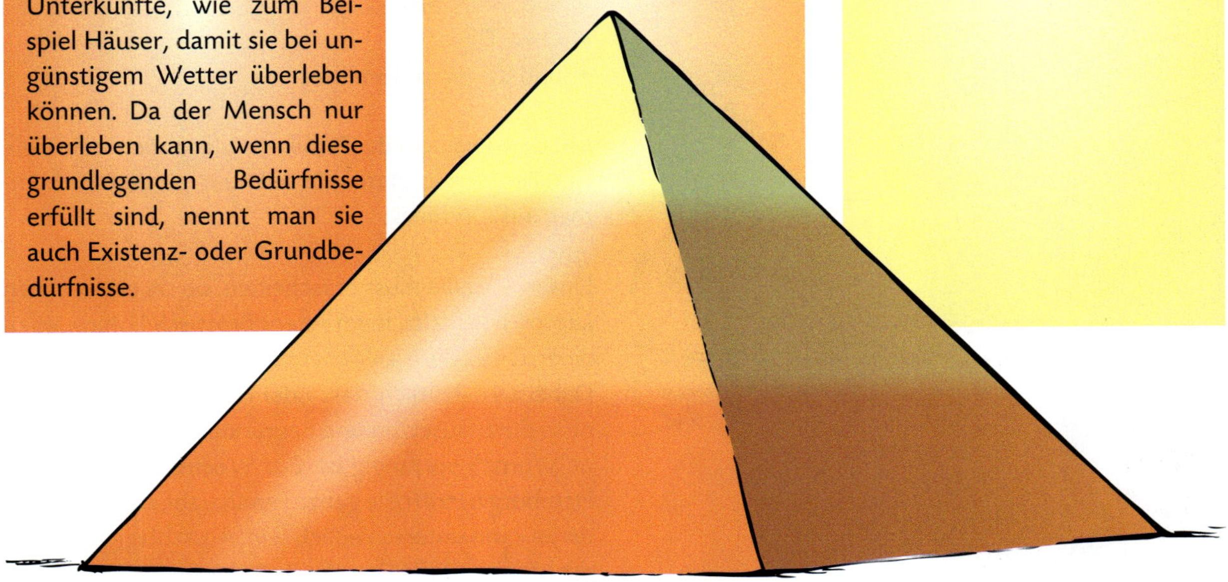

Aufgaben

1 Ordnet die Bedürfnisse der Familie Müller den drei Bedürfnisarten zu.

2 Erstelle eine Bedürfnispyramide für deine Bedürfnisse. Schneide hierzu Bilder deiner Bedürfnisse aus Katalogen, Zeitschriften oder Prospekten aus und klebe sie an der passenden Stelle in ein gezeichnetes Dreieck.

Konflikt bei Familie Müller

Ausgangssituation für ein Rollenspiel

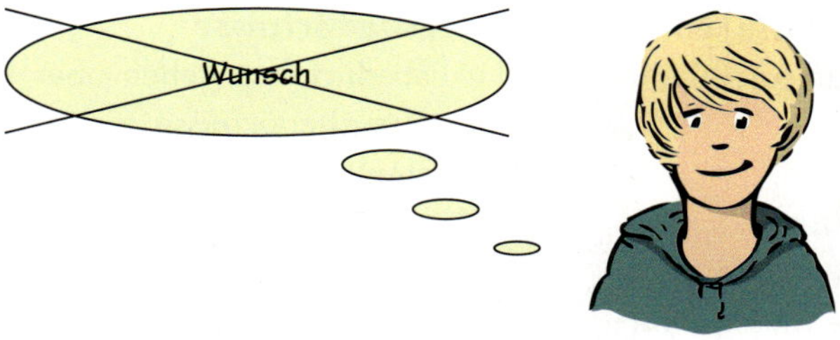

Vater Rainer kommt heute früher nach Hause, denn er hält nächste Woche im Stadtrat einen wichtigen Vortrag, den er dringend vorbereiten muss. Als er den alten Computer hochfahren möchte, passiert nichts. Schnell hat er das Problem erkannt: „Die Festplatte ist kaputt!" Vater Rainer hatte schon lange überlegt, den alten Rechner gegen einen tragbaren Laptop auszutauschen. Doch durch die Raten, die die Familie monatlich für ihr Haus bei der Bank abbezahlt, ist das Geld am Monatsende immer knapp.

Am liebsten würde er gleich im Elektromarkt ein neues Gerät kaufen. Dies geht jedoch nur, wenn

- er sich selbst keinen neuen Motorradanzug leistet,
- Mutter Martha ...,
- Tochter Lea ...,
- Sohn Karsten ...,
- Oma Tilly ...,
- und die ganze Familie ...

Mit dem Problem der Familie Müller haben wohl viele Familien zu kämpfen. Wie soll man mit dem Einkommen auskommen?

Unsere Familie muss entscheiden, ob sie einen neuen Laptop anschafft. Beim Abendbrottisch kommt es zu einer Diskussion zwischen den Familienmitgliedern. Dabei wird deutlich, dass jeder versucht, seine Bedürfnisse durchzusetzen und begründet, warum der eigene Wunsch vorrangig ist. Der Wochendausflug nach Hamburg betrifft die ganze Familie, aber das Interesse daran kann unterschiedlich sein. Ausschlaggebend für die Lösung ist die Dringlichkeit der Bedürfnisse.

Aufgaben

1 Worauf müssen die einzelnen Familienmitglieder verzichten?

2 Könnt ihr das Problem der Familie Müller nachvollziehen?

15.1 Familie Müller beim Diskutieren

Lea: „Was wird nun ...? Ich will endlich wissen, ob ich den Pullover aus der aktuellen Kollektion bekomme."

Vater: „Wir müssen mal rechnen, wie viel Geld wir jeden Monat für den Kauf des Laptops übrig haben. Vielleicht können wir einen Kredit aufnehmen, den wir dann monatlich in Raten abbezahlen. Stellen alle ihre Wünsche in der nächsten Zeit zurück, so könnten wir das schaffen."

Mutter: „Würde denn nicht eine neue Festplatte reichen? Sie wäre mit Sicherheit bedeutend günstiger als ein neuer Laptop."

Vater: „Ich baue doch nicht in den alten Computer neue Teile ein. Das steht in keinem Verhältnis. In einem halben Jahr geht dann auch noch der Bildschirm kaputt. Nein, nicht mit mir! Ich habe schon mit einem Händler telefoniert. Er will uns ein gutes Angebot machen und kann kurzfristig liefern. Ist das nicht super, dann könnte ich meine Präsentation noch mit PowerPoint vortragen."

Karsten: „Das ist mal wieder typisch! Du entscheidest allein und wir gehen leer aus."

Tilly: „Ich versteh dich wirklich nicht, Rainer."

Lea: „Oma, was erwartest du? Hast du schon mal erlebt, dass Papa eine Entscheidung nicht allein trifft? Du kennst doch seine Meinung. Er verdient das Geld und entscheidet auch, wofür es ausgegeben wird. Es ist völlig egal, welche Wünsche die anderen haben."

Vater: „Wie redest du eigentlich über deinen Vater?"

Mutter: „Wir sollten noch einmal in Ruhe gemeinsam über das Problem sprechen. Dann kann jeder von uns erneut seinen Standpunkt darstellen."

Aufgabe

Spielt die nächste Zusammenkunft der Familie in einem Rollenspiel nach. Lest hierzu die Methodenseite zum Rollenspiel auf der folgenden Doppelseite und führt das Rollenspiel entsprechend der Methodenbeschreibung durch.

M Methode: Rollenspiel

Beispiel: Der Konflikt bei Familie Müller!
Im Rollenspiel schlüpft ihr in die Rolle einer anderen Person und müsst euch überlegen, wie sich die andere Person in der gespielten Situation verhalten würde. Es ist nicht vorgeschrieben, wie das Spiel ablaufen muss. Ihr habt Freiräume, die ihr gestalten könnt. Das Rollenspiel ist dazu geeignet, Interessensgegensätze zu verdeutlichen, soziale Verhaltensweisen einzuüben und Lösungsstrategien zu entwickeln und zu erproben. Die Spieler werden mit vorgegebenen Problemsituationen konfrontiert, die durch spielerisches Handeln bewältigt werden sollen.

Verlauf des Rollenspiels

Vorbereitung

1. Die Spielgruppen werden nach den Vorgaben des Lehrers gebildet. Die Gruppengröße sollte der Anzahl der am Rollenspiel beteiligten Personen entsprechen. Für das Rollenspiel mit der Familie Müller werden Fünfergruppen zusammengestellt.
2. Achtet während der gesamten Vorbereitungsphase auf die Lautstärke und die Zeit.
   Tipp: Bestimmt in der Gruppe einen Lautstärkewächter und einen Zeitwächter.
3. Macht euch mit den Rollen vertraut, indem ihr die Rollenkarten der Personen durchlest.
4. Überlegt euch weitere Argumente, die von den verschiedenen Personen im Rollenspiel genannt werden können.
5. Legt fest, welches Gruppenmitglied welche Rolle im Spiel übernimmt.
6. Sprecht euch ab, wie sich die einzelnen Mitspieler ihrer Rolle entsprechend verhalten sollen.
7. Plant den genauen Ablauf eurer Spielszene.

16.1 Vorbereitung des Rollenspiels

8. Jeder sollte sich nun mit seiner Rollenkarte vorbereiten.
9. Übt das Rollenspiel und besprecht, was ihr verbessern könnt.

Rollenkarten

Um den Konflikt der Familie Müller durchspielen zu können, benötigt ihr folgende Rollenkarten, die euch die Gedanken der Familienmitglieder etwas näherbringen. Auf dieser Grundlage plant ihr das Verhalten der Familienmitglieder im Rollenspiel. Ihr könnt die Rollenkarten beliebig erweitern.

Vater Rainer Müller:
„Bringt das Geld nach Hause."
Ist der Meinung, dass seine Kinder eigentlich alles haben, was man sich wünschen kann.
Ist seit langem mit dem alten Computer unzufrieden und möchte die entstandene Situation für die Neuanschaffung eines Laptops nutzen.

Mutter Martha Müller:

Mag es nicht, wenn über Geld gestritten wird.
Findet, dass ihre tägliche Arbeit im Haushalt zu wenig gewürdigt wird.
Legt großen Wert auf den Wochenendausflug mit der ganzen Familie, da sie in den letzten Wochen so wenig Zeit füreinander hatten.

Tochter Lea Müller:

Findet das Verhalten ihres Vaters egoistisch.
Findet es peinlich, mit den alten Klamotten in die Schule zu gehen. Ihre Freundinnen haben schließlich auch stets die neueste Mode an.
Denkt, dass sie mit einem neuen Pullover jetzt auch mal dran ist.

Sohn Karsten Müller:

Hat das Gefühl, als jüngstes Familienmitglied in der Familie nicht ernst genommen zu werden.
Ein Wochenende mit der Familie wäre schön, aber ein neues Fahrrad wäre besser.

Oma Tilly:

Glaubt, dass ihre Ansicht der Dinge in der Familie nicht gefragt ist.
Ist der Meinung, dass sich am Ende der Vater sowieso durchsetzt.
Will auf ihren Hometrainer auf keinen Fall verzichten.

Durchführung

Es wird eine Gruppe ausgewählt, die ihre vorbereitete Szene vor der Klasse vorspielt. Es kann sinnvoll sein, mehrere Durchgänge durchzuführen und diese anschließend miteinander zu vergleichen.

Alle nicht am Rollenspiel beteiligten Schülerinnen und Schüler übernehmen die Rolle der Beobachter. Sie achten während der Präsentation der anderen Gruppen auf folgende Fragen und machen sich Notizen:

- Stellen die Personen ihre Rollen glaubwürdig vor?
- Gehen die Spieler aufeinander ein?
- Welche Person setzt sich durch?
- Welche Tipps können der Gruppe für die Zukunft gegeben werden?

Auswertung

1. Die Teilnehmer im Rollenspiel beschreiben, wie sie sich während des Spiels gefühlt haben.
2. Die Beobachter äußern sich zu den aufgestellten Fragen.
3. Die Ergebnisse des Rollenspiels werden zusammengefasst und eventuell an der Tafel notiert.

17.1 Die Durchführung vor der Klasse

Aufgabe

1 Die Müllers bekommen spontanen Besuch. Wer soll die Familie besuchen? Schreibt eine Rollenkarte für die neue Person und plant sie in euer Rollenspiel mit ein.

Planmäßiges Vorgehen beim Kauf von Gütern

Nach langen Diskussionen hat sich Familie Müller auf den Kauf eines neuen Laptops geeinigt. Er kann von den Familienmitgliedern für unterschiedliche Zwecke genutzt werden. Dem Vater hilft der Laptop, um sich zu Hause auf Präsentationen vorzubereiten. Er braucht ihn am Präsentationsort nur noch an den Beamer anzuschließen. Lea kann in ihrem Zimmer endlich ungestört mit ihren Freunden chatten. Karsten will sein neues Computerspiel spielen, wofür der alte Rechner zu langsam war. Oma Tilly plant, einen Volkshochschulkurs zu belegen, damit sie das neue Gerät für ihre Reiserecherchen einsetzen kann. Mutter Martha ist schon bei der Planung, wie die Familie beim Kauf des Laptops vorgehen könnte.

Beim Einkauf hochwertiger Güter sollte immer planmäßig vorgegangen werden. Solch ein Plan könnte in folgenden Phasen ablaufen:

1. Problemphase
Zunächst heißt es, die Probleme zu erkennen, d. h. herauszufinden, welche Fragen wichtig sind.

Mögliche Fragen:
- Wie viel Geld steht für den Kauf des Produktes zur Verfügung?
- Welche Anforderungen werden an das Produkt gestellt?
- Welche Ausstattung soll das Produkt haben?
- ...

2. Budgetphase
In dieser Phase muss überprüft werden, wie viel Geld für den Kauf des neuen Produktes ausgegeben werden kann.

Hierzu sollte ein Haushaltsplan erstellt werden (siehe Seite 20 ff.), in dem die Einnahmen und Ausgaben eines Monats einander gegenübergestellt werden. Der Betrag, der sich als Differenz zwischen Einnahmen und Ausgaben ergibt, kann für den Kauf des Produktes genutzt werden.

3. Informationsphase
Zur Beantwortung der Fragen aus der Problemphase müssen Informationen beschafft werden. Informationsquellen können sein:
- Stiftung Warentest (siehe Seite 28)
- Verbraucherzentralen (siehe Seite 29)
- ...

4. Beurteilungsphase
Diese Phase ist die schwierigste bei der Kaufentscheidung, denn nun müssen die Informationen beurteilt und ausgewertet werden. Beurteilen heißt einfach ausgedrückt: Sind die Informationen für eine Entscheidung brauchbar oder nicht?

Sie sind brauchbar,
- wenn sie die aufgestellten Fragen beantworten,
- einen Überblick über die aktuellen Angebote verschaffen,
- den Kaufgegenstand anschaulich darstellen oder
- die Handhabung des Produktes erklären.

Nun geht es an das Auswerten der Informationen. Dazu ist es sinnvoll, zunächst Kriterien aufzustellen, die miteinander verglichen werden können. Für einen Laptop könnten es z. B. folgende Kriterien sein:

Marke	Ausstattung	Design	Bildschirmgröße	Preis

Die Tabelle ist in der Anzahl der Spalten und Zeilen beliebig zu erweitern!
Zu den aufgestellten Kriterien werden aus den Informationsmaterialien die entsprechenden Angaben herausgesucht, eingetragen und anschließend miteinander verglichen.

5. Entscheidungsphase
Denkt man nicht genauer darüber nach, so würde man das Produkt wahrscheinlich dort kaufen, wo es am preiswertesten angeboten wird. Doch Vorsicht! Nicht nur der Preis ist ausschlaggebend, sondern auch folgende Punkte sollten bedacht werden:

- Welcher Beschaffungsaufwand (Weg, Zeit) ist mit dem Kauf verbunden? Lohnt sich eine weite Fahrt, wenn dort das Gerät zum Beispiel fünf Euro billiger angeboten wird als am eigenen Wohnort?
- Welche Serviceleistungen, zum Beispiel Lieferung, Aufbau, Kundendienst, Ersatzteilbeschaffung oder Garantiezeit werden geboten?
- ...

6. Kontrollphase
Ob die Entscheidung für ein bestimmtes Gerät richtig war oder nicht, zeigt sich erst, wenn es in Betrieb genommen wird.

Es sollte auf jeden Fall mithilfe der Betriebsanleitung geprüft werden, ob alle Teile geliefert wurden und betriebsbereit sind.
Stellt man beim ersten Gebrauch Mängel fest, so sollte eine Reklamation stattfinden. Die Verbraucherberatungsstellen helfen in solchen Fällen.

Aufgaben

Unterstützt Familie Müller beim Kauf des neuen Laptops. Geht dabei nach der Reihenfolge der gestellten Aufgaben vor und nehmt an passender Stelle die genannten Seiten im Buch zu Hilfe.

Zur Problemphase

1 Welche weiteren Fragen können in der Problemphase gestellt werden?

Zur Budgetphase

2 Legt nach den Vorgaben auf Seite 20 ff. einen Haushaltsplan für die Familie Müller an, in den ihr die Einnahmen und Ausgaben der Familie eintragt.

Zur Informationsphase

3 Welche weiteren Informationsquellen gibt es?

4 Nutzt die aufgestellten Informationsquellen und sammelt Informationen über Laptops.

Zur Beurteilungsphase

5 Legt in Word eine Tabelle an, tragt eure gesammelten Informationen ein und vergleicht sie miteinander.

Zur Entscheidungsphase

6 Welchen Laptop soll Familie Müller kaufen? Begründet eure Entscheidung.

Wir gestalten einen Haushaltsplan

In einem Haushaltsplan werden die monatlichen Einnahmen und Ausgaben eines Haushalts einander gegenübergestellt. Ziel ist, dass am Monatsende Geld zur freien Verfügung bleibt.

Einen Haushaltplan kannst du mit Excel selbst angelegen. **So gehst du vor:**

1. Öffne ein Tabellenkalkulationsprogramm, z. B. Microsoft Excel.
2. Speichere das Dokument unter dem Namen „Haushaltsbuch“.
3. Markiere das Blatt von Spalte A bis Spalte G und von Zeile 1 bis Zeile 35. Klicke dazu in die erste Zeile, halte die linke Maustaste fest und ziehe die Markierung nach rechts unten bis zur gewünschten Stelle. Klicke mit der rechten Maustaste in die markierte Fläche und klicke auf **Zellen formatieren.** 1

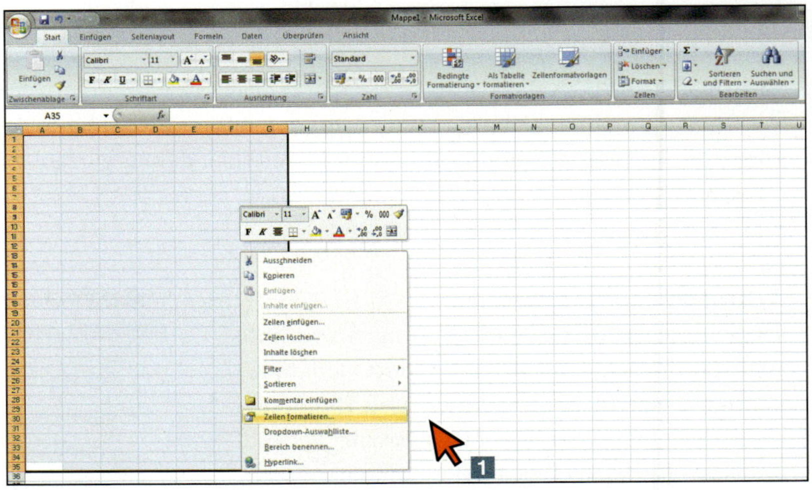

4. Gehe auf **Rahmen** und wähle einen Rahmen für außen und einen Rahmen für innen aus. Gehe auf **OK.**
5. In Zeile 1 schreibst du deine Überschrift („Haushaltsplan 2011“). Du kannst sie über die Funktion **Schriftart** beliebig gestalten.
6. In Zeile 2 schreibt du wesentliche Informationen zur Familie, für die du den Haushaltsplan gestaltest. Setze den Cursor auf die Linie zwischen Spalte A und B und ziehe mit gehaltener Maustaste die Trennlinie nach rechts, um die Spalte zu verbreitern.
7. Zeile 3 bleibt zur besseren Übersicht frei.
8. In Zeile 4 werden ab Spalte B die Monate eingetragen.
9. In Spalte A werden ab Zeile 5 die Einnahmen- und Ausgabenposten (nur Text) eingetragen. Im Vorfeld musst du die Spaltenbreite auf 18 einstellen, indem du auf **Zellen**, **Format** und **Spaltenbreite** gehst.
10. Trage nun die Einnahmen- und Ausgabenposten in deinen Haushaltsplan ein.
11. In Zeile 12 schreibst du „Gesamteinnahmen“. Markiere die gesamte Zeile 12 und klicke mit der rechten Maustaste in die markierte Fläche. Gehe erneut auf **Zellen formatieren** und **Rahmen** 2. Wähle einen doppelten Rahmen für den oberen Rand der Zelle aus und drücke auf **OK.**

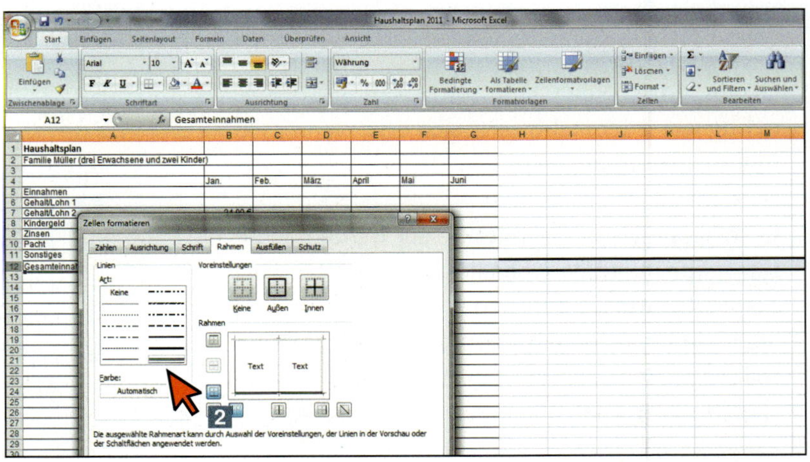

12. Ab Zeile 14 listest du die „Ausgaben" der Familie auf **3**. Orientiere dich wieder am Beispiel auf der rechten Seite. Es wird zwischen festen und variablen Ausgaben unterschieden. Feste Ausgaben sind Kosten, die jeden Monat gleich sind, z. B. Miete für die Wohnung oder Versicherungsbeiträge. Die variablen Ausgaben unterscheiden sich in der Höhe von Monat zu Monat, z. B. Kosten für Lebensmittel oder Kleidung.
13. In Zeile 33 kommen die „Gesamtausgaben". Für den oberen Rand der Zelle wählst du wieder einen Doppelrahmen.
14. In Zeile 35 schreibst du „Saldo", das ist die Differenz zwischen den Einnahmen und Ausgaben. Für den oberen Rand der Zelle wählst du wieder einen Doppelrahmen.
15. Zur besseren Übersicht werden im Haushaltsplan die Einnahmen, die Ausgaben und der Saldo farblich gestaltet. Hierzu markierst du die gewünschte Zelle, klickst mit der rechten Maustaste in die Markierung und wählst beim Symbol **Kleiner Eimer** passende Farben. **4**
16. Die Spalten B bis G in den Zellen 6 bis 12 sind für die Einnahmen der Familie vorgesehen. Sie werden markiert und über die Funktion **Zellen formatieren** wie folgt eingestellt: **Zahlen → Währung → Dezimalstelle 2 → –1.234,10 €.** **5**

    Bei den Ausgaben machst du es genauso.

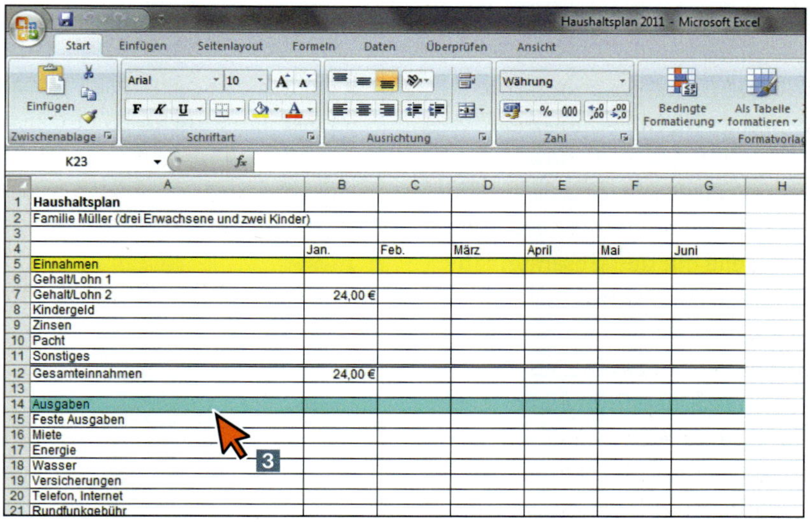

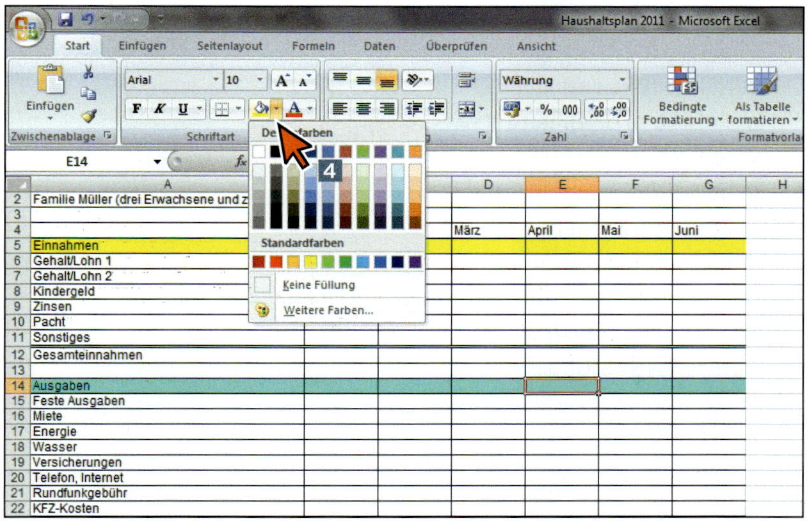

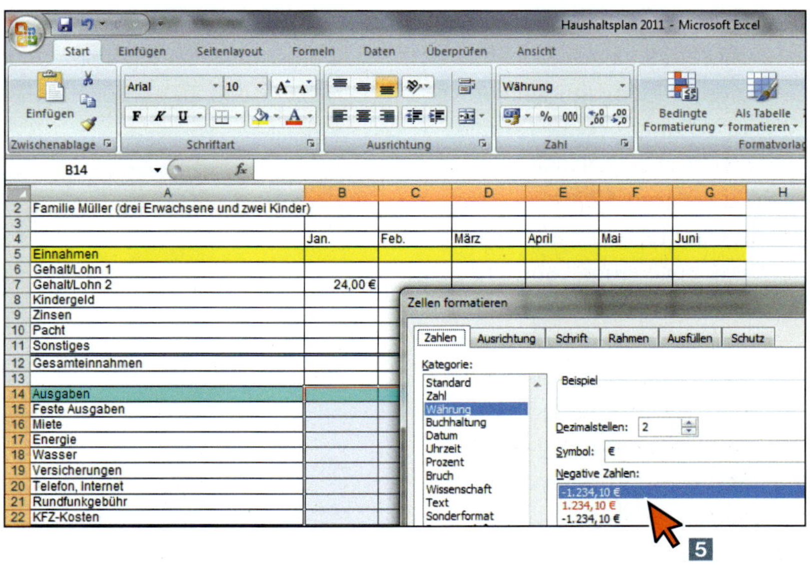

17. Du musst in deinem Haushaltsplan nicht selbst rechnen, das macht das Programm für dich. Du musst folgende Einstellungen vornehmen:
   a) *Einnahmenberechnung:* Du markierst in der Spalte B die Zelle mit den Gesamteinnahmen. Nun gehst du auf das Symbol Σ und wählst die Funktion Summe aus. Nun musst du den zu addierenden Zellenbereich bei ***fx*** angeben: **=Summe(B6:B11)** 6. Nun rechnet das Programm die Einnahmen zusammen und trägt das Ergebnis bei Gesamteinnahmen ein.
   b) *Ausgabenberechnung:* Du markierst in der Spalte B die Zelle mit den Gesamtausgaben. Nun gehst du auf das Symbol Σ und wählst die Funktion **Summe** aus. Nun musst du den zu addierenden Zellenbereich bei ***fx*** angeben: **=Summe(B15:B32)** 7. Das Programm rechnet die Ausgaben zusammen und trägt das Ergebnis bei Gesamtausgaben ein.
   c) *Saldoberechnung:* In der Zeile 35 wird die Formel **=B12-B33** eingegeben. Der Saldo sollte positiv sein, denn nur so kann sich die Familie ihre Wünsche erfüllen oder Geld sparen. 8
18. Nun solltest du deine Ergebnisse noch einmal abspeichern und deinen Haushaltsplan ausdrucken. Markiere hierzu deinen Haushaltsplan. Gehe auf das Symbol **Drucker**, klicke auf **Markierung** und **OK**. Jetzt wird nur der markierte Bereich gedruckt.

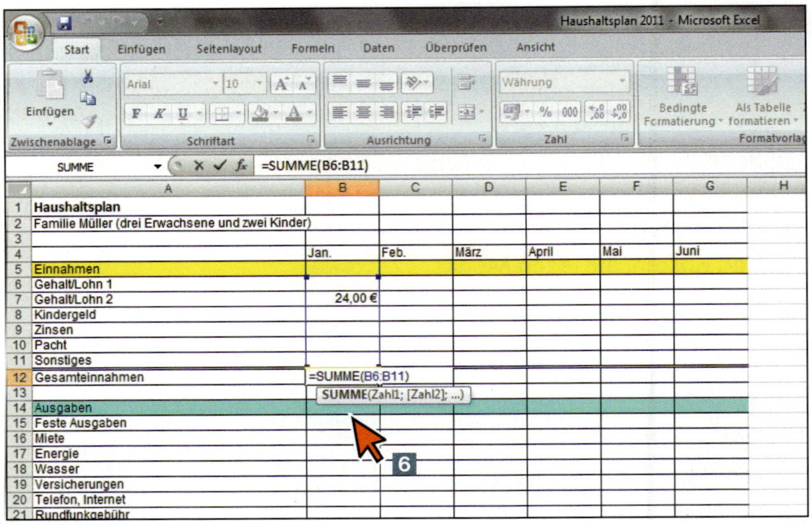

6

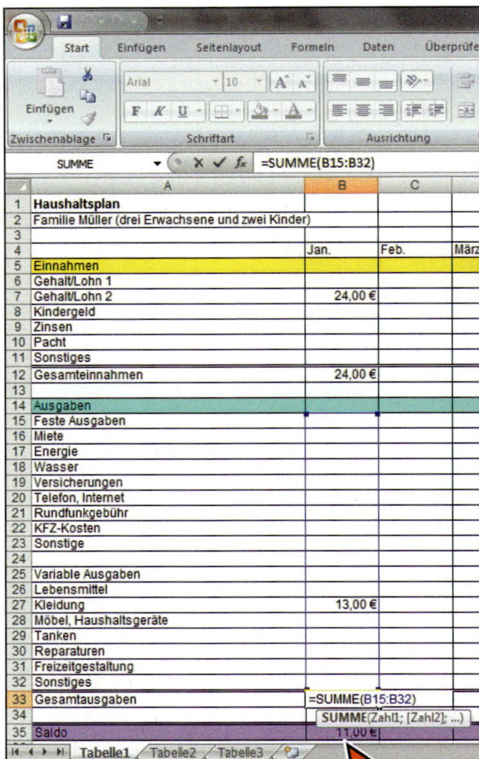

7

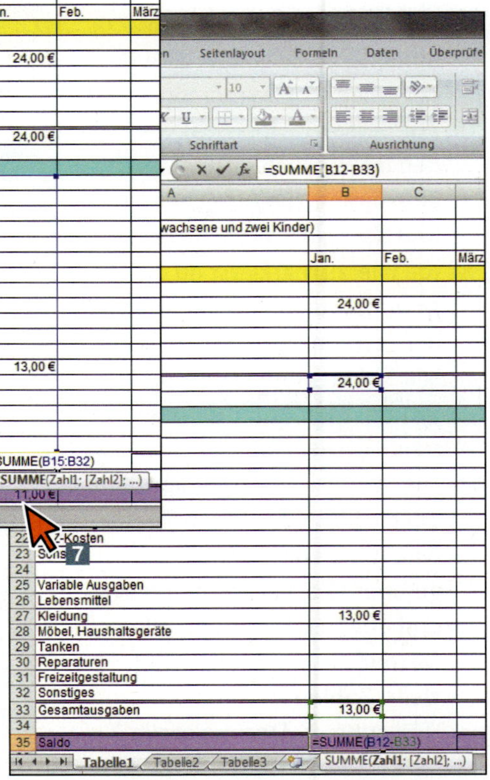

8

Haushaltsplan 2011						
Familie Müller (drei Erwachsene und zwei Kinder)						
	Jan.	Feb.	März	April	Mai	Juni
Einnahmen						
Gehalt/Lohn 1						
Gehalt/Lohn 2						
Kindergeld						
Zinsen						
Pacht						
Sonstiges						
Gesamteinnahmen	0,00 €					
Ausgaben						
Feste Ausgaben						
Miete						
Energie						
Wasser						
Versicherungen						
Telefon, Internet						
Rundfunkgebühr						
Kfz-Kosten						
Sonstiges						
Variable Ausgaben						
Lebensmittel						
Kleidung						
Möbel, Haushaltsgeräte						
Tanken						
Reparaturen						
Freizeitgestaltung						
Sonstiges						
Gesamtausgaben	0,00 €					
Saldo	0,00 €					

Aufgaben

1. Erkläre alle neuen Begriffe im Text.
2. Gestalte einen Haushaltsplan für Familie Müller nach dem oben stehenden Muster.
3. Welche weiteren Ausgaben, die hier nicht aufgeführt sind, könnten noch anfallen?
4. Stelle zur folgenden Situation Überlegungen an: Der Vater wird arbeitslos. Wo könnte man sparen?

Das Einkommen der Familie Müller

Als Einkommen bezeichnet man alle Einkünfte in Form von Geld oder Sachgütern, die einer Person, einem Haushalt oder einem Unternehmen in einem bestimmten Zeitraum, zum Beispiel einem Monat, zufließen. Auch Familie Müller bezieht Einkommen.

24.1 Familie Müller vor einer leeren Haushaltskasse

Aufgaben

1 Notiert die verschiedenen Einnahmen der Familie Müller.

2 Tragt die Einnahmen in den erstellten Haushaltsplan ein.

3 Wie hoch sind die Gesamteinnahmen der Familie?

4 Mit welchen Jobs könnten die beiden Kinder schon Einkommen erzielen?

Einkommensquellen

Vieles von dem, was wir zum Leben brauchen, kostet Geld. Woher bekommen wir das Geld, das wir benötigen?
Folgende Möglichkeiten, Einkommen zu erhalten, werden unterschieden:

Einkommen aus unselbstständiger Arbeit (Arbeitseinkommen)
Dies sind in der Regel die Löhne und Gehälter für die Arbeitsleistungen der Beschäftigten. Sie werden von den Unternehmen an die Arbeitnehmer gezahlt. Löhne erhalten Arbeiter, Facharbeiter oder Handwerker. Ein Gehalt beziehen Angestellte. Beamte erhalten eine Besoldung. Auszubildende in einem Betrieb bekommen für ihre geleistete Arbeit eine Ausbildungsvergütung. Das Arbeitseinkommen ist meist für die Menschen die wichtigste Einkommensquelle.

Einkommen aus Unternehmertätigkeit (Gewinneinkommen)
Hier sind es die Einkommen, die ein Unternehmer oder eine Unternehmerin mit einem Betrieb erzielt. Das Einkommen der Unternehmer wird als Gewinn oder Unternehmerlohn bezeichnet. Auch Ärzte und Rechtsanwälte erhalten ein Gewinneinkommen, denn sie sind selbstständige Freiberufler. Dies wird als Honorar bezeichnet.

Bodeneinkommen
Eure Eltern besitzen vielleicht eine Wohnung, die sie vermieten. Für die Vermietung von Objekten wie Häusern, Wohnungen oder Autos erhält der Vermieter ein Einkommen in Form von Miete.
Übergibt man sein eigenes Grundstück einer anderen Person zur Nutzung, so bezeichnet man dies als Verpachtung. Das Einkommen aus der Verpachtung ist die Pacht.

25.1 Verschiedene Einkommensgruppen

Kapitaleinkommen
Nehmen wir an, ihr habt ein Sparkonto bei der Bank oder ihr besitzt sogar eine von der Oma geschenkte Aktie. Dann bekommt ihr dafür ein Einkommen, und zwar in Form von Zinsen oder einer Dividende für eure Aktie.

Transfereinkommen (Sozialeinkommen)
Diese Einkommen werden „transferiert", d.h. übertragen. Der Staat überträgt auf die Bürger Einkommen wie Renten für Rentner, Pensionen für Beamte oder Richter im Ruhestand, Arbeitslosengeld I und II für Arbeitslose oder Menschen in Notsituationen, oder Kindergeld für Erziehungsberechtigte von Kindern.

Aufgaben

1 Ordnet die Einkommensarten der Familie Müller den verschiedenen Einkommensquellen zu.
2 Erkundigt euch, welche Einkommensarten es in eurer Familie gibt.

Die Ausgaben der Familie Müller

Mutter Martha Müller ist sehr ordentlich. Zum besseren Überblick und für eventuelle Reklamationen sammelt sie jeden Monat alle Belege von Einkäufen, Rechnungen usw. in einem Ordner und macht sich über alle weiteren Ausgaben handschriftliche Notizen. Auf der folgenden Doppelseite erhaltet ihr einen Einblick in Marthas Sammlung vom Januar.

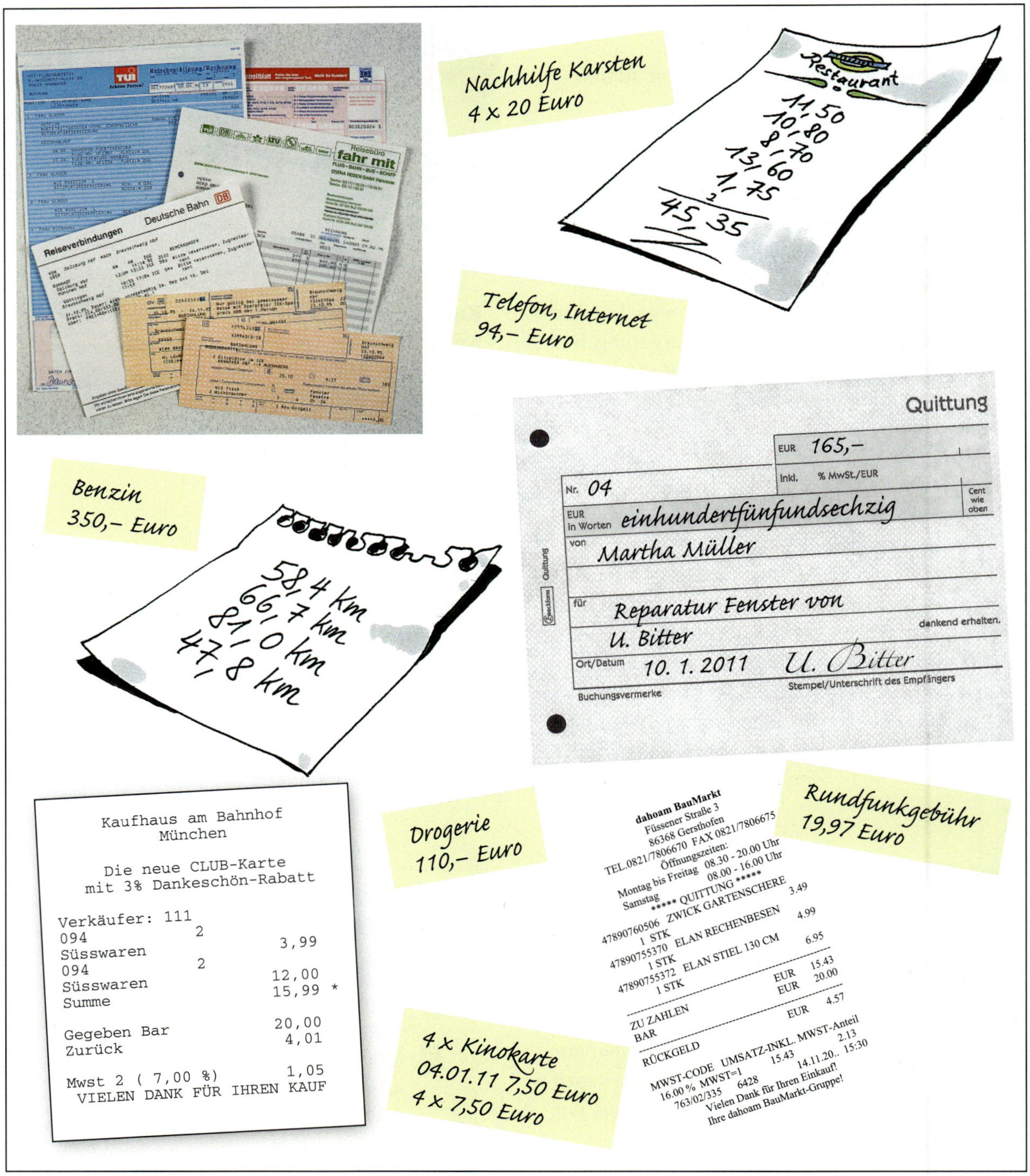

Strom, Gas, Wasser 201,– Euro

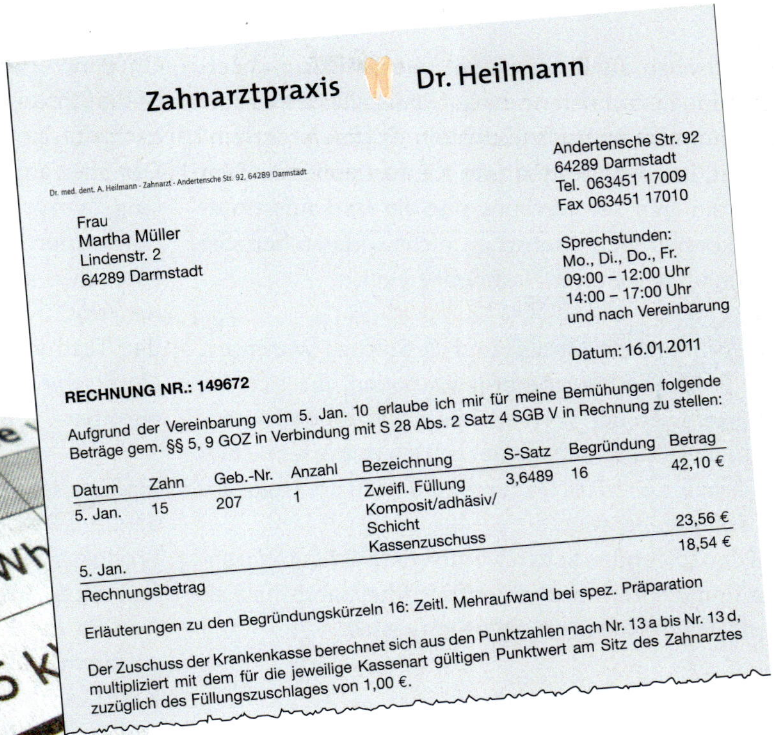

Zahnarztpraxis Dr. Heilmann

Dr. med. dent. A. Heilmann · Zahnarzt · Andertensche Str. 92, 64289 Darmstadt

Andertensche Str. 92
64289 Darmstadt
Tel. 063451 17009
Fax 063451 17010

Frau
Martha Müller
Lindenstr. 2
64289 Darmstadt

Sprechstunden:
Mo., Di., Do., Fr.
09:00 – 12:00 Uhr
14:00 – 17:00 Uhr
und nach Vereinbarung

Datum: 16.01.2011

RECHNUNG NR.: 149672

Aufgrund der Vereinbarung vom 5. Jan. 10 erlaube ich mir für meine Bemühungen folgende Beträge gem. §§ 5, 9 GOZ in Verbindung mit S 28 Abs. 2 Satz 4 SGB V in Rechnung zu stellen:

Datum	Zahn	Geb.-Nr.	Anzahl	Bezeichnung	S-Satz	Begründung	Betrag
5. Jan.	15	207	1	Zweifl. Füllung Komposit/adhäsiv/ Schicht	3,6489	16	42,10 €
				Kassenzuschuss			23,56 €
5. Jan. Rechnungsbetrag							18,54 €

Erläuterungen zu den Begründungskürzeln 16: Zeitl. Mehraufwand bei spez. Präparation

Der Zuschuss der Krankenkasse berechnet sich aus den Punktzahlen nach Nr. 13 a bis Nr. 13 d, multipliziert mit dem für die jeweilige Kassenart gültigen Punktwert am Sitz des Zahnarztes zuzüglich des Füllungszuschlages von 1,00 €.

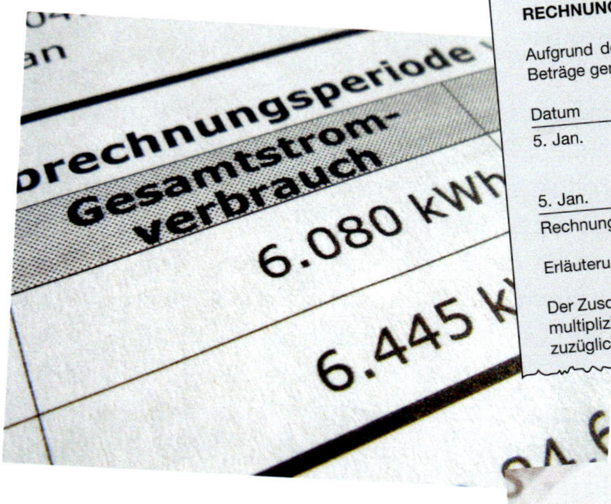

Kreditrate für das Haus 1000 Euro

Nahrungsmittel, Getränke 483,– Euro

Aufgaben

1. Gebt die Ausgaben der Familie Müller in euren angefertigten Haushaltsplan ein.
2. Wie hoch sind die Gesamtausgaben der Familie Müller?
3. Wie viel Geld hat Familie Müller am Monatsende übrig?

Verbraucherschutz in Deutschland

Im Fernsehen, auf Bussen, beim Sport, im Kino, in Zeitungen, in Zeitschriften oder auf Plakatwänden strömt Werbung auf den Verbraucher ein. Tricks werden eingesetzt, um den Kunden zum Kauf zu verleiten. Den Verlockungen der Werbung und der Verkaufsstrategien können viele Menschen nicht widerstehen. Sie kaufen ohne weiteres Nachdenken ein.

Die Verbraucherzentralen und die Stiftung Warentest sind große Verbraucherorganisationen, die sich für die Interessen der Verbraucher einsetzen und versuchen, diese zu schützen. Sie werden mit öffentlichen Geldern unterstützt. Dadurch sind sie in der Lage, unabhängig zu beraten.
Auf den folgenden Seiten werden die Stiftung Warentest und die Verbraucherzentrale Rheinland-Pfalz als neutrale Informationsquellen vorgestellt.

Die Stiftung Warentest
96 Prozent aller deutschen Bürger kennen die Stiftung Warentest. Ein Drittel davon verlässt sich bei wichtigen Kaufentscheidungen auf ihre Testergebnisse.
Auf Beschluss des Bundestages wurde die Stiftung 1964 gegründet. Sie soll mit vergleichenden Tests von Waren und Dienstleistungen den Markt für den Verbraucher überschaubarer machen. Getestet werden Produkte aus verschiedenen Bereichen, zum Beispiel Telekommunikation oder Freizeit.

Um den Verbraucher sachlich informieren zu können, ist die Stiftung Warentest zur Neutralität verpflichtet, das heißt, sie darf kein Geld mit Werbung verdienen. Der Staat zahlt ihr dafür jährlich eine Ausgleichszahlung. Zum größten Teil finanziert sich die Stiftung Warentest durch den Verkauf ihrer Veröffentlichungen. Monatlich kommen die Zeitschriften „test" und „Finanztest" heraus. Des Weiteren gibt es Jahrbücher der Testhefte, Sonderhefte, Ratgeber und Bücher. Unter www.test.de sind alle erschienenen Beiträge abrufbar.

Ein Test der Stiftung Warentest beginnt mit einer Redaktionssitzung, in der eine Auswahl der zu testenden Produkte getroffen und der Ablauf des Tests festgelegt wird. Anschließend folgt der Einkauf. Die Anonymität des Einkäufers ist wichtig, damit ihm keine verfälschten Waren untergeschoben werden. An der Kasse wird immer bar bezahlt, damit nicht nachvollzogen werden kann, dass hinter dem Kauf die Stiftung Warentest steht. Nun wird in einem beauftragten Prüflabor der Test durchgeführt. In der Bewertungsphase schicken die Prüflabore ihre Ergebnisse an die Stiftung Warentest, wo sie ausgewertet werden. Die getesteten Produkte erhalten, je nach Ergebnis des Prüflabors, eine Note zwischen „sehr gut" und „mangelhaft". Am Ende schreiben die Redakteure die Berichte, die anschließend veröffentlicht werden.

Aufgaben

1 Warum ist Verbraucherschutz wichtig?

2 Schaut euch den Film über die Arbeit der Stiftung Warentest an (www.test.de/unternehmen/ueberuns) und gestaltet einen Fragebogen zum Film. Notiert auf einem Blatt die Antworten. Lasst einen Mitschüler den Fragebogen ausfüllen.

3 Erstellt eine Liste mit Berufen, die bei der Stiftung Warentest ausgeübt werden.

4 Recherchiert im Internet auf der Seite www.test.de nach Testberichten. Welche weiteren Testergebnisse würden euch interessieren? Schreibt einen Leserbrief oder eine E-Mail an die Stiftung Warentest.

5 Ihr möchtet ein Produkt selbst testen? Dann macht mit bei „Jugend testet", dem Wettbewerb der Stiftung Warentest für Jugendliche. Mehr Informationen findet ihr auf www.test.de/jugendtestet.

Erkundung im Internet

Verbraucherzentralen in Rheinland-Pfalz

In jedem Bundesland gibt es eine Verbraucherzentrale. Sie hat die Aufgabe, die Interessen der Verbraucher zu vertreten, sie zu informieren und bei Problemen weiterzuhelfen. Bei der Verbraucherzentrale Rheinland-Pfalz in Mainz kann man sich – ebenso wie in weiteren Beratungsstellen im Land – persönlich, telefonisch oder auch schriftlich zu vielen Themen beraten lassen. Die Verbraucherzentrale Rheinland-Pfalz bietet auch im Internet Informationen für Verbraucher an. Auf der Internetseite www.verbraucherzentrale-rlp.de erfährt man viel über die Arbeit und die Angebote der Verbraucherzentrale. Die Startseite ist folgendermaßen aufgebaut:

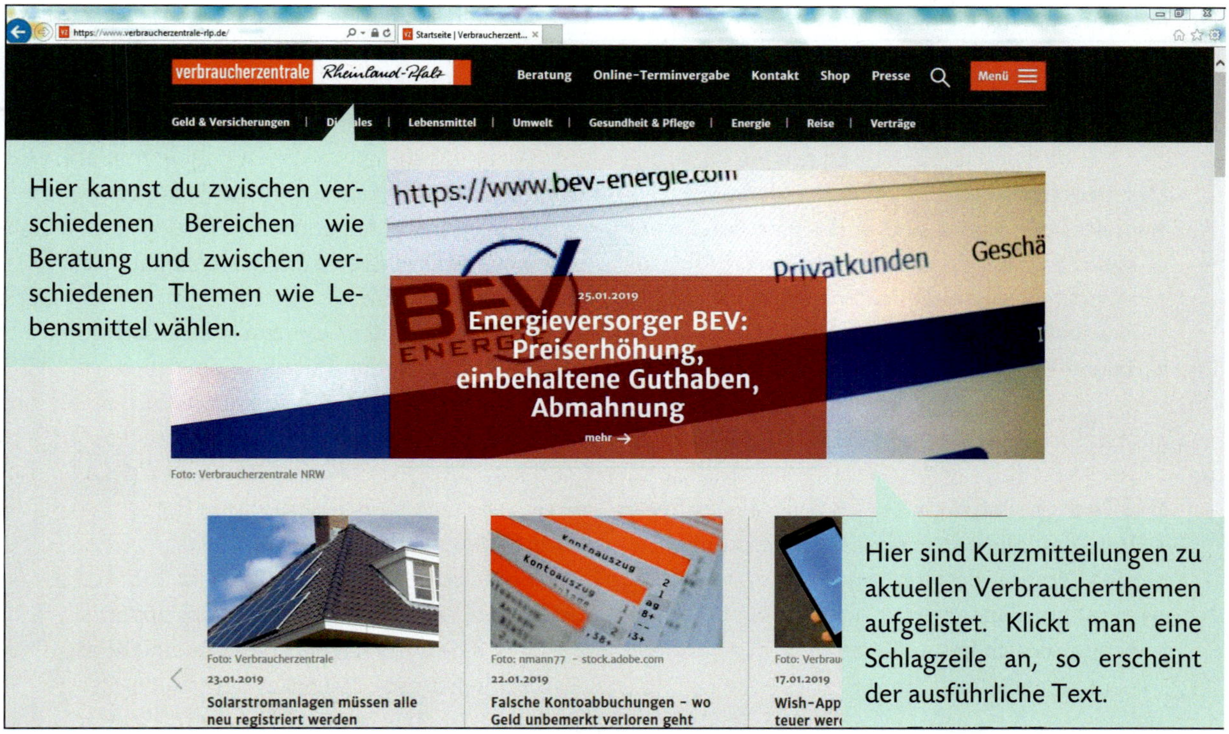

Aufgaben

Erkundet die Internetseite der Verbraucherzentrale Rheinland-Pfalz und beantwortet folgende Erkundungsfragen.

1. Wo befindet sich – von eurem Schulort aus gesehen – die nächste Beratungsstelle der Verbraucherzentrale Rheinland-Pfalz?
2. Welche Öffnungszeiten hat diese Beratungsstelle?
3. Wie viel kostet bei telefonischer Beratung eine angefangene Minute?
4. Zu welchen Bereichen bietet die Verbraucherzentrale Rheinland-Pfalz Informationen?
5. Welche Stellen werden bei der Verbraucherzentrale angeboten?
6. Was findet man unter dem Link „www.bioeinkaufen.rlp.de"?

Einkaufsmöglichkeiten kennenlernen

Die Angebotssituation auf dem Markt ist vielfältig. Deshalb findet auch der Verkauf von Waren oder Dienstleistungen an vielen Orten statt. Der Käufer hat die Qual der Wahl. So ist es nicht immer leicht, zu entscheiden, welcher Einkauf an welchem Einkaufsort am besten ist.

Das Internetshopping
- unbegrenzte Angebotspalette
- keine Einkaufsberatung

Der Wochenmarkt
- breites regionales und überregionales Angebot an frischen Lebensmitteln
- manchmal auch allerlei Produkte für den Haushalt
- guter Preisvergleich möglich

Das Fachgeschäft
- Verkauf von Waren oder Dienstleistungen meist einer Produktgruppe
- meist gute Beratung
- kann preislich höher liegen

Das Kaufhaus
- unterschiedliche Abteilungen für verschiedene Produktgruppen
- häufig Fachberatung in den Abteilungen
- umfangreicheres Warenangebot als Fachgeschäfte

Der Hofladen
- ausgesuchte Produkte, meist Lebensmittel aus eigener Herstellung
- auch zugekaufte Waren

Der Katalog
- Einkaufsmöglichkeit rund um die Uhr
- längere Lieferzeiten

Der Outletladen
- oft preiswerte Angebote
- teilweise Direktverkauf des Herstellers – ab Fabrik
- fehlerhafte Ware wird zum Teil zu günstigen Preisen verkauft
- Verkauf ausgelaufener Saisonartikel

Der Supermarkt
- alle Waren des täglichen Bedarfs
- Auswahl innerhalb der Produktgruppen (z. B. viele unterschiedliche Keks- und Schokoladensorten)
- breite zusätzliche Produktpalette (Schuhe, Textilien, Elektrogeräte, Haushaltswaren, Spielzeug)
- Fachberatung vom einzelnen Supermarkt abhängig
- mit vielen Parkplätzen
- oft am Stadtrand

Der Discounter
- sehr preiswertes Angebot für Güter des täglichen Bedarfs
- keine Kaufatmosphäre
- keine Beratung

Wo kaufe ich am besten ein?

Menschen müssen einkaufen. Für welche Einkaufsstätte sie sich entscheiden, hängt von den persönlichen Voraussetzungen des Käufers ab. Entsprechend der jeweiligen Lebens- und Alltagssituation wählt jeder seinen Einkaufsort.

Persönliche Voraussetzungen
- finanzielle Möglichkeiten
- Wohnort und Infrastruktur
- Berufstätigkeit oder Schulbesuch
- Alter
- Beweglichkeit im Alltag

Auswahlkriterien
- Ladenöffnungszeiten
- Wartezeiten (z. B. an der Kasse)
- Wegezeiten zum/im Geschäft
- Beratung (notwendig oder gewünscht)
- Preis

31.1

Aufgaben

1. Welche weiteren Einkaufsstätten kennt ihr (s. Seite 30)?
2. Fallen euch weitere Argumente zu den Einkaufsstätten ein?
3. Welche Einkaufsstätten könnten für die Personen in Abb. 31.1 zutreffen?
4. Wo gehst du einkaufen?

M Methode: Betriebserkundung

Bei einer Erkundung lernt ihr einen Betrieb genauer kennen. Dabei werdet ihr eine Besichtigung machen, Gespräche führen, Fragen stellen, Ergebnisse protokollieren und vieles mehr.

So geht ihr vor:

Vorbereitungsphase
- Entscheidet euch für einen Betrieb, den ihr erkunden wollt.
- Nehmt Kontakt mit dem Betrieb auf und nennt Tag und Uhrzeit, wann ihr kommen wollt.
- Stellt Verhaltensregeln für die Erkundung auf.
- Notiert an der Tafel Fragen, die ihr stellen wollt.
- Versucht, die Fragen nach Bereichen zu ordnen und diese mit Überschriften zu versehen, z. B. „Ausbildung im Betrieb".
- Legt Erkundungsteams fest.
- Jedes Erkundungsteam ist für einen Fragenbereich zuständig und muss die Fragen bei der Erkundung stellen.

Durchführungsphase
- Führt die Erkundung des Betriebs durch.
- Haltet euch an eure Regeln und die des Betriebs.
- Beantwortet eure Teamfragen.

Auswertungsphase
- Es ist sinnvoll, die Ergebnisse eurer Erkundung auszuwerten und zu präsentieren.
- Überlegt euch, wie ihr eure Ergebnisse präsentieren wollt, z. B. mit einer Erkundungsmappe, einer Wandzeitung oder Plakaten.
- Sendet die Ergebnisse dem Betrieb oder ladet den Betriebsleiter ein.

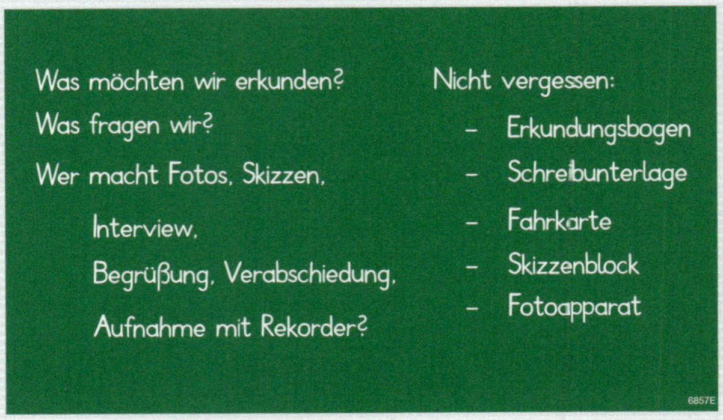

32.1 Tafelbild mit Fragen

32.2 Schüler, die dem Betriebsleiter Fragen stellen

32.3 Ergebnispräsentation

Aufgaben

1 Erkundet einen Betrieb in der Nähe eurer Schule.
2 Welche Ausbildungsberufe bietet der Betrieb an?

Berufssteckbrief: Verkäufer/-in

Tätigkeiten in diesem Beruf

Verkäufer/-innen haben je nach Betrieb oder Abteilung z. B. mit Bekleidung, Spielwaren oder Nahrungsmitteln zu tun. Ihre Hauptaufgabe besteht in Verkaufs- und Beratungsgesprächen mit Kunden und dem Kassieren. Des Weiteren nehmen sie Warenlieferungen an, sortieren Waren, räumen sie in Regale ein und zeichnen Preise aus. Sie führen Qualitätskontrollen durch, prüfen den Lagerbestand und bestellen Waren nach. Gegebenenfalls verpacken sie die Ware oder machen sie versandfertig. Darüber hinaus wirken sie bei der Planung und Umsetzung von verkaufsfördernden Maßnahmen mit. Vor allem in kleinen Geschäften helfen sie beim Dekorieren der Verkaufsräume und Schaufenster.

33.1 Ein Verkäufer bei der Arbeit

Wo arbeitet man?

Verkäufer/-innen können in verschiedenen Einzelhandelsfachgeschäften tätig sein, u. a. in Modehäusern, Baumärkten oder im Versandhandel, in Supermärkten und Kaufhäusern, in Gemüseläden, Fleischereien, Fischgeschäften und anderen Facheinzelhandelsgeschäften. Auch in großen Tankstellen mit gemischtem Warenangebot arbeiten sie. Darüber hinaus sind sie auch im Vermietungs- und Verleihgewerbe angestellt. Sie sind überwiegend in Verkaufsräumen tätig, haben aber auch in Lager- und Kühlräumen oder im Freilandbereich z. B. von Gartencentern zu tun. Manchmal arbeiten sie an Verkaufsständen im Freien. Im Büro sind sie tätig, wenn sie z. B. telefonisch Waren bestellen.

Worauf kommt es an?

Um den Beruf lernen und ausüben zu können, sollte ein Interesse an kaufmännisch-organisatorischen (z. B. Mitarbeit bei Werbe- und verkaufsfördernden Maßnahmen), an verwaltend-organisatorischen (z. B. gewissenhaftes Kassieren) und an sozial-beratenden Tätigkeiten (z. B. einfühlsames Beraten von Kunden zur Unterstützung ihrer Kaufentscheidung) vorhanden sein. PC-Kenntnisse sind bei der Arbeit mit computergestützten Warenwirtschaftssystemen notwendig. Mathematikkenntnisse sind wichtig, um z. B. Rabatte zu berechnen. Für die Kundenberatung ist eine gute mündliche Ausdrucksfähigkeit wichtig.

Infos auf einen Blick	
Berufstyp	anerkannter Ausbildungsberuf
Schulabschluss	keine bestimmte Schulbildung vorgeschrieben
Ausbildungsart	duale Berufsausbildung geregelt nach Berufsbildungsgesetz (BBiG)
Ausbildungsdauer	2 Jahre
Lernorte	Betrieb und Berufsschule

Käuferfallen beim Onlineshopping

Onlineshoppen ist eine praktische Möglichkeit, Einkäufe zu tätigen. Doch so sicher und privat, wie man vielleicht annimmt, ist es nicht. Zum Schutz vor Gaunereien sollten folgende Tipps beachtet werden:

Vor dem Kauf

- Im Impressum auf der Webseite die Angaben zum Anbieter nachlesen. Die gesammelten Kontaktinformationen sollten in ein Word-Dokument kopiert und unter dem Namen des Kaufobjekts und dem Kaufdatum (z. B. Bluse 01.06.2011) gespeichert werden.
- Einzelheiten zum Kaufobjekt sammeln, zum Beispiel Preis, Stückzahl usw.
- Beachtung möglicher Zusatzkosten für Versand, Abfertigung, Steuern und Abgaben jeder Art.
- Die Rückgabeklauseln aufmerksam durchlesen.
- Kontrollieren, ob der Anbieter Angaben zur Zahlungssicherheit macht.
- Die Lieferzeiten für die bestellte Ware beachten.

Während des Kaufs

- Möglichst keine persönlichen Informationen weitergeben.
- Alle wichtigen Informationen, zum Beispiel die Allgemeinen Geschäftsbedingungen, in das zuvor angelegte Word-Dokument kopieren und abspeichern.
- Das System zum Schutz von Zahlungsinformationen bei der Onlinezahlung prüfen.
- Während der Bearbeitung der Bestellung oder der Zahlungsabwicklung nicht klicken, damit keine Mahrfachbestellung erfolgt.
- Bestellung ausdrucken und abspeichern.

34.1 Schülerin beim Onlineshopping

Info

Wichtig: Jugendliche unter 18 Jahre dürfen keine Onlineeinkäufe tätigen (s. Seite 57)!

Nach dem Kauf

- Die gelieferte Ware sollte direkt vom Käufer auf mögliche Mängel überprüft werden, denn ein Onlinekäufer hat die gleichen Rechte wie ein Kunde in einem Geschäft. Ist die gekaufte Ware beschädigt oder entspricht sie nicht der Beschreibung, so muss der Verkäufer dieses Problem beheben.
- Das Word-Dokument und alle Unterlagen für eventuelle spätere Beschwerden oder Probleme aufheben.
- Nach dem Onlinekauf regelmäßig eingehende E-Mails kontrollieren. Der Verkäufer könnte per E-Mail wichtige Informationen über den Kauf versenden.
- Bei eventuellem Zurückschicken des gekauften Produktes übernimmt der Verkäufer die Versandkosten. Bei Waren bis zu einem Wert von 40 Euro kann die Firma die Rücksendekosten auf den Besteller abwälzen – aber nur, wenn sie schon vor der Bestellung darauf hingewiesen hat (z. B. im Kleingedruckten).

Aufgaben

1 Informiere dich im Internet, zum Beispiel bei www.amazon.de, über den Zahlungsvorgang und die Zahlungsbedingungen beim Kauf einer Ware.

2 Schreibe einen Spickzettel zum Thema „Onlineshopping", den du zu Hause für deine Eltern am Computer anbringen kannst.

Käuferfallen im Supermarkt

Die Mehrzahl der Produkte, die wir nach einem Einkauf mit nach Hause bringen, haben wir spontan gekauft und sind im Supermarkt dazu verführt worden, sie zu kaufen.
Hier sieben Regeln, die die Verkäufer anwenden, damit die Kunden möglichst viel kaufen.

Regel 1
Obst und Gemüse müssen in die Nähe des Eingangs. Das Frischesignal löst positive Gefühle aus und bremst den Laufschritt des Kunden.

Regel 2
Der Kunde soll das Geschäft immer gegen den Uhrzeigersinn durchlaufen, damit er mit rechts nach der Ware greifen kann.

Regel 3
Gib dem Kunden einen großen Einkaufswagen. Dann hat er das Gefühl, ihn auch füllen zu müssen.

Regel 4
Teure Ware in Augen- und Griffhöhe des Kunden. Da wird rasch zugelangt. In Bodennähe die billigeren Angebote.

Regel 5
Der Kunde soll nirgends anstoßen, aber auch nicht zu schnell werden. Deshalb sollen die Gänge ungefähr zwei Meter breit sein.

Regel 6
Den Supermarkt regelmäßig umräumen, damit die Kunden nach den Waren suchen müssen.

Regel 7
Produkte des täglichen Bedarfs sollten weit auseinander stehen, damit der Kunde durch den ganzen Supermarkt laufen muss.

Regel 8
An der Kasse muss der Kunde warten. Deshalb Verkaufsstände mit Kleinigkeiten zum schnellen Zugreifen aufbauen.

Aufgaben

1 Besucht einen Supermarkt in eurer Schulnähe.
a) Werden die oben genannten Regeln angewendet?
b) Nutzt der Supermarkt noch weitere Regeln, um den Kunden zum Kauf anzuregen? Wenn ja, formuliert weitere Regeln und zeichnet passende Schilder.

2 Gestaltet mit dem Computer einen Flyer mit Tipps zum Einkaufen im Supermarkt.

Wer bin ich?

Jeder Mensch hat unterschiedliche Interessen und Fähigkeiten. Diese sollte man kennen, um einen passenden Beruf zu finden. Du musst dich mit deinen Interessen und Fähigkeiten auseinandersetzen, damit du erkennst, welcher Beruf zur dir passt. Die folgenden Seiten sollen dir bei der Berufsfindung helfen.

Meine Interessen

Unter Interesse versteht man die Aufmerksamkeit, die eine Person einer Sache oder einer anderen Person entgegenbringt. Je größer diese Aufmerksamkeit ist, desto stärker ist das Interesse der Person. Auch die Hobbys einer Person werden als Interessen bezeichnet.
Für was du dich interessierst, hängt sehr stark von deinen persönlichen Vorlieben ab. Der eine beschäftigt sich am liebsten allein, während der andere gerne in der Gruppe aktiv ist. Manche Menschen betätigen sich im sportlichen Bereich, zum Beispiel mit Fußball. Andere haben ein Interesse an geistigen Aktivitäten wie zum Beispiel Schach. Die Interessen der Menschen sind unterschiedlich und können sich im Laufe des Lebens verändern.

Interessensabfrage

Ich arbeite gerne handwerklich.		Mir macht es Spaß, Dinge zu reparieren.	
Ich bediene gerne Maschinen.		Ich arbeite gerne mit Tieren und Pflanzen.	
Ich verbringe viel Zeit am Computer.		Ich koche gerne.	
Ich halte mein Zimmer sauber und ordentlich.		Ich mache gerne Experimente.	
Ich bastele oder male gerne.		Ich musiziere oder singe gerne.	
Ich interessiere mich für fremde Sprachen.		Ich helfe gerne anderen Menschen.	
Ich arbeite gerne mit Kindern.		Plane und organisiere gerne Events.	
Ich arbeite gerne alleine.		Ich bin gerne in der Natur.	
Ich mache gerne Sport.		Ich lese viel.	
Ich interessiere mich für Mathematik.		...	

Aufgaben

1 Beurteile deine Interessen, indem du dich in den aufgeführten Bereichen bewertest. Vervollständige dafür die Smileys mit einem freudigen, neutralen oder traurigen Gesicht. In dem leeren Feld kannst du ein Interesse eintragen, das noch nicht genannt wurde.

2 Du kennst nun deine Interessen. Stelle sie als Grafik, Collage, Fotogalerie oder Ich-Box (in der du Gegenstände aufstellst) dar.

Meine Fähigkeiten

Kinder sind auf die Hilfe erwachsener Personen angewiesen. Im Laufe ihres Lebens müssen sie viele Fähigkeiten entwickeln und erlernen, um selbstständig leben zu können. Beobachtest du deine Klassenkameraden, so stellst du fest, dass nicht alle über die gleichen Fähigkeiten verfügen. Der eine ist sehr gut in den sprachlichen Fächern, der andere im Sport oder ein anderer wird immer zum Klassensprecher gewählt. Woran liegt das?
An unterschiedlichen Gegebenheiten. Zum einen besitzt du angeborene Talente. Diese kannst du im Laufe deines Lebens durch Training weiter steigern. Andere Fähigkeiten kannst du erlernen und durch Übung verbessern. Du hast vielleicht kein angeborenes Sporttalent, aber durch viel Fleiß und Disziplin kannst du deine Leistungen ausbauen.
Nicht alle Menschen sind in allem gleich gut, denn die Fähigkeiten sind unterschiedlich entwickelt und trainiert. Für deine Berufswahl ist es wichtig, dass du weißt, in welchen Bereichen deine Fähigkeiten liegen.
Im unten stehenden Fähigkeiten-Puzzle sind einige Fähigkeiten dargestellt.

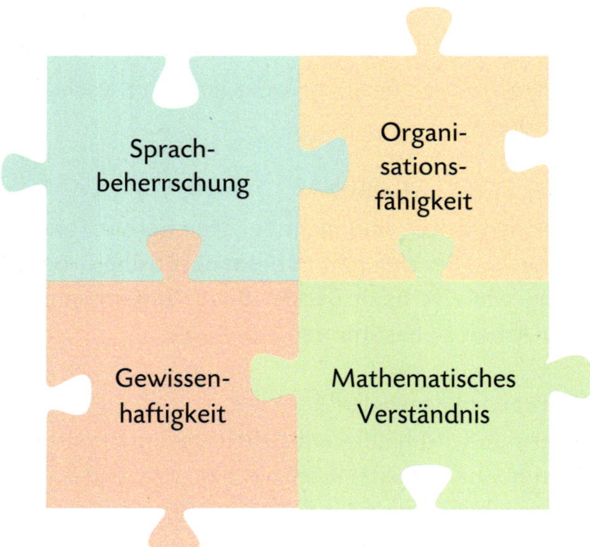

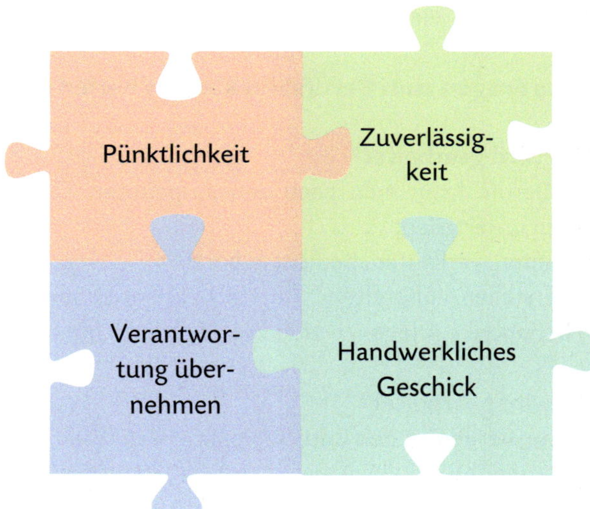

Aufgaben

1 Fallen dir weitere Puzzleteile (Fähigkeiten) ein?

2 Gestalte dein eigenes Fähigkeiten-Puzzle. Verwende nur Fähigkeiten, die bei dir gut entwickelt sind.

3 Bitte jemand anderen, deine Fähigkeiten einzuschätzen. Bastele dafür leere Puzzleteile, die von der Person beschriftet werden können.

4 Vergleiche beide Puzzles miteinander. Welche Gemeinsamkeiten und Unterschiede kannst du feststellen?

Welcher Beruf passt zu mir?

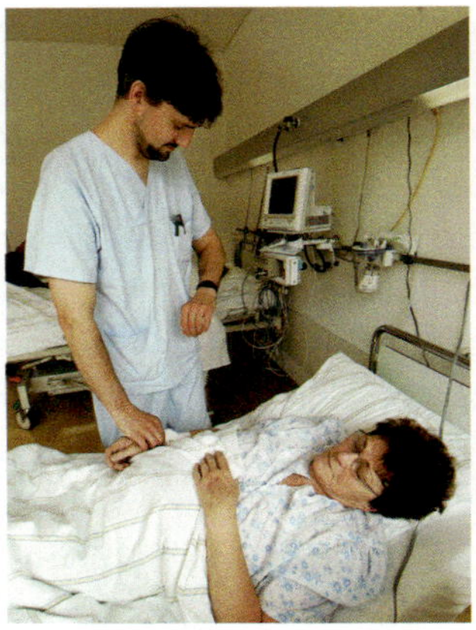

38.1–3 Verschiedene Berufsbilder: Zahntechnikerin, Krankenpfleger, Verkäuferin

Diese Fragen zum Berufsbild können helfen:

Was wird gearbeitet?
Die Berufe kann man nach den ausgeübten Tätigkeiten unterteilen:
- kaufen, verkaufen, bedienen, beraten,
- herstellen, zubereiten, Material bearbeiten oder
- behandeln, pflegen, erziehen und unterrichten.

Wo wird gearbeitet?
Berufe werden an den unterschiedlichsten Arbeitsorten ausgeübt. Es gibt Arbeitsorte wie Werkstatt, Fabrikhalle, beim Kunden vor Ort, auf Baustellen oder in einem Verkaufsraum.

Mit wem wird gearbeitet?
Je nach Beruf arbeitet man allein, im Team, immer mit den gleichen Personen oder auch mit wechselnden Kunden.

Wann wird gearbeitet?
Die Arbeitszeiten sind nicht bei allen Berufen gleich. In manchen Berufen gibt es besonders frühe Arbeitszeiten, wie z. B. beim Bäcker. Beim Gärtner gibt es mehr Arbeit zu bestimmten Jahreszeiten.

Womit wird gearbeitet?
In Berufen wird häufig mit Arbeitsgegenständen gearbeitet und Arbeitsmittel werden verwendet. Arbeitsgegenstände sind z. B. Materialien wie Metalle, Holz oder Baustoffe. Es können aber auch Tiere und Menschen sein. Zu den Arbeitsmitteln gehören Maschinen, Prüfgeräte oder Werkzeuge. Diese werden benötigt, um den Beruf ausüben zu können.

Aufgaben

1 Teste deine Talente auf www.planet-beruf.de.

2 Wähle drei Berufe aus, die zu deinen Interessen und Fähigkeiten passen.

3 Sammle Informationen zu einem der drei Berufe.

4 Gestalte mithilfe der im Text aufgestellten Leitfragen einen Steckbrief zu deinem Wahlberuf.

5 Überlegt euch in Kleingruppen Spiele, mit denen ihr möglichst viele Berufe kennenlernt, z. B. Activity, Quartett, Memory usw. Stellt eure Ergebnisse vor und testet sie in der Klasse.

Was sind Schlüsselqualifikationen?

Nicht für die Schule, sondern für das Leben lernen wir!

Schlüsselqualifikationen sind Fähigkeiten eines Menschen, die ihm wie ein Schlüssel die Tür zu einem erfolgreichen Berufsleben öffnen können. Zu den Schlüsselqualifikationen gehören **persönliche Kompetenzen**, z. B. Zuverlässigkeit oder Ausdauer, **fachliche Kompetenzen**, z. B. grundlegende mathematische oder wirtschaftliche Kenntnisse, und **soziale Kompetenzen**, z. B. Team- oder Konfliktfähigkeit. Diese Schlüsselqualifikationen werden in den Unternehmen von den Schulabgängern erwartet. Du solltest im Laufe deiner Schulzeit möglichst viele Schlüsselqualifikationen erwerben.

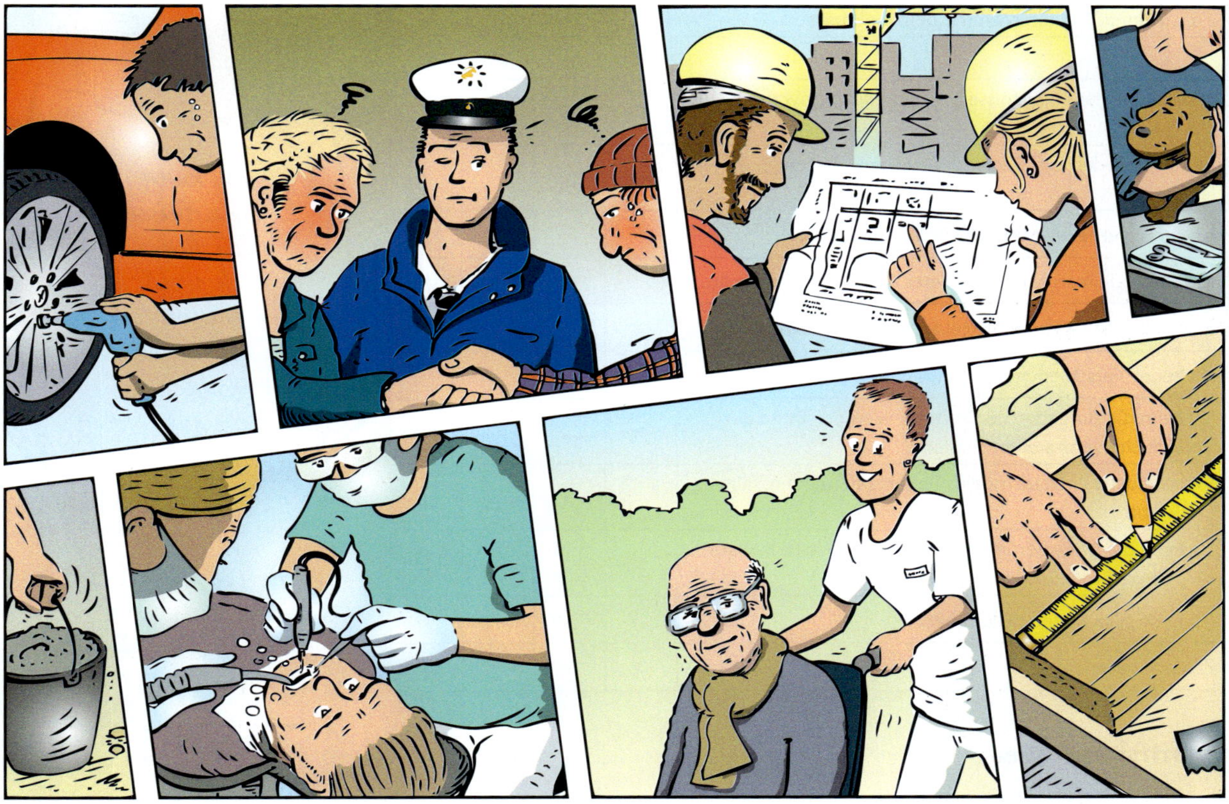

39.1

Aufgaben

1. Sammelt in einer Tabelle weitere persönliche, fachliche und soziale Kompetenzen.
2. In der Schule werden Schlüsselqualifikationen geübt. Schreibt Beispiele auf.
3. Sammelt alle auf dem Bild dargestellten Berufe.
4. Welche persönlichen, fachlichen und sozialen Kompetenzen sollte man für diese Berufe mitbringen?
5. Welche persönlichen, fachlichen und sozialen Kompetenzen benötigst du für deinen Traumberuf?

R Rückspiegel: Was habe ich gelernt?

Meine Stärken

- Übertragt den Selbsteinschätzungsbogen auf ein Blatt.
- Der Selbsteinschätzungsbogen kann um weitere Punkte ergänzt werden.
- Jede/r Einzelne füllt diesen für ihre/seine Kompetenzmappe aus.

Selbsteinschätzungsbogen Zum Thema: Auskommen mit dem Einkommen	Name: Max Klasse: 7 b			
	☺☺	☺	☹	☹☹
Ich kann meine Bedürfnisse in eine Bedürfnispyramide einordnen.		X		
Bedürfnisse den drei Bedürfnisarten zuzuordnen, fällt mir leicht.		X		
Ich führe gerne die Methode Rollenspiel durch.			X	
Ich weiß, wie man beim Kauf eines Gutes vorgehen sollte.		X		
Einen Haushaltsplan mit Excel anzulegen, ist einfach.	X			
Ich kenne verschiedene Einkommensquellen.	X			
Ich kann die Aufgaben der Stiftung Warentest und der Verbraucherzentralen benennen.	X			
Verschiedene Einkaufsmöglichkeiten aufzuzählen, fällt mir leicht.		X		
Ich kann die Anforderungen an ein Berufsbild (z. B. Gärtner) genau beschreiben.				X
Ich habe gute Noten bekommen.		X		
Zähle zusammen:	3	5	1	1

Begriffssammlung

Anfertigung der Karten

Besorge dir fünf einfarbige Blätter in DIN-A4. Falte jedes Blatt so, dass du 16 gleich große Karten erhältst. Schneide die Karten aus. Schreibe nun auf die Vorderseite der Karte einen neuen Begriff aus dem letzten Kapitel. Auf der Rückseite der Karte erklärst du den Begriff.

Bedürfnis

Persönliches Mangelempfinden des Menschen mit dem Ziel, den Mangel zu beseitigen.

Nutzen der Karten

Du kannst die Karten zur Vorbereitung auf Klassenarbeiten oder zur Wiederholung von Schuljahren verwenden. Fertige auch für die folgenden Kapitel am Ende Begriffskarten an. Verwende für jedes Kapitel eine andere Farbe. So kannst du beim Wiederholen mehrerer Kapitel die Begriffe anschließend wieder besser zuordnen. Lege die Karten am Ende in einen Briefumschlag und hefte diesen in deine Mappe. Du kannst auch eine Kartenbox anlegen.

Anwendung

Sammelt Ideen, zum Beispiel Spielideen, wie ihr die Karten nutzen könnt.

① Bedürfnisse sind persönliche Mangelempfindungen, mit dem Ziel, den 1) ______ zu beseitigen. Es gibt Bedürfnisse, die man mit Geld durch den Kauf von Waren und Dienstleistungen befriedigen kann. Sie werden als 2) __________ Bedürfnisse bezeichnet. Liebe, Anerkennung, Erfolg und Glück sind 3) ____________ Bedürfnisse. Sie lassen sich nicht mit 4) ____ erfüllen. Kann sich ein Verbraucher ein Bedürfnis tatsächlich leisten, so wird aus einem Bedürfnis im wirtschaftlichen Sinn ein 5) ______.
Geht man von der Bedeutung der Bedürfnisse für das tägliche Leben aus, so können drei große Bedürfnisarten unterschieden werden. Essen, Trinken, Kleidung und Wohnen sind 6) ________________.
Ein teures Auto, eine Villa oder eine Jacht gehören zu den 7) ________________.
Wichtig für die Lebensqualität, individuell unterschiedlich, aufschiebbar und austauschbar sind 8) ________________.

② Herr Müller erhält als Elektroingenieur monatlich einen Lohn von 2 700 Euro. Frau Müller arbeitet als Sekretärin halbtags bei der Stadtverwaltung und bezieht ein monatliches Gehalt von 900 Euro. Für die beiden Kinder erhalten sie Kindergeld. Zudem haben Müllers Geld gespart. Auf ihre Sparbucheinlagen von 5 000 Euro erhalten sie einen Jahreszins von 1,5 Prozent. Hinzu kommen Mieteinnahmen aus der Eigentumswohnung von monatlich 400 Euro. Aufgestockt wird der Etat der Müllers durch die mit im Haushalt lebenden Großeltern, die monatlich 40 Prozent ihrer Rente von 1 500 Euro in die Haushaltskasse geben.

Arbeitseinkommen	Gewinneinkommen	Bodeneinkommen	Kapitaleinkommen	Transfereinkommen

③ **Kreuzworträtsel**
1. In welchem Jahr wurde die Stiftung Warentest gegründet?
2. Von wem wurde die Stiftung Warentest gegründet?
3. Wie heißt eine Zeitschrift der Stiftung Warentest?
4. Die Stiftung Warentest wird mit öffentlichen Geldern unterstützt und finanziert sich durch ihre Veröffentlichungen. Sie ist daher in der Lage, ... zu beraten.

1.	?	?	?	?											
2.	?	?	?	?	?	?	?	?	?	?	?	?	?	?	?
3.	?	?	?	?											
4.	?	?	?	?	?	?	?	?	?	?					

Aufgaben

1 Ergänze die oben im Lückentext fehlenden Begriffe anhand der Nummern in deinem Heft.
2 Wie nennst du das Einkommen eines Arbeiters, Rechtsanwalts, Schauspielers, Soldaten, Unternehmers, Abgeordneten im Bundestag?
3 Ordne die im Text über Familie Müller genannten Einkommensarten den passenden Einkommensquellen zu. Übertrage hierzu die oben aufgeführte Tabelle auf ein Blatt.
4 Löse das Kreuzworträtsel zur Stiftung Warentest (ä = ä). Ergänze das Rätsel um weitere Fragen.

Der jugendliche Konsument

PRIVAT

Ein neues Handy für Lucas

Lucas ist 13 Jahre alt und besucht die siebte Klasse der Realschule plus.
Er geht gerne in die Schule. Nicht wegen des Unterrichts oder der tollen Lehrer, sondern weil die Mitschüler alle „super nett" sind. Die Klasse hält als große Gemeinschaft fest zusammen, vor allem, wenn es gegen die anderen siebten Klassen geht. Auch in der Freizeit unternimmt Lucas viel mit seinen Klassenkameraden. Er spielt im Verein Fußball und lernt Gitarre in der Musikschule. Er möchte nämlich später mit vier Jungs eine Band gründen.

44.1 Lucas ist wegen des alten Handys frustriert.

Für Lucas gibt es jedoch ein großes Problem. Wenn seine Freunde nach dem Sport, der Musikschule oder bei frühzeitigem Schulschluss ihr Handy rausholen und ihre Eltern anrufen, würde er sich am liebsten in einer Ecke verkriechen. Alle seine Mitschüler besitzen ein Handy. Die meisten verfügen sogar über eines der neusten Modelle.
Lucas besitzt seit der fünften Klasse das alte Handy seiner Mutter. Er hält es für eine Zumutung. Es ist in Lucas Augen größer als seine Butterbrotdose und hat keine tollen Extras. Einfach peinlich!

44.2 Lucas mit seinen Klassenkameraden

Zu seinem Geburtstag wünscht sich Lucas ein neues Handy.

Seine Eltern finden es übertrieben und denken, dass sich Lucas mit dem neuen Handy in Gefahr bringt. Wenn er im Internet surft, Fotos verschickt, Klingeltöne abonniert oder Sonstiges könnte er sich verschulden und die Familie in Schwierigkeiten bringen. Lucas ist anderer Meinung als seine Eltern. Er will unbedingt ein neues Handy!

44.3 Lucas in der Diskussion mit seinen Eltern

Aufgaben

1 Warum möchte Lucas ein neues Handy?
2 Warum sind Lucas Eltern gegen die Anschaffung eines neuen Handys?
3 Warum sind Handys unter Jugendlichen so beliebt?

Handynutzung im Alltag

Mittlerweile besitzt fast jeder Bürger der Bundesrepublik Deutschland ein Handy. Einige haben sogar mehrere Handys. Sie werden für verschiedene Zwecke genutzt. Folgende Personen nennen unterschiedliche Gründe für oder gegen die Handynutzung im Alltag:

„Mein Handy ist nur für den Notfall. Ich trage es ausgeschaltet in meiner Handtasche, weil ich vor der Handystrahlung Angst habe."

45.1 Karin, 45 Jahre, Künstlerin

„Das Handy ist in meinem Beruf nicht mehr wegzudenken. Ich bin viel mit dem Auto unterwegs und kann über die Freisprechanlage die Fahrtzeit für meine Arbeit sinnvoll nutzen. Auch plane ich alle Termine über den Terminkalender."

45.2 Richard, 30 Jahre, Bauingenieur

Achtung Handyverbot!
Sammelt Orte, an denen das Handy ausgeschaltet werden sollte und Orte, an denen das Handy ausgeschaltet werden muss!

45.3 Johanna, 50 Jahre, Mutter

„Ich nutze mein Handy, um für meine Familie erreichbar zu sein. Auch meine Kinder besitzen ein Handy. So können sie mich in Notfallsituationen immer anrufen. Das gibt mir das Gefühl von Sicherheit."

„Ich kann mir ein Leben ohne Handy nicht mehr vorstellen. Ich nutze es, um ins Internet zu gehen, Fotos zu machen oder Filme zu drehen. Es ist mein täglicher Begleiter. Ein Leben ohne Handy ist für mich nicht vorstellbar."

45.4 Tina, 15 Jahre, Schülerin

Aufgaben

1 Sucht aus den Aussagen die Vor- und Nachteile des Handygebrauchs heraus. Tipp: Legt zur besseren Übersicht eine Tabelle an.

2 Fallen euch noch weitere Vor- und Nachteile ein? Ergänzt diese in eurer Tabelle.

3 Schaltet euer Handy für einen Tag aus. Haltet schriftlich fest, wann und wofür ihr das Handy genutzt hättet. In Notfällen dürft ihr euer Handy natürlich benutzen!

M Methode: Befragung

Beispiel: Handynutzung von Jugendlichen

46.1 Das Handy gehört immer dazu.

Gesprächsauschnitt aus einer Befragung auf dem Schulhof zum Thema „Handynutzung von Jugendlichen".

Schüler 1: „Hi, wir machen eine Umfrage. Können wir dich etwas fragen?"
Befragter: „Mh."
Schüler 2: „Hast du ein Handy und wenn ja welches?"
Schüler 1: „Kannst du vielleicht etwas schneller antworten? Wir haben es eilig!"
Befragter: „Ja, Nokia."
Schüler 2: „Hast du ein Vertrags- oder Prepaidhandy?"
Befragter: „Was bedeutet Prepaid?"
Schüler 1: „Na ja, das weiß ich jetzt auch nicht. "

Pinnwand zur Befragung

Vorbereitung | Durchführung | Auswertung

- Gruppen-, Partner- oder Einzelarbeit
- vorstellen
- Fragebogen, Tonband ...
- ?
- Diagramme, Tabellen, Bilder ..., Tonband ...
- Einverständnis
- Ergebnisse sammeln
- bedanken
- freundlich sein
- Ziel der Befragung
- anonyme Befragung
- Fragen auf Gruppen verteilen
- Zeitpunkt
- Fragestellung
- PowerPoint, Plakat, Wandzeitung ...
- Zielgruppe

Einen Fragebogen gestalten

Zur Durchführung einer guten Befragung benötigst du Fragen, die du während des Gesprächs stellen kannst. Über diese musst du dir im Vorfeld Gedanken machen. Deine Fragestellung sollte geschickt formuliert werden, damit dein Gesprächspartner mit Ja oder Nein antworten oder aus einer Vielzahl von Antworten wählen kann. Du kannst auch Fragen stellen, auf die mit einem vollständigen Satz geantwortet werden kann. Bedenke jedoch, dass du viele Personen befragen möchtest und du die Antworten auf deinem Fragebogen schriftlich festhalten musst! Die erstellten Fragen solltest du zur übersichtlicheren Gestaltung in einem Textbearbeitungsprogramm, zum Beispiel Microsoft Word, festhalten.

Gestaltung eines Fragebogens:

1. Öffne Microsoft Word.
2. Speichere das Dokument unter einem zum Thema passenden Namen.
3. Gestalte eine Überschrift.
4. Unter der Überschrift solltest du kurz deinen Auftrag aufschreiben.
5. Nun legst du eine Tabelle an mit zwei Spalten und so vielen Zeilen, wie du Fragen formuliert hast.
6. Mit der ersten Spalte nummerierst du deine Fragen. In die zweite Spalte kommt deine Frage.
7. Die Vorgabe von Antworten zum Ankreuzen gestaltest du folgendermaßen: das Feld **Einfügen** anklicken und auf **Symbol** klicken. Nun öffnet sich ein Fenster, indem du das Kastensymbol (☐) auswählst und auf „Einfügen“ klickst. Kopiere das Zeichen in die Zwischenablage und füge es ein, wo du es brauchst.
8. Du kannst den Fragebogen nach deinen Vorstellungen gestalten.
9. Speichere den fertigen Fragebogen noch einmal ab und drucke ihn aus.

47.1

Fragebogen
zum Thema
„Handynutzung von Jugendlichen“

Wir sind Schüler der siebten Klasse der Realschule plus Bad Sobernheim und führen im Rahmen unseres Unterrichts eine Befragung zum Thema „Handynutzung von Jugendlichen“ durch.

1.	**Besitzt du ein Handy?**				
		☐ Ja		☐ Nein	
2.	**Welche Funktionen des Handys nutzt du?**				
		gar nicht	manchmal	häufig	ausschließlich
	SMS	☐	☐	☐	☐
	MMS	☐	☐	☐	☐

47.2 Beispiel für einen Fragebogen

Aufgaben

1 Was wurde im Gesprächsausschnitt auf Seite 46 von Schüler 1 und 2 falsch gemacht?

2 Ordnet die Karten der Pinnwand der Vorbereitung, Durchführung oder Auswertung einer Befragung zu. Formuliert weitere Tipps für die einzelnen Phasen.

3 Versucht, den Gesprächsauschnitt unter Beachtung aller Tipps nachzuspielen.

4 Führt eine Befragung zum Thema „Handynutzung bei Jugendlichen“ durch. Gestaltet hierzu einen Fragebogen und beachtet die Tipps zur Befragung.

5 Welche Materialien benötigt ihr für die Befragung?

Befragungsergebnisse in Diagramme umwandeln

Nach der Durchführung der Befragung zum Thema „Handynutzung von Jugendlichen“ sollen die Umfragewerte zur besseren Verdeutlichung mithilfe von Diagrammen präsentiert werden. Zuvor müssen jedoch die Ergebnisse der Gruppen gesammelt und die Ergebnisse in Tabellen eingetragen werden. Auf dieser Doppelseite lernt ihr die einzelnen Schritte von der Strichliste über die Tabelle zum Diagramm kennen.

Tabellen planen und erstellen

1. Die Ergebnisse eurer Befragung solltet ihr sammeln, indem jede Gruppe ihre Ergebnisse nennt und ein Protokollant die Daten per Strichliste von allen Gruppen mitnotiert.

1.	**Besitzt du ein Handy?**				
		☐ Ja 卌 卌 卌 ||||		☐ Nein |	
2.	**Welche Funktionen des Handys nutzt du?**				
		gar nicht	manchmal	häufig	aus schließlich
	SMS	☐	☐ 卌 |||	☐ ||	☐ 卌 卌
	MMS	☐ 卌 |||	☐ 卌 ||	☐ ||||	☐ |

2. Nun müssen die Ergebnisse in das Tabellenkalkulationsprogramm (hier: Microsoft Excel) übertragen werden. Hierzu öffnet ihr das Programm.
3. Es erscheint automatisch eine sogenannte „Arbeitsmappe“. Sie enthält drei Arbeitsblätter, auch „Tabellenblätter“ genannt. Die Tabellenblätter heißen: „Tabelle 1“, „Tabelle 2“ und „Tabelle 3“.
4. Tabellenblätter sind nützlich, um Auswertungen mit vielen Fragen zu untergliedern. Hierbei kann für jede Frage ein neues Tabellenblatt angelegt werden. Zur besseren Übersicht sollten die Tabellenblätter umbenannt werden.
5. Hierzu klickt man mit der rechten Maustaste auf die Bezeichnung „Tabelle 1“.
6. Nun die Funktion „Umbenennen“ auswählen und die neue Bezeichnung, zum Beispiel "Frage 1", eintragen und mit der „Enter-Taste“ abschließen. 1
7. Benötigt man mehr als drei Tabellenblätter, so können neue Tabellenblätter einfügt werden, indem entweder die Tastenkombination „Shift“ und „F11“ gedrückt oder das kleine Feld neben der letzten Tabelle anklickt wird. 2
8. Nun muss das Ergebnis jeder Frage in eine Tabelle auf einem Tabellenblatt übertragen werden.
9. Bei einfachen Antworten, zum Beispiel „Ja-Nein“-Antworten, kann man die Bezeichnung („Ja“ und „Nein“) und die Daten (19 oder 1) in Spalten neben- oder untereinander schreiben. Sind neben der Bezeichnung noch mehrere Auswahlmöglichkeiten (gar nicht, manchmal usw.) vorhanden, trägt man dies in mehrere Spalten und Zeilen ein.

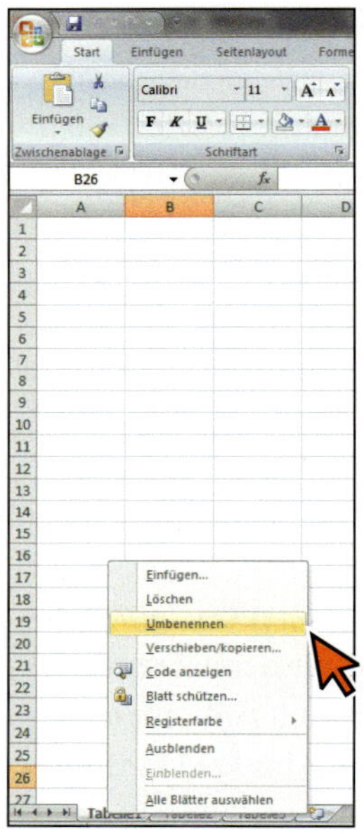

1

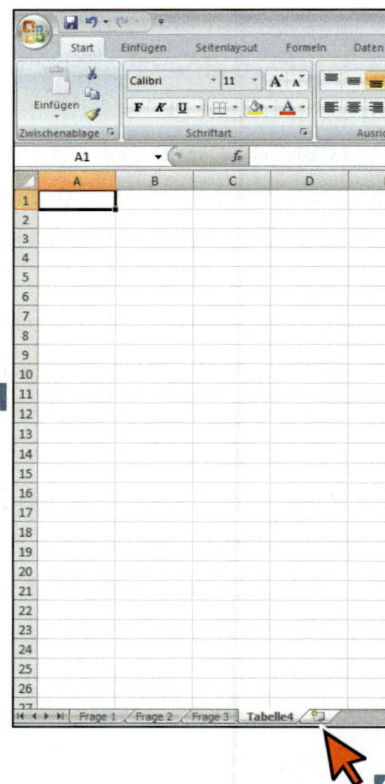

2

Info

Im markierten Bereich darf es keine leeren Spalten oder Zeilen geben, da sonst im Diagramm Leerstellen entstehen.

Diagramme erstellen

1. Markiert die Zellen mit den Bezeichnungen und Daten, die im Diagramm dargestellt werden sollen.
2. Im Register bei „Einfügen" unter „Diagramme" einen Diagrammtyp, z. B. „Balken" anklicken. 3
3. Im geöffneten Fenster die gewünschte Diagrammform auswählen, zum Beispiel „2D-Balken". 4 Klickt man auf „Alle Diagrammtypen", öffnet sich das Fenster mit allen möglichen Diagrammarten.
4. Bei der verwendeten Form des Balkendiagramms wird an der X-Achse die Skala passend zur Größe der Daten automatisch erstellt. An der Y-Achse werden die Daten mit den in der Tabelle aufgeführten Bezeichnungen benannt. 5
5. Das Diagramm erhält eine Überschrift, indem im Register bei „Layout" auf „Diagrammtitel" geklickt wird. Nach dem Auswählen einer Titeloption kann die Überschrift in das Textfeld eingetragen werden. 6 7
6. Die Achsen des Diagramms werden beschriftet, indem man im Register bei „Layout" auf „Achsentitel" klickt. Nun kann über „Titel der horizontalen Primärachse" die X-Achse beschriftet und über „Titel der vertikalen Primärachse" die Y-Achse betitelt werden. 8 9
7. Im Register bei „Layout" kann unter „Legende" bestimmt werden, ob eine Legende (Erläuterung) zum Diagramm angezeigt werden soll und an welcher Stelle. Die Legende sollte ausgeblendet werden. 10
8. Die einzelnen Balken im Diagramm können noch beschriftet werden, indem man im Register bei „Layout" auf „Datenbeschriftung" klickt. Zur besseren Übersicht sollte man für die Balkenbeschriftung „Ende außerhalb" wählen.
9. Das erstellte Diagramm kann durch Ziehen mit der Maus an eine andere Position verschoben werden.

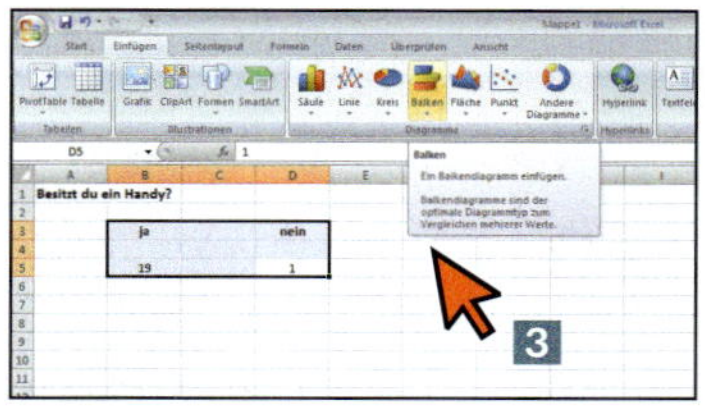
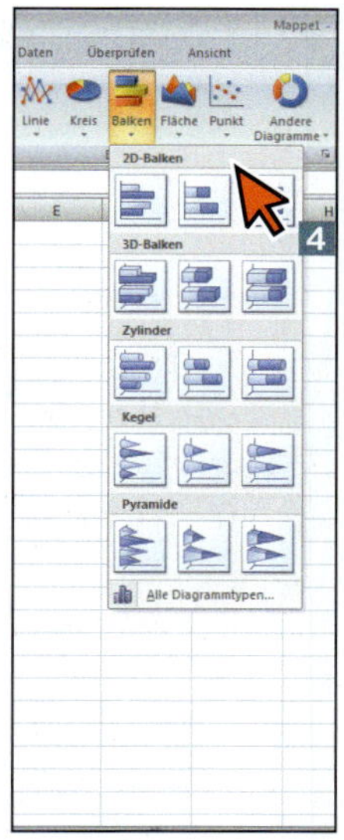
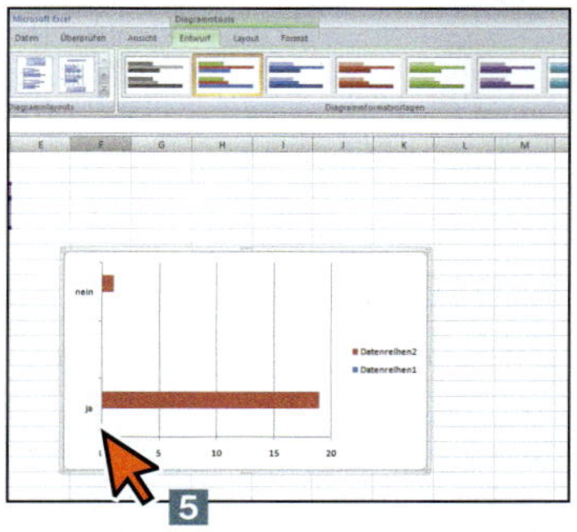
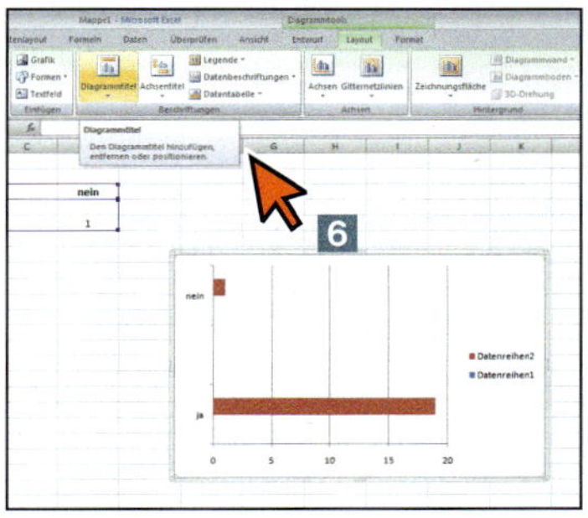
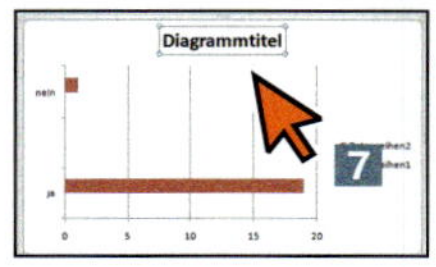
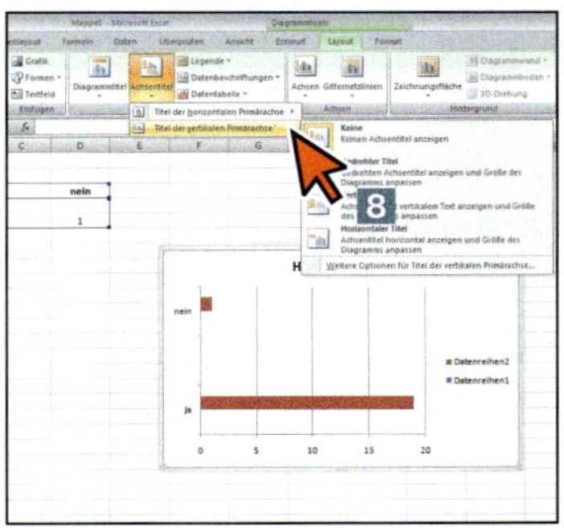
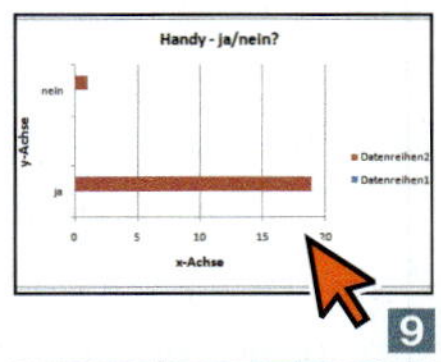
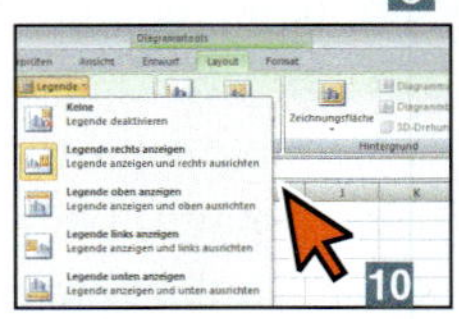

Aufgaben

1 Erstellt Diagramme zu eurer durchgeführten Befragung.

2 Testet auch einmal andere Diagrammtypen als das Balkendiagramm.

3 Versucht, in einem der erstellten Diagramme den Hintergrund und die Balken farblich zu verändern.

4 Überlegt euch, wie ihr eure Diagramme präsentieren wollt, zum Beispiel mit einem Präsentationsprogramm oder auf Plakaten.

Werbung beeinflusst das Verbraucherverhalten

50.1 Immer wieder gibt es neue Klingeltöne.

Lucas: „Oh, cool ...!"
Mutter: „Lucas, was ist denn los?"
Lucas: „Mama, schau doch mal. Ist das Handy nicht toll?"
Mutter: „Wir haben es eilig!"
Lucas: „Auf das Handy bin ich schon vor ein paar Tagen in der Fernsehwerbung aufmerksam geworden."
Mutter: „Ach Lucas, komm schon."
Lucas: „Genau dieses Handy möchte ich haben. Es sieht super aus, hat viele Funktionen und ist sehr günstig."
Mutter: „Na Lucas, bei dir hat AIDA aber super gewirkt!"
Lucas: „Hä ..., was ist los?"

Die Rolle der Werbung

Ein Unternehmen, das Waren herstellt, will sie auch verkaufen. Aber woher sollen die Verbraucher wissen, welche Waren es gibt und wo man sie bekommt?

Die Unternehmen nutzen Werbung, um ihre Produkte bei den Verbrauchern bekannt zu machen und um über die Merkmale der Produkte zu informieren, zum Beispiel über die besonderen Eigenschaften oder den Preis eines Handys. Mithilfe von Farben, Bildern oder Musik versucht die Werbung den Kunden zu beeinflussen und ein Bedürfnis bei ihm zu wecken.

Werbung soll für das Produkt eine positive Vorstellung (Image) beim Kunden aufbauen und es gegenüber Konkurrenzprodukten abgrenzen. Eine gelungene Werbung regt den Verbraucher zum Kauf des Produktes an.

Deshalb stellt Werbung immer die „Schokoladenseite" des Produktes dar, nämlich seinen Nutzen und seine Vorteile, aber nicht seine Schwachstellen. Das gelingt besonders gut, wenn die Werbung neben sachlichen Informationen auch Gefühle, Wertschätzungen und Einstellungen des Konsumenten anspricht und zu beeinflussen versucht. Den Wirkungsablauf von Werbung beschreibt man mit der sogenannten **AIDA-Formel**:

A	=	attention	=	Aufmerksamkeit erregen
I	=	interest	=	Interesse auf das Produkt lenken
D	=	desire	=	Besitzwunsch anregen
A	=	action	=	zum Handeln, Kaufen bringen

Aufgaben

1 Seid ihr von der Werbung auch schon mal zum Kauf verführt worden?
2 Welche Funktionen hat Werbung für ein Unternehmen?
3 Untersucht Werbeanzeigen aus Zeitschriften: Mit welchen Mitteln wird versucht, das AIDA-Prinzip zu berücksichtigen?

Werbung für junge Kunden

Die Anbieter von Produkten und Dienstleistungen wissen, dass Kinder und Jugendliche eine lohnende Kundengruppe sind. Durch Taschengeld, Geldgeschenke zum Geburtstag und zu Weihnachten, kleinere Nebenjobs und Ferienarbeiten sowie Sparguthaben haben sie im Jahr circa 20,43 Milliarden Euro zur Verfügung.

Im Durchschnitt bekommen in Deutschland Kinder und Jugendliche im Alter zwischen 13 und 15 Jahren 40 Euro Taschengeld im Monat. Im Alter zwischen 16 und 19 Jahren sind es sogar 190 Euro. Das Taschengeld wird zum größten Teil für Süßigkeiten und Zeitschriften ausgegeben.

Die Kinder und Jugendlichen beeinflussen sehr stark die Kaufentscheidungen ihrer Eltern. Sie sind Informanten über neue Produkte. Mädchen beeinflussen dabei ihre Eltern mehr als Jungen. Dies gilt besonders bei Modefragen, Kosmetik und Körperpflegeprodukten. Einen besonders hohen Einfluss haben Jungen beim Kauf von Mofas, Motorrädern, Taschenrechnern, Computern und Sportgeräten. Beim Kauf von Produkten achtet die junge Generation auf Markenprodukte. Besonders wichtig ist ihnen das bei Sportschuhen, Taschen, Ranzen und Rucksäcken sowie Jeans. Die Eltern kaufen die gewünschten Produkte, damit ihr Kind nicht ausgegrenzt wird und um es zufrieden zu machen.

Die beliebteste Freizeitbeschäftigung der Kinder und Jugendlichen ist es, Zeit mit Freunden zu verbringen, dicht gefolgt vom „Shoppen gehen". Hierbei geben sie gerne Geld aus.

Die genannten Gründe verdeutlichen, warum Kinder und Jugendliche für die Werbeindustrie eine interessante Zielgruppe darstellen. Die Ausgaben der Unternehmen für Werbung, die sich an Kinder und Jugendliche richten, lohnen sich.

51.1 Markenartikel – von Kindern gewünscht

Aufgaben

1 Nennt Gründe, warum Kinder und Jugendliche für die Werbeindustrie eine interessante Zielgruppe darstellen. Fallen euch weitere Punkte ein?

2 Berichtet, ob und bei welchen Kaufentscheidungen ihr eure Eltern beeinflusst.

3 Nennt Unternehmen, die sich mit ihrer Werbung vorwiegend an Kinder und Jugendliche richten.

4 Erklärt die Abbildung 51.1.

5 Aus welchen Gründen könnte sich Werbung mit Kindern für Unternehmen lohnen?

6 Untersucht TV-Werbespots und Werbeanzeigen aus Zeitschriften auf Werbung mit Kindern.

Festvertrag oder Prepaidkarte?

52.1 Hendrik, Anna-Lena, Noah, Lucas unterhalten sich über Handys.

Aufgaben

1 Internetrecherche

a) Lies die Methodenseite zur Internetrecherche (Seite 53).

b) Informiere dich anschließend im Internet zu den Themen „Festvertrag" und „Prepaidkarte" für das Handy und erstelle eine Tabelle, in der du Festvertrag und Prepaidkarte nach folgenden Kriterien vergleichst: Grundgebühr, Mindestvertragslaufzeit, Gebühr pro Gespräch, Gebühr pro SMS, Kauf durch Minderjährige möglich, Sonstiges.

2 Warum ist das Prepaidhandy für Kinder und Jugendliche sinnvoll?

3 Stimmt die Aussage von Noah, dass der Handy-Festvertrag immer günstiger ist als die Handy-Prepaidkarte?

4 Wie würdest du auf Lucas Frage antworten?

M Methode: Internetrecherche

Das Internet bietet uns viele Möglichkeiten, schnell Informationen zu allen denkbaren Themen aus allen Teilen der Welt zu besorgen. Allerdings führt die unglaubliche Menge an Informationen auch dazu, dass das Internet als Dschungel erscheint, in dem man sich schnell verirren kann. Was sollte man beachten?

Vorbereitung einer Internetrecherche
Bevor man startet, muss man sich darüber im Klaren sein, was man überhaupt genau sucht.

Folgende Fragen helfen dabei:
- Zu welchem Schwerpunktthema sollen Informationen beschafft werden?
- In welche einzelnen Unterthemen kann das Thema unterteilt werden?
- Wofür werden die Rechercheergebnisse benötigt?
- Welche Informationsquellen erscheinen für das angestrebte Ziel sinnvoll?

Gerade die letzten beiden Fragen sind wichtig, denn abhängig davon, was ich am Ende mit der Information machen will (z. B. Nutzung für ein Referat, zur Vorbereitung einer Klausur, zur Erstellung eines Schülerzeitungsartikels), ist mal ein fachlicher Text, mal ein aktueller Zeitungsartikel, mal eine grafisch dargestellte Statistik usw. sinnvoll.

Durchführung einer Internetrecherche
Sofern man die genaue Internetadresse des gesuchten Informationsanbieters nicht kennt, helfen Suchmaschinen, Übersicht im Internet zu erhalten. Mit ihnen kann man nach bestimmten Begriffen die vielen Millionen Seiten des Internets durchsuchen lassen und bekommt die besten Treffer übersichtlich angezeigt.

Allerdings gibt es viele solcher Suchmaschinen. Keine von ihnen ist in der Lage, alle Seiten im Netz nach den gewünschten Inhalten zu durchsuchen. Für unsere Zwecke reicht es aus, in einem ersten Schritt die größten Suchmaschinen anzuwählen, die nebenstehend aufgeführt sind.

Auswertung einer Internetrecherche
Ganz wichtig ist es, dass man die im Internet gefundenen Informationen kritisch bewertet. Folgende Fragen sollte man klären, bevor man die gefundenen Informationen verwendet:
- Von wem kommt die Information?
- Wann wurde die Information veröffentlicht?
- Um welche Form der Information handelt es sich (z. B. Nachricht)?
- Welche Interessen werden vom Anbieter der Information generell vertreten und welche Funktion erfüllt der gefundene Beitrag in diesem Zusammenhang?

Suchmaschinen

Spezielle Kindersuchmaschinen:
www.blinde-kuh.de
www.helles-koepfchen.de
www.fragfinn.de

Andere Suchmaschinen:
www.google.de
www.bing.de
www.yahoo.de
www.mns.de

Aufgaben

1 Kennt ihr weitere Kindersuchmaschinen?

2 Recherchiert im Internet nach Seiten, die Kindern und Jugendlichen im Umgang mit dem Handy helfen.

Handytarife im Vergleich

Mit dem Handy SMS schreiben, im Internet surfen, telefonieren, Fotos versenden oder Klingeltöne herunterladen sind tolle Beschäftigungen, die viel Freude machen, aber auch sehr viel Geld kosten.

Lucas hat dies von seinen Eltern schon viele Male als Argument gegen die Anschaffung eines neuen Handys gehört. Jetzt reicht es ihm! Er möchte herausfinden, welche Kosten bei einem neuen Handy tatsächlich auf ihn zukämen.

Lucas macht sich auf die Suche nach seinen Gebrauchswerten beim alten Handy. Er nutzt es vor allem zum Empfangen und Versenden von SMS. Gelegentlich ruft er seine Eltern an, wenn er abgeholt werden muss. Insgesamt nutzt er das Handy im Monat folgendermaßen:

- **Telefonate**
  120 Minuten pro Monat ins Mobilfunknetz
  100 Minuten pro Monat ins Festnetz
- **SMS**
  70 Mitteilungen pro Monat

Lucas hat vier Angebote für Handytarife herausgesucht.

54.1 Lucas telefoniert viel, ohne an die Kosten zu denken.

Anbieter 1	**Mocelet** Festvertrag mit Handy
Grundgebühr	14,95 € monatlich
Festnetz national	0,29 €/Min.
Mobilfunk intern	0,29 €/Min.
Mobilfunk extern	0,29 €/Min.
SMS extern	0,19 €/SMS
SMS intern	0,19 €/SMS
Mailbox	0,29 €/Min.
Mindestumsatz	kein
Vertragslaufzeit	Mindestlaufzeit 24 Monate
Einrichtungsgebühr	24,95 €
Startguthaben	–
Sonstiges	30 Minuten pro Monat frei für Inlandsgespräche in alle Mobilfunknetze und ins Festnetz; Weekend Flat

Anbieter 2	**Idla** Prepaidkarte ohne Handy
Grundgebühr	keine
Festnetz national	0,11 €/Min.
Mobilfunk intern	0,03 €/Min.
Mobilfunk extern	0,11 €/Min.
SMS extern	0,11 €/SMS
SMS intern	0,03 €/SMS
Mailbox	0,00 €/Min.
Mindestumsatz	kein
Vertragslaufzeit	keine
Einrichtungsgebühr	Starter-Set 12,99 €
Startguthaben	10,00 €
Sonstiges	MMS-Versand in alle Netze 0,39 €/MMS Internet 0,24 €/MB

Anbieter 3	**Ratsgnoc** Festvertrag mit Handy und Full Flat
Grundgebühr	59,99 € monatlich
Festnetz national	Flatrate
Mobilfunk intern	Flatrate
Mobilfunk extern	Flatrate
SMS extern	0,19 €/SMS
SMS intern	0,19 €/SMS
Mailbox	Flatrate
Mindestumsatz	kein
Vertragslaufzeit	24 Monate
Einrichtungsgebühr	keine
Startguthaben	keins
Sonstiges	0,39 €/MMS in alle Netze

Anbieter 4	**Esab** Festvertrag ohne Handy
Grundgebühr	keine
Festnetz national	0,19 €/Min.
Mobilfunk intern	30 Freiminuten, jede weitere Minute 0,19 €
Mobilfunk extern	0,19 €/Min.
SMS extern	0,19 €/SMS
SMS intern	30 Frei-SMS, jede weitere SMS 0,19 €
Mailbox	keine
Mindestumsatz	kein
Vertragslaufzeit	24 Monate
Einrichtungsgebühr	keine
Startguthaben	keins
Sonstiges	Nach Belieben sind Flatrates kostenlos monatlich hinzubuchbar und abwählbar.

55.1 Lucas prüft die verschiedenen Tarife.

55.2 Lucas hat einen günstigsten Tarif gefunden.

Aufgaben

1. Schreibt die verwendeten Fachbegriffe heraus und klärt ihre Bedeutung.
2. Berechnet mit den Gebrauchswerten von Lucas die möglichen Handykosten für alle vier Anbieter.
3. Welches Angebot wäre für Lucas geeignet?
4. Sucht im Internet nach günstigeren Tarifen.
5. Schreibe deinen Handygebrauch auf und prüfe, ob dein Vertrags- oder Prepaidhandy für dich wirklich am günstigsten ist.

Darf sich Lucas ein Handy kaufen?

Paul: „Na Jungs, was wollen wir heute in der Stadt machen?"
Martin: „Sollen wir im Elektromarkt nach den neuesten Handys schauen?"
Lucas: „Das ist eine tolle Idee. Ich möchte mir doch ein eigenes Handy kaufen."
Paul: „Hast du denn genug Geld?"
Lucas: „Ich habe zu meinem dreizehnten Geburtstag von meinen Großeltern 150 Euro bekommen. Auf der Karte von Opa und Oma stand: ‚Erfülle dir einen Wunsch.'"
Martin: „150 Euro reichen doch nicht für ein neues Handy!"
Lucas: „In meiner Spardose sind noch 50 Euro Taschengeld. Laut meinen Eltern darf ich damit machen, was ich will."
Paul: „Na dann mal los! Kaufen wir Lucas ein cooles Handy."

56.2 Lucas will sich mit seinen Freunden ein Handy kaufen.

56.1 Lucas zeigt seinen Eltern das neue Handy.

Lucas: „Schaut mal her, endlich habe ich ein eigenes Handy."
Vater: „Woher hast du das Geld für so ein teures Handy?"
Lucas: „Ich hatte 150 Euro Geburtstagsgeld und 50 Euro Taschengeld. Damit habe ich mir das Handy gekauft."
Vater: „Du solltest das Geld doch sparen."
Mutter: „Wir bringen das Handy sofort zurück. Du hattest nicht unsere Zustimmung!"
Lucas: „Über mein Taschengeld kann ich doch selbst bestimmen. Ich bin doch schon dreizehn Jahre alt."
Vater: „Nur solange wir einverstanden sind."

Aufgaben

1 Durfte sich Lucas das Handy kaufen? Diskutiert in der Klasse.

2 Wie könnte die Rückgabe des Handys im Laden ablaufen? Plant ein Rollenspiel und spielt es vor der Klasse.

57.1

Geschäftsfähigkeit

Im täglichen Leben sind viele Bereiche durch Gesetze geregelt. Diese Gesetze findet man unter anderem im Bürgerlichen Gesetzbuch (BGB). Das BGB legt auch fest, ab wann eine Person **geschäftsfähig** ist, also selbstständig ein rechtlich wirksames Geschäft abschließen darf.

Es werden drei Arten von Geschäftsfähigkeit unterschieden.

Geschäftsunfähigkeit	beschränkte Geschäftsfähigkeit	volle Geschäftsfähigkeit
unter 7 Jahren	7 Jahre bis unter 18 Jahren	ab 18 Jahren
Geschäfte, die ein Geschäftsunfähiger abschließt, sind nichtig (ungültig). Für den Geschäftsunfähigen handelt der gesetzliche Vertreter, zum Beispiel die Mutter/der Vater oder der Vormund.	Beschränkt Geschäftsfähige können Geschäfte abschließen. Sie sind jedoch erst wirksam, wenn der gesetzliche Vertreter zustimmt. Ohne Zustimmung ist das Geschäft schwebend unwirksam.	Voll Geschäftsfähige können selbstständig rechtlich wirksame Geschäfte abschließen. Sie tragen jedoch auch die volle Verantwortung für ihr Handeln.

Beschränkt Geschäftsfähige können in folgendem Ausnahmefall ohne die Zustimmung eines gesetzlichen Vertreters ein Geschäft abschließen.

Bürgerliches Gesetzbuch
§ 110 Bewirken der Leistung mit eigenen Mitteln (Taschengeldparagraf):
Ein von dem *Minderjährigen* ohne Zustimmung des *gesetzlichen Vertreters* geschlossener Vertrag gilt als von Anfang an *wirksam*, wenn der Minderjährige die *vertragsmäßige Leistung mit Mitteln bewirkt*, die ihm zu diesem Zweck oder zu freier Verfügung von dem Vertreter oder mit dessen Zustimmung von einem *Dritten* überlassen worden sind.

Aufgaben

1 Erklärt mit eigenen Worten die im Taschengeldparagraf kursiv geschriebenen Wörter.

2 Übertragt den Taschengeldparagrafen auf den Fall Lucas. Erklärt die kursiv geschriebenen Begriffe.

3 Darf sich Lucas ein Handy kaufen? Begründe deine Meinung.

4 Löst folgende Fälle:

a) Kevin (neun Jahre) kauft vor der Schule beim Bäcker eine Brezel für 70 Cent.

b) Für die Klassenfahrt will Tina (15 Jahre) unbedingt eine neue Digitalkamera, mit der sie auch Videos drehen kann. Ohne das Wissen ihrer Eltern kauft sie eine Kamera für 200 Euro.

c) Die fünf Jahre alte Heike holt aus ihrer Spardose 20 Euro und kauft auf der Kirmes Karten für mehrere Fahrten mit dem Karussell.

Der Kaufvertrag und Pflichten des Käufers und des Verkäufers

Nachdem Lucas ohne Zustimmung seiner Eltern das Handy gekauft hat, sitzt die Familie zusammen und überlegt, wie sie nun vorgehen wird.

58.1 Vater, Mutter und ein irritierter Lucas im Gespräch

Ob man ein Paar Schuhe, ein Auto, eine Brezel oder ein Fernsehgerät kauft, ist rechtlich gesehen gleich: In jedem Fall wird ein Kaufvertrag abgeschlossen.
Natürlich spielt sich der Kauf eines Autos anders ab als der Kauf einer Brezel. Beim Erwerb eines Autos wird üblicherweise der Kauf durch Unterschriften auf einem Vertragsformular festgehalten. Das ist sinnvoll, falls es später Unstimmigkeiten gibt – erforderlich ist die Schriftform jedoch nicht.
Rechtlich gesehen setzt ein Kaufvertrag eine Einigung über den Kauf durch übereinstimmende Willenserklärung voraus. Zunächst ist dabei ein Angebot zum Abschluss eines Vertrages, genannt „Antrag", an einen Anderen erforderlich. Dieser kann durch seine Willenserklärung, genannt „Annahme", eine Einigung über den Kauf herbeiführen. Welcher der beiden Vertragspartner den Antrag und welcher dann die Annahme erklärt, hängt von der Situation ab. Geht zum Beispiel ein Kunde zum Autohändler und will dort einen neuen Wagen kaufen, geht der Antrag vom Käufer aus. Ruft jedoch der Autohändler einen Kunden an und bietet ein bestimmtes Modell an, dann geht der Antrag vom Verkäufer aus.
Rechtlich gesehen ist es ohne Bedeutung, wie die beiden Willenserklärungen Antrag und Annahme geäußert werden: mündlich, schriftlich oder durch ein entsprechendes Verhalten.

Aus einem Kaufvertrag entstehen für die Vertragspartner Verpflichtungen:
- Der Verkäufer muss dafür sorgen, dass dem Käufer der Kaufgegenstand rechtzeitig und mängelfrei übergeben wird. Er muss das Geld des Käufers annehmen.
- Der Käufer muss den Kaufpreis rechtzeitig zahlen und den Kaufgegenstand annehmen.

Grundsätzlich gilt, dass ein Kaufvertrag nicht mehr rückgängig gemacht werden kann, auch nicht, wenn man es sich in der Zwischenzeit anders überlegt hat. Es gibt jedoch Ausnahmen, die auf den folgenden Seiten erklärt werden.

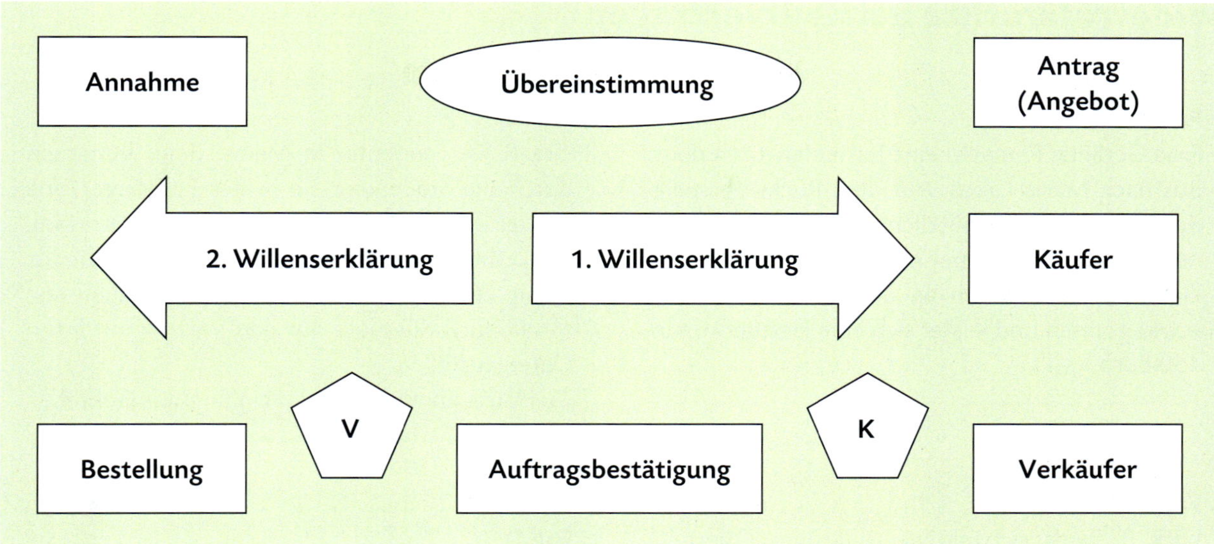

Aufgaben

1 Erstellt aus den oben abgebildeten Elementen ein Tafelbild zum Thema „Wie ein Kaufvertrag zustande kommt". Es ist hilfreich, wenn ihr Karten mit den Begriffen bastelt und das Tafelbild erst einmal legt. Nach der Besprechung könnt ihr die Karten dann richtig aufkleben.

2 Nehmt Stellung zu den Äußerungen in den Sprechblasen.

Widerrufsrechte bei Kaufverträgen

Fall A
Frau Gerlinde R. macht eine Kaffeefahrt mit dem Bus nach Maria Laach. Auf dem Rückweg stellt der Reiseleiter viele nützliche Produkte für Rentner vor. Alle Teilnehmer kaufen kräftig ein. Auch Gerlinde möchte sich an diesem schönen Tag etwas gönnen und leistet sich eine Heizdecke für 450 Euro.

Fall B
Nick P. kauft sich ein neues grünes Oberteil. Am nächsten Tag in der Schule erfährt er, dass die Mädchen die Farbe grün hässlich finden. Er möchte sein Oberteil nun zurückgeben.

Fall C
Lisa R. ist Studentin in Mainz. Beim Bummeln durch die Stadt wird sie in der Fußgängerzone von einem netten jungen Mann angesprochen. Er erzählt ihr von einer tollen Zeitung, die sie für wenig Geld unverbindlich für zwei Wochen testen könnte. Sie muss nur den Vertrag mit ihren Daten ausfüllen.
Zu Hause überkommt Lisa ein ungutes Gefühl.

Fall D
Oma Renate unterschreibt in ihrer Wohnung bei einem netten Verkäufer einen Vertrag für eine Versicherung.

Hintergründe zu den Fällen
Verträge sind grundsätzlich bindend und müssen von beiden Vertragspartnern eingehalten werden. Als Kundenservice nehmen fast alle großen Kaufhäuser gekaufte Waren gegen Vorlage des Kassenbons zurück oder tauschen sie um. Ein Rechtsanspruch des Kunden auf Rücknahme oder Umtausch besteht allerdings nicht. Normalerweise kann der Kauf einer einwandfreien Ware nicht rückgängig gemacht werden. Vor den Folgen eines übereilten Vertragsabschlusses schützt nur die Vereinbarung eines Rücktrittsrechts, das vorsorglich schriftlich im Vertrag festgehalten werden sollte.
Nur in wenigen Ausnahmefällen hat der Gesetzgeber Käufern das Recht eingeräumt, sich einseitig von der vertraglichen Bindung zu lösen und den Vertrag durch die Erklärung eines Widerrufs nichtig zu machen. Diese Ausnahmen wurden zum Schutz der Kunden vor einer übereilten Vertragsbindung oder Überrumpelung gesetzlich festgelegt.

Verträge, die widerrufen werden können:
- Abzahlungsvertrag, bei dem der Käufer den Kaufpreis in mehreren Raten begleicht,
- Vertrag mit regelmäßiger Lieferung gleicher Art (z. B. Zeitschriftenabonnement),
- Vertrag, der zur Abnahme einer regelmäßigen Leistung verpflichtet (z. B. Buchclub),
- Vertrag mit Teillieferungen und Teilzahlungen (z. B. Büchergesamtausgaben, Lexika),
- Vertrag, der im Bereich der Privatwohnung oder am Arbeitsplatz abgeschlossen wurde,
- Vertrag, der bei einer Freizeitveranstaltung abgeschlossen wurde (z. B. Kaffeefahrt),
- Vertrag, der in öffentlichen Verkehrsmitteln oder im Bereich öffentlich zugänglicher Verkehrswege abgeschlossen wurde.

Fernabsatzverträge sind Verträge, die per Telefon, E-Mail oder im Internet abgeschlossen wurden. Die Verbraucher können die gekaufte Ware innerhalb einer Frist von 14 Tagen zurückgeben und erhalten den Kaufpreis zurück. Auch bei Fernabsatzverträgen gibt es aber keinen Widerruf, wenn der Kaufgegenstand speziell für den Kunden angefertigt wurde.

Aufgabe

Können Gerlinde, Nick, Renate und Lisa ihre Kaufverträge widerrufen? Begründe deine Entscheidung.

M Methode: Partnerbriefing

Partnerbriefing: Was ist das?
Partnerbriefing ist eine spezielle Form der Partnerarbeit. Man arbeitet zunächst einzeln und informiert sich dann gegenseitig über das, was man erarbeitet hat. Der englische Ausdruck „Briefing" bedeutet, einen Partner mit Informationen zu versorgen. Die Aufgabe des Briefings übernehmen die Partner abwechselnd.
Auf der folgenden Doppelseite werden zwei Informationstexte vorgestellt, die sich zur Einübung der Methode gut eignen. Jeder Partner bearbeitet einen Text, um dann dem Partner gegenüber den Inhalt mit eigenen Worten zusammenzufassen.

Warum ist das wichtig?
Die Methode verbessert das Verständnis schwieriger Texte. Man trainiert, einen Text stichwortartig zusammenzufassen und den Inhalt des Textes mündlich gut verständlich wiederzugeben. Man übt das konzentrierte Lesen, das gute Sprechen und das gute Zuhören. Ein weiterer großer Vorteil der Methode besteht darin, dass man nur einen Text zu lesen braucht, aber über zwei Texte informiert wird.

Wie macht man das?

Erster Schritt: Bildung von Partnerschaften
Die beiden Texte A und B auf der folgenden Doppelseite werden auf Partner A und Partner B aufgeteilt. Es ist sinnvoll, wenn Banknachbarn zusammenarbeiten. Allein sitzende Schüler finden sich als Zweierteam zusammen. Sollte die Schülerzahl ungerade sein, wird eine Dreiergruppe gebildet.

Zweiter Schritt: Textbearbeitung in Einzelarbeit
Jeder liest nun seinen Text zweimal. Beim zweiten Lesen werden wichtige Informationen unterstrichen. Nun fertigt jeder Schüler einen Merkzettel zu seinem Text an. Es ist sinnvoll, nur Stichworte auf dem Zettel festzuhalten, damit beim Vortrag nicht alle Informationen abgelesen werden. Der Merkzettel soll helfen, dem Partner gegenüber den Inhalt des Textes möglichst frei zu berichten.

Dritter Schritt: Briefing mit festen Regeln
Runde 1: Auf das Startzeichen hin erklärt Partner A dem Partner B nur mithilfe seines Merkzettels den Inhalt seines Textes. Anschließend hat Partner B die Gelegenheit, Fragen zu stellen (z. B. Unverstandenes). Partner B fasst den Bericht von Partner A zusammen. Für die Zusammenfassung sollte eine feste Zeit vereinbart werden, zum Beispiel zwei Minuten.
Runde 2: Mit umgekehrter Rollenverteilung wird nun genauso verfahren wie in der Runde 1.

61.1 Partnerbriefing in der Klasse

Vierter Schritt: Notizen zum anderen Text
Die beiden Partner machen sich zum vorgestellten Text stichwortartige Notizen.

Fünfter Schritt: Planung des Vortrags
Gemeinsam bereiten die beiden Partner einen Ergebnisvortrag in Form eines mündlichen Berichtes vor. Dazu gibt es eine leichte und eine schwierige Variante. In der leichten Form stellt jeder der beiden Partner den selbst bearbeiteten Text vor. In der schwierigeren Form fasst jeder Partner den Text des anderen Partners zusammen.

Sechster Schritt: Vortrag vor der Klasse
Es werden ein oder zwei Partnerteams ausgewählt, die nacheinander ihre Ergebnisse vor der Klasse präsentieren. Zu zwei Höraufträgen gibt es die Rückmeldung aus der Klasse an die Vortragenden:
- Waren die wichtigsten Informationen aus den Texten im Vorfeld enthalten?
- Haben die Vortragenden gut präsentiert?

Pflichtverletzungen bei Kaufverträgen

Diese Doppelseite eignet sich für die Methode Partnerbriefing (siehe Seite 61).

A) Rechte des Käufers

Sachmangel

Zu Hause beim Auspacken stellt Lucas fest, dass sein neues Handy auf der Oberfläche Kratzer hat.

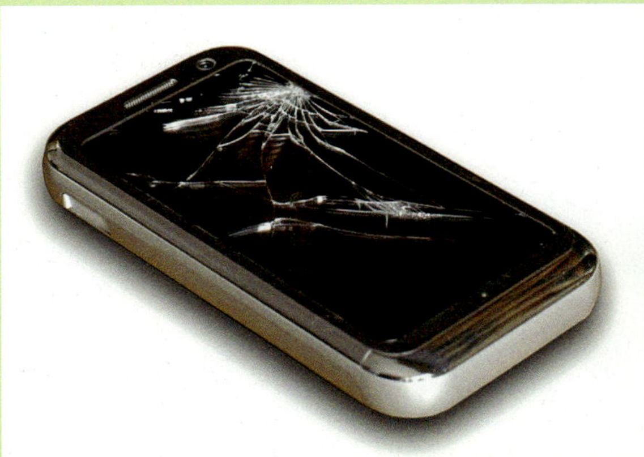

62.1 Lucas' zerkratztes Handy

Grundsätzlich hat Lucas als Käufer das Recht, dass die gekaufte Ware in einem einwandfreien Zustand geliefert wird. Bei Lucas liegt ein Sachmangel vor, denn auf der Oberseite des neuen Handys sind Kratzer. Dies bezeichnet man als mangelhafte Lieferung.

Zwei Jahre lang muss jeder Händler dafür einstehen, dass die von ihm verkaufte Ware keine Sachmängel aufweist. Man spricht von einer Gewährleistung. Dies gilt für alle neuen Produkte. Bei gebrauchten Waren, wie zum Beispiel einem Auto, kann die Frist auf ein Jahr herabgesetzt werden. Kein Händler darf die Gewährleistung ausschließen oder verkürzen.
Die Gewährleistung bedeutet aber nicht, dass der Verkäufer das Handy zurücknehmen und den Kaufpreis erstatten muss, wenn ein Sachmangel vorliegt. Er hat zunächst das Recht auf Nacherfüllung, das heißt, er kann ein anderes neues Handy der gleichen Bauserie liefern oder das defekte Gerat reparieren.

Grundsätzlich hat der Verkäufer zwei Reparaturversuche. Erst wenn beide Reparaturversuche fehlgeschlagen und kein neues Gerät geliefert wurde, kann Lucas auf Minderung drängen. Hierbei verhandelt er mit dem Händler einen Preisnachlass aus. Eine weitere Möglichkeit für Lucas wäre der Rücktritt vom Vertrag, indem er die Ware zurückgibt und das Geld zurückerhält. Sind für Lucas in dieser Zeit aufgrund der mangelhaften Lieferung Kosten entstanden, kann er Schadenersatz fordern.

Lieferverzug

Der im Juli bestellte Taschenrechner kommt an Weihnachten.

62.2 Familie May

Der von Familie May bestellte Taschenrechner wurde nicht zum festgelegten Liefertermin geliefert. Sie hat nun als Käufer das Recht, dem Verkäufer eine Mahnung zuzusenden.
Nun beginnt eine Nachfrist, in der Familie May auf der Lieferung des bestellten Produkts bestehen und einen Schadensersatz für die verspätete Lieferung verlangen kann.
Ist die gesetzte Nachfrist abgelaufen, kann Familie May die Lieferung ablehnen und vom Vertrag zurücktreten oder Schadensersatz statt der Leistung fordern.

B) Rechte des Verkäufers

Annahmeverzug

Herr Shop weigert sich, das bestellte Auto anzunehmen.

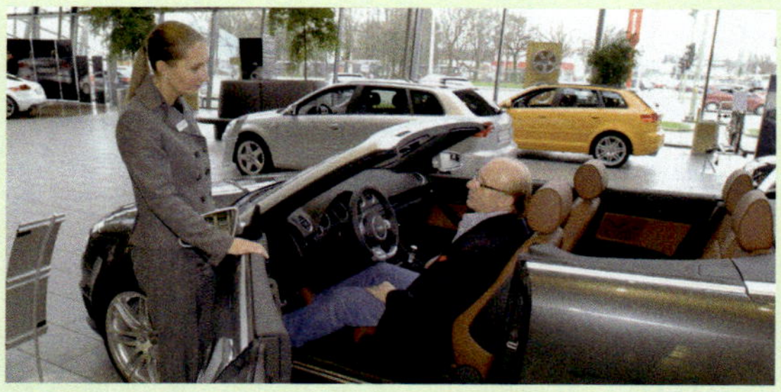

63.1 Verkaufsgespräch im Autohaus

Herr Shop liebt schnelle Autos. Vor wenigen Tagen bestellte er im Autohaus einen neuen Sportwagen mit vielen Extras. Er hat mit dem Autohaus einen Kaufvertrag abgeschlossen und muss das gekaufte Auto nun bei Lieferung annehmen.
Als der Verkäufer des Autohauses nach einem halben Jahr Lieferzeit das bestellte Auto ausliefern will, weigert sich Herr Shop, den Sportwagen anzunehmen. Er hätte kein Interesse mehr daran. Herr Shop gerät nun in Annahmeverzug.
Das Autohaus hat nun mehrere Möglichkeiten, gegen Herrn Shop vorzugehen. Es kann Herrn Shop vor Gericht auf Annahme der Ware verklagen, selbst vom Kaufvertrag zurücktreten, die Ware an einem geeigneten Ort auf Kosten des Käufers einlagern, zum Beispiel in einem Lagerhaus, oder bei einer Versteigerung an den Meistbietenden verkaufen.
Bei verderblicher Ware wie Obst, Fisch oder Fleisch kann der Verkäufer einen Notverkauf durchführen, um vor dem Verfallsdatum die Produkte noch verkaufen zu können. Da der Händler in dieser Situation meist einen geringeren als den ursprünglich angesetzten Preis erhält, darf er die Differenz dem ursprünglichen Käufer in Rechnung stellen.
Das Autohaus kann von Herrn Shop für die mit dem Annahmeverzug verbundene Arbeit einen Schadensersatz verlangen.

Zahlungsverzug

Frau Geizig zahlt nicht für ihre erhaltene Jacke.

63.2 Frau Geizig nimmt das Paket in Empfang.

Frau Geizig hat bei einem Versandhaus eine Jacke bestellt. Die Ware wird schnell geliefert und Frau Geizig trägt das gute Stück zu allen Anlässen.
Als Käufer muss Frau Geizig nun 30 Tage nach Fälligkeit des Betrages und Zugang der Rechnung zahlen. Frau Geizig legt die Rechnung zur Seite und bezahlt die offene Rechnung nicht. Sie gerät in Zahlungsverzug.
Das Versandhaus kann nun als Verkäufer vom Kaufvertrag zurücktreten und die Rückgabe der Ware verlangen. Es kann aber auch auf Zahlung bestehen und diese vor Gericht einklagen.
In beiden Fällen darf das Versandhaus von Frau Geizig zusätzlich Schadensersatz für die entstandenen Kosten fordern.

Aufgaben

1 Malt zu den Rechten des Käufers und des Verkäufers Infobilder. Teilt euch in vier Themengruppen auf und gestaltet am Ende zu jedem Thema ein Plakat mit allen Bildern.

2 Finde im Internet je ein Beispiel für Sachmangel, Lieferverzug, Annahmeverzug und Zahlungsverzug.

Kostenfallen beim Handy

Lucas hat gemeinsam mit seinen Eltern ein neues Prepaidhandy gekauft. Die Karte wurde mit einem Startguthaben von 100 Euro aufgeladen. Der Betrag soll für die nächsten Monate reichen.

Zwei Wochen später kommt es in der Schule zu folgendem Gespräch:

Max: „Hey Lucas, was machst du denn? Bist du schon wieder mit deinem Handy am chatten im Internet? Oder kaufst du dir den neuen Klingelton, von dem Ali eben erzählt hat?"

Lucas: „Nein, ich versuche, die Lösungen der Hausaufgaben in Wirtschaft und Verwaltung im Internet zu finden."

Max: „Mach das doch zuhause an deinem Computer mit Flatrate, das ist doch günstiger."

Lucas: „Ja, ja. Ich antworte nur noch schnell auf die SMS, die ich von einer unbekannten Telefonnummer erhalten habe. Ich soll mich nämlich möglichst schnell melden."

64.1 Lucas surft mit dem Handy im Internet.

Kurze Pause.

Lucas: „Oh nein!"

Max: „Was ist denn los?"

Lucas: „Mein Guthaben ist alle."

Max: „Das Handy ist doch erst zwei Wochen alt. Hast du die 100 Euro Startguthaben deiner Eltern schon ausgegeben?"

Lucas: „Ja."

Max: „Was hast du denn mit dem Guthaben gemacht?"

Lucas: „Hm?"

64.2 Das Startguthaben ist schon verbraucht.

Aufgaben

1. Wofür hat Lucas sein Guthaben ausgegeben?
2. Klärt neue Begriffe im Gespräch zwischen Lucas und Max.
3. Kennt ihr weitere Kostenfallen beim Handy?
4. Gestaltet mithilfe der Materialien M1 bis M5 (s. Seite 65) einen Infozettel, mit dem ihr Handyerstnutzer vor den Gefahren der Handynutzung warnt. Ergänzt in eurem Infozettel nicht genannte Kostenfallen.

Handynutzung im Ausland (M1)
Im EU-Ausland kommen zusätzlich zu den normalen Verbindungspreisen beim Telefonieren hohe Gebühren für die Nutzung ausländischer Netze. Auch die Annahme eines Anrufs im Ausland verursacht Kosten.
Gespräche im EU-Ausland sollten auf das Nötigste beschränkt oder in eine SMS verpackt werden, denn diese ist wesentlich günstiger. Auch alle weiteren Handyfunktionen, wie z. B. das Surfen im Internet, sind sehr teuer. Das Handy kann auch für Auslandstelefonate gesperrt werden.
Spezielle Auslandstarife bieten sich an, wenn man auf die Handynutzung im Ausland nicht verzichten kann.

Multimediabotschaft (M3)
Fast jedes Handy kann Fotos machen, Videos drehen oder Musik aufnehmen. Das Versenden dieser Multimediabotschaften (MMS) kann jedoch teuer werden. Günstiger ist das Verschicken per E-Mail oder Bluetooth. Besonders teuer ist das Verschicken von Urlaubsfotos, da die Kosten des Auslandsanbieters noch dazukommen. Es ist sinnvoll, einen speziellen Tarif abzuschließen, wenn man auf das Versenden von MMS nicht verzichten kann.
Beim Fernsehen über das Handy (Handy-TV) können hohe Kosten beim Empfang der Programme entstehen. Vor dem Nutzen sollten die Angebote genau geprüft werden.

Verlockende Anrufe und SMS (M2)
Kurzes Klingeln des Handys. Eine unbekannte Nummer wird in der Anrufliste aufgezeigt. Hierbei kann es sich um einen Lock- bzw. Ping-Anruf handeln, der zum Rückruf verleiten soll. Eine andere Möglichkeit ist die SMS mit der Bitte um Antwort. Beim Rückruf unbekannter Nummern ist Vorsicht geboten. Wenn man unbedingt zurückrufen oder schreiben will, sollte man die Nummern vorher genau prüfen. Hinter unbekannten Nummern stecken oft Anbieter, die nur das Geld der Person wollen.

Unbemerkt ins Internet (M4)
Surfen im Internet mit dem Handy kann teuer werden, wenn man nicht den richtigen Tarif abgeschlossen hat. Gefährlich sind Handys mit Voreinstellungen, bei denen der Hersteller den Internet-Zugang auf eine Funktionstaste gelegt hat (Handy-Branding). Beim Drücken der Taste gelangt man ins Internet.
Gebrandete Handys sollten umprogrammiert werden. Informationen erhält man z. B. bei der Stiftung Warentest. Der Internetzugang kann vom Mobilfunkanbieter auch gesperrt werden.

Logos, Klingeltöne und Spiele – Vorsicht, Abo (M5)
Logos, Klingeltöne oder Spiele lassen sich oft einfach per SMS anfordern. Die Kosten dafür werden oft übersehen. Das Erwachen kommt mit der Handyrechnung!
Anbieter müssen vor Abschluss eines Abos per SMS deutlich über wesentliche Vertragsbestandteile informieren. Der Vertrag kommt nur mit Bestätigung per SMS zustande. Nennt ein Anbieter die Vertragsbedingungen nicht und stellt die Kosten trotzdem in Rechnung, muss nicht gezahlt werden. Abgeschlossene Verträge mit Kindern unter sieben und Kindern über sieben Jahren ohne Zustimmung der Eltern sind ungültig. Es ist möglich, den Versand von Premium-SMS (Dienste, die über SMS gegen entsprechende Bezahlung einen Service bieten) generell sperren zu lassen. Viele Logos und Klingeltöne können im Internet kostenlos heruntergeladen oder selbst gestaltet werden (Tipp: www.netzcheckers.de und www.handysektor.de.).

Quelle: Handy und Internet, Tipps gegen Kostenfallen, Ministerium für Umwelt, Forsten und Verbraucherschutz Rheinland-Pfalz, Mainz, 2008

Rückspiegel:

Meine Stärken

- Übertragt den Selbsteinschätzungsbogen auf ein Blatt.
- Der Selbsteinschätzungsbogen kann um weitere Punkte ergänzt werden.
- Jede/r Einzelne füllt diesen für ihre/seine Kompetenzmappe aus.

Selbsteinschätzungsbogen Zum Thema: Der jugendliche Konsument	Name: Mareike Klasse: 7 b			
	☺☺	☺	☹	☹☹
Ich weiß, wie ich mich an bestimmten Orten mit dem Handy verhalte.		X		
Ich kann eine Befragung planen.	X			
Mir fällt es leicht, eine Person zu befragen.				X
Mit dem Computer kann ich Ergebnisse in eine Excel-Tabelle übertragen.	X			
Diagramme mit Excel zu erstellen, fällt mir leicht	X			
Ich kann die Wirkung von Werbung auf das Verbraucherverhalten einschätzen.		X		
Ich kann mich im Internet über ein Thema informieren.		X		
Ich vergleiche gerne Handytarife.	X			
Ich kenne die verschiedenen Arten von Geschäftsfähigkeit.		X		
Die Bedeutung des Taschengeldparagrafen ist mir klar.			X	
Ich weiß, wie ein Kaufvertrag zustande kommt.		X		
Ich kenne Kostenfallen beim Handy.	X			
Ich habe gute Noten bekommen.		X		
...				
Zähle zusammen.	5	6	1	1

Begriffssammlung

1. Führe deine zum ersten Kapitel angefangene Begriffssammlung fort, indem du die neuen Begriffe aus diesem Kapitel auf Karten schreibst. Nimm die Anleitung auf Seite [illegible] zur Hilfe.
2. [illegible] Wiederholung des Kapitels.

Handyführerschein

1. Das Handy sollte an folgenden Orten ausgeschaltet sein:

A Krankenhaus
B Hotel
C Tankstelle
D Schule
E Flugzeug

2. Welche Funktionen hat die Werbung für ein Unternehmen?

A Produkte bei den Kunden bekannt machen.
B Ein negatives Image für das Produkt aufbauen.
C Ein Bedürfnis beim Kunden wecken.
D Den Kunden zum Kauf des Produktes anregen.

3. Kinder und Jugendliche sind für die Werbeindustrie interessant, weil ...

A sie über eine große Kaufkraft verfügen.
B sie von ihren Eltern beim Kauf von Produkten beeinflusst werden.
C sie nicht auf Markenprodukte achten.
D eine ihrer beliebtesten Freizeitbeschäftigungen „Shoppen gehen" ist.

4. Handy-Festverträge haben

A monatlich keine Grundgebühr.
B eine feste Vertragslaufzeit.
C günstige Gebühren für Gespräche und SMS.

5. In einem Handytarif findest du folgende Begriffe:

A Grundgebühr
B Fischernetz international
C Mobilfunk intra
D Einrichtungsgebühr
E Startguthaben
F Mailhütte

6. Folgende Geschäfte sind rechtlich wirksam:

A Die sechsjährige Lilly holt sich aus ihrer Spardose drei Euro und kauft sich beim Bäcker Süßigkeiten.
B Der 17-jährige Tim kauft ohne das Wissen seiner Eltern ein Mofa für 500 Euro.
C Die 18-jährige Maria kauft für 50 Euro einen Pullover.
D Der 13-jährige Nico kauft für sich für 10 Euro ein Buch.

7. Bei einem Kaufvertrag hat der Verkäufer die Pflicht, dass

A die Ware übergeben wird.
B die Ware keine Mängel hat.
C er den Kaufpreis vom Käufer annimmt.
D er den Kaufgegenstand annimmt.

8. Mit folgenden Handlungen kann man Handykosten einsparen:

A Logos und Klingeltöne selbst gestalten.
B Eine unbekannte Nummer zurückrufen.
C Gebrandete Handys umprogrammieren.
D Im Ausland wenig telefonieren oder auf SMS ausweichen.
E Versendet man keine MMS, dann sollte man einen speziellen Tarif abschließen.

1. Notiert die Buchstaben der richtigen Antworten auf einem extra Blatt.
2. Verbessert die falschen Antworten.
3. Gebt das Ergebnisblatt eurer Lehrkraft oder eurem Mitschüler zur Korrektur.

Das Marktgeschehen

SALE

LIDL
ALDI
SÜD

Gemüsekiste

Markt	Was wird angeboten?	Anbieter	Nachfrager	„Ort" des Markts
Wochenmarkt	*Obst, Gemüse*	*Bauern, Gärtner*	*Hausfrauen*	*Marktplatz, Fußgängerzone*

Ergänze die Tabelle mit Beispielen verschiedener Märkte.

Erkunde einen Wochenmarkt in deiner Nähe: Wo findet er statt? Welche Produkte werden angeboten? Welche Vor- bzw. Nachteile hat das Angebot auf dem Wochenmarkt?

Unter Markt verstehen wir das Zusammentreffen von Angebot und Nachfrage. Eine Bäckerei, ein Autohaus oder ein Wochenmarkt sind Märkte. Jede Bank ist ein Markt. Hier werden Kredite angeboten und nachgefragt.

[illegible] ein Markt. Hier werden Wert[illegible] z. B. Unternehmensanteile. An [illegible]märkten werden Rohstoffe wie Öl oder Metalle [illegible] die Waren gekauft und verkauft, [illegible] diese gesehen hat.

Angebot — Markt: Treffpunkt von Angebot und Nachfrage — Nachfrage

Verhalten der Marktteilnehmer
Der Preis für eine Ware bildet sich am Markt. Aber der Preis allein ist für Anbieter und Nachfrager nicht ausschlaggebend. Es spielen noch weitere Faktoren eine Rolle.
Für den Anbieter sind die Kosten entscheidend. Kann er nur einen Preis erzielen, mit dem er seine Kosten nicht deckt, wird er bald vom Markt verschwinden. Werden lediglich die Kosten gedeckt, dann hat er keinen Gewinn und ihm bleibt nichts zum Leben.

[illegible] die Höhe des Einkommens [illegible]. Wer nicht viel verdient, kann sich [illegible]. Zudem spielt die persönliche [illegible] eine große Rolle. So tragen z. B. eher [illegible] Jeans und fragen sie deshalb [illegible].
[illegible] sehr wichtig für eine Ware. [illegible] Preis für Butter, kaufen wir eher Margarine, [illegible] Benzin sehr teuer, fahren wir [illegible] oder der Bahn.

Anbieter	Markt	Nachfrager
• Preis	Treffpunkt	• Preis
• Kosten	von Angebot	• Einkommenshöhe
• Gewinn	und Nachfrage	• persönliche Wertschätzung

[illegible] Schaubild [illegible] Anbieter und [illegible]
[illegible]

M Methode: Marktspiel

Schokoladenmarktspiel – Angebot und Nachfrage erleben

Das Schokoladenmarktspiel simuliert einen Markt, auf dem ihr entweder die Rolle des Käufers oder des Verkäufers von Schokolade übernehmt. Auf dem Markt handelt ihr mit euren Mitschülern und versucht, für euch selbst möglichst viel Gewinn zu erzielen. Als Käufer erreicht ihr das, indem ihr möglichst billig einkauft und wenig von eurem vorhandenen Geld ausgebt. Als Verkäufer wollt ihr die Schokolade möglichst teuer verkaufen, damit ihr mit möglichst viel Gewinn vom Marktplatz geht.

Vorbereitung

- Ein Kartenspiel (32 Blatt) wird farblich sortiert in schwarze bzw. rote Karten.
- Es gibt einen Spielleiter (z. B. der Lehrer).
- Tische sollten im Kreis stehen, damit in der Mitte ein Marktplatz entsteht.
- Tafelanschrieb:

Ausgehandelter Preis	Anzahl der Abschlüsse
7	
8	
9	
10	
11	
12	
13	
14	
15	
16	
...	

Durchführung

Die Klasse wird in zwei Gruppen geteilt.

Die Verkäufer

Eine Gruppe sind die Produzenten von Schokolade, die zu bestimmten Kosten produziert haben. Ihr Ziel ist es, möglichst teuer zu verkaufen und damit einen hohen Gewinn zu machen. Die Verkäufer ziehen sich eine der schwarzen Karten. Dort können sie dann ablesen, zu welchen Kosten sie eine Kiste Schokolade produziert haben. Der Gewinn errechnet sich aus dem ausgehandelten Preis abzüglich der Kosten, die auf der Karte abzulesen sind.

Der Verkäufer darf nicht unter seinen Produktionskosten verkaufen.

Karte	Produktionskosten
7	7
8	8
9	9
10	10
Bube, Dame, König	10
Ass	11

Gewinnermittlung

Spielrunde Markttag	Produktionskosten Spielkartenwert	Ausgehandelter Preis	Gewinn Preis Produktionskosten

Die Käufer

Die andere Gruppe sind die Käufer der Schokolade, die ein bestimmtes Budget haben. Ihr Ziel ist es, möglichst billig einzukaufen und damit Geld zu sparen. Die Käufer ziehen sich eine der roten Karten. Dort können sie dann ablesen, welches Budget sie zur Verfügung haben. Ihr Gewinn ist ihre Ersparnis und errechnet sich aus dem Budget, das auf der Karte abzulesen ist, abzüglich des ausgehandelten Preises. Der Käufer darf nicht über seinem Budget einkaufen.

Karte	Budget
7	11
8	12
9	13
10	14
Bube, Dame, König	14
Ass	15

Gewinnermittlung

Spielrunde Markttag	Guthaben Wert deiner Spielkarte	Ausgehandelter Preis	Gewinn Wert Preis
1			
2			

Spielbeginn

Gespielt wird über mehrere Runden (Markttage). Der Spielleiter eröffnet den Markttag und beendet ihn auch. Die Zeit bestimmt allein er. Nach der Eröffnung darf auf dem Markt gehandelt werden. Haben sich zwei Handelspartner gefunden, melden sich diese bei der Spielleitung und geben ihre Karten ab. Die Spielleitung trägt den Abschluss im Tafelbild ein. Käufer und Verkäufer notieren ihren Gewinn.

Beispiel:
Nach Markteröffnung handeln Sebastian und Paula einen Preis von 14 Talern aus. Sebastian hat eine Kreuz 9, also Kosten von neun Talern. Paula hat das Herzass und damit ein Budget von 21 Talern. Sebastian hat also in dieser Runde einen Gewinn von fünf Talern erzielt und Paula von sieben Talern.

Tipp

Zeige die Karte niemandem, sonst hat derjenige eine bessere Verhandlungsbasis.

Es gibt natürlich auch Tage, an denen man vielleicht keinen Handelspartner findet. Dann wird die Karte an den Spielleiter am Marktende zurückgegeben.

Spielende

Der Spielleiter beendet nach mehreren Markttagen das Spiel. Gewinner ist der Marktteilnehmer, der am Ende aller Markttage den höchsten Gewinn erzielt hat.

73.1

Auswertung

- Gewinnauswertung (Wer ist der Sieger?)
- Wie bist du vorgegangen?
- Gab es Probleme?
- Was hat gut geklappt?
- Was hat dir besonders Spaß gemacht?
- Welche Strategien hast du angewandt, um einen möglichst hohen Gewinn zu erzielen?
- Welche Verhandlungen waren besonders erfolgreich?
- Hat sich deine Strategie im Laufe des Spiels verändert?
- Wie hat sich der Preis entwickelt?
- Welche Ähnlichkeiten zu einem wirklichen Markt hast du gesehen?
- ...

Die Verkäufer am Schokoladenmarkt haben das Ziel, ihre Schokolade möglichst teuer zu verkaufen, damit sie einen hohen Gewinn erzielen. Da die Anbieter zu unterschiedlichen Kosten produzieren, können sie auch zu unterschiedlichen Preisen anbieten. Ein Produzent, der geringe Kosten hat, kann dadurch auch zu einem geringeren Preis anbieten. Wichtig für das Angebot ist, dass der erzielte Preis höher ist als die Kosten. So können Anbieter mit Produktionskosten von zwei Talern zu einem Preis von zwei Talern verkaufen, aber auf keinen Fall darunter, da sie sonst Verlust machen würden. Sie verkaufen also für 2, 3, 4, 5 oder mehr Taler. Derjenige, der für acht Taler produziert hat, kann erst ab acht Talern verkaufen.
Steigt also der Preis, steigt auch das Angebot, weil viele Anbieter zu einem hohen Preis verkaufen wollen.

Daraus ergibt sich folgende Tabelle. Sie lässt sich in einem Diagramm darstellen.

Preis	Anzahl der Verkäufer
7	II
8	IIII
9	𝍸 I
10	𝍸 III
11	𝍸 𝍸
[illegible]	𝍸 𝍸 II
[illegible]	𝍸 𝍸 IIII
[illegible]	𝍸 𝍸 𝍸 I

Zum einen wirkt sich der Preis auf das Angebot aus, aber das Angebot wirkt sich auch auf den Preis aus.

Gesetz des Angebots
Mit steigenden Preisen nimmt das Angebot für ein bestimmtes Gut zu, während es mit fallenden Preisen abnimmt.

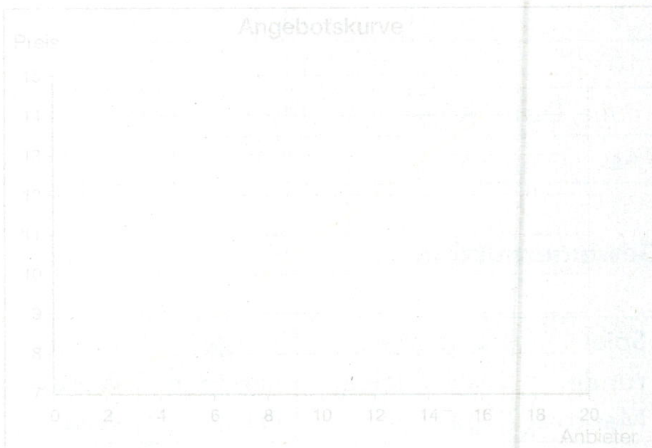

1 Wann sind die folgenden Produkte besonders günstig: Kirschen, Spargel, Weihnachtsbäume, Birnen?

2 Wie entwickeln sich die Preise?
a) Die Firma RUMPEL produziert in einer neuen Fabrik zusätzliche 100 000 MP3-Player für den deutschen Markt.
b) Herr Bauer hat dieses Jahr aufgrund der Witterung eine schlechte Ernte.
c) In Kleinniedesheim wurde ein zweites Friseurgeschäft eröffnet.
d) Schreiner Jäger geht in Rente. Jetzt gibt es in Walddorf nur noch eine Schreinerei.

Die Käufer am Schokoladenmarkt haben das Ziel, ihre Schokolade möglichst billig einzukaufen, damit sie möglichst viel Budget einsparen. Da die Nachfrager unterschiedliche Budgets haben, können sie auch zu unterschiedlichen Preisen kaufen. Ein Käufer, der ein hohes Budget hat, kann dadurch auch zu einem hohen Preis kaufen. Wichtig für die Nachfrage ist, dass der erzielte Preis niedriger ist als das Budget. So kann ein Nachfrager mit einem Budget von 10 Talern auch für 10 Taler einkaufen, aber auf keinen Fall darüber, weil ihr Budget nicht groß genug ist. Sie kaufen also für 10, 9, 8, 7 oder weniger Taler. Derjenige, der nur 7 Taler in der Tasche hat, kann erst ab 7 Talern oder weniger einkaufen. Sinkt der Preis, steigt die Nachfrage, weil viele zu einem niedrigen Preis kaufen wollen.

Daraus ergibt sich folgende Tabelle. Sie lässt sich in einem Diagramm darstellen.

Preis	Anzahl der Käufer
7	卌 卌 卌 IIII
8	卌 卌 卌 I
9	卌 卌 IIII
10	卌 卌 II
11	卌 卌
12	卌 III
13	卌 I
14	IIII
15	II

Der Preis wirkt sich auf die Nachfrage aus, aber auch die Nachfrage auf den Preis. Steigt die Nachfrage nach einem Gut, so steigt auch der Preis.

Gesetz der Nachfrage
Mit steigenden Preisen nimmt die Nachfrage nach einem bestimmten Gut ab, während sie mit fallenden Preisen zunimmt.

Begründe, warum
a) im Mai nach Mallorca zu fliegen wesentlich günstiger ist als im Juli oder August,
b) die Mode vom letzten Jahr billiger zu haben ist,
c) DVD-Player, als sie neu auf den Markt kamen, mehr als 500 Euro gekostet haben,
d) nach einem schneearmen, milden Winter die Winterjacken so billig sind,
e) [illegible] immer zur Ferienzeit teurer [illegible]

Der Gleichgewichtspreis

Im Schokoladenmarktspiel entwickelt sich, wenn man viele Runden spielt, ein Preis, der am Ende am häufigsten ausgehandelt wird. Je mehr Runden gespielt werden, desto häufiger wird ein bestimmter Preis am Markt bezahlt. Die Verkäufer können am häufigsten ihren Gewinn maximieren, während die Käufer am meisten Budget sparen. Bei diesem Preis kommen die meisten Geschäftsabschlüsse zustande. Es pendelt sich ein Preis ein: der Gleichgewichtspreis.

Theoretisch kann man das zeigen, indem man die Nachfragekurve und die Angebotskurve übereinander legt. Sie schneiden sich in einem Punkt: im Gleichgewichtspreis. Angebot und Nachfrage gleichen sich bei diesem Preis aus – sie halten sich die Waage.

Preis	Angebotene Schokolade	Nachgefragte Schokolade	Mögliche Geschäftsabschlüsse
7	2	19	2
8	4	16	4
9	6	14	6
10	8	12	8
11 (Gleichgewichtspreis)	10	10	10
12	12	8	8
13	14	6	6
14	16	4	4

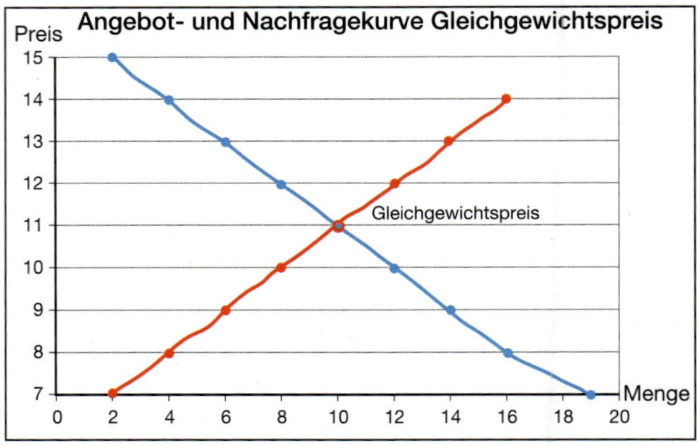

Liegt der Preis oberhalb des Gleichgewichtspreises (z. B. 13), würde mehr angeboten (14), aber weniger nachgefragt (6) werden. Es handelt sich um einen Angebotsüberschuss. Der Preis würde auf den Gleichgewichtspreis sinken. Ist der Preis aber niedriger als der Gleichgewichtspreis, würde mehr nachgefragt werden, aber weniger angeboten. Der Nachfrageüberhang würde den Preis nach oben drücken.

Preis	Angebotene Menge	Nachgefragte Menge
20	5	60
40	10	44
60	17	28
80	19	19
100	29	9
120	51	5

Aufgaben

1 a) Wo liegt der Gleichgewichtspreis in der unteren Tabelle? Begründe deine Antwort.
b) Zeichne die Angebots- und Nachfragekurve auf einen Zettel.
c) Markiere den Gleichgewichtspreis.

2 Warum ist der Preis für Erdbeeren im Sommer geringer als im Winter?

3 Welche Folgen hat ein Nachfrageüberhang für den Konsumenten?

4 Welche Auswirkungen hat ein Angebotsüberschuss für den Verbraucher?

5 Vervollständige folgende Sätze im Heft:
- Ist die Nachfrage größer als das Angebot, dann ...
- Steigt der Preis, dann steigt ..., aber ... sinkt.
- Ist das Angebot größer als ..., dann sinkt ...

Preisbildung in der Marktwirklichkeit

Die Preisbildung an einem Markt mit vielen Anbietern und vielen Nachfragern folgt demnach immer dem gleichen Mechanismus.

Diesen Mechanismus kann man in vier Regeln fassen:

Marktmechanismus

1. Ist die Nachfrage größer als das Angebot, steigt der Preis.
2. Steigt der Preis, steigt das Angebot, sinkt die Nachfrage.
3. Ist das Angebot größer als die Nachfrage, sinkt der Preis.
4. Sinkt der Preis, sinkt das Angebot, steigt die Nachfrage.

Dass es einen Preismechanismus gibt, kann man gelegentlich sogar an einem Tag beobachten:
Es ist wieder ein Markttag im Frühsommer. Die ersten Erdbeeren sind in den Auslagen zu sehen und vor den Ständen drängen sich die Käufer. Alle versuchen, ein Körbchen zu bekommen. Die Markttreibenden merken sehr schnell, dass die Nachfrage trotz des hohen Preises, den sie angesetzt hatten, größer war als das Angebot. Da sie noch mehr verkaufen wollten, bestellten sie telefonisch frische Ware und erhöhten den Preis, nicht eben stark, aber doch spürbar. Doch jetzt kippte die Situation: Die Käufer, die den stärksten Wunsch nach frischen Erdbeeren verspürten, hatten schon gekauft, den anderen war der Preis überwiegend zu hoch. Das Angebot war plötzlich größer als die Nachfrage. Da die Händler die Erdbeeren nicht bis zum nächsten Markttag aufbewahren konnten, blieb ihnen nichts anderes übrig, als die Erdbeeren preiswerter anzubieten. Ihre Reaktion war richtig, denn die Kunden, die vorher wegen des hohen Preises auf den Kauf von Erdbeeren verzichtet hatten, kauften jetzt zu den neuen Preisen, sie erhöhten also ihre Nachfrage.

In ihrem Verhalten folgen Käufer und Verkäufer also unterschiedlichen Motiven: Die einen folgen ihrem Wunsch zu sparen, die anderen möchten möglichst hohe Gewinne machen. Im idealen Fall gleicht der Markt beide Bestrebungen aus.

Dennoch ist die bisher beschriebene Betrachtungsweise sehr theoretisch. In der Wirklichkeit sind am Markt neben dem Preis noch andere Faktoren wichtig:

- Es gibt häufig persönliche Gründe für Anbieter oder Nachfrager, ihre Geschäfte mit dem einen oder anderen Partner zu machen (z. B. Freundin arbeitet in der Metzgerei).
- Oft sind örtliche Gegebenheiten wichtig (z. B. der Bäcker um die Ecke).
- Viele Menschen kaufen unter Zeitdruck ein und können keine aufwendige Auswahl treffen.
- Es gibt manchmal nur wenige Anbieter auf dem Markt, oder man weiß nicht, dass es noch mehr gibt.
- Die Produkte sind nicht hundertprozentig vergleichbar. Sie sind häufig von unterschiedlicher Qualität.

Der Schokoladenmarkt ist zwar nur ein Spiel, aber er zeigt, wie Preise am Markt zustande kommen. Allerdings ist der Markt in Wirklichkeit selten so „vollkommen" wie im Klassenzimmer. Den vollkommenen Markt gibt es eigentlich nur im Modell. Modelle sind wichtig, damit man das Zustandekommen von Preisen besser versteht.

Der vollkommene Markt zeichnet sich durch folgende Merkmale aus:

① Es gibt viele Anbieter, die sich Konkurrenz machen, aber auch viele Nachfrager. Keiner kann deshalb den Markt allein beherrschen, also großen Einfluss auf die anderen und deren Verhalten ausüben.

② Die Nachfrager wollen zum günstigsten Preis kaufen, die Anbieter einen möglichst hohen Gewinn erzielen. Beide streben einen möglichst hohen Nutzen bzw. Gewinn an.

③ Sowohl die Anbieter als auch die Nachfrager wissen genau, zu welchen Preisen auf dem Markt Produkte angeboten werden. Für alle Marktteilnehmer herrscht also vollkommene Marktübersicht.

④ Die auf dem Markt angebotenen Produkte haben alle die gleiche Qualität. Deshalb wählen die Nachfrager die Produkte allein nach der Höhe des Preises aus.

⑤ Weder Anbieter noch Nachfrager bevorzugen aus persönlichen, räumlichen oder zeitlichen Gründen einen Marktpartner. Freundschaften, Ortsnähe und Zeitdruck spielen also für die Wahl des Anbieters oder des Nachfragers keine Rolle (keine Bevorzugung).

Wenn diese Annahmen gelten, dann bestimmen Angebot und Nachfrage den Preis.

Ⓐ

Ⓑ

Ⓒ

Ⓓ

Ⓔ

Ein Markt, auf dem Preisbildung ausschließlich nach Angebot und Nachfrage erfolgt, muss fünf Bedingungen erfüllen. Ordnet die Grafiken entsprechend zu.

Hendrik möchte mit seinem neuen Roller die erste Runde drehen, allerdings muss er erst einmal tanken. An der einzigen Tankstelle im Ort stellt er fest, dass das Benzin hier mindestens fünf Cent teurer ist als in der Stadt. Aber extra dorthin zu fahren, lohnt sich nicht. Hendrik ist also auf den einzigen Anbieter im Dorf angewiesen.

Je nachdem wie viele Anbieter oder Nachfrager es gibt, unterscheidet man verschiedene Marktformen.
Die drei grundlegenden Marktformen nennt man **Polypol** (poly = viele), **Oligopol** (oligo = wenige) und **Monopol** (mono = allein).

79.1 Wertzeichenmonopol der Post

79.2 Briefzustellung durch mehrere Anbieter

79.3 Viele Anbieter auf einem Markt

Bei einem **Monopolmarkt** gibt es nur einen großen Anbieter bzw. Nachfrager. Dieser kann, weil er alleine am Markt ist, den Preis seiner Ware frei festlegen – vor allem dann, wenn sie nicht durch andere Güter ersetzt werden kann.

In einem **Oligopol** gibt es nur wenige große Anbieter oder Nachfrager für ein Gut. Diese haben den Markt unter sich aufgeteilt und damit einen beträchtlichen Marktanteil.

Von einem **Polypol** oder vollständiger Konkurrenz spricht man, wenn sich viele Anbieter und Nachfrager gegenüberstehen. Kein Marktteilnehmer hat besonders viel Marktmacht aufgrund hoher Marktanteile. Auf diesem Markt werden Waren so günstig wie möglich erzeugt und zu den kostengünstigsten Preisen verkauft.

1 Erkläre die grundlegenden Marktformen in Stichworten.
2 Um welche Marktform handelt es sich?
a) Das LKW- Mautsystem: Toll-Collect übernimmt für den Bund alle Details der Mauterfassung und der Mautzahlung
b) Panzer werden von einem einzigen deutschen Panzerhersteller angeboten und von der Bundeswehr nachgefragt.
c) Tankstellen gibt es viele, aber sie gehören immer zu den gleichen Unternehmen.
d) Auf dem Wochenmarkt gibt es an vielen Ständen frisches Obst und Gemüse.
e) In Deutschland bieten rund 20 Hersteller ihre Autos zum Verkauf an.
3 Finde weitere Beispiele für alle Marktformen.

Das Internet als Marktplatz

Das Internet ist in den vergangenen Jahren eines der wichtigsten Kommunikationsmittel in Schule, Freizeit und Beruf geworden. Viele nutzen auch das sogenannte Onlineshopping. Waren werden über das Internet bestellt und bequem nach Hause geliefert. Der Einkaufsbummel per Mausklick ist bequem und keiner muss sich an Ladenöffnungszeiten halten.
Im vergangenen Jahr haben 34,1 Millionen Deutsche mindestens einmal Produkte oder Dienstleistungen im Internet bestellt. Das Einkaufsverhalten vieler Konsumenten hat sich in den letzten Jahren grundlegend verändert.

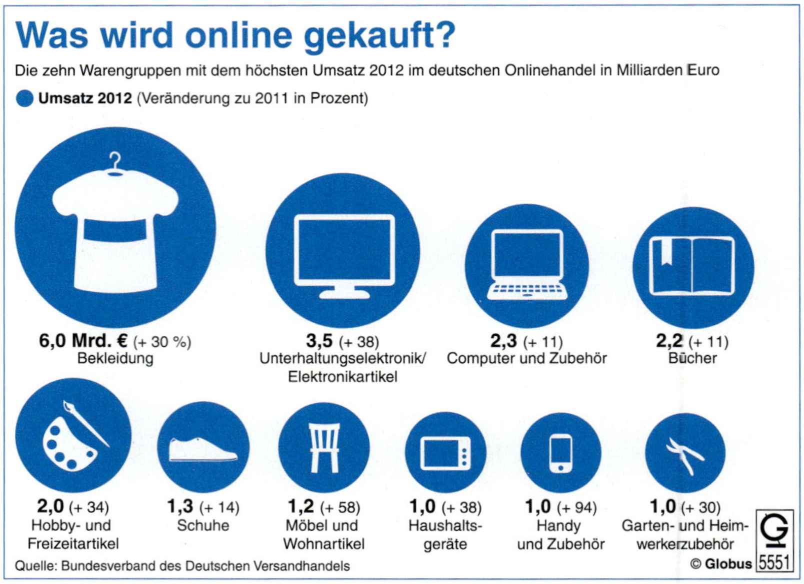

Allerdings ist beim Einkauf im Internet Vorsicht geboten. Allein im vergangenen Jahr wurden über 10 000 Betrugsfälle mit gestohlenen Daten von EC- und Kreditkarten registriert. Jeder vierte Internetnutzer hat schon einmal einen finanziellen Schaden im Web erlitten. Schnell kann aus dem günstigen Schnäppchen im Internet eine große Enttäuschung werden, wenn der mit Vorkasse bezahlte Laptop nicht geliefert wird.

M Methode: Internetrecherche und Präsentation: Onlineshopping

Erstelle eine Präsentation, in der die Ergebnisse aus der Internetrecherche zum Thema „Gefahren beim Onlineshopping" gezeigt werden und andere für die Gefahren im Umgang mit Onlineshops sensibilisieren soll.

Aufgaben

1 Produkte recherchieren.

a) Lege eine Tabelle an und recherchiere die folgenden Produkte im Internet:
Weihnachten steht vor der Tür. Draußen ist es schon eine ganze Zeit nass und kalt. Das richtige Wetter, um gemütlich mit dem Laptop auf der Couch zu sitzen und Weihnachtsgeschenke zu besorgen. Eine Liste hast du schon gemacht:

	Geschenk	Alternative 1: Internetshop/Preis/Möglichkeiten der Bezahlung	Alternative 2: Internetshop/Preis/Möglichkeiten der Bezahlung
Papa Rainer	Frankfurter Schaufel mit Stiel Größe 5		
Mama Martha	Sockenwolle der Marke „Schachenmayr" 300g		
Oma Tilly	Multivitaminsaft „Beutelsbacher Multi Pur Demeter"		
Jacob, der einjährige Bruder	Bekommt ein Halstuch mit seinem Namen.		
Bruder Karsten	CD „Best of Rolling Stones"		
Freund/-in			
...			

b) Stelle dar, wie du bei deiner Recherche vorgegangen bist.

2 Die häufigsten Probleme beim Onlineshopping treten dadurch auf, dass bestellt und bezahlt wurde, die Ware aber nicht oder mangelhaft beim Käufer ankommt. Auf den Internetseiten hast du herausgefunden, dass es verschiedene Möglichkeiten der Bezahlung gibt. Informiere dich darüber und lege eine Tabelle mit folgenden Kriterien an: Funktionsweise, Gefahren, möglicher Schutz, kann man nach der Bezahlung noch etwas unternehmen? Markiere die deiner Meinung nach sicherste Methode.

3 Einen Shop im Internet zu eröffnen, ist ein Leichtes. Leider auch für die schwarzen Schafe, die lediglich auf die schnelle Abzocke aus sind. Wie kann man solche unseriösen Shops erkennen? Erstelle eine Liste mit Merkmalen, die auf einen unseriösen Shop hindeuten.

4 Es gibt eine Reihe von Gütesiegeln, die auf seriöse Shops hinweisen. Finde heraus, welche das sind und erkläre kurz ihren Hintergrund.

5 Erstelle eine Linkliste zu Internetseiten, die Tipps zum sicheren Onlineshopping bieten.

6 Binde in deine Präsentation weitere Ideen ein.

Methode:

Im folgenden Planspiel konkurrieren drei Busunternehmen, die Ausflugsfahrten für Reisegruppen anbieten. Durch das Planspiel werdet ihr einerseits erfahren, dass Anbieter und Nachfrager unterschiedliche Interessen haben, und andererseits, dass Anbieter untereinander im Wettbewerb stehen. Die Anbieter in diesem Planspiel müssen bei ihren Entscheidungen die Interessen der Nachfrager wie auch die Entscheidungen ihrer Konkurrenten berücksichtigen.

Ausgangssituation

Nachfrager

In einem Ferienort am Rhein machen drei Reisegruppen acht Tage Urlaub.

- Gruppe A: 35 ausländische Touristen (Alter: 25 bis 55 Jahre)
- Gruppe B: 37 Mitglieder eines Kegelclubs (Alter: 18 bis 40 Jahre)
- Gruppe C: 40 Pensionäre und Rentner (Alter: 60 bis 75 Jahre)

Alle drei Reisegruppen wollen während ihres Urlaubs fünf Ausflugsfahrten unternehmen. Die Ausflugsziele richten sich nach dem Angebot der Busunternehmen. Jede Reisegruppe kann für den jeweiligen Ausflugstag höchstens eine Ausflugsfahrt (ganztägig oder halbtägig) buchen.

Anbieter

An diesem Ferienort gibt es die drei konkurrierenden Busunternehmen X, Y, Z. Jedes Busunternehmen hat für Ausflugsfahrten einen Bus mit 40 Plätzen. Alle drei Busunternehmen bieten die folgenden Ausflüge an:

Ziel	km	Dauer	Beschreibung
1	210	ganztägig	Besuch eines Wildparks und Bootsfahrt
2	60	halbtägig	Besuch im Naturkundemuseum
3	100	halbtägig	Besichtigung der Lorely
4	200	ganztägig	Besuch verschiedener Schlösser und Burgen
5	180	ganztägig	Besuch im Kletterpark
6	140	ganztägig	Besuch des Weinlehrpfades mit anschließender Weinprobe
7	80	halbtägig	Besuch einer Glasbläserei
8	240	ganztägig	Besuch des Straßburger Münsters und des Europaparlaments

Spielperioden

Das Planspiel wird in vier Spielperioden durchgeführt. Für die jeweilige Spielperiode legen die Busunternehmer und die Reiseleiter ihre Preise für die Ausflugsziele fest. Sie können sich dabei ihre Erfahrungen aus der vorhergegangenen Spielperiode zunutze machen.

1. Periode: Montag und Dienstag
2. Periode: Mittwoch und Donnerstag
3. Periode: Freitag und Samstag
4. Periode: Sonntag und Montag

Nach der vierten Spielperiode ermittelt der Spielleiter den Gesamtgewinn des jeweiligen Busunternehmens und stellt den Sieger fest.

Spielphasen

Planungsphase

Die Busunternehmer X, Y und Z (drei Schülergruppen) legen unabhängig voneinander ihre Ausflugsziele für die jeweilige Spielperiode fest. Dabei berücksichtigen sie, welche Reisegruppe mit dem Ausflugsprogramm angesprochen werden soll. Für das jeweilige Ausflugsziel legt jedes Busunternehmen den Angebotspreis fest. Dabei orientieren sich alle drei Busunternehmen an folgender Preistafel:

gefahrene km	Preis in Euro	Dauer
50–100	330–400	halbtägig
über 100–150	640–760	ganztägig
über 150–200	770–830	ganztägig
über 200–250	840–900	ganztägig
über 250–300	910–970	ganztägig

Die Reiseleiter der Reisegruppen A, B und C (drei Schülergruppen) legen gleichzeitig unabhängig voneinander ihre Ausflugsziele für die jeweilige Spielperiode fest. Dabei müssen sie sich jedoch noch nicht entscheiden, welches Ausflugsziel sie an welchem Ausflugstag buchen. Für das jeweilige Ausflugsziel legen die Reiseleiter unabhängig voneinander einen Preis fest, zu dem sie den Bus bestellen würden. Dabei orientieren auch sie sich an der auf Seite 82 aufgeführten Preistafel. Der von den Reiseleitern festgelegte Preis ist ein Höchstpreis und kann bei der Buchung nicht überschritten werden.

Buchungsphase

Die Busunternehmen X, Y und Z veröffentlichen ihr Ausflugsprogramm für die jeweilige Spielperiode mit dem dazugehörigen Preis. Alle drei Reiseleiter erhalten die Angebote der drei Busunternehmen.

Die Angebote werden auch jeweils den anderen Busunternehmen bekannt gegeben. (Die Bekanntgabe der Angebote kann z. B. an der Tafel geschehen.) Die Reiseleiter A, B und C buchen bei den Busunternehmen. Dabei sind die Reiseleiter innerhalb der Spielperiode an ihre Ausflugsziele und ihre Höchstpreise gebunden, bei der Terminfestlegung jedoch flexibel. Die Reihenfolge, in der die Reiseleiter buchen dürfen, wird durch Würfeln ermittelt.

Spielanleitung

Beim Planspiel ist der Text umfangreicher. Dem Spielleiter wird deshalb empfohlen, wie folgt vorzugehen:

- Der Spielleiter erklärt den Schülern die Situation.
- Nachdem sich die Schüler für eine der sechs Spielgruppen entschieden haben, erklärt der Spielleiter den Busunternehmen und den Reiseleitern ihre Aufgaben.

Planungsphase

Die Busunternehmen und die Reiseleiter planen für die erste Spielperiode ihre Ausflugsziele mit entsprechender Preisvorstellung.

Buchungsphase

Die Busunternehmen veröffentlichen ihre Angebote, und die Reiseleiter nehmen ihre Buchungen vor.

Auswertungsphase

Nach jeder Spielperiode errechnet der Spielleiter den Gewinn bzw. den Verlust der Busunternehmen und gibt ihn bekannt. Dabei berücksichtigt er, dass folgende Kosten anfallen: pro gefahrenem Kilometer ein Taler, 480 Taler pro ganzem Tag zusätzlich. Diese Kosten werden mit den Fahrteinnahmen verrechnet. Nach der vierten Spielperiode ermittelt er den Sieger unter den Anbietern.

Konzentration im Einzelhandel

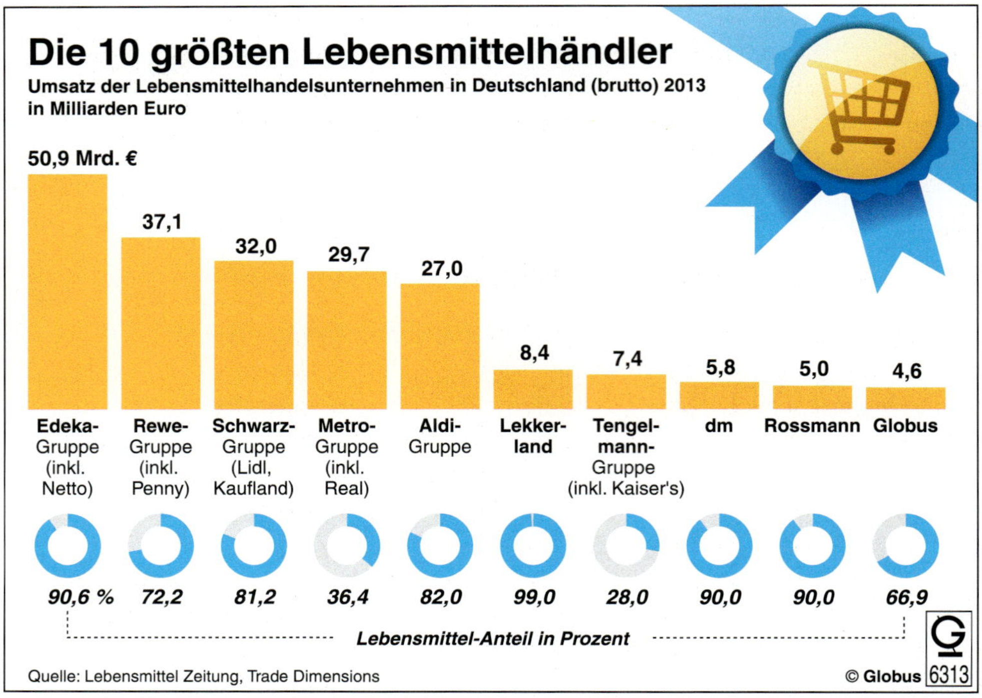

84.1

Wer kennt nicht die Namen REWE, METRO, EDEKA, ALDI, KAISERS, REAL, LIDL, TENGELMANN. Sie zählen zu den Großen des Lebensmittelhandels, die inzwischen in fast jedem mittleren oder größeren Ort zu finden sind, wenn auch gelegentlich unter verschiedenen Namen. Wer weiß schon, dass z. B. zu dem Einzelhandelsunternehmen REWE Super- und Verbrauchermärkte mit dem Namen PENNY, PRO-MARKT, TOOM und NAHKAUF gehören oder dass zur METRO-Gruppe REAL und EXTRA zählen?

Selbst wenn einige dieser Märkte sich am selben Ort niedergelassen haben, machen sie sich nur scheinbar Konkurrenz.

Das bleibt natürlich nicht ohne Folgen:

- Viele Einzelhandelsgeschäfte können mit diesen Großmärkten nicht mehr konkurrieren und müssen schließen. Die bisher selbstständigen Inhaber werden vielleicht Verkäufer oder Filialleiter bei den großen Handelsunternehmen.
- Die Vielfalt der Einkaufsmöglichkeiten sinkt in manchen Regionen. Die Käufer müssen jetzt häufig längere Wege zurücklegen, um sich mit den Lebensmitteln des täglichen Bedarfs zu versorgen. Vor allem für ältere Menschen ist das sehr beschwerlich, ja teilweise unmöglich.
- Aber es gibt auch Vorteile: Wer heute Lebensmittel einkauft, kann ungleich mehr kaufen als früher. Auch in Supermärkten gibt es inzwischen ein breit gefächertes Angebot auch an frischen Waren – und das zu günstigen Preisen.

Aufgaben

1 Welche alternativen Einkaufsmöglichkeiten gibt es zu den großen Supermarktketten?

2 Ermittelt, welche Einkaufsmöglichkeiten es früher in eurem Wohnort oder eurem Stadtteil gab. Vergleicht die Ergebnisse mit der heutigen Situation.

3 Warum wollen die großen Unternehmen immer größer werden?

Das Kartellamt

Die großen Konzerne können ihre Vormachtstellung ausnutzen, indem sie den Markt zu ihren Gunsten beeinflussen. Das Kartellamt ist der Hüter des Marktes. Es soll verhindern, dass sich einzelne Marktteilnehmer (Unternehmen) zu viel Markteinfluss verschaffen, den Markt manipulieren oder den Wettbewerb einschränken. Beispiele: Preisabsprachen, Aufteilung von Absatzgebieten.

Wer hat den Haushalt voll im Griff?

Das Kartellamt will im Einzelhandel ein Exempel statuieren. Mit einer Großrazzia wird dem Verdacht nachgegangen, dass branchenübergreifend Preise manipuliert wurden.

Der deutschen Lebensmittelbranche droht ein Kartellskandal noch ungeahnten Ausmaßes. Wegen des Verdachts auf illegale Preisabsprachen zulasten der Verbraucher führte das Bundeskartellamt am Donnerstag bundesweit bei einigen Unternehmen Razzien durch. Unterstützt von der Polizei wurden dabei mit fast 120 Beamten Büros durchsucht und Daten beschlagnahmt. „Es ist schon eine größere Sache und es könnten Strafen in Millionenhöhe folgen", sagte ein Sprecher des Bundeskartellamtes.

Die Behörde geht dem Verdacht nach, dass sich Markenartikelhersteller mit Einzelhandelsunternehmen bei Süßwaren, Kaffee und Tiernahrung über die Gestaltung der Endverbraucherpreise abgestimmt haben.

Möglicherweise sollen Preisuntergrenzen sowie gezielte Aktionspreise abgesprochen worden sein. Experten gingen von einem Milliardenschaden zulasten der Verbraucher aus.

Von der jetzigen Razzia betroffen war fast die gesamte Branche. Durchsuchungen räumten etwa die Rewe-Gruppe, Metro, Lidl, Edeka (Netto, Plus) und die Tiernahrungskette Fressnapf ein.

Die Behörde selbst nannte wie üblich keine Namen, sprach aber von 15 Firmen. Zudem sind Verfahren gegen weitere Handelsunternehmen schriftlich eingeleitet worden.

Die Razzia ist in dieser Form eine Premiere und zielt auf Absprachen zwischen Herstellern und Verkäufern.

Erst kurz vor Weihnachten hatte das Bundeskartellamt Geldbußen in insgesamt dreistelliger Millionenhöhe gegen die Kaffeeröster Dallmayr, Tchibo und Melitta wegen illegaler Preisabsprachen verhängt (ruk/ivb/news.de/ddp).

(nach: www.news.de/wirtschaft/855040296/gekungel-zwischen-herstellern-und-haendlern/1/)

Aufgaben

1. Welche Aufgaben übernimmt das Kartellamt?
2. Was wird den Lebensmittelherstellern und Einzelhandelsunternehmen vorgeworfen?
3. Welche Folgen haben Preisabsprachen für Verbraucher?
4. Recherchiere im Internet:
   - den Begriff Kartell und definiere ihn.
   - Recherchiere Gesetze, die im Zusammenhang mit Kartellen stehen.
   - Finde heraus: Was ist ein Frühstückskartell?

Rückspiegel:

Meine Stärken
- Übertragt den Selbsteinschätzungsbogen auf ein Blatt.
- Der Selbsteinschätzungsbogen kann um weitere Punkte ergänzt werden.
- Jede/r Einzelne füllt diesen für ihre/seine Kompetenzmappe aus.

Selbsteinschätzungsbogen Zum Thema: Das Marktgeschehen	Name: Paula Klasse: 8 c			
	☺☺	☺	☹	☹☹
Ich weiß, wie sich ein Preis bildet.	X			
Ich kann beschreiben, wie sich ein Preis am Markt bildet.			X	
Ich kann den Begriff „Markt" definieren.				X
Ein Diagramm zu lesen, fällt mir leicht.		X		
Ich kann eine Angebotskurve zeichnen und die Achsen richtig benennen.		X		
Ich kann erklären, warum Erdbeeren im Sommer billiger sind als im Winter.			X	
Folgenden Satz kann ich ganz und richtig vervollständigen: „Der Gleichgewichtspreis bildet sich dort, wo ..."				X
Ich kann gut verhandeln.	X			
Angebote im Planspiel zu erstellen, fällt mir leicht.	X			
In einem Team zu arbeiten, ist kein Problem.		X		
Ich erkenne Käuferfallen im Internet			X	
Ich weiß, wie ich mich vor Käuferfallen im Internet schütze.				X
Ich kann Karikaturen bearbeiten.				X
Zähle zusammen:	3	3	3	4

Begriffssammlung
1. Führe deine zum ersten Kapitel angefangene Begriffssammlung fort, indem du die neuen Begriffe aus diesem Kapitel auf Karten schreibst. Nimm die Anleitung auf Seite 40 und 41 zu Hilfe.
2. Nutze die Karten zur Wiederholung des Kapitels.

Der Nachfrager sollte … Der Anbieter sollte … Gewinne zu erzielen.

über genügend Kaufkraft verfügen.

Das Budget des Nachfragers sollte … der Gegenwert für Güter und Dienstleistungen.

Der Preis ist … zu einem attraktiven Preis verkaufen können. sollte Nachfrage vorhanden sein.

Der Preis darf für den Nachfrager …

nicht unter seinen Kosten verkaufen. höher sein als der Preis.

Der Anbieter sollte … nicht über dem eigenen Budget liegen.

Der Anbieter muss die Chance erkennen …

Damit man etwas anbieten kann, …

Wenn der Preis für eine Ware hoch ist, dann …
M … ist die Nachfrage auch hoch.
A … ist die Nachfrage niedrig.
L … will keiner kaufen.

Der Preis ist der Gegenwert für
A Güter
E Dienstleistungen
N Güter und Dienstleistungen
O keins von beidem

Welcher Begriff ist ein Beispiel für ein „Gut"?
L Haarschnitt
K Haare föhnen
G Haarshampoo
B Haarwäsche

Was ist ein Beispiel für eine Dienstleistung?
C Autoreifen
N Auto
E Autoreparatur
U Autoschau

Warum ist der Wettbewerb zwischen den Erzeugern von Schokolade für euch als Esser von Schokolade von Vorteil?
B … weil viele Anbieter konkurrieren und das zu einem niedrigen Preis führt.
P … weil viele Erzeuger gute Werbung machen.
K … weil viele Anbieter konkurrieren und so Nachfrage und Preis geringer werden.

Warum ist der Preis für Himbeeren auf dem Wochenmarkt im Sommer geringer als im Winter?
O Im Winter wird weniger angeboten.
H Im Sommer wollen mehr Leute Obst kaufen.
L Im Sommer sind die Händler freundlicher zu ihren Kunden.

Die dargestellte Kurve ist eine
T Nachfragekurve
J Absatzkurve
R Angebotskurve

1. Suche in den oben stehenden Textteilen die zusammengehörigen und übernimm sie in dein Heft.
2. Erstelle ein Kreuzworträtsel mit folgenden Begriffen:
Kartell, Gleichgewichtspreis, Markt, Angebot, Nachfrage, Gewinn, Verlust, Handel, Dienstleistung, Güter, Preis, Wochenmarkt, Immobilienmarkt usw.
3. Finde das Lösungswort aus den Großbuchstaben des oben stehenden Rätsels.

Das Unternehmen

Unternehmen sind wichtige Teilnehmer in einer Volkswirtschaft. Beschäftigte und Unternehmer wollen hier ihr Einkommen erzielen. Die Beschäftigten (Arbeitnehmer) stellen dabei ihre Arbeitskraft zur Verfügung und erhalten dafür Lohn oder Gehalt. Die Unternehmer versuchen, Gewinne zu erzielen.
Die Aufgaben der Arbeitnehmer sind von Unternehmen zu Unternehmen sehr unterschiedlich. Ein Einzelhandelskaufmann berät Kunden, räumt Regale ein und bestellt neue Ware. Eine Friseurin wäscht, schneidet und färbt Haare. Ein Bürokaufmann führt Telefonate, diskutiert mit Lieferanten und schreibt Angebote für Kunden.
Außerdem sind Unternehmen Orte, an denen Produkte (z. B. Lebensmittel, Kleidung, Autos) hergestellt und Dienstleistungen (z. B. Friseur, Fitnessstudio, Reisebüro) bereitgestellt werden, um die Bedürfnisse der Menschen zu befriedigen.

Dieser Zusammenhang kann in einem Schaubild vereinfacht dargestellt werden. Dieses Schaubild nennt man den **einfachen Wirtschaftskreislauf**.

Der einfache Wirtschaftskreislauf

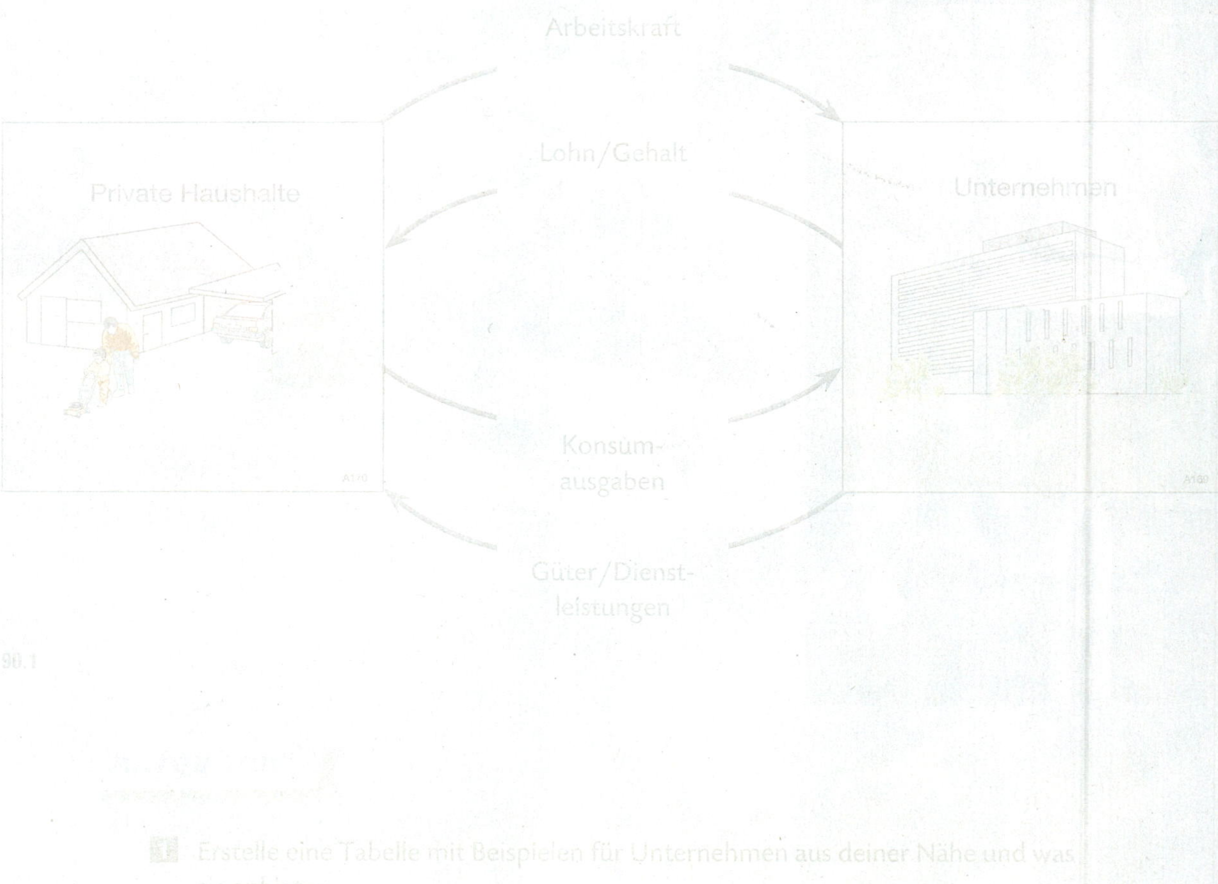

90.1

1. Erstelle eine Tabelle mit Beispielen für Unternehmen aus deiner Nähe und was sie anbieten.
2. Schreibe stichwortartig auf, bei wem ein Arbeitgeber sein verdientes Geld ausgibt.
3. Welche Zahlungen leistet ein Unternehmer neben Löhnen und Gehältern noch?

Unternehmen haben unterschiedliche Aufgaben. Einige gewinnen Rohstoffe und Produkte aus der Natur, z. B. Kohle, Holz oder Getreide.

Produktionsbetriebe stellen etwas her. Sie produzieren Konsumgüter, z. B. Kleidung, Nahrungsmittel, Zeitungen, Autos oder auch Fenster. Es gibt aber auch Güter, die nicht direkt für den Konsum gedacht sind, sondern die von anderen Unternehmen für die Produktion benötigt werden. Diese nennt man Produktionsgüter. So braucht der Bäcker zum Beispiel einen Backofen, der Friseur eine Schere und der Taxifahrer ein Auto.

91.1 Ein Produktionsbetrieb in der Automobilbranche

Dienstleistungsbetriebe bieten anderen Leuten Dienste an. Hier kann man sich die Haare schneiden lassen, Muskeln antrainieren, sich beraten oder versichern lassen.

91.2 Dienstleistung beim Friseur

Arbeitsteilung zwischen den Betrieben
Unternehmen haben sich schon seit langer Zeit auf einzelne Bereiche im Produktionsprozess spezialisiert. So arbeiten bei der Herstellung von Brot viele verschiedene Betriebe zusammen. Der Bauer bestellt den Boden und sät das Korn. Danach wird es geerntet und verkauft. Der Müller mahlt das Korn zu Mehl und verkauft es weiter an den Mehlgroßhandel. Der Bäcker bezieht von dort das fertige Mehl und verarbeitet es zu Brot. Durch die Arbeitsteilung zwischen den Unternehmen können Rohstoffe in konsumreife Produkte umgewandelt werden.

91.3 Vom Korn zum Brot

1 Erstelle eine Tabelle mit Berufen aus dem Produktions- und Dienstleistungsbereich.

2 Erkläre, weshalb eine Bäckerei sowohl Produktions- als auch Dienstleistungsbetrieb ist.

Finde Beispiele für Konsum- bzw. Produktionsgüter.

Stelle den Weg vom Korn zum Brot grafisch dar. Benenne hieran beteiligte Unternehmen und dazugehörige Berufe.

Stelle den Weg vom Apfel bis zum Kauf des Apfelsafts in der Flasche dar. Finde weitere Beispiele.

Die Schülerfirma

Von der Idee zum Unternehmen

Der WuV-Kurs von Herrn Müller möchte ein eigenes Unternehmen gründen – eine Firma, deren Mitarbeiter nur aus Schülern bestehen – eine Schülerfirma. Gemeinsam überlegen sie, welches Produkt oder welche Dienstleistung sie in der Schule anbieten könnten. Mithilfe eines Brainstormings suchen sie eine gute Idee:

Weihnachtskarten | Autoputzen | Glücksbringer | Kakao | Waffeln | ... | Sandwiches

Argumente austauschen

Die Gruppe tauscht Argumente aus: Was spricht für, was gegen die verschiedenen Ideen? Am Ende entscheiden sie sich, Sandwiches in der Pause zu verkaufen. Gemeinsam erstellen sie eine Checkliste mit den Aufgaben, die sie noch zu erledigen haben.

Checkliste
1. Was brauchen wir?
2. Kosten
3. Aufgabenverteilung
4. Preise
5. Durchführung

1. Was brauchen wir?

Toast | Käse | Ketchup | Servietten | ... | Toll, aber wie viel?

Es ist sehr schwierig abzuschätzen, wie viele Sandwiches in einer Pause verkauft werden:

Wir haben 500 Schüler, da werden wir doch 100 Sandwiches verkaufen können – also brauchen wir 200 Scheiben Toast, ...

Danach ist ein Einkaufszettel schnell geschrieben ...

2. Kosten

Bleibt die Frage, woher das Kapital für unser Unternehmen kommt. Wir brauchen schließlich Geld, um einzukaufen."

Wir könnten doch alle zusammenlegen. Jeder gibt einen kleinen Betrag, und wenn wir Gewinn machen, dann bekommt jeder seinen Anteil zurück und vielleicht sogar ein bisschen mehr ...

Aufgaben

1 Führt in eurer Gruppe ein Brainstorming durch, welche Produkte oder Dienstleistungen an eurer Schule gut zu verkaufen wären.

2 Wie findest du die Idee, Sandwiches in der Schule zu verkaufen?

3 Wie viel verkauft werden kann, ist meist sehr schwierig abzuschätzen. Wie ist Moritz bei seiner Vermutung vorgegangen? Gibt es vielleicht bessere Möglichkeiten?

4 a) Schreibe einen Einkaufszettel für die Gruppe.
b) Finde heraus, was die einzelnen Produkte kosten.
c) Berechne die Kosten für ein Sandwich.

5 Was braucht ihr außerdem, um Sandwiches in der Schule verkaufen zu können?

3. Aufgabenverteilung

Es ist aber doch Quatsch, wenn wir alle Einkaufen gehen. Wir sollten uns Abteilungen für unser Unternehmen überlegen, sodass nicht jeder alles machen muss … Wir haben nämlich noch ganz schön viel zu tun:

Wisst ihr schon, wer den Stand aufbaut und mit dem Hausmeister redet?

Preisschilder sind wichtig.

Wer macht denn jetzt den Einkauf?

Außerdem …

4. Preise

Wir wollen auf jeden Fall Gewinn machen …

Damit sich das eingesetzte Geld auch lohnt, sollten wir auf jeden Fall hohe Preise verlangen …

Wichtig ist, dass wir unsere Kosten decken …

Je billiger, desto besser, dann wird ganz viel gekauft …

5. Durchführung

Haben wir etwas verdient?

Sind wir zu billig?

Tische?

Haben wir an alles gedacht?

Helfen auch alle mit?

Strom?

Haben wir alles?

…

6. Kassensturz

Nachdem die Gruppe ihren Stand abgebaut hat, erfolgt der Kassensturz. Tatsächlich hat die WuV-Gruppe, obwohl sie nicht alles verkauft hat, einen Gewinn erzielt. Nach Abzug der Kosten bleiben immerhin 33 Euro.

Aufgaben

1 Welche Aufgaben müssen verteilt werden, damit der Verkaufsstand ein Erfolg werden kann? Welche Abteilungen werden gebraucht?

2 Wie sollte die Gruppe den Preis für Sandwiches festlegen?

3 Schreibe eine Liste, was alles für die Pause organisiert werden muss.

4 Skizziere die einzelnen Schritte der WuV-Gruppe in einem Flussdiagramm.

Je nach Größe und Branche sind Firmen unterschiedlich aufgebaut. In den meisten mittleren und größeren Unternehmen werden die Aufgaben in Abteilungen aufgeteilt.

Organisation der AKA-GmbH

Die Firma AKA-GmbH ist ein Unternehmen der Metallbranche mit 220 Mitarbeiterinnen und Mitarbeitern. Die Firma stellt hochwertige Spezialmaschinen für die Metallbearbeitung her, die weltweit in vielen Ländern verkauft werden. Das Unternehmen wird von der Geschäftsleitung, die die Ziele festlegt, geführt. Der Geschäftsleitung unterstehen vier Abteilungen.

Geschäftsleitung
Sie legt die betrieblichen Ziele fest und trägt die Verantwortung für den Erfolg des Unternehmens.

Einkauf	Produktion	Vertrieb	Verwaltung
Diese Abteilung ist für die Beschaffung der benötigten Materialien zuständig.	Diese Abteilung ist für kostengünstige und termingerechte Herstellung der Waren verantwortlich.	Diese Abteilung soll von den hergestellten Waren möglichst viel zu einem guten Preis verkaufen.	Diese Abteilung ist für die Finanzen und das Personal zuständig.

[illegible]

- [illegible]
- [illegible]
- [illegible]
- [illegible]
- Der Einkauf

… bewahrt Roh- und Hilfsstoffe sowie Fertigungsteile auf.

… ist das Herzstück eines Betriebes. Hier werden alle Güter produziert, mit denen der Betrieb Gewinn erwirtschaften möchte.

… führt Kundengespräche und versucht, die Produkte des Unternehmens zu verkaufen.

… berechnet Löhne und Gehälter und stellt neue Mitarbeiter ein.

… beschafft die Roh- und Hilfsstoffe sowie Fertigungsteile und Vorprodukte.

… kümmert sich um die Verbuchung der ein- und ausgehenden Rechnungen und führt die Bücher.

Ordne den Abteilungen ihre Aufgaben zu und finde zu jeder Abteilung passende Berufe.

Fritz Breuer, Heizungsbauer

„In meinem Betrieb arbeiten außer mir noch vier weitere Personen. Meine Frau kümmert sich größtenteils um das Büro. Manuel, unser Auszubildender, ist meistens mit mir auf den Baustellen unterwegs. Dort installieren wir neue Heizungssysteme. Einfachere Reparaturen machen unsere beiden Gesellen Matthias und Dominik alleine, aber meistens arbeiten wir alle zusammen. Ich bin froh, dass ich mich auf meine Mitarbeiter verlassen kann."

Manfred Hertel, Busunternehmer – Hertel-Reisen

„Wir sind ein Dienstleister. Wir organisieren Tagesreisen, Urlaubsreisen, aber auch einfache Transferfahrten. Wenn z. B. ein Lehrer anruft und mit seiner Klasse in den Zoo möchte, stellen wir den Bus und den Fahrer. Bei uns arbeiten fünf fest angestellte Busfahrer und einige Aushilfen. Im Büro arbeiten vier weitere Personen. Meine Schwester ist für die Buchhaltung, den Reisekatalog und die täglichen Abläufe zuständig. Die anderen Mitarbeiterinnen schreiben Angebote, suchen Hotels oder erstellen Informationsflyer für unsere Kunden."

Karina Mester, Friseurmeisterin – Haarwerk

„In meinem Friseursalon Haarwerk sind wir zu dritt. Steffi arbeitet schon seit fünf Jahren bei mir und Cyntia ist im zweiten Jahr ihrer Ausbildung. Im Haarwerk versuchen wir, immer auf dem neuesten Stand zu sein, weil die Kunden modernste Frisuren wollen."

Hans Junge, Geschäftsführer – Firma Fenster Junge

„Bei der Firma Junge arbeiten 93 Mitarbeiter in verschiedenen Abteilungen. Im Verwaltungsgebäude hat mein Bruder die kaufmännische Leitung. Ihm sind 22 Angestellte direkt unterstellt. Mit ihm teile ich mir die Geschäftsführung. Hier sind die Abteilungen Einkauf, Verwaltung und Verkauf. Der Einkauf kümmert sich um die Beschaffung der Rohstoffe und die Warenannahme. Der Verkauf koordiniert die Werbung und die Angebotsabteilung. An die Verwaltung sind die Buchhaltung und das Personalbüro angeschlossen. Unter der technischen Leitung findet man die Fertigungsplanung, damit die Produktion auch weiß, was und wie viel sie überhaupt produzieren muss. Und natürlich die Produktion, die in drei weitere Bereiche aufgeteilt ist – Holz-, Kunststoff- und Holz-Aluminiumfenster."

M Methode: Planspiel

Bei einem Planspiel wird die Wirklichkeit vorgetäuscht, man sagt: simuliert. Ein Problem oder ein Konflikt wird aufgegriffen und in verteilten Rollen durchgespielt. Die verschiedenen Rollen werden von Gruppen übernommen, die das Problem aus unterschiedlichen Interessenlagen sehen und zu lösen versuchen. Die Teilnehmer lernen dadurch, wie politische und wirtschaftliche Entscheidungen im Alltag zustande kommen.

Vorbereitung In dieser Phase wird zunächst das Problem verdeutlicht, das im Planspiel durchgespielt werden soll. Man sagt auch: Die Ausgangslage wird geklärt. Die Spielregeln werden besprochen. Anschließend werden die Gruppen gebildet.

Durchführung Die Gruppen arbeiten sich in ihre Spielrolle ein und suchen dabei nach Argumenten für ihren Standpunkt. Sie planen, wie sie vorgehen wollen.
Danach wird das Planspiel begonnen. Im weiteren Verlauf muss jede Gruppe auf die Entscheidung der anderen Gruppen reagieren.

Auswertung Das Spielergebnis und der Spielablauf werden gemeinsam besprochen. Die einzelnen Spielgruppen berichten über ihre Absichten und Handlungen. Falls es eine „Beobachtergruppe" gibt, berichten auch die Mitglieder dieser Gruppe.

Vorbereitung

a) Ausgangslage

Ihr seid Geschäftsführer eines Unternehmens, das industriell eine neue Art von Sahnetorten herstellt und kistenweise verkauft. Auf dem von euch belieferten Markt konkurriert ihr mit drei anderen Unternehmen, die das gleiche Produkt herstellen. Die von eurer Firma hergestellten Sahnetorten sind verderblich und können nicht gelagert werden. Euer Ziel ist es, einen möglichst hohen Gewinn zu erzielen. Die Spieldauer beträgt vier Perioden. In jeder Periode sind zwei Entscheidungen zu treffen.

Mengenentscheidung: Wie viele Kisten Sahnetorten werden von eurem Unternehmen hergestellt? Die maximale Produktionsmenge eures Unternehmens in jeder Spielperiode beträgt 20 Kisten.

Preisentscheidung: Zu welchem Preis wird eine Kiste Sahnetorten von eurem Unternehmen angeboten? Der Preis pro Kiste kann zwischen 500 und 3000 Euro liegen, jeweils in ganzen Hunderten. Wenn euer Preis über dem Preis eurer Konkurrenten liegt, verliert ihr nicht alle Kunden. Die Anzahl eurer Kunden und somit die Anzahl der verkauften Kisten Sahnetorten geht jedoch zurück.

Bei eurer Mengenentscheidung und Preisentscheidung müsst ihr eure Kosten und den Absatzmarkt beachten. Auf dem Absatzmarkt konkurriert ihr mit den drei anderen Unternehmen.

Kosten: Fixe Kosten, z. B. für Verwaltung, Miete: Sie sind unabhängig von der Anzahl der von euch hergestellten Kisten. Sie betragen in jeder Spielperiode 2 000 Euro. Variable Kosten, z. B. für Material, Löhne: Sie verändern sich mit der Anzahl der von euch hergestellten Kisten. Je Kiste fallen 500 Euro variable Kosten an.

Absatzmarkt:

	1. Spielperiode	2. Spielperiode	3. Spielperiode	4. Spielperiode
Maximale Absatzmenge	30 Kisten	40 Kisten	40 Kisten	20 Kisten
Verhalten der Nachfrager auf dem Markt	Die Reaktion der Verbraucher auf unterschiedliche Preise ist nicht bekannt.	Die Verbraucher zeigen großes Interesse an dem Produkt; höhere Preise werden eher akzeptiert.	Das Interesse an dem Produkt stagniert; höhere Preise werden weniger akzeptiert.	Das Interesse an dem Produkt geht stark zurück; höhere Preise werden noch weniger akzeptiert.

b) Gruppenbildung
Bildet vier Gruppen. Jede der konkurrierenden Gruppen sucht für ihr Unternehmen einen Namen und schreibt ihn auf ein Kärtchen. Die Kärtchen können dann an der Tafel oder einer Pinnwand angebracht werden.

Durchführung
Trefft mithilfe des „Spielblattes" eure Mengen-und Preisentscheidungen. Von eurer Lehrerin bzw. eurem Lehrer bekommt ihr mitgeteilt, wie viele Kisten ihr verkaufen konntet. Errechnet dann eure Kosten, den Umsatz und den Gewinn. Habt ihr mehr Kisten hergestellt, als ihr verkaufen konntet, fallen dafür Kosten an. Ihr könnt natürlich auch nur die Anzahl der Kisten verkaufen, die ihr hergestellt habt. Da auf Märkten die Unternehmen wissen, wie hoch die Preise ihrer Mitanbieter sind, erfahrt ihr nach jeder Spielperiode vom Spielleiter die Preise eurer Konkurrenten. Sie werden an der Tafel oder der Pinnwand festgehalten.

Spielblatt

Unternehmen: ______________________________

	1. Spielperiode	2. Spielperiode	3. Spielperiode	4. Spielperiode
Mengenentscheidung Anzahl der produzierten Kisten				
Preisentscheidung Verkaufspreis (in Hunderten)				
Anzahl der zugeteilten Aufträge (Kisten) durch den Spielleiter				
Kosten • Fixe Kosten • Variable Kosten (Anzahl der produzierten Kisten x 500 Euro) **Gesamtkosten**	2000 Euro	2000 Euro	2000 Euro	2000 Euro
Umsatz Anzahl der zugeteilten Aufträge x Verkaufspreis				
Gewinn oder Verlust (Umsatz minus Gesamtkosten)				

Unternehmerische Ziele

Ziel jedes Unternehmens muss es sein, mehr Geld einzunehmen als auszugeben. Nur dann kann der Betrieb überleben. Von dem erwirtschafteten Gewinn müssen z. B. auch neue Anlagen oder Maschinen bezahlt werden. Bei der Produktion können unterschiedliche Dinge im Vordergrund stehen:

98.1

Aufgaben

1. Lies die Sprechblasen und ergänze mithilfe der Abbildung 98.1 die fehlenden Begriffe. Erkläre, weshalb der Gewinn das wichtigste Ziel eines Unternehmens ist.
2. Welche unternehmerischen Ziele kommen in dem Gespräch vor?
3. Erkläre mit deinen eigenen Worten einige unternehmerische Ziele.

Kostenkalkulation

So rechnet ein Unternehmer

Als Moritz am Morgen in die Bäckerei kommt, sieht er, dass die Brezeln schon wieder teurer geworden sind:

„Das kann doch nicht wahr sein, 70 Cent für eine einfache Brezel!" Daraufhin erwidert die Bäckersfrau: „Wir haben doch auch hohe Kosten: Jeden Monat müssen wir die Miete für unseren Laden bezahlen. Unsere modernen Backöfen sind alle geleast und kosten monatlich eine Stange Geld und unsere Mitarbeiter arbeiten schließlich auch nicht umsonst. Außerdem sind die Zutaten wie Mehl, Salz und Hefe auch schon wieder teurer geworden. Unsere fixen und variablen Kosten steigen auch ständig ..."

Kosten

Fixe Kosten
Beispiele: Löhne, Mieten, Versicherungen
→ fallen immer an, egal wie viel produziert wird

Variable Kosten
Beispiele: Mehl, Salz, Butter
→ sind von der produzierten Menge abhängig

Menge an produzierten Kommoden (z)	Fixe Kosten (kf)	Variable Kosten pro Kommode (kv)	Variable Kosten insgesamt (Kv)	Gesamtkosten (K)	Verkaufspreis (p)	Umsatz (U)	Gewinn/ Verlust (G)
0	7000	0	0	7000	1900	0	–7000
1	7000	900	900	7900	1900	1900	–5100
2	7000	900	1800				
3	7000						
4	7000						
5	7000						
...	7000	...	...				
10	7000						

Fallbeispiel

Franz Holzwurm ist ein selbstständiger Schreiner, der vor allem Kommoden herstellt. Er fertigt sie in einer gemieteten Werkstatt. Die Miete beläuft sich auf 2800 Euro im Monat. Damit er nicht die ganze Arbeit alleine machen muss, beschäftigt er einen Gesellen, dem er monatlich 2200 Euro Lohn bezahlt.

Seine Maschinen bezahlt er in monatlichen Raten (2000 Euro) ab.

Die Kosten für das Holz der Kommoden belaufen sich auf 700 Euro pro Stück. Zudem werden auch noch Beschläge für 50 Euro, Holzschrauben im Wert von 15 Euro und Leim im Wert von 5 Euro benötigt. In der benachbarten Lackiererei lässt Herr Holzwurm die Kommode dann für 130 Euro lackieren.

Herr Holzwurm kann seine Kommoden für 1900 Euro pro Stück verkaufen.

Aufgaben

1. Welche fixen und variablen Kosten hat Franz Holzwurm? Überlege dir weitere Beispiele.
2. Übernimm die Tabelle in dein Heft und berechne die fehlenden Werte.
3. Zeichne ein Diagramm und trage folgende Kurven ein: Kf, Kv, K, U! (x-Achse: 1 Stück = 1 cm, y-Achse: 10000 Euro = 1 cm)
4. In welchem Punkt schneiden sich U und K?
5. Wie könnte Franz Holzwurm seinen Gewinn steigern?

Unternehmerische Selbstständigkeit

Bill Gates, Microsoft: „Es begann an dem Tag, als ich mit meinem Freund Paul Allen auf dem Harvard Square stand und wir eifrig die Beschreibung eines Selbstbau-Computers studierten. Erregt lasen wir vom ersten echten Personalcomputer, und obwohl wir noch keine genaue Vorstellung davon hatten, wozu er zu gebrauchen wäre, war uns doch schon klar, dass er uns und die Welt der Datenverarbeitung verändern würde."

über Dr. Hans Riegel, HARIBO: „... die einzigen Aktivposten, die Hans Riegel nach dem Krieg 1946 aufzuweisen hatte, waren im Grunde sein Ehrgeiz und die geheimen Produktrezepturen aus der väterlichen Hinterlassenschaft ..."

Klaus Kobjoll, Landhotel Schindlerhof: „Ich war mit 22 Jahren selbstständig und trotz langer Vierzehn-Stunden-Tage und einer Sieben-Tage-Woche überglücklich. Bald schon träumte ich von noch Größerem ..."

Anita Roddick, The Body Shop: „Mir ging es gegen den Strich, dass ein großer Teil des Geldes, den ich für ein Produkt bezahlte, in aufwendige Verpackungen floss, die ich nicht wollte. Ich ärgerte mich auch darüber, dass man ganz normale Kosmetikprodukte für den alltäglichen Bedarf nicht in kleinen Portionen zu fairen Preisen kaufen konnte."

Levi Strauss, LEVI'S: „Anstatt dem Gold hinterherzurennen, gründete ich eine Firma und belieferte die Schürfer mit festem Zelttuch und später mit Hosen aus Jeansstoff."

Quellen: Gates, Bill: Der Weg nach vorn. Die Zukunft der Informationsgesellschaft. Hoffmann & Campe: Hamburg 1995; Hans Riegel, The Body Shop, Klaus Kobjoll und Levi Strauss: http://red.newcome.de/schulen/download/BOGY-Modul12.pdf (Stand 19.05.2011), S. 8

① Kann auch unter Stress arbeiten.
② Ist fähig, Arbeiten zu delegieren.
③ Kann andere überzeugen.
④ Ist körperlich belastbar.
⑤ Kann langfristig denken.
⑥ Ist entscheidungsfreudig.
⑦ Ist kreativ.
⑧ Kann mit Kritik umgehen.
⑨ Hat Visionen.
⑩ Kann auch im Team arbeiten.
⑪ Ist bereit, Risiken einzugehen.
⑫ Hat Durchsetzungsvermögen.
⑬ Hat Selbstvertrauen.
⑭ Ist aufgeschlossen gegenüber Neuem.
⑮ Ist bereit, Führungsaufgaben zu übernehmen.
⑯ Arbeitet auch bei Rückschlägen zielgerecht weiter.
⑰ Kann andere motivieren und begeistern.

Aufgaben

1 Welche Gründe bewegen Menschen, sich selbstständig zu machen?

2 Welche der genannten Eigenschaften sind deiner Meinung nach die wichtigsten für einen Unternehmer? Bringe sie in eine Reihenfolge.

3 Überzeuge deine Mitschüler in einem Gruppengespräch davon, dass deine Reihenfolge die richtige ist.

M Methode: Zukunftsplan

Unternehmer werden und die eigene Firma gründen. Sein eigener Chef sein, unabhängig und kreativ, Marktlücken ausnutzen und vielleicht sogar mehr Geld zu verdienen, sind nur einige Gründe für die unternehmerische Selbstständigkeit. Sie bietet viele Chancen – allerdings auch wirtschaftliche Risiken.
Die Idee des Zukunftsplans ist es, sich in einen Unternehmer hineinzuversetzen und seine ersten Schritte hin zum eigenen Unternehmen nachzuvollziehen.

1. Geschäftsidee
Zu Beginn steht die Idee. Überlege dir ein Produkt oder eine Dienstleistung, die am Markt noch fehlen könnte. Lasse deiner Kreativität freien Lauf.

Carl Benz, der Erfinder des Automobils, wurde für seine Erfindung des Motorwagens zunächst belächelt, da niemand an dessen Erfolg glaubte. Er wurde sogar ausgelacht für sein Gefährt ohne Pferd. Den Erfolg des motorisierten Fahrzeugs sah wahrlich niemand voraus. Und heute?

Manchmal ist auch Unzufriedenheit im Alltag ein guter Ideenlieferant. Überlege, wie du deinen Alltag vereinfachen oder angenehmer machen könntest und entwickle daraus ein Produkt oder eine Dienstleistung.

2. Marktanalyse
Eine Idee kann noch so toll erscheinen, aber wenn die Kunden von dem Produkt nicht begeistert sind, wird es sich nicht verkaufen.
Analysiere den Markt und stelle dir folgende Fragen:
- Wer ist meine Zielgruppe?
- Welches Bedürfnis wird erfüllt?
- Warum soll der Kunde kaufen?
- Wird es genug Kunden geben, die dieses Produkt haben wollen?
- Gibt es Konkurrenzprodukte?
- Was ist einzigartig an der Geschäftsidee?
- ...

Nur, wenn du die Gegebenheiten am Markt kennst, wird deine Firma auch erfolgreich sein.

3. Präsentation vorbereiten
Um eine Firma zu gründen, wird Kapital benötigt. Stelle dir vor, du müsstest bei der Bank deine Idee präsentieren, um einen Kredit zu erhalten. Die folgenden Inhalte sollten in deiner Präsentation berücksichtigt werden:

a) Beschreibe, so genau wie möglich,
   - worin deine Geschäftsidee besteht.
   - welchen Nutzen die Kunden von deiner Idee haben.
   - wie du gerade auf diese Idee gekommen bist.
   - was das Besondere an dieser Idee ist.
   - warum Kunden nicht bei der Konkurrenz kaufen werden.
   - ...

b) Erstelle ein Firmenlogo, das zu deinem Produkt und dir passt.

4. Präsentation
Simuliert das Bankengespräch in Partnerarbeit.
In diesem Rollenspiel hat der Bankangestellte die Aufgabe, den „Unternehmensgründer" noch einmal zu prüfen. Hierbei können die folgenden vorformulierten Rückmeldemöglichkeiten genutzt werden.

Rückmeldemöglichkeiten durch den Bankangestellten:
- Ich würde gerne noch wissen, ob ...
- An Ihrer Vorstellung fand ich besonders gut, dass ...
- Außerdem hat mir gefallen, dass ...
- Ich glaube, dass Ihre Idee ...
- Vielleicht sollten Sie bedenken, dass ...
- Glauben Sie wirklich, dass ...
- Ich könnte mir (nicht) vorstellen, dass wir Ihr Unternehmen finanzieren, wenn ...

Standortfaktoren

Im WuV-Unterricht sollten die Schüler einen Unternehmer interviewen. Anne und Franziska waren bei Herrn Markus Gebhart – Geschäftsführer der GMS-Electronic GmbH.

Anne: „Hallo Herr Gebhart, schön, dass wir mit Ihnen das Interview führen dürfen."

Herr G.: „Das ist kein Problem, das mache ich gerne."

Anne: „Ihr Firmengebäude ist ja richtig toll!"

Herr G.: „Schön, dass es euch gefällt. Wir haben vor sechs Jahren einen neuen Standort gesucht, gebaut und sind dann hierher gezogen. Jetzt ist es schon wieder zu klein, sodass wir anbauen müssen."

Franziska: „Dann muss Ihr Unternehmen aber ganz schön erfolgreich sein?"

Herr G.: „Wir können uns nicht beschweren. Ich habe die GMS-Electronic vom damaligen Eigentümer, mit drei Mitarbeitern übernommen und jetzt sind wir hier 17 und haben noch zwei weitere Standorte in Ostdeutschland. Dort befindet sich unsere Produktion mit insgesamt 135 Mitarbeitern. Unseren Umsatz haben wir seitdem auch kräftig steigern können."

Anne: „In Ostdeutschland – wieso denn das?"

Herr G.: „Da sind mehrere Dinge zusammengekommen. Zum einen waren die Grundstücke viel billiger als bei uns. Zum anderen arbeitete ich schon lange mit jemandem zusammen, der von dort kommt und der sich auch selbstständig machen wollte. Vor allem aber sind dort die Arbeitslöhne erheblich niedriger als bei uns."

Franziska: „Aber warum haben sie nicht gleich Ihre ganze Firma im Osten gebaut?"

Herr G.: „Das mit dem Standort für die Firma war gar nicht so einfach. Unternehmen richten sich da nach verschiedenen Standortfaktoren. Für einen Supermarkt ist es wichtig, dass viele Kunden da sind, an die er etwas verkaufen kann, d. h. der Standort ist kundenorientiert. Ein Sägewerk sollte sich in der Nähe der Rohstoffe ansiedeln, sonst kommen unnötige Transportkosten dazu. Das nennt man rohstoff- oder materialorientiert. Bei der Standortwahl der GMS war vor allem wichtig, dass wir unsere Mitarbeiter im Betrieb halten konnten, und dass wir eine gute Verkehrsanbindung haben, um unsere Kunden möglichst schnell zu erreichen. Unser Standort ist also mitarbeiter- und verkehrsorientiert."

Anne: „Das hört sich ganz schön kompliziert an."

Herr G.: „Nein, eigentlich gar nicht. Wir wollten unsere Mitarbeiter behalten und haben hier eine gute Verkehrsanbindung. Im Osten war es einfacher, neue, nicht zu teure Mitarbeiter zu finden. So konnte mein Partner Herr Müller bei seiner Familie bleiben und ich bei meiner."

Franziska: „..."

Aufgaben

1 Bereite Fragen für ein Interview mit einem Unternehmer aus deinem Umfeld vor. Führe das Interview durch.

2 Welche vier Standortfaktoren erwähnt Herr Gebhart im Gespräch?

3 Wonach werden sich folgende Unternehmen richten, wenn sie einen Standort suchen: ein Bergwerk, ein Bekleidungsgeschäft, Firma Adidas, die in die ganze Welt liefert, Firma Daimler, die viele Mitarbeiter braucht?

4 Welche Argumente sprechen dafür, ein Unternehmen an eurem Schulort anzusiedeln?

M Methode: Expertenrunde

Die Expertenrunde ist eine Kombination von verschiedenen Gruppenarbeiten, innerhalb welcher sich Schüler gegenseitig informieren. Drei Phasen werden unterteilt:

Erste Phase – Expertenausbildung
Innerhalb einer Gruppe wird ein Thema erarbeitet. Jedes Gruppenmitglied muss die Fragen zu diesem Thema beantworten können. In diesem Fall sollten vier Gruppen gebildet werden. Jede Gruppe bearbeitet eine Unternehmensform (s. Seite 104/105).
Folgende Leitfragen sollten dabei in der Gruppe erarbeitet werden:

- Wie heißt die Unternehmensform?
- Wer haftet bei der Unternehmung?
- Wie ist die Gewinnverteilung geregelt?
- Welche Vor- bzw. Nachteile könnte eine solche Unternehmensform haben?
- Wie finanziert sich das Unternehmen?
- Welche Unternehmen kennt ihr, die eine solche Unternehmensform haben?

Zweite Phase – Informationsaustausch
Die Gruppenmitglieder teilen sich auf und finden sich in neuen Gruppen wieder zusammen. Als Experten informieren sie die neuen Gruppenmitglieder zu ihrem Thema (Unternehmensform).
Zur Sicherung der Ergebnisse sollte hierbei ein Tabellenblatt ausgefüllt werden, in dem die wesentlichen Merkmale der unterschiedlichen Unternehmensformen festgehalten werden.

Dritte Phase – Sicherung der Ergebnisse
Um sicherzustellen, dass der Informationsaustausch in allen Gruppen erfolgreich war, können sich am Ende die Stammgruppen vom Anfang noch einmal zusammenfinden und ihre Arbeitsergebnisse vergleichen.

① Sebastian Krauhaar möchte sich nach seiner Lehre als Schreiner selbstständig machen. Sein Großvater war auch Schreiner und hat ihm die Werkstatt mit allen Werkzeugen vererbt. Er möchte erst einmal klein anfangen.

② Franka Hulsta arbeitet schon länger in der Computerbranche und möchte jetzt endlich auf eigenen Beinen stehen. Ihre Freundin Christine Wulff sieht das auch so. Gemeinsam suchen sie die richtige Unternehmensform.

③ Das Großunternehmen Fischerle braucht unbedingt neues Kapital, um auf dem Weltmarkt konkurrenzfähig zu bleiben. Die Geschäftsleitung will die Unternehmensform ändern.

④ Carla Musterle möchte vor allem nicht mit ihrem Privatvermögen für ihr neues Unternehmen haften. Ihre Werkzeuge sind mindestens 30 000 Euro wert.

Aufgaben

1 Erarbeitet das Thema Unternehmensformen mit der Expertenmethode.

2 Erstellt dabei gemeinsam eine Tabelle, in der die Unternehmensformen verglichen werden.

Unternehmensform	Vorteile	Nachteile	Haftung	Finanzierung	Geschäftsführung	Beispiele

3 Diskutiere die genannten Fälle in der Gruppe.

Unternehmensformen

Viele denken, ein Unternehmen müsse eine große Firma mit vielen Beschäftigten sein. Das ist aber nicht immer so. In Deutschland gibt es etwa 3,1 Millionen Unternehmen. Davon sind 2,1 Millionen Einzelunternehmen, also Betriebe, die nur vom Inhaber geführt werden. Der Schriftsteller, der zuhause an seinem Buch arbeitet, ist ebenso Unternehmer wie der Besitzer des Imbissstandes. Andererseits sind große Konzerne wie Mercedes oder Lufthansa auch Unternehmen. Unternehmen haben also viele Gesichter. Gemeinsam ist ihnen, dass sie alle Waren oder Dienstleistungen anbieten.

Bei jedem Unternehmen muss geregelt sein, wer verantwortlich ist, wer das Risiko trägt und wem der Gewinn gehört. Da die Unternehmen so unterschiedlich sind, gibt es auch verschiedene Unternehmensformen. In Deutschland sind neben den Einzelunternehmen die wichtigsten Betriebe die Gesellschaften mit beschränkter Haftung (rund 500 000), die offenen Handelsgesellschaften (260 000), Kommanditgesellschaften (120 000) und Aktiengesellschaften (7 000).

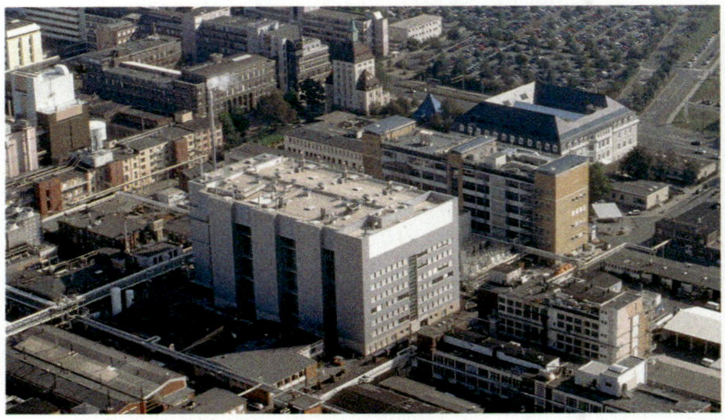

104.1 Ein großes Industrieunternehmen

Einzelunternehmen
Das Einzelunternehmen ist die am weitesten verbreitete Rechtsform in Deutschland. Bei der Gründung des Einzelunternehmens bringt der Unternehmer aus eigenen und in geringem Umfang fremden Mitteln das erforderliche Kapital auf und legt die Unternehmensziele fest. Er kann Entscheidungen treffen, ohne andere fragen zu müssen. Über den Gewinn kann er frei verfügen. Er trägt aber auch die volle Verantwortung (Risiko). Besonders hervorzuheben ist, dass der Unternehmer mit seinem gesamten Vermögen, d. h. mit seinem Geschäfts- und Privatvermögen, für seine Firma haftet. Das hat große Vorteile bei der notwendigen Kreditbeschaffung, denn die Kreditinstitute haben als Sicherheit das Privatvermögen und sind eher bereit, Kredite zu gewähren. Die Kapitalbeschaffung ist allerdings auch begrenzt, da die Banken dem Unternehmer auch nur so viel Geld leihen, für das er auch haften kann. Im Konkursfall ist allerdings auch das Privatvermögen gefährdet. Verstirbt der Unternehmer, ist die Nachfolge oft schwierig zu regeln, da Betriebs- und Privatvermögen häufig nicht klar voneinander getrennt sind.

Offene Handelsgesellschaft
Zwei oder mehr Gesellschafter können eine OHG gründen. Die Unternehmensgründer schließen einen Gesellschaftsvertrag, in dem die Rechte und Pflichten der beteiligten Personen geregelt sind. Jeder Gesellschafter ist zur Mitarbeit in der Firma verpflichtet und hat das Recht, die Firma nach außen zu vertreten. Die Finanzierung erfolgt durch die Gesellschafter. Eine Mindesthöhe für die Kapitaleinlage ist nicht vorgesehen, sodass es vorkommen kann, dass z. B. ein Gesellschafter fast das gesamte Kapital, der andere hingegen vor allem technische oder kaufmännische Fähigkeiten in die gemeinsame Firma einbringt. Bei der Gewinnverteilung ist der Kapitalanteil (Einlage) mit vier Prozent zu verzinsen, soweit nichts anderes vereinbart wurde. Der verbleibende Gewinn/Verlust wird nach Abzug der Unternehmensvergütung gleichmäßig aufgeteilt („nach Köpfen"). Reicht der Gewinn für eine Verzinsung von vier Prozent nicht aus, muss ein niedrigerer Prozentsatz errechnet werden. Ein Verlust wird gleichmäßig aufgeteilt. Bei der OHG haften alle Gesellschafter mit ihrem gesamten Vermögen (Kapitaleinlage und Privatvermögen).

Kommanditgesellschaft (KG)

Bei der KG gibt es zwei Arten von Gesellschaftern: Die Komplementäre und die Kommanditisten. Die Komplementäre haften mit dem Betriebs- und Privatvermögen jeweils als Gesamtschuldner. Deshalb steht prinzipiell nur ihnen die Geschäftsführung zu. Die Kommanditisten haften nur bis zur Höhe ihrer Einlage. Durch diese Verlustbegrenzung ist es leichter, neue Kommanditisten und damit Eigenkapital aufzunehmen. Kommanditisten haben das Recht auf Kontrolle des Jahresabschlusses und auf Einsicht in die Geschäftsbücher und sie werden am Gewinn des Unternehmens beteiligt. Sie arbeiten aber in der Regel nicht im Unternehmen mit und haben keinerlei Geschäftsführungsbefugnis.

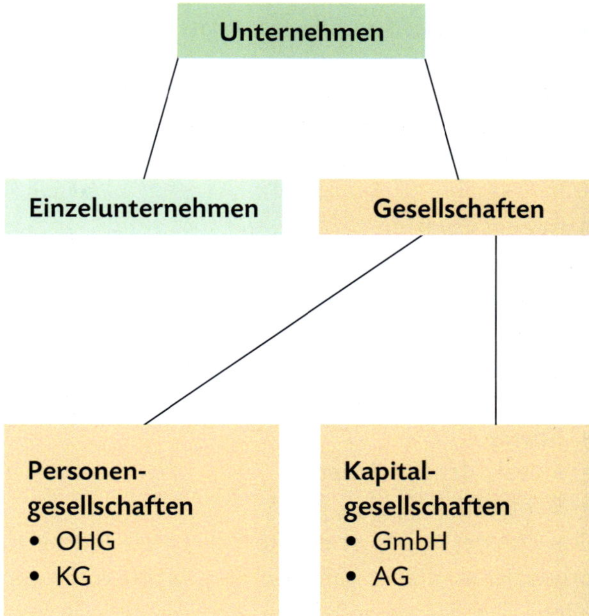

Gesellschaft mit beschränkter Haftung

Zur Gründung einer GmbH sind ein oder mehrere Gründer erforderlich. Das Stammkapital beträgt mindestens 25 000 Euro. Die Finanzierung erfolgt durch den jeweiligen Anteil der Gesellschafter am Stammkapital. Die Stammeinlage kann für die einzelnen Gesellschafter verschieden hoch sein. Die Geschäftsführungsbefugnis und Vertretung der GmbH wird von einem oder mehreren Geschäftsführern, die von den Gesellschaftern bestellt werden, ausgeübt. Der oder die Geschäftsführer können zugleich Gesellschafter sein; sie sind dann geschäftsführende Gesellschafter. Im Konkursfall haften die Gesellschafter nur mit ihrer Einlage. Sie sind als Person eigentlich gar nicht mit der GmbH verbunden, sondern nur über ihre Kapitaleinlage. Durch die Haftungsbeschränkung ist natürlich bei der Aufnahme von Fremdkrediten zu erwarten, dass die Kreditgeber keinen hohen Kreditrahmen einräumen werden.

Die Gesellschafter der GmbH haben Anspruch auf Gewinnbeteiligung. Der Gewinnanteil erfolgt gemäß dem Geschäftsanteil des Gesellschafters. Ebenso erfolgt die Verlustbeteiligung nach der Höhe des Geschäftsanteils.

Aktiengesellschaft

Moderne Großunternehmen benötigen viel Geld zur Beschaffung von Maschinen, Geräten, Werkzeugen, Rohstoffen usw. Hierzu sind Personengesellschaften wenig geeignet.

Die Aktiengesellschaft zählt zu den Kapitalgesellschaften. Die Gründung einer Aktiengesellschaft kann durch eine oder mehrere Personen geschehen. Das Gründungskapital beträgt mindestens 50 000 Euro. Das Gesellschaftskapital wird von vielen Geldgebern, den Aktionären, durch den Kauf von Aktien aufgebracht. Die Aktien können an der Börse erworben werden. Die Aktionäre haften nicht persönlich, sondern nur mit dem eingesetzten Kapital. Sie sind von der Mitarbeit ausgeschlossen. Für sie handeln gewählte Vertreter. Der Jahresüberschuss wird zum Teil als Dividende an die Aktionäre ausgeschüttet, zum anderen Teil wieder investiert. Im Falle des Konkurses beträgt der Verlust eventuell die Höhe des Aktienanteils.

Gesetzlicher Vertreter der AG ist der Vorstand, der meist aus mehreren Personen besteht. Neben dem Vorstand besitzt die AG zwei weitere Organe, nämlich den Aufsichtsrat und die Hauptversammlung.

M Methode: Simulationsspiel Produktionsoptimierung

Sternproduktion

Ausgangssituation

Im folgenden Simulationsspiel seid ihr Produzenten. Ihr stellt das Produkt Sterne her. Jeder braucht dazu folgende Materialien:

- weiße Blätter
- Bleistift
- Schere
- Lineal oder Geodreieck
- Buntstifte (rot, blau, grün)

Das Ziel des Spiels ist es, möglichst viele Sterne zu produzieren, die ihr dann auf dem Markt verkaufen könnt. Die Sterne sollen der Vorlage entsprechen, d. h. ihr müsst sehr genau arbeiten, alle Maße einhalten und immer nur ein Produkt auf einmal produzieren, damit ihr nicht mit vielen halbfertigen Produkten am Ende einer Runde dasteht.

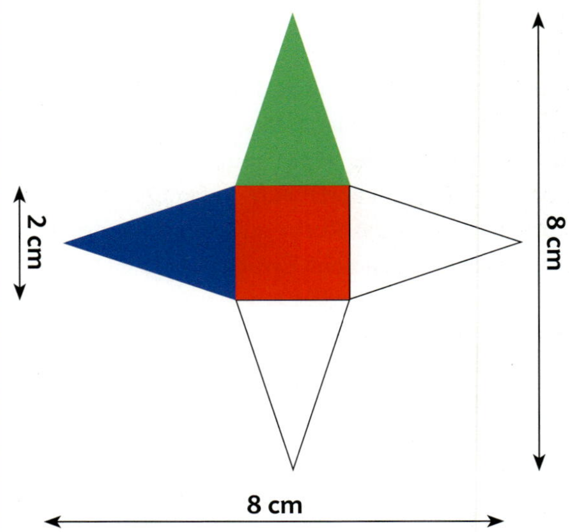

Erste Spielphase – Jeder arbeitet für sich alleine

Produziere möglichst viele Sterne, bis der Spielleiter (Lehrer) die Produktionsphase beendet. Achte auf eine gute Qualität, da die Sterne am Markt (Spielleiter) sonst nicht abgenommen werden.

Am Ende der Phase schreibe deinen Gewinn auf.

Zweite Phase – Arbeite in der Gruppe

Produziert möglichst viele Sterne, bis der Spielleiter (Lehrer) die Produktionsphase beendet. Achtet auf eine gute Qualität, da die Sterne am Markt (Spielleiter) sonst nicht abgenommen werden.

Teilt am Ende der Phase euren Gewinn untereinander auf, sodass jeder seinen eigenen Gewinn notieren kann.

Dritte Spielrunde – Optimierung

In der dritten Spielphase sollt ihr in der gleichen Gruppe arbeiten, aber zuvor überlegen, wie man die Produktion der Sterne verbessern könnte, um dadurch mehr Gewinn zu erzielen.

Am Ende der Phase teilt euren Gewinn untereinander auf, sodass derjenige, der am meisten dazu beigetragen hat, auch den größten Anteil bekommt.

Reflexion

Das Spielen bzw. Durchführen von Experimenten allein wäre zu wenig. Die Reflexion erst zeigt uns den Zusammenhang mit der realen Welt und macht getroffene Entscheidungen, Verhalten, Stärken und Schwächen bewusst.

Vorgehensweise

- Beschreibt eure Vorgehensweise.
- Wie hat sich der Produktionsprozess der Sterne im Laufe des Spiels verändert?
- Worin bestehen die Vorteile, alleine bzw. im Team zu arbeiten?
- Welche Nachteile ergaben sich aus der Produktion in der Gruppe?
- Was kann man aus diesem Spiel lernen?

Zusammenhang mit der Wirklichkeit?

- Welchen Zusammenhang hat dieses Spiel mit der Welt der Wirtschaft?
- Kennst du Unternehmen, in denen nur eine Person arbeitet?
- Kennst du Unternehmen, die die Produktion so angelegt haben wie ihr?

Organisation der Produktion

107.1 Massenproduktion am Fließband

Einzelfertigung und Werkstattfertigung

Für die Einzelfertigung liegt meist ein konkreter Auftrag vor. Das heißt, es wird nicht für einen anonymen Markt mit verschiedenen Abnehmern gefertigt, sondern konkret auf Kundenwünsche eingegangen. Der Betrieb benötigt deshalb Universalmaschinen, um auf die unterschiedlichen Wünsche reagieren zu können. Betriebe mit Einzelfertigung benötigen außerdem gut ausgebildetes Personal, das mit allen Werkzeugen umgehen kann und flexibel einsetzbar ist. Häufig werden für die Produktion ähnlicher Produkte Werkstätten eingerichtet. Hier werden zum Beispiel Möbel geschreinert oder Autos repariert. In einer Werkstatt finden sich dann alle Werkzeuge bzw. Maschinen, die für die Arbeit am Produkt benötigt werden. Der Schreiner benötigt z. B. Sägen und Fräsmaschinen, während der Automechaniker eine Hebebühne und die nötigen Schraubenschlüssel braucht. Varianten in der Produktion oder die Umstellung auf andere Produkte ist dabei meist kein Problem. Beispielsweise braucht ein Schreiner, um einen Tisch oder einen Stuhl zu bauen, das gleiche Werkzeug. Diese Art der Produktion eignet sich eher für kleine Stückzahlen oder Einzelstücke. Allerdings sind die Einzelstücke auch sehr arbeitsintensiv und es entstehen hohe Kosten für das Produkt und häufig Wartezeiten für Kunden.

Einzelfertigung findet man auch in der Bauwirtschaft (z. B. Wohnungs- oder Brückenbau) oder im Anlagenbau, wenn beispielsweise ein Unternehmen eine neue Produktionsanlage einrichtet. Auch bei der Herstellung von Zahnersatz handelt es sich um Einzelanfertigungen eines Zahnarztes oder Dentallabors.

Massenproduktion und Fließfertigung

In der Massenproduktion wird ein und dasselbe Produkt in fast unbegrenzter Zahl hergestellt. Das Unternehmen produziert für Kunden, die alle das gleiche Produkt nachfragen. Um diese großen Stückzahlen kostengünstig herstellen zu können, ist eine Umstellung des Produktionsprozesses notwendig. Bei der Fließfertigung oder Reihenfertigung wird die Produktion in einzelne Arbeitsschritte zerlegt. Die Maschinen und Arbeiter sind so angeordnet, dass sie immer nur einen kleinen Teil am Gesamtproduktionsprozess übernehmen. Z. B. bei der Fließbandfertigung läuft das zu fertigende Produkt auf einem Fließband und der Arbeitende muss seine Arbeitschritte innerhalb einer bestimmten Zeit erledigen – er muss den „Takt" einhalten. Trifft nämlich das nächste Werkstück ein, muss das erste fertig sein. Die Mitarbeiter führen immer die gleichen Handgriffe aus. Dadurch ist die Arbeit am Fließband sehr monoton und kann zu Gesundheitsschädigungen und geistiger Verarmung der Mitarbeiter führen. Auf der anderen Seite können hierdurch billigere, ungelernte Hilfskräfte eingesetzt werden.

Die Fließfertigung ist klar strukturiert und hat einen sehr übersichtlichen Fertigungsablauf. Allerdings ist sie auch sehr anfällig für Störungen, denn fällt ein Arbeitsschritt weg, so können die folgenden nicht mehr erledigt werden. So können Maschinenschäden oder Lieferschwierigkeiten die ganze Produktion lahmlegen. Werden die Arbeitsschritte nur noch von Maschinen vollzogen, spricht man von **Automation**.

Aufgaben

1. Recherchiere den Begriff „Serienfertigung".
2. Erstelle eine Tabelle und stelle die Vor- und Nachteile der Fertigungsverfahren einander gegenüber.
3. Recherchiere den Begriff „Automation".

Wir erkunden einen Betrieb

Die WuV-Gruppe 8 möchte in diesem Jahr gerne ein Fitnessstudio erkunden. Bienwald Fitness World ist ein neues Studio in der Nähe der Schule. Nach einer E-Mail-Anfrage an die Studioleitung ist schnell ein Termin für die Erkundung gefunden.

Jetzt heißt es, das Ganze vorzubereiten. Die Gruppe sammelt Fragen und fasst diese in einer Mindmap zusammen.

108.1 Laufbänder in einem Fitnessstudio

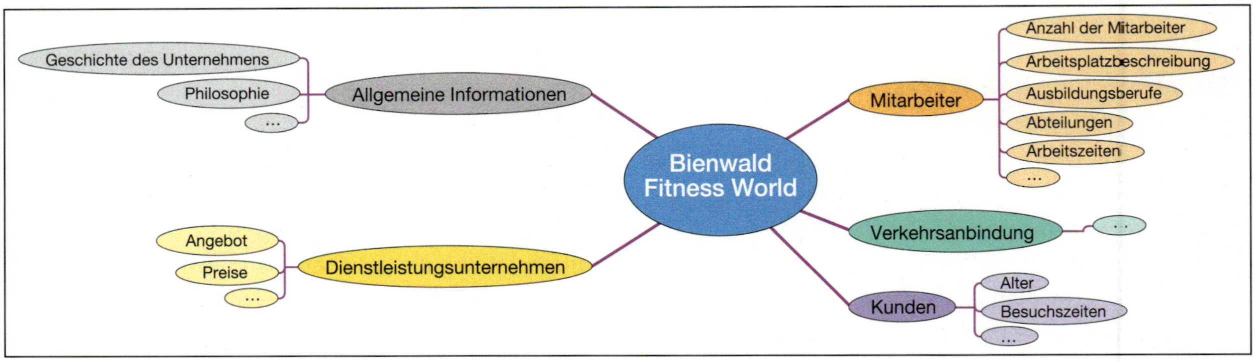

Carla berichtet:
„Manuela Henigin, eine der Geschäftsführerinnen, empfängt unsere Gruppe im Bistrobereich des Studios. Sie erklärt uns, dass das Studio in verschiedene Bereiche aufgeteilt ist. Im Bistrobereich können die Kunden etwas trinken oder eine Kleinigkeit essen. Auf der Trainingsfläche befinden sich die Fitnessgeräte, und die dort zuständigen Trainer erarbeiten unterschiedliche Trainingsprogramme. In den drei Kursräumen werden nach einem bestimmten Plan verschiedene Kurse abgehalten. Im Saunabereich können sich die Mitglieder nach dem Training entspannen. Außerdem gibt es noch einen Bereich für Physiotherapie. In den verschiedenen Bereichen arbeiten elf fest angestellte Mitarbeiter und 21 Aushilfen. Ab August kommen zu den vier bereits vorhandenen Azubis weitere vier hinzu. Ausgebildet werden vor allem Sport- und Fitnesskaufleute.
Frau Henigin erwartet von ihren Mitarbeitern, dass alle versuchen, nicht nur im, sondern auch am Unternehmen zu arbeiten. Sie sagt: ‚Wir wollen unsere Arbeit so tun, dass es uns besser nicht möglich ist – für uns und unsere Mitglieder.'
Viele Mitglieder merken, dass es Ihnen durch Sport besser geht und kommen deshalb, weil sie etwas für ihre Gesundheit tun wollen. Durch den Bewegungsmangel und die viele Zeit, die wir vor dem Computer verbringen, häufen sich Übergewicht, Rückenleiden und Herz-Kreislauferkrankungen. Die Mitglieder legen Wert auf eine professionelle Betreuung, ein gutes Kursprogramm und eine nette Atmosphäre. Viele kommen wegen des Sports, freuen sich dann aber, dass sie viele Bekannte und Freunde treffen, mit denen sie reden können."

Aufgaben

1. Welche Tätigkeiten fallen in den verschiedenen Abteilungen an?
2. Was wird von den Mitarbeitern erwartet? Nenne Beispiele.
3. Notiere Betriebe in deiner Nähe, die du gerne besuchen würdest.
4. Greife einen heraus und erstelle eine Mindmap nach obigem Beispiel.

Berufssteckbrief: Sport- und Fitnesskaufmann/-frau

Tätigkeiten in diesem Beruf

Sport- und Fitnesskaufleute tragen durch ihre vielfältigen Tätigkeiten zum reibungslosen Sportbetrieb bei. Sie entwickeln kundenorientierte Konzepte für Sport- und Gesundheitsstudios, aber auch für Vereine und Verbände, in Kletterhallen, Schwimmbädern oder auf Golfplätzen.
Sie betreuen Kunden während des Trainings und stehen in vielen gesundheitlichen Fragen, vor allem in den Bereichen Bewegung und Ernährung, helfend zur Seite.
Marketing, Rechnungswesen und Controlling gehören ebenfalls zu ihrem Beschäftigungsfeld.
Ihre Arbeit erledigen sie im Büro oder auf der Trainingsfläche, in Schwimmbädern, in Sporthallen oder auf Sportplätzen. Sie überwachen dort das Training, erstellen Trainingspläne, geben Tipps.

109.1 Ein Fitnesskaufmann testet die Sportgeräte.

Welche Eigenschaften sollten Sport- und Fitnesskaufleute mitbringen?

Die Sport- und Fitnesskaufleute sind vielfach in der Kundenberatung tätig. Sei es auf der Trainingsfläche, bei Vertragsabschlüssen oder bei einer Ernährungsberatung. Hierzu sind Kommunikationsfähigkeit und Serviceorientierung unbedingt notwendig. Außerdem werden Verhandlungsgeschick und Durchsetzungsvermögen benötigt, um die notwendigen Regeln in einer Sporthalle oder in einem Sportstudio durchzusetzen.
Mathematische Kenntnisse zur Ermittlung und Überwachung von Kosten werden vorausgesetzt und für den Kundenkontakt, auch in schriftlicher Form, sollten im Deutschen eine gute Ausdrucksfähigkeit und eine gute Rechtschreibung vorhanden sein. Nicht zuletzt sollten Sport- und Fitnesskaufleute natürlich auch sportlich sein.

Infos auf einen Blick	
Berufstyp	anerkannter Ausbildungsberuf
Schulabschluss	Kein bestimmter Schulabschluss vorgesehen; in der Praxis stellen die Betriebe häufig Abgänger mit dem mittleren Bildungsabschluss ein.
Ausbildungsart	duale Berufsausbildung geregelt nach Berufsbildungsgesetz (BBiG)
Ausbildungsdauer	3 Jahre
Lernorte	Betrieb und Berufsschule

Berufe mit ähnlichen Profilen:

- Kaufmännische/r Assistent/-in/Wirtschaftsassistent/-in Sportverwaltung und -organisation
- Sportassistent/-in
- Kaufmann/-frau Gesundheitswesen
- Kaufmann/-frau Tourismus und Freizeit
- Kaufmann/-frau Bürokommunikation

R Rückspiegel: Was habe ich gelernt?

Meine Stärken

- Übertragt den Selbsteinschätzungsbogen auf ein Blatt.
- Der Selbsteinschätzungsbogen kann um weitere Punkte ergänzt werden.
- Jede/r Einzelne füllt diesen für ihre/seine Kompetenzmappe aus.

Selbsteinschätzungsbogen Zum Thema: Das Unternehmen	Name: Marco Klasse: 8 a			
	☺☺	☺	☹	☹☹
Ich weiß, welche Ziele Unternehmen haben.	X			
Ich kann beschreiben, welche Funktion ein Unternehmen im einfachen Wirtschaftskreislauf hat.			X	
Ich kann den Begriff „Standortfaktor" definieren.		X		
Verschiedene Kosten im Unternehmen zu unterscheiden, fällt mir leicht.	X			
Ich kann die Organisation eines kleinen Betriebes grafisch darstellen.				X
Ich kann erklären, welche Aufgaben verschiedene Unternehmen in der Volkswirtschaft übernehmen.		X		
Die wichtigsten Abteilungen in einem Unternehmen kann ich aufzählen.		X		
Ich kann eine Tabelle mit verschiedenen Kriterien zum Thema Unternehmensformen anlegen.	X			
Die Aufgaben von verschiedenen Abteilungen im Unternehmen zu erklären, fällt mir leicht.			X	
In einem Team zu arbeiten, ist für mich kein Problem.	X			
Ich kann Einzelfertigung und Massenproduktion unterscheiden.	X			
Ich weiß, wie man ein Flussdiagramm zeichnet.		X		
Ich kann eine übersichtliche und strukturierte Mindmap zum Thema Unternehmen erstellen.			X	
Zähle zusammen:	5	4	3	1

Begriffssammlung

1. Führe deine zum ersten Kapitel angefangene Begriffssammlung fort, indem du die neuen Begriffe aus diesem Kapitel auf Karten schreibst. Nimm die Anleitung auf Seite 40 und 41 zu Hilfe.
2. Nutze die Karten zur Wiederholung des Kapitels.

① Eine Spielwarenfabrik soll errichtet werden. Die Arbeit erfordert sehr viel Handarbeit.

② Ein neues Sägewerk ist geplant. Hier soll das Nutzholz des Edenkobener Waldes verarbeitet werden.

③ Die Sparkasse baut eine Zweigstelle. Sie will den Dienst am Kunden intensivieren.

④ Eine neue Autofabrik entsteht. Die Autos sind hauptsächlich für den Export bestimmt.

⑤ Eine Schuhfabrik ist geplant. Die Produktionskosten sind sehr hoch.

⑥ Für Stahlwerke sind riesige Mengen Eisenerz nötig, dessen Transport enorm teuer ist.

⑦ Otto-Versand plant ein neues Zentrallager für die Auslieferung in ganz Deutschland.

⑧ Bellheimer plant den Bau einer neuen Brauerei in Mainz, um das Kundenpotenzial besser zu erschließen.

⑨ Ein bekanntes Maschinenbauunternehmen plant den Bau eines neuen Werkes. Wichtig sind vor allem qualifizierte Fachkräfte.

Aufgaben

1 An welchen Faktoren orientieren sich Unternehmen, wenn sie ihren Standort wählen? Erkläre.

2 Worauf kommt es in den oben beschriebenen Fällen besonders an?

3 Beschreibe drei verschiedene Unternehmen aus deinem Ort und erkläre, warum sie sich ausgerechnet dort niedergelassen haben.

4 Viele Länder wollen sportliche Großereignisse wie z. B. die Fußball-WM oder die Olympiade ins eigene Land holen. Finde Gründe, die dafür bzw. dagegen sprechen, dies zu tun.

5 **Rechtsformen der Unternehmung**
Unterscheide in einer Tabelle Einzelunternehmung und GmbH bezüglich der Gründung, Haftung und Gewinn- bzw. Verlustbeteiligung.

6 Welche Gründe könnten angeführt werden, ein Einzelunternehmen in ein Gesellschaftsunternehmen umzuwandeln? Erkläre.

7 Wer haftet bei Verlust in einer KG und wie hoch?

8 Wie arbeitet ein Unternehmen?
a) Skizziere kurz den Aufbau eines kleinen Handwerksunternehmens.
b) Benenne drei wesentliche Unterschiede zu einem großen Industrieunternehmen.

9 Erkläre die Begriffe variable Kosten, fixe Kosten, Umsatz und Gewinn.

10 Gib zwei Beispiele für fixe und variable Kosten einer Kfz-Werkstatt.

11 Nenne je drei Vor- und drei Nachteile von Arbeitsteilung.

Wege in den Beruf

ABI
007

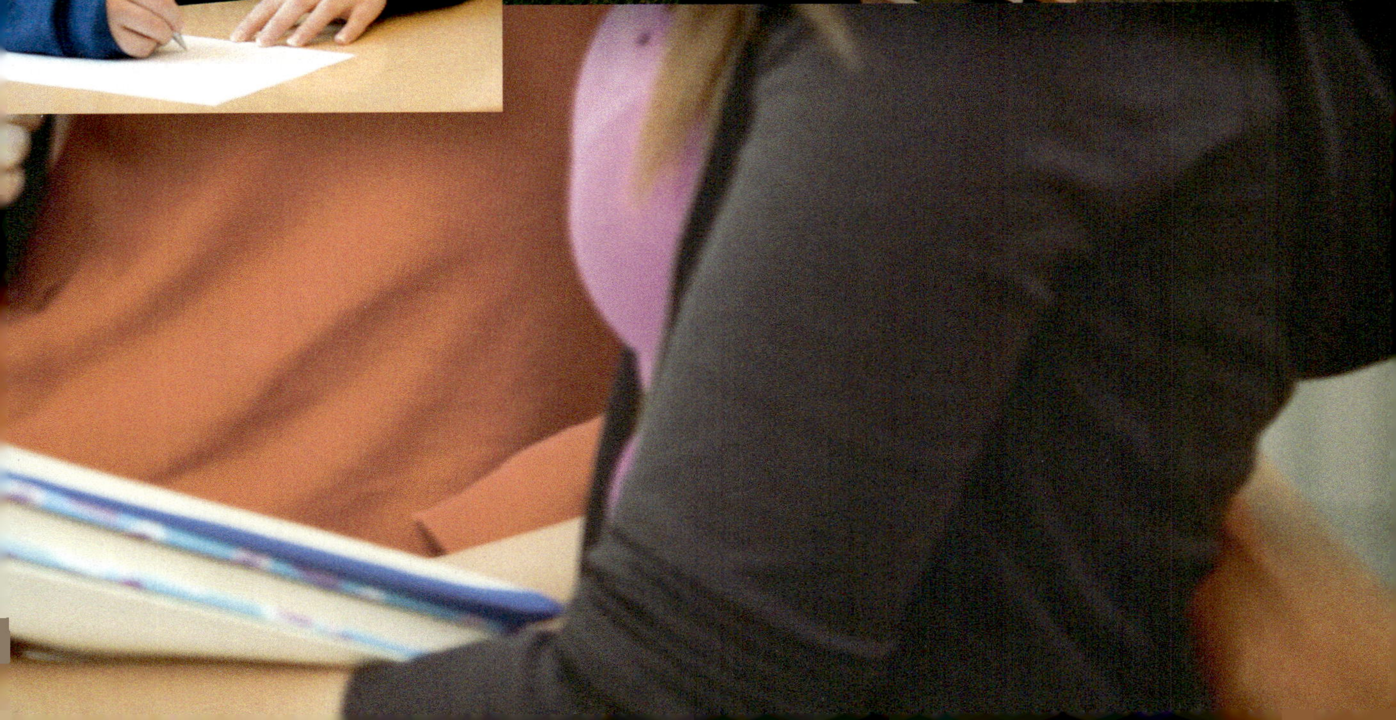

Wie stelle ich mir mein Leben vor?

Bei der Berufswahl spielen sowohl bei den Mädchen als auch bei den Jungen die Vorstellungen über ihr künftiges Leben eine große Rolle. Dabei gibt es je nach Geschlecht (noch immer) unterschiedliche Vorstellungen, wie sich Beruf und Familie vereinbaren lassen.

Aufgaben

1. Welche Vorstellungen hast du von deiner Zukunft? Schreibe sie auf.
2. Erstelle einen kurzen Fragebogen, um deine Mitschüler zu ihren Zukunftsvorstellungen zu interviewen.
3. Befrage Erwachsene im Familien- oder Freundeskreis, welche Vorstellungen sie in deinem Alter hatten.
4. Welche Bedeutung haben deine Vorstellungen für deinen Beruf?

Was kann ich?

Wenn du dich auf die Suche nach dem passenden Beruf begibst, musst du ganz unterschiedliche Dinge hinterfragen, damit die entsprechenden Tätigkeiten und deine persönlichen Möglichkeiten sich nicht widersprechen. Denn ob du in einem Beruf erfolgreich sein kannst, hängt sehr stark damit zusammen, ob du mit der beruflichen Tätigkeit zufrieden bist. Deshalb musst du genau überlegen, welchen Anforderungen du standhalten kannst und willst.

Fähigkeiten

Ein Berufsfeld zeichnet sich durch typische Tätigkeiten aus. Bist du nicht fähig, diese Tätigkeiten auszuüben, und siehst du keine Chance, die Fähigkeiten zu trainieren, passt das Berufsfeld nicht zu dir.

Gesundheitliche Voraussetzungen

Die beruflichen Anforderungen und die körperlichen Möglichkeiten müssen aufeinander abgestimmt sein. Hast du Krankheiten, Allergien etc., müssen die Tätigkeiten auf gesundheitliche Risiken geprüft werden.

Neigungen

Jeder Mensch macht bestimmte Dinge gern und fühlt sich in bestimmten Situationen oder Umgebungen wohl, in anderen weniger. Um Berufsfrust zu vermeiden, solltest du dir darüber Gedanken machen.

Wissen

Bei jeder Berufsausbildung wird das entsprechende Fachwissen vermittelt. Um weder über- noch unterfordert zu werden, solltest du dich genau über die Anforderungen informieren.

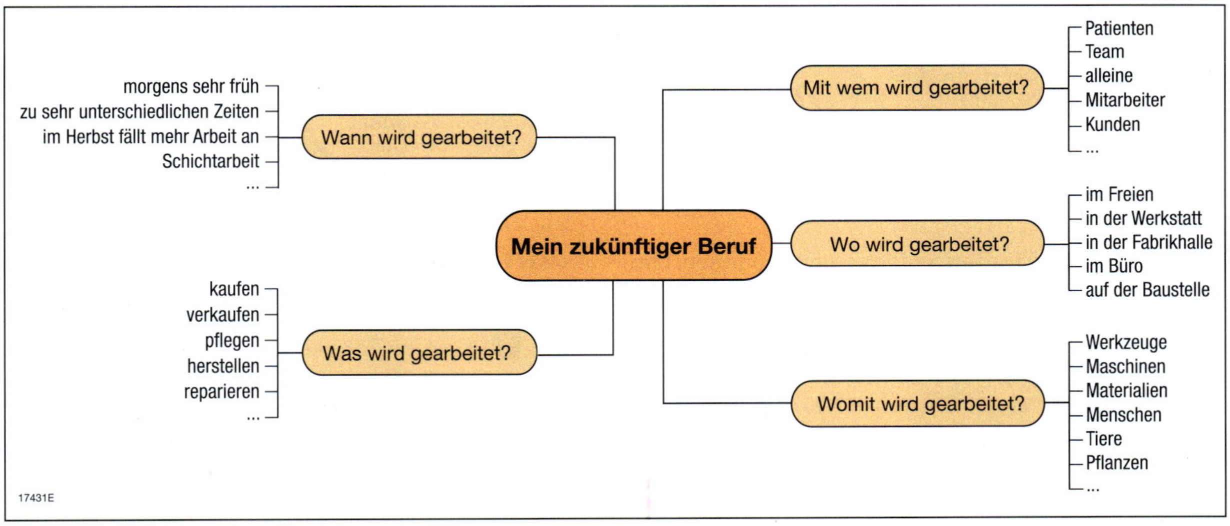

115.1

Aufgaben

1 Notiere deine Fähigkeiten und Neigungen.

2 Benötigst du einen Aspekt für den von dir ausgewählten Beruf? Kannst du dich in dem Bereich noch verbessern?

3 Erstelle eine Mindmap zu deinem Wunschberuf, in der du die Fragen aus der obigen Vorlage (Abb. 115.1) beantwortest.

Erwartungen an das Praktikum

Die Berufswahl erfordert reifliche Überlegungen. Um das Richtige herauszufinden, helfen Gespräche mit den Eltern, Lehrern, Freunden und den Mitarbeitern der Berufsberatung. Das Praktikum stellt die Chance für dich dar, in einen Betrieb hineinzuschnuppern, ohne dass du dich schon festlegen musst. Dafür sollte nach Möglichkeit nicht irgendein Betrieb ausgewählt werden, sondern eine Firma, in der die Vorkenntnisse, Erfahrungen und Neigungen des Praktikanten bestätigt, ausgebaut und verglichen werden können. Das Praktikum kann Klarheit schaffen, ob die Arbeit auch tatsächlich den persönlichen Vorstellungen entspricht. Manchmal kann ein Praktikum aber auch zeigen, dass der gewählte Beruf überhaupt nicht passt. Auch dann ist das Praktikum sinnvoll, damit man weiß, was man nicht möchte.

Damit du eine Grundlage für deine spätere Entscheidung hast, ist es notwendig das Praktikum zu dokumentieren – und zwar von Beginn an (s. Seite 119).

Aufgaben

1. Welche Tätigkeiten würdest du gerne im Praktikum verrichten?
2. Was erwartest du vom Praktikum?
3. Hast du Bedenken gegenüber dem Praktikum?
4. Recherchiere nach Betrieben, die für dein Praktikum infrage kämen.
5. Welche Erwartungen hast du an den Betrieb?
6. Welche Möglichkeiten gibt es, mit dem Betrieb in Kontakt zu kommen?
7. Dein Traumpraktikum klappt leider nicht – benenne Alternativen.
8. Befrage deine Eltern, Freunde und Lehrer ob sie denken, dass dies der richtige Praktikumsplatz für dich ist.

Zu Gast im Betrieb

Die Schülerinnen und Schüler zeigen sehr unterschiedliche Verhaltensweisen während ihres Praktikums:

Yvonne soll morgen mit dem Praktikum in der Modeabteilung eines Kaufhauses beginnen. Sie überlegt sich, ob sie ihre schwarze Hose und ihre rote Bluse anziehen soll. Oder doch lieber die Freizeitshorts und das knallige T-Shirt?

Ayshe macht gerade ein Praktikum in einer Arztpraxis. Wenn sie morgens in die Praxis kommt, begrüßt sie die anderen Mitarbeiter und gibt ihnen die Hand. Bevor sie abends geht, verabschiedet sie sich bei allen.

Ivana steht an ihrem Praktikumsplatz viel herum und wartet immer, bis ihr der Meister eine Arbeit anweist. Wenn sie damit fertig ist, drückt sie sich oft irgendwo im Betrieb herum.

Alessandro muss jeden Morgen um 7.30 Uhr mit dem Praktikum beginnen. Dann erfolgt die Arbeitseinteilung für die Monteure. Er kommt jeden Tag etwas später. Da kein Mitarbeiter des Betriebes etwas dazu sagt, denkt er, dass dies in Ordnung sei.

Die Arbeit an Jens' Praktikumsplatz beginnt um 7.15 Uhr. Er ist um 7.05 Uhr im Betrieb. Dann kann er sich in Ruhe umziehen und ist um 7.10 Uhr an seinem Platz.

In der Autowerkstatt kann Meike viel beobachten. Sie passt auf, wenn der Geselle ihr einen Arbeitsvorgang zeigt, den sie anschließend selbst erledigen soll. Sie fragt beim Gesellen oder Meister nach, wenn sie etwas nicht versteht. Wenn sie mit der Arbeit fertig ist, fragt sie nach einer anderen Tätigkeit.

Manuel hat von seinem Meister die Anweisung bekommen, nicht in den mit gelben Streifen markierten Bereich zu gehen. Da er aber deswegen in der Mittagspause einen Umweg zur Kantine machen müsste, geht er durch diese Zone. Außerdem sieht er ab und zu andere Mitarbeiter, die sich ebenfalls in diesem Bereich aufhalten.

Jeden Abend bringt Mariana die Briefe des kleinen Verlags rechtzeitig zur Post. Die Büroleiterin hat ihr diese Aufgabe für die Zeit ihres Praktikums übertragen und erwartet, dass Mariana diese gewissenhaft ausführt.

Aufgaben

1 Welche Verhaltensweisen werden in den oben genannten Beispielen angeführt?

2 Welche Praktikanten verhalten sich deiner Ansicht nach richtig? Begründe.

3 Welche Praktikanten sollten ihr Verhalten verändern? Begründe.

4 Finde weitere Beispiele dafür, worauf man während des Praktikums achten sollte?

Praktikum reflektieren

Antonella und Branco haben mithilfe der Zielscheibe bewertet, wie ihre Erwartungen an das Praktikum erfüllt wurden. Die Zahlen eins bis fünf stellen den Grad der Zustimmung dar.

Antonella: blau,
Branco: rot

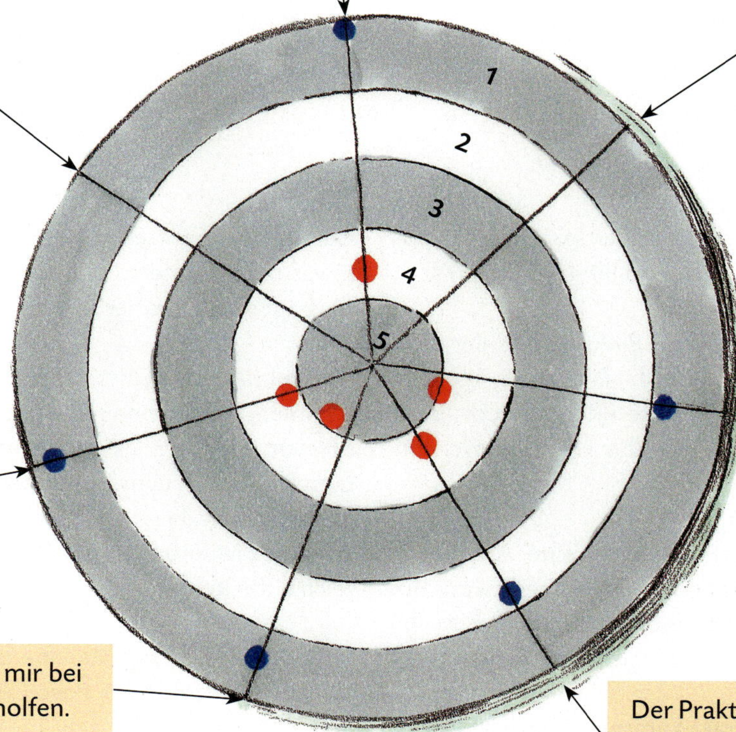

Auch ein Ergebnis, das nicht zufrieden stellt, kann bei der Berufswahl weiterhelfen. Wichtig dabei ist, dass ihr herausfindet, wie es zu diesem Ergebnis gekommen ist. Ihr solltet alle Möglichkeiten nutzen.

Tipp

Neben der eigenen Einschätzung des Praktikums ist besonders die Einschätzung des Betriebes sehr hilfreich. Diese Fremdeinschätzung kann durch eine schriftliche Rückmeldung des Betriebes erfolgen. Oder ihr fragt bei der Person nach, die euch während des Praktikums betreut hat.

Aufgaben

1 Erstelle eine eigene Zielscheibe, in der du dein Praktikum bewertest.

2 Begründe deine Bewertung. Überlege dabei, warum es zu diesem Ergebnis gekommen ist (Einschätzung der eigenen Interessen, Betrieb, Beruf, ich selbst etc.).

3 Du kannst dein Ergebnis an der Zielscheibe ablesen. Was sind deine nächsten Schritte?

Praktikum dokumentieren und präsentieren

Um das Praktikum zu dokumentieren, gibt es verschiedene Möglichkeiten.

Praktikumsmappe

In einer Praktikumsmappe werden verschiedene Informationen, Berichte zum Praktikum gesammelt. Beispielsweise:

- Infos zum Praktikumsbetrieb,
- Wünsche, Hoffnungen, Erwartungen an das Betriebspraktikum,
- Fachbegriffe während des Praktikums,
- Unfallgefahren und Sicherheitsbestimmungen,
- Tagesberichte,
- ausführlicher Bericht zu einem Praktikumstag,
- wichtige Aussagen zum Arbeitsplatz,
- Werkzeuge und Material am Arbeitsplatz,
- persönlichen Erfahrungen im Betriebspraktikum,
- Selbsteinschätzung – Einschätzung des Betriebs,
- Vorstellung des Praktikumsberufs,
- Erkenntnisse aus dem Betriebspraktikum,
- Bewertung des Praktikums.

Präsentation mit dem Computer

Ein Präsentationsprogramm ist mehrfach einsetzbar. Beispielsweise kann ein mündlicher Vortrag durch das Programm unterstützt werden. Bilder, Texte und Videos ergänzen dann den Vortrag.

Eine andere Möglichkeit ist, dass eine eigenständige Präsentation abläuft, ohne dass ein Vortrag dazu erfolgt.

119.1 Schülerin schreibt in ihre Praktikumsmappe.

Wandzeitung

Die Wandzeitung ist eine Ausstellung zu allem, was ihr zum Thema Betriebspraktikum zusammengetragen habt. Hierzu gehören beispielsweise Zeitungsartikel, Fotos, Bilder, Tages- und Wochenberichte. Das Material wird gesichtet und strukturiert. Von einer Wandzeitung kann die Klasse oder die ganze Schule profitieren, weil jeder sich ein Bild vom Beruf und Praktikumsplatz des anderen machen kann.

Informationen finden

Du kennst jetzt deine Interessen und Fähigkeiten etwas besser. Nun solltest du überprüfen, welcher Beruf zu deinen Stärken passt, oder in welchen Bereichen du dich noch verbessern solltest, um deinen Traumberuf zu erreichen. Es gibt viele Möglichkeiten, sich über Berufe zu informieren.

Zahlreiche Informationen zu verschiedenen Ausbildungsberufen findest du im **Berufsinformationszentrum** (BIZ) der Bundesagentur für Arbeit. Diese befindet sich meist in größeren Städten.

Hier findest du auch das **BERUFE-Universum**, ein Selbsterkundungsprogramm, in dem du mehr über deine persönlichen Stärken erfährst und dazu passende Berufe vorgeschlagen bekommst.

Auf der Website **www.planet-beruf.de** findest du alles, was du über Berufe wissen solltest.

BERUFENET (www.berufenet.arbeitsagentur.de) bietet unter anderem Steckbriefe zu allen Berufen.

Im Taschenbuch **Beruf AKTUELL** sind Ausbildungsberufe und deren Anforderungen beschrieben. Du bekommst das Buch im BIZ oder in der Schule von der Lehrkraft für Berufswahl.

Aufgaben

1 Sammle weitere Möglichkeiten, sich über Berufe zu informieren.
2 Wähle drei Berufe aus, die für dich infrage kommen.
3 Welche Interessen und Fähigkeiten solltest du für diese Berufe mitbringen? Recherchiere im BERUFENET oder Beruf AKTUELL.
4 Teste deine Talente im BERUFE-Universum.

Die Berufsberatung

Die Wahl des richtigen Berufes ist keine leichte Sache. Es ist sinnvoll, wenn du dich dabei mit anderen Menschen berätst. Im Gespräch erhältst du oft zusätzliche Impulse. Neben Freunden, Eltern und Lehrern stehen Profis zur Verfügung, die gezielt bei der Wahl des richtigen Ausbildungsberufes helfen können. Mit sinnvollen Fragen und Informationen können sie die Berufswahl begleiten. Welche Beratungsstellen zur Verfügung stehen, ist regional unterschiedlich. Du kannst dich bei deiner Agentur für Arbeit erkundigen, welche Experten dir zur Verfügung stehen.

Als ich hinging, wusste ich bereits, dass ich Kraftfahrzeug-Mechatroniker werden will. Meine Chancen auf einen Ausbildungsplatz vergrößern sich mit dem mittleren Bildungsabschluss. Während der Beratung habe ich erfahren, dass ich mich mit meinen Noten beruhigt an der Berufsfachschule anmelden kann. Ich bewerbe mich trotzdem gleichzeitig auch um eine Ausbildungsstelle. Da habe ich jetzt die richtigen Adressen und Ansprechpartner bekommen.

Die Berufsberatung hätte ich mir sparen können. Ich war hinterher so schlau wie vorher! Der Berater hat mir auch nicht gesagt, wofür ich mich bewerben soll. Er hat nur auf meinen Interessen rumgekaut und wollte meine Noten abfragen. Als ob ihn das was anginge!

Berufsberatung ist keine Zeitverschwendung. Die Berufsberater können Anregungen geben und deine Überlegungen auf Herz und Nieren prüfen – eine Entscheidung werden sie für dich nicht treffen. Mit Informationen stehen sie dir zur Verfügung und beantworten dir deine Fragen. Das bedeutet jedoch, dass du gut vorbereitet zum Beratungsgespräch gehen solltest. Die Agentur für Arbeit stellt in erreichbarer Nähe ein kostenloses Serviceangebot bereit, das von jedem Ratsuchenden genutzt werden kann: die Berufsberatung. Für Beratungsgespräche stehen hier professionelle, dafür geschulte Berufsberater zur Verfügung. Sie geben Hilfestellung bei Unsicherheiten, informieren über Berufe, Berufsmöglichkeiten und das Arbeits- und Ausbildungsangebot in der Region, helfen bei der Ausbildungsplatzsuche, bieten Unterstützung bei der Vorbereitung auf eine Ausbildung an und stehen zur Verfügung, wenn es während der Ausbildung Schwierigkeiten gibt.

Tipp

Vor dem Beratungsgespräch solltest du dir folgende Fragen beantworten:

- Wo liegen meine Stärken und meine Schwächen?
- Kann ich meine Interessen formulieren?
- Welche Berufe interessieren mich überhaupt nicht, welche sehr?
- Welche Erwartungen an einen Beruf habe ich?
- Habe ich Fragen zu verschiedenen Berufen oder schulischen Anschlussmöglichkeiten?

Aufgaben

1 Mach dir Notizen zu den oben angegebenen Tipps.

2 Wer ist dein zuständiger Berufsberater? Finde die Adresse und die Telefonnummer heraus.

Ausbildung, Schule oder Job?

„Ein Job ist für mich wie ein Praktikum, nur länger. Und ich verdiene dabei auch noch Geld."

„Während ich jobbe, kann ich abends in Kursen zusätzlich meine Voraussetzungen für einen Beruf verbessern."

„Bevor ich mit einer Ausbildung beginne oder weiter zur Schule gehe, mache ich ein freiwilliges soziales Jahr. Dies kann auch meine Chancen bei einer Bewerbung verbessern."

„Ich gehe weiter zur Schule, da ich für meinen Wunschberuf einen mittleren Schulabschluss benötige."

„Ich jobbe in einem Betrieb und hoffe, dadurch einen Ausbildungsplatz zu bekommen."

„Anstatt meine Ausbildung zu beenden, habe ich mich für einen Job entschieden. Ich glaube, dass ich mit Jobs besser durchkomme als mit einer Ausbildung. Da kann ich viel leichter etwas anderes machen."

122.1 Besser ausgebildet, seltener arbeitslos

„Ich mache eine Ausbildung. Selbst wenn ich in diesem Beruf später keinen Arbeitsplatz bekomme, habe ich trotzdem viel bessere Chancen."

„Wenn ich eine Ausbildung erfolgreich abschließe, dann zeige ich damit auch, dass ich in der Lage bin, etwas zu leisten."

„Ich gehe weiter auf die Schule, da ich mich für keinen Beruf entscheiden konnte."

„Da ich keine Ausbildungsstelle bekommen habe, jobbe ich. Das ist besser, als zu Hause zu sitzen und nichts zu tun. So gewöhne ich mich an das Arbeitsleben. Im nächsten Jahr versuche ich es noch einmal."

„In vielen Ausbildungsberufen kann ich mich nach der Lehre weiterqualifizieren und einen besseren Arbeitsplatz bekommen."

„Ich jobbe, damit ich vor der Ausbildung noch Geld verdiene."

122.2 Job oder Ausbildung – das ist die Frage.

Aufgaben

1. Beschreibe und erkläre die oben stehende Abbildung 122.1.
2. Erstelle eine Tabelle und führe Vor- und Nachteile des weiteren Schulbesuchs, eines Jobs und einer Ausbildung auf.
3. Erweitere die Tabelle mit persönlichen Aspekten.

Das Bewerbungsverfahren

Das ganze Bewerbungsverfahren ist mit einem Hürdenlauf zu vergleichen. Der Start ist das Bewerbungsschreiben, dann folgen der Eignungstest bzw. das Assessment-Verfahren und das Vorstellungsgespräch. Das Ziel – einen Arbeitsplatz – erreicht ihr, wenn ihr Hürde um Hürde genommen habt.

Das Bewerbungsschreiben
Es ist der Beginn des Bewerbungsverfahrens. Anhand der schriftlichen Bewerbungen suchen die Betriebe aus, wer für das weitere Verfahren ausgewählt wird oder nicht. Ihr müsst mit euren Unterlagen den Betrieb davon überzeugen, dass ihr als Bewerberin bzw. Bewerber für den Betrieb interessant sein könntet. Das Überwinden dieser Hürde führt zur nächsten Etappe.

Assessment-Verfahren
Dieses Testverfahren wird meist nur von größeren Betrieben eingesetzt. Dazu werden mehrere Bewerber gleichzeitig eingeladen und zu einer Gruppe zusammengefasst. In der Gruppe müssen die Bewerber nun verschiedene Aufgaben erfüllen, wie z. B. sich der Gruppe präsentieren oder gemeinsam ein Problem lösen. Dabei wird ihr Verhalten von den begleitenden Mitarbeitern des Betriebes beobachtet.

Einstellungstest
Zu Einstellungstests werden meist viele Bewerber eingeladen. Mit diesem Verfahren sollen diejenigen ausgewählt werden, die in die engere Wahl kommen. Getestet wird z. B. das Allgemeinwissen, das logische Denkvermögen oder die Kreativität. Jeder bearbeitet die Tests für sich alleine. Für die Erledigung der Aufgaben gibt es jeweils Zeitvorgaben. In der Regel dauern die Eignungstests zwei bis drei Stunden.

Vorstellungsgespräch
Wer zum Vorstellungsgespräch eingeladen wird, dessen Chancen sind schon recht gut, einen Ausbildungsplatz zu erhalten. Hier steht der persönliche Eindruck des Bewerbers im Vordergrund.

Aufgaben

1. Erstelle dir einen persönlichen Zeitplan.
2. Überlege, wann du die erste Hürde nehmen musst und notiere das Datum.

Der Einstellungstest

Häufig stellt der Einstellungstest, auch als Eignungstest bezeichnet, die zweite Stufe des Bewerbungsverfahrens dar. Er besteht aus Aufgabenstellungen und Fragen, die die Bewerber lösen und beantworten sollen. Mithilfe der Tests versucht der Betrieb festzustellen, wer für die Ausbildungsstelle geeignet sein könnte. Die Betriebe erfahren durch die Auswertung, welche Bewerberin oder welcher Bewerber die für die Ausbildung notwendigen Fähigkeiten und Kenntnisse hat und wer die erforderliche Leistungsfähigkeit mitbringt. Aufgrund der Testergebnisse entscheidet der Betrieb, wer für die nächste Stufe, das Vorstellungsgespräch, ausgewählt wird. Die Tests enthalten meist einen allgemeinen Teil mit Aufgaben zum Allgemeinwissen, zur Merkfähigkeit, Sprachbeherrschung, Rechenfähigkeit und zum Konzentrationsvermögen. Weitere Aufgabenstellungen kommen dazu, die je nach Beruf unterschiedlich sein können, wie technisches Verständnis oder räumliches Vorstellungsvermögen. Neben schriftlichen können auch praktische Tests vorkommen, wie z. B. eine Drahtbiegeübung oder ein Formtest.

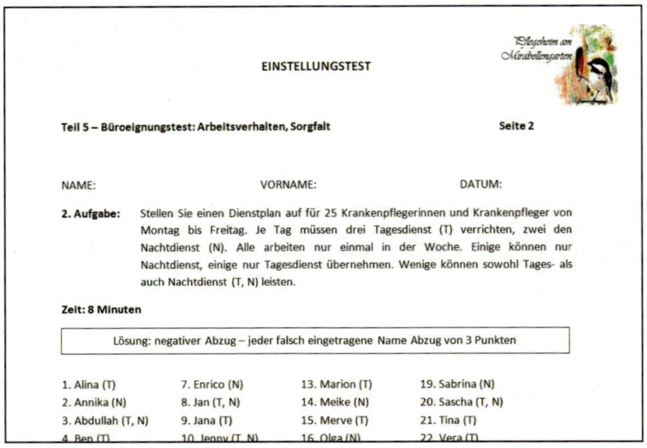

EINSTELLUNGSTEST

Pflegeheim am Mirabellengarten

Teil 5 – Büroeignungstest: Arbeitsverhalten, Sorgfalt **Seite 2**

NAME: VORNAME: DATUM:

2. Aufgabe: Stellen Sie einen Dienstplan auf für 25 Krankenpflegerinnen und Krankenpfleger von Montag bis Freitag. Je Tag müssen drei Tagesdienst (T) verrichten, zwei den Nachtdienst (N). Alle arbeiten nur einmal in der Woche. Einige können nur Nachtdienst, einige nur Tagesdienst übernehmen. Wenige können sowohl Tages- als auch Nachtdienst (T, N) leisten.

Zeit: 8 Minuten

Lösung: negativer Abzug – jeder falsch eingetragene Name Abzug von 3 Punkten

1. Alina (T)	7. Enrico (N)	13. Marion (T)	19. Sabrina (N)
2. Annika (N)	8. Jan (T, N)	14. Meike (N)	20. Sascha (T, N)
3. Abdullah (T, N)	9. Jana (T)	15. Merve (T)	21. Tina (T)
4. Ben (T)	10. Jenny (T, N)	16. Olga (N)	22. Vera (T)

124.1 Beispiel

124.2 Beispiel

Vor dem Test

- Informationen über Tests sammeln (bei Klassenkameraden, in der Schule, in Betrieben).
- Tests üben (im Internet, aus Testbüchern, z. B. aus der Bücherei).
- Über Ort und Zeit informieren, den Anfahrtsweg erkunden.
- Ausgeschlafen und nicht hungrig zum Test erscheinen.
- Genügend Schreibzeug und eine Kleinigkeit zu essen mitnehmen.

Während des Tests

- Bei der Aufgabenerklärung aufpassen.
- Zügig arbeiten.
- Lieber eine Lösung raten, als zu viele Aufgaben auslassen.

In der Regel nimmt der Schwierigkeitsgrad der Aufgaben zu. Also nicht von hinten anfangen.

Häufig sind die Tests so angelegt, dass nicht alle Aufgaben in der vorgegebenen Zeit zu lösen sind. Also keine Panik und Ruhe bewahren, wenn ihr nicht alle Aufgaben wegen des Zeitdrucks lösen könnt!

Nach dem Test

Testerfolg oder Misserfolg sagen nichts über den Wert einer Person aus. Bestandene Tests garantieren nicht unbedingt einen Ausbildungsplatz oder Erfolg im Beruf. Bekommt ihr nach dem Test eine Absage, dann heißt das nicht, dass ihr dumm seid. Oft sind es nur Kleinigkeiten, die für eine Absage ausschlaggebend sind.

Ihr solltet versuchen, die Ausbilder um ein Gespräch zu bitten. Sie geben euch nützliche Hinweise, damit ihr den nächsten Test besser besteht. Bei den meisten klappt es nicht auf Anhieb. Deshalb ist es wichtig, sich bei mehreren Firmen zu bewerben und Geduld und Durchhaltevermögen zu zeigen.

Das Assessment-Center

Das Assessment-Verfahren ist eine besondere Form im Auswahlverfahren eines Betriebs für die Besetzung von Ausbildungsplätzen. In einer Art Workshop soll herausgefunden werden, ob der Bewerber zum Unternehmen passt. In diesem Workshop gibt es verschiedene Aufgaben, die gemeinsam mit anderen Bewerbern gelöst werden müssen. Mitarbeiter des Betriebes betreuen das Assessment-Center (AC). Sie beobachten Bewerber während des Workshops genau. Sie achten darauf, wie gut ihr im Team arbeiten könnt und wie ihr gegenüber anderen Personen auftretet. Dies geschieht nicht nur bei den Übungen, sondern auch in den Pausen und beim gemeinsamen Mittagessen. Das Ergebnis entscheidet über den nächsten Schritt im Bewerbungsverfahren.

Vorbereitung

Sammelt Informationen über das Unternehmen und den Ausbildungsberuf. Bereitet eine Präsentation der eigenen Person vor. Tauscht, wenn möglich, Erfahrungen mit anderen aus, die bereits an einem Assessment-Verfahren teilgenommen haben.

Mitbewerber

Die anderen Teilnehmer sind keine Gegner wie im Boxring, sondern Mitbewerber um einen Ausbildungsplatz. Es geht nicht darum, den anderen zu besiegen, sondern seine eigenen Stärken so gut wie möglich zu zeigen. Bei manchen Übungen müsst ihr mit den anderen zusammenarbeiten, wie später im Beruf.

Auftreten

Schauspielerei ist nicht gefragt. Dies hält meist keiner lange durch. Am besten ist es, wenn ihr euch ganz natürlich verhaltet. Ihr solltet die euch bekannten Gesprächsregeln, z. B. bei Diskussionen, einhalten. Zeigt eure Teamfähigkeit und versucht nicht, euch um jeden Preis durchzusetzen. Mit höflichem Auftreten und gutem Benehmen hinterlasst ihr einen guten Eindruck.

Einblick in das AC

Wichtig beim AC ist immer, dass es Beobachter gibt, die sich Notizen dazu machen, wie sich die einzelnen Bewerber verhalten. In der Klasse sollte ein Teil Beobachter mit genauem Beobachtungsauftrag und ein Teil Bewerber mit klaren Aufträgen sein.

Für die Teilnehmer

1. **Präsentation:** Ihr habt zehn Minuten Zeit. Erstellt auf einem Din-A3-Blatt eine kurze Präsentation zu eurer Person.
2. **Rollenspiel:** Besprich dich mit einem Mitschüler und versucht gemeinsam, einem Eskimo einen Kühlschrank zu verkaufen.
3. **Gruppendiskussion:** Eigenschaften eines Lehrers: Welche Eigenschaften sind für einen Lehrer am wichtigsten? Schreibe fünf auf. Danach diskutiere in einer Gruppe und vertrete deine Meinung.

Für die Beobachter

Stellt euch vor, ihr seid die Personalleiter einer großen Firma und veranstaltet ein AC. Die Teilnehmer erhalten nacheinander drei Aufgaben:

1. Zuerst werden sie sich selbst vorstellen. Notiert, was ihr bei einer Vorstellung für wichtig erachtet. Beachtet auch die Gestaltung des Plakats.
2. Beim Rollenspiel geht es nicht darum, wer am lautesten ist, sondern wer die besten Argumente bringt. Macht euch Stichpunkte, was die einzelnen Teilnehmer gut gemacht haben und was sie verbessern sollten.
3. Die Gruppendiskussion zeigt, ob jemand diskutieren kann, er seine Argumente schlüssig vorbringt und ob er sich an Gesprächsregeln hält. Mache dir wiederum Notizen, um ein Feedback zu geben.

Am Ende solltest du überlegen, wen du als Personalchef von den Teilnehmern einstellen würdest und vor allem warum.

Das Vorstellungsgespräch

126.1 Beim Vorstellungsgespräch

Daniel und Laura führen ein Interview mit der Personalleiterin einer Maschinenbaufirma:

Laura: „Frau Denzel, Sie führen jedes Jahr viele Vorstellungsgespräche mit Jugendlichen, die sich um einen Ausbildungsplatz bewerben. Wie treffen Sie die Auswahl unter den Bewerbern?"

Frau D.: „Ich schaue mir die Bewerbungsschreiben genau an, achte auf die Noten und ob die Bewerbungsunterlagen ordentlich erstellt sind."

Daniel: „Warum betreiben Sie denn so einen großen Aufwand mit den Vorstellungsgesprächen? In den Bewerbungsunterlagen steht doch alles drin."

Frau D.: „Um zu entscheiden, wem wir einen Ausbildungsplatz geben, müssen wir uns einen persönlichen Eindruck vom Bewerber verschaffen. Wie verhält er sich? Wie tritt er auf? Wie sind seine Umgangsformen? Wir möchten vom Bewerber wissen, warum er sich gerade für die Ausbildung in unserem Betrieb interessiert. Außerdem sollte er begründen können, warum er gerade diesen Berufswunsch hat."

Laura: „Es ist doch sicher nicht leicht, herauszufinden, ob der Bewerber geeignet ist oder nicht. Wie machen Sie das?"

Frau D.: „Es ist wichtig, dass das Gespräch ganz entspannt geführt wird. Deswegen bitte ich den Bewerber zunächst, sich persönlich vorzustellen. Da geht es mehr um die Art und Weise, wie er erzählt. Dann will ich wissen, ob er etwas über unseren Betrieb weiß. Und natürlich auch, warum er gerade diesen Beruf ergreifen will und sich bei unserem Betrieb bewirbt. Hat er sich dabei mit dem Berufsbild gründlich auseinandergesetzt? Fragen nach den privaten Vorlieben und Interessen, Hobbys und Freizeitaktivitäten schließen häufig das Gespräch ab, denn für uns ist es auch interessant, ob sich der Bewerber in der Freizeit sinnvoll beschäftigen kann. Der Bewerber muss sich klar darüber sein, dass er uns von seiner Eignung für die Ausbildungsstelle überzeugen muss."

Laura: „Wie kann er das machen?"

Frau D.: „Er muss uns von seinen Stärken überzeugen, aber auch zu seinen Schwächen stehen."

Daniel: „Welche Tipps würden Sie den Bewerbern für ein Vorstellungsgespräch geben?"

Frau D.: „Mit welchen Fragen man rechnen muss, habe ich ja gerade erzählt. Im Gespräch sollten sich die Bewerber nicht passiv verhalten. Sie sollten Informationen über sich selbstständig liefern und nicht einzeln entlocken lassen. Dabei sollten die Bewerber in ganzen Sätzen und deutlich sprechen. Dies kann jeder zu Hause vorm Spiegel üben. Das im Vorstellungsgespräch mündlich Vorgetragene sollte mit der schriftlichen Bewerbung übereinstimmen. Umgekehrt hat der Kandidat in diesem Gespräch die Gelegenheit, auch einiges über den Betrieb zu erfahren und selbst Fragen stellen. Er sollte diese Chance nutzen und sich danach überlegen, ob auch ihm das Unternehmen gefällt."

Daniel: „Vielen Dank für die interessanten Informationen."

Aufgabe

Notiere in Stichpunkten, was Frau Denzel im Bewerbungsgespräch von Bewerbern verlangt.

M

Methode: Vorstellungsgespräch simulieren

Wer es bis zum Vorstellungsgespräch geschafft hat, kann sich freuen, denn die ersten Hürden sind geschafft. Der Betrieb hat eine Vorauswahl getroffen und möchte den Bewerber näher kennenlernen und prüfen, ob er in den Betrieb passt.

Ablauf eines Bewerbungsgesprächs
Ein Bewerbungsgespräch kann bis zu einer Stunde dauern. Die Gespräche werden einzeln oder in Gruppen geführt.

Wer zu einem Bewerbungsgespräch eingeladen wird, sollte sich darauf vorbereiten, denn der zukünftige Arbeitgeber will davon überzeugt werden, dass man der oder die richtige für die Stelle ist. Dazu sollte man die richtigen Antworten parat haben. Spontan zu antworten, wenn man noch dazu nervös ist, ist oftmals nicht einfach, deshalb sollte ein Bewerbungsgespräch rechtzeitig geübt, simuliert und trainiert werden.

Meist läuft das Gespräch folgendermaßen ab:
- Begrüßung und Vorstellung der Gesprächsteilnehmer.
- Smalltalk zur Lockerung der Atmosphäre.
- Fragen an den Bewerber.
- Fragen des Bewerbers.
- Verabschiedung.

Der erste Eindruck ist nicht entscheidend, aber doch sehr wichtig für die Gesamtbeurteilung des Bewerbers. Kleidung, Auftreten, Händedruck, die ersten Sätze, das sind alles Dinge, auf die die Gesprächsleiter achten, denn ein korrektes und höfliches Auftreten gehört zu ihrem Beruf.

Tipps
- Lies die eigenen Bewerbungsunterlagen vor dem Gespräch noch einmal genau durch, da häufig nach Einzelheiten gefragt wird.
- Sei pünktlich.
- Klopfe an und warte, bis du herein gebeten wirst.
- Stelle dich mit festem Händedruck und Namen vor.

127.1 Was läuft hier alles falsch?

- Sei nett und höflich.
- Bleibe natürlich und locker und sei nicht zu verkrampft.
- Höre zu und zeige Interesse.

Mögliche Fragen, die während des Gesprächs gestellt werden könnten:
- Was interessiert Sie an diesem Beruf?
- Warum bewerben Sie sich bei unserem Unternehmen?
- Was wissen Sie über unser Unternehmen?
- Welche Fähigkeiten bringen Sie für diesen Beruf mit?
- Wo sehen Sie ihre Schwächen und wo Ihre Stärken?

Aufgaben

1 Findet in der Gruppe mögliche Fragen, die in einem Bewerbungsgespräch gestellt werden könnten.
2 Simuliert das Bewerbungsgespräch zuerst in Partnerarbeit, dann vor der Klasse.
3 Was hat der Bewerber gut gemacht?
4 Was sollte der Bewerber in einem wirklichen Gespräch verbessern?

R Rückspiegel: Was habe ich gelernt?

Meine Stärken

- Übertragt den Selbsteinschätzungsbogen auf ein Blatt.
- Der Selbsteinschätzungsbogen kann um weitere Punkte ergänzt werden.
- Jede/r Einzelne füllt diesen für ihre/seine Kompetenzmappe aus.

Selbsteinschätzungsbogen Zum Thema: Wege in den Beruf	Name: Saskia Klasse: 8 b			
	☺☺	☺	☹	☹☹
Ich weiß, welche Berufe mir Spaß machen würden.	X			
Ich kenne meine Fähigkeiten und Stärken.		X		
Ich kann erklären, warum ein bestimmter Beruf nicht zu mir passt.				X
Ich weiß, wo ich Adressen von Betrieben finde, bei denen ich mich bewerben möchte.		X		
Ich kenne die Hürden, die ich bis zu meinem Wunschberuf überwinden muss.			X	
Ich kenne die Tätigkeiten in meinem Wunschberuf genau.	X			
In einem Team zu arbeiten, ist kein Problem.	X			
Ich weiß, wo ich mich weiterhin zu meiner beruflichen Orientierung beraten lassen kann.	X			
Das Praktikum hat mir positive Eindrücke vermittelt.		X		
Sollte es mit meinem Wunschberuf nicht klappen, habe ich noch einen Alternativplan.		X		
Ich weiß genau, wie ich mich für ein Bewerbungsgespräch anziehen muss.		X		
Ich möchte weiterhin auf eine Schule gehen, um mich weiterzuqualifizieren.		X		
Zähle zusammen:	4	6	1	1

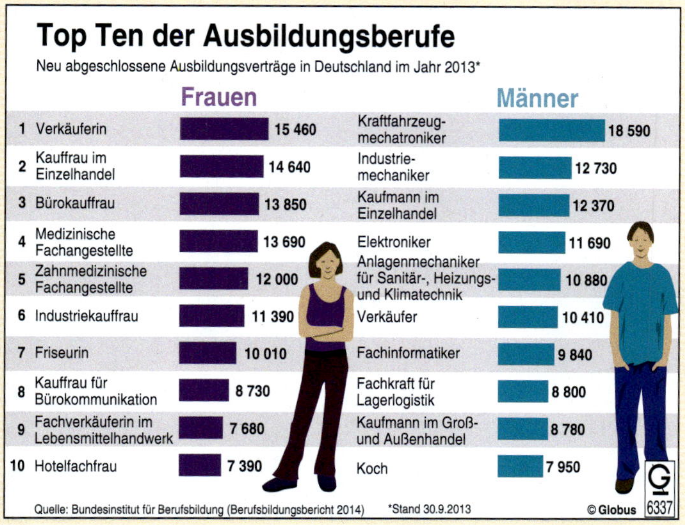

129.1

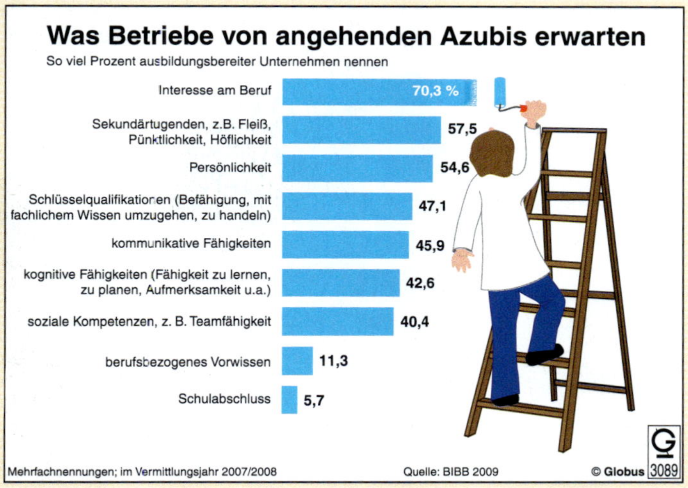

129.2

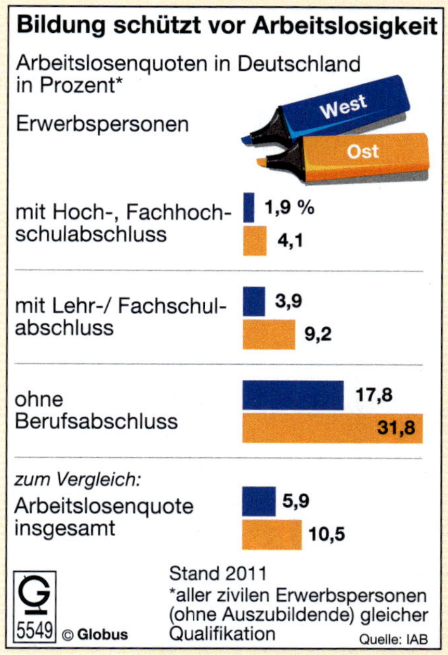

129.3

Aufgaben

1 Im Selbsteinschätzungsbogen hast du sicherlich einige Felder nicht im besten Bereich angekreuzt. Begründe, weshalb das so ist und notiere, wie du diese Situation verbessern könntest.

2 Erstelle eine Tabelle mit möglichen Wunschberufen und bei welchem Unternehmen dieser Beruf erlernt werden kann.

3 Die Nachfrage nach bestimmten Ausbildungsberufen ist sehr groß (s. Abb. 129.1). Welche Folgen hat das für die Berufswahl?

4 Notiere, welche Erwartungen an den Betrieb du erfüllst (s. Abb. 129.2).

5 Die Persönlichkeit erscheint den Betrieben sehr wichtig. Was ist damit gemeint?

6 Erstelle eine Rangfolge mit deinen Erwartungen an den Betrieb.

7 Welche Schlüsse kannst du für deine Zukunft aus der Grafik ziehen (s. Abb. 129.3)?

8 Schreibe Möglichkeiten auf, deine Qualifikation zu verbessern.

Das soziale Netz

Riester-Rente
BERUFS-
AUSBILDUNGS-
VERTRAG

Nach der Schule: Wie geht's weiter?

132.1 Kaufmännische Auszubildende

Levin ist bald mit der Schule fertig. Seine Bewerbung auf einen Ausbildungsplatz als Industriekaufmann in einem großen Unternehmen war erfolgreich. Er hat sich auch bei der Agentur für Arbeit, im Familienkreis und bei Freunden im Vorfeld über das Berufsbild informiert.

Er weiß, dass er auch weiterhin zur Schule gehen muss. Die Berufsschule vermittelt die theoretischen Fachinhalte und weitere Fächer, die der Allgemeinbildung dienen. Im Betrieb bekommt er vom Ausbilder die praktischen Bereiche der Ausbildung vermittelt. Diese Zweiteilung bezeichnet man als Duales System.

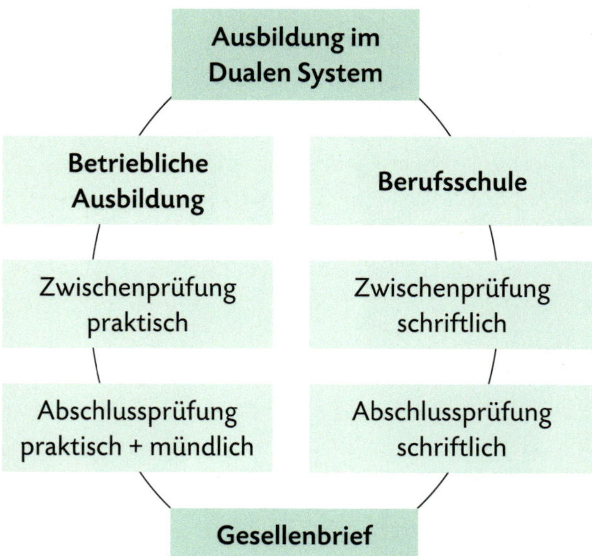

132.2 Ausbildungsverlauf im Dualen System

Die betriebliche Berufsausbildung

Die betriebliche Ausbildung im Dualen System ist der Einstieg in einen Beruf. An drei bis vier Tagen sind die Auszubildenden im Betrieb, in dem sie vorwiegend die berufliche Praxis z. B. in betriebsinternen Schulungsräumen erlernen.
Ein bis zwei Tage pro Woche besuchen die Auszubildenden die Berufsschule. In manchen Ausbildungsbereichen ist der Berufsschulunterricht auch als Blockunterricht organisiert. Dabei müssen die Auszubildenden z. B. mehrere Wochen am Stück die Berufsschule besuchen.

132.3 In der Berufsschule

Aufgaben

1 Informiere dich über die Inhalte der Berufsausbildung eines Berufes, der dich interessiert. Hilfe bietet dir Material der Bundesagentur für Arbeit (Beruf AKTUELL, BERUFENET usw.).

2 Welche Voraussetzungen (z. B. Schulabschluss, Fähigkeiten) muss man haben, um diesen Beruf zu ergreifen?

3 Welche Weiterbildungsmöglichkeiten gibt es?

M Methode: Arbeiten mit Gesetzestexten

Einen Gesetzestext zu verstehen, ist nicht immer leicht. Durchlesen allein reicht meist nicht, um den Inhalt zu verstehen.
Gesetzestexte werden in Paragrafen eingeteilt. Die Paragrafen werden wiederum oft in Absätze und Sätze unterteilt. Im Grundgesetz stehen anstelle der Paragrafen sogenannte Artikel.
Wenn man Stellen in einem Paragrafen beschreibt, geht man deshalb wie folgt vor:
Paragraf 6, Absatz 2, 2. Satz (kurz: § 6 (2) S. 2).

§ 6 Nacht- und Schichtarbeit
(1) Die Arbeitszeit der Nacht- und Schichtarbeitnehmer ist nach den gesicherten arbeitswissenschaftlichen Erkenntnissen über die menschengerechte Gestaltung der Arbeit festzulegen.
(2) Die werktägliche Arbeitszeit der Nachtarbeitnehmer darf acht Stunden nicht überschreiten. Sie kann auf bis zu zehn Stunden nur verlängert werden, wenn abweichend von § 3 innerhalb von einem Kalendermonat oder innerhalb von vier Wochen im Durchschnitt acht Stunden werktäglich nicht überschritten werden.

Beispiel für einen Paragrafen aus dem Arbeitszeitgesetz.

Wenn man aus einem Gesetzestext wichtige Informationen herausholen will, muss man also zuerst im Inhaltsverzeichnis des entsprechenden Gesetzbuches einen Paragrafen finden, der sich mit dem Sachverhalt auseinandersetzt.
Danach soll der Paragraf ganz durchgelesen werden. Nur so weiß man, ob die untersuchten Sachverhalte im Gesetzestext angesprochen werden.
Anschließend ist es sinnvoll, wichtige Textstellen zu markieren oder zu unterstreichen.

Wenn man nicht in den Text schreiben darf (z. B. bei entliehenen Büchern), muss man das Wichtigste beim Durchlesen herausschreiben. Man legt ein Blatt neben den Text und notiert sich beim Durchlesen, was man sonst markiert hätte.

Im Gesetzestext sucht man die Stellen oder Begriffe, die auf den entsprechenden Sachverhalt hinweisen. Nur diese unterstreicht oder markiert man. Wenn man sie sieht, fällt einem beim erneuten Lesen oder Überfliegen das Wichtigste des entsprechenden Paragrafen wieder ein. Diese Stellen erschließen gewissermaßen den Paragrafen, sie sind also Schlüsselstellen zum Verstehen.
Beim Bearbeiten von Gesetzestexten ist es wichtig, dass nicht zu viel unterstrichen oder markiert wird.
Man kann den Text auch mit Zeichen bearbeiten. Ein Ausrufezeichen am Rand passt, wenn man etwas für besonders wichtig hält. Ein Fragezeichen kann man anbringen, wenn etwas nicht verstanden wurde und deshalb noch recherchiert werden muss.

§ 8 Dauer der Arbeitszeit
(1) Jugendliche dürfen nicht mehr als acht Stunden täglich und nicht mehr als 40 Stunden wöchentlich beschäftigt werden.
(2) Wenn in Verbindung mit Feiertagen an Werktagen nicht gearbeitet wird, damit die Beschäftigten eine längere zusammenhängende Freizeit haben, so darf die ausfallende Arbeitszeit auf die Werktage von fünf zusammenhängenden, die Ausfalltage einschließenden Wochen nur dergestalt verteilt werden, dass die Wochenarbeitszeit im Durchschnitt dieser fünf Wochen 40 Stunden nicht überschreitet. Die tägliche Arbeitszeit darf hierbei achteinhalb Stunden nicht überschreiten. ?
(2 a) Wenn an einzelnen Werktagen die Arbeitszeit auf weniger als acht Stunden verkürzt ist, können Jugendliche an den übrigen Werktagen derselben Woche achteinhalb Stunden beschäftigt werden.
(3) In der Landwirtschaft dürfen Jugendliche über 16 Jahre während der Erntezeit nicht mehr als neun Stunden täglich und nicht mehr als 85 Stunden in der Doppelwoche beschäftigt werden. !

Beispiel für einen Paragrafen, der entsprechend bearbeitet wurde, z. B. aus dem Jugendarbeitsschutzgesetz.

Der Berufsausbildungsvertrag

Bevor Levin seine Ausbildung beginnt, muss noch der Berufsausbildungsvertrag abgeschlossen werden. Da Levin erst 16 Jahre alt und somit noch nicht voll geschäftsfähig ist, müssen seine gesetzlichen Vertreter, in seinem Fall also die Eltern, diesen Vertrag ebenfalls unterzeichnen.

Dieser Vertrag muss schriftlich abgeschlossen werden, nur somit ist er durch das Berufsbildungsgesetz geschützt. In diesem Gesetz sind die gesetzlichen Regelungen für die Berufsausbildung festgelegt. Die jeweilige Ausbildungsordnung regelt die Inhalte und den zeitlichen Ablauf der Ausbildung.

§ 3 – Pflichten des Ausbildenden

Der Ausbildende verpflichtet sich,

1. **(Ausbildungsziel)**
dafür zu sorgen, dass der/dem Auszubildenden die berufliche Handlungsfähigkeit vermittelt wird, die zum Erreichen des Ausbildungsziels erforderlich ist, und die Berufsausbildung nach den beigefügten Angaben zur sachlichen und zeitlichen Gliederung des Ausbildungsablaufs so durchzuführen, dass das Ausbildungsziel in der vorgesehenen Ausbildungszeit erreicht werden kann;
2. **(Ausbilder/Ausbilderinnen)**
selbst auszubilden oder eine/einen persönlich und fachlich geeignete/geeigneten Ausbilderin/Ausbilder ausdrücklich damit zu beauftragen und diese/diesen der/dem Auszubildenden jeweils schriftlich bekannt zu geben;
3. **(Ausbildungsordnung)**
der/dem Auszubildenden vor Beginn der Ausbildung die Ausbildungsordnung kostenlos auszuhändigen;
4. **(Ausbildungsmittel)**
der/dem Auszubildenden kostenlos die Ausbildungsmittel, insbesondere Werkzeuge, Werkstoffe und Fachliteratur zur Verfügung zu stellen, die für die Ausbildung in den betrieblichen und überbetrieblichen Ausbildungsstätten und zum Ablegen von Zwischen- und Abschlussprüfungen, auch soweit solche nach Beendigung des Berufsausbildungsverhältnisses und in zeitlichem Zusammenhang damit stattfinden, erforderlich sind;
5. **(Besuch der Berufsschule und von Ausbildungsmaßnahmen außerhalb der Ausbildungsstätte)**
die/den Auszubildende/n zum Besuch der Berufsschule anzuhalten und freizustellen. Das gleiche gilt, wenn Ausbildungsmaßnahmen außerhalb der Ausbildungsstätte vorgeschrieben oder nach Nr. 12 durchzuführen sind;
6. **(Führung von schriftlichen Ausbildungsnachweisen)**
soweit schriftliche Ausbildungsnachweise geführt werden, diese der/dem Auszubildenden für die Berufsausbildung kostenfrei auszuhändigen und die ordnungsgemäße Führung durch regelmäßige Abzeichnung zu überwachen;
7. **(Ausbildungsbezogene Tätigkeiten)**
der/dem Auszubildenden nur Aufgaben zu übertragen, die dem Ausbildungszweck dienen und ihren/seinen körperlichen Kräften angemessen sind;
8. **(Sorgepflicht)**
dafür zu sorgen, dass die/der Auszubildende charakterlich gefördert sowie sittlich und körperlich nicht gefährdet wird;
9. **(Ärztliche Untersuchungen)**
sofern die/der Auszubildende noch nicht 18 Jahre alt ist, sich Bescheinigungen gemäß § 32, 33 Jugendarbeitsschutzgesetz darüber vorlegen zu lassen, dass sie/er
a) vor der Aufnahme der Ausbildung untersucht und
b) vor Ablauf des ersten Ausbildungsjahres nachuntersucht worden ist;
[...]

§ 4 – Pflichten der/des Auszubildenden

Die/Der Auszubildende hat sich zu bemühen, die berufliche Handlungsfähigkeit zu erwerben, die erforderlich ist, um das Ausbildungsziel zu erreichen. Sie/Er verpflichtet sich insbesondere,

1. **(Lernpflicht)**
die ihr/ihm im Rahmen ihrer/seiner Berufsausbildung übertragenen Aufgaben sorgfältig auszuführen;
2. **(Berufsschulunterricht, Prüfungen und sonstige Maßnahmen)**
am Berufsschulunterricht und an Prüfungen sowie an Ausbildungsmaßnahmen außerhalb der Ausbildungsstätte teilzunehmen, für die sie/er nach § 3 Nr. 5, 11 und 12 freigestellt wird;
3. **(Weisungsgebundenheit)**
den Weisungen zu folgen, die ihr/ihm im Rahmen der Berufsausbildung von Ausbildenden, von Ausbildern oder Ausbilderinnen oder von anderen weisungsberechtigten Personen, soweit sie als weisungsberechtigt bekannt gemacht worden sind, erteilt werden;
4. **(Betriebliche Ordnung)**
die für die Ausbildungsstätte geltende Ordnung zu beachten;
5. **(Sorgfaltspflicht)**
Werkzeug, Maschinen und sonstige Einrichtungen pfleglich zu behandeln und sie nur zu den ihr/ihm übertragenen Arbeiten zu verwenden;
6. **(Betriebsgeheimnisse)**
über Betriebs- und Geschäftsgeheimnisse Stillschweigen zu wahren;
7. **(Führung von schriftlichen Ausbildungsnachweisen)**
vorgeschriebene schriftliche Ausbildungsnachweise ordnungsgemäß zu führen und regelmäßig vorzulegen; [...]

§ 7 – Kündigung

1. **(Kündigung während der Probezeit)**
Während der Probezeit kann das Berufsausbildungsverhältnis ohne Einhaltung einer Kündigungsfrist und ohne Angabe von Gründen gekündigt werden.
2. **(Kündigungsgründe)**
Nach der Probezeit kann das Berufsausbildungsverhältnis nur gekündgt werden
a) aus einem wichtigen Grund ohne Einhaltung einer Kündigungsfrist
b) von der/dem Auszubildenden mit einer Kündigungsfrist von vier Wochen, wenn sie/er die Berufsausbildung aufgeben oder sich für eine andere Berufstätigkeit ausbilden lassen will.
3. **(Form der Kündigung)**
Die Kündigung muss schriftlich, im Falle der Nr. 2 unter Angabe der Kündigungsgründe erfolgen.

134.1 Rückseite eines Ausbildungsvertrages (Auszug)

Rechte und Pflichten von Auszubildenden

Fallbeispiele

Anna hat eine Lehre als Bankkauffrau begonnen. „Das ist ja total interessant", erklärt sie am Wochenende ihren Freundinnen. „Stellt euch vor, mein alter Klassenlehrer hat sein Konto ständig überzogen. Und wohin er sein Geld überweist, ich kann euch sagen ..." Ihr Ausbilder erfährt davon und kündigt ihr fristlos.

135.1 Anna

Linda hat vor zwei Wochen eine Ausbildung zur Bürokauffrau begonnen. Sie erfährt, dass sie zum nächsten Monat eine Ausbildung in ihrem Wunschberuf als Versicherungskauffrau beginnen kann. Sie möchte deshalb ihr Ausbildungsverhältnis fristlos kündigen, damit sie ihren Wunschberuf erlernen kann.

135.2 Linda

Sandro hat jeden Mittwoch Berufsschule und steht kurz vor der Zwischenprüfung. Zurzeit trainieren sie im Unterricht die Prüfungssituation. Sandros Chef hat momentan viele Aufträge und möchte Sandro die beiden nächsten Wochen nicht zur Berufsschule schicken, sondern ihn für wichtige Aufgaben im Betrieb einsetzen. Sandro denkt: „Der Betrieb geht halt vor!"

135.3 Sandro

Lucas will an einem heißen Sommertag ins Schwimmbad gehen. Leider hat er an diesem Tag Berufsschule. Er denkt: „Ach, das was wir in der Berufsschule machen, das kann ich ja schon alles und meine Noten sind auch nicht so übel. Ich gehe heute einmal ins Schwimmbad!" Am nächsten Tag spricht sein Ausbilder mit ihm und droht mit einer Abmahnung, falls das noch einmal vorkommen sollte.

135.4 Lucas

Aufgaben

Löse folgende Aufgaben mithilfe des Ausbildungsvertrages.

1 Nenne die Pflichten des Auszubildenden und die Pflichten des Ausbildenden. Lege eine Tabelle an. Hilfe gibt dir Abb. 134.1.

2 Erkläre, unter welchen Bedingungen eine Kündigung möglich ist.

3 Wieso ist eine Probezeit für den Ausbildungsbetrieb und für den Auszubildenden von Vorteil?

4 Auf dieser Seite sind mehrere Fallbeispiele geschildert. Überprüfe, ob, bzw. gegen welche Bestimmungen des Berufsausbildungsvertrages verstoßen wurde.

Jugendarbeitsschutzgesetz (Auszüge)

§ 1 Geltungsbereich

Dieses Gesetz gilt für die Beschäftigung von Personen, die noch nicht 18 Jahre alt sind,

- in der Berufsausbildung,
- als Arbeitnehmer, [...]
- in einem der Berufsausbildung ähnlichem Ausbildungsverhältnis. [...]

§ 8 Dauer der Arbeitszeit

(1) Jugendliche dürfen nicht mehr als acht Stunden täglich und nicht mehr als 40 Stunden wöchentlich beschäftigt werden. [...]

(2a) Wenn an einzelnen Werktagen die Arbeitszeit auf weniger als acht Stunden verkürzt ist, können Jugendliche an den übrigen Werktagen derselben Woche achteinhalb Stunden beschäftigt werden. [...]

§ 9 Berufsschule

(1) Der Arbeitgeber hat den Jugendlichen für die Teilnahme am Berufsschulunterricht freizustellen. Er darf den Jugendlichen nicht beschäftigen

1. vor einem vor 9 Uhr beginnenden Unterricht; dies gilt auch für Personen, die über 18 Jahre alt und noch berufsschulpflichtig sind,
2. an einem Berufsschultag mit mehr als fünf Unterrichtsstunden von mindestens je 45 Minuten, einmal in der Woche,
3. in Berufsschulwochen mit einem planmäßigen Blockunterricht von mindestens 25 Stunden an mindestens fünf Tagen, [...]

§ 10 Prüfungen und außerbetriebliche Ausbildungsmaßnahmen

(1) Der Arbeitgeber hat den Jugendlichen

1. für die Teilnahme an Prüfungen und Ausbildungsmaßnahmen, die aufgrund öffentlich-rechtlicher oder vertraglicher Bestimmungen außerhalb der Ausbildungsstätte durchzuführen sind,
2. an dem Arbeitstag, der der schriftlichen Abschlussprüfung unmittelbar vorangeht,

freizustellen. [...]

§ 11 Ruhepausen, Aufenthaltsräume

(1) Jugendlichen müssen im Voraus feststehende Ruhepausen von angemessener Dauer gewährt werden. Die Ruhepausen müssen mindestens betragen

1. 30 Minuten bei einer Arbeitszeit von mehr als viereinhalb bis zu sechs Stunden,
2. 60 Minuten bei einer Arbeitszeit von mehr als sechs Stunden.

   Als Ruhepause gilt nur eine Arbeitsunterbrechung von mindestens 15 Minuten.

(2) Die Ruhepausen müssen in angemessener zeitlicher Lage gewährt werden, frühestens eine Stunde nach Beginn und spätestens eine Stunde vor Ende der Arbeitszeit. Länger als viereinhalb Stunden hintereinander dürfen Jugendliche nicht ohne Ruhepause beschäftigt werden. [...]

§ 13 Tägliche Freizeit

Nach Beendigung der täglichen Arbeitszeit dürfen Jugendliche nicht vor Ablauf einer ununterbrochenen Freizeit von mindestens zwölf Stunden beschäftigt werden.

§ 14 Nachtruhe

(1) Jugendliche dürfen nur in der Zeit von 6 bis 20 Uhr beschäftigt werden.

(2) Jugendliche über 16 Jahre dürfen

1. im Gaststätten- und Schaustellergewerbe bis 22 Uhr,
2. in mehrschichtigen Betrieben bis 23 Uhr,
3. in der Landwirtschaft ab 5 Uhr oder bis 21 Uhr,
4. in Bäckereien und Konditoreien ab 5 Uhr

beschäftigt werden.

(3) Jugendliche über 17 Jahre dürfen in Bäckereien ab 4 Uhr beschäftigt werden. [...]

§ 16 Samstagsruhe

(1) An Samstagen dürfen Jugendliche nicht beschäftigt werden.

(2) Zulässig ist die Beschäftigung Jugendlicher an Samstagen nur

- in Krankenanstalten sowie in Alten-, Pflege- und Kinderheimen,
- in offenen Verkaufsstellen, in Betrieben mit offenen Verkaufsstellen, in Bäckereien und Konditoreien, im Friseurhandwerk, [...]
- im Gaststätten- und Schaustellergewerbe,
- [...]

(3) Werden Jugendliche am Samstag beschäftigt, ist ihnen die Fünf-Tage-Woche (§ 15) durch Freistellung an einem anderen berufsschulfreien Arbeitstag derselben Woche sicherzustellen. [...]

§ 19 Urlaub

(1) Der Arbeitgeber hat Jugendlichen für jedes Kalenderjahr einen bezahlten Erholungsurlaub zu gewähren.

(2) Der Urlaub beträgt jährlich

1. mindestens 30 Werktage, wenn der Jugendliche zu Beginn des Kalenderjahres noch nicht 16 Jahre alt ist,
2. mindestens 27 Werktage, wenn der Jugendliche zu Beginn des Kalenderjahres noch nicht 17 Jahre alt ist,
3. mindestens 25 Werktage, wenn der Jugendliche zu Beginn des Kalenderjahres noch nicht 18 Jahre alt ist. [...]

① Der 17-jährige Peter steht seit einem Jahr in einem Ausbildungsverhältnis als Konditor. Sein Arbeitstag beginnt um 5.00 Uhr morgens und endet gegen 11.30 Uhr. Von 9.00 Uhr bis 9.30 Uhr haben die Konditoren Frühstückspause. Am Nachmittag kommt er gegen 16.00 Uhr und hilft dem Meister noch zwei Stunden bei kleineren Arbeiten und Vorbereitungen für den nächsten Tag. Nun soll er künftig schon um 4.00 Uhr morgens seine Arbeit beginnen, da ein Geselle für längere Zeit erkrankt ist.

137.1 Peter

Peter sehnt sich sehr nach Urlaub, denn seitdem er aus der Schule raus ist, merkt er erst, wie viele freie Tage er vorher hatte. Seitdem er in der Ausbildung ist, hatte er erst drei Wochen Urlaub (= 15 Arbeitstage).

a) Entspricht die Arbeitszeit den gesetzlichen Vorschriften?
b) Ist es rechtmäßig, den Arbeitsbeginn auf 4.00 Uhr festzulegen?
c) Wie viele Tage Urlaub stehen Peter noch zu?

② Der 17-jährige Gerd hat eine Ausbildung als Mechatroniker begonnen. Seine Arbeitszeit – er arbeitet im Schichtdienst – beginnt um 7.00 Uhr und endet um 16.00 Uhr, eine Stunde Pause ist eingeschlossen.

137.2 Gerd

Ab heute soll er in der Schicht ab 15.00 Uhr arbeiten. Arbeitsende dieser Schicht ist um 24.00 Uhr. Es würde ihm nichts weiter ausmachen, wenn er nicht jeden Mittwoch ab 8.00 Uhr zur Berufsschule müsste.

a) Entspricht die Arbeitszeit den gesetzlichen Vorschriften?
b) Darf er in der 15.00-Uhr-Schicht arbeiten? Beachte auch den Berufsschultag.

③ Die 16-jährige Sigrid hat eine Ausbildung als Arzthelferin begonnen. Jeden Morgen um 7.30 Uhr muss sie ihren Dienst antreten; nach einer Pause von 13.00–13.30 Uhr endet ihre tägliche Arbeitszeit um 17.30 Uhr. Jeden Donnerstag besucht sie die Berufsschule von 8.00–13.00 Uhr. Danach geht sie nachmittags ab 15.00 Uhr wieder in die Arztpraxis. Nun möchte ihr Arbeitgeber, dass sie jeden Samstagmorgen in die Praxis kommt, um dort ca. zwei Stunden wichtige kleinere Arbeiten (Reagenzgläser spülen usw.) zu verrichten.

137.3 Sigrid

Aufgabe

Löse die Fallbeispiele mithilfe des Jugendarbeitsschutzgesetzes.

Der Arbeitsvertrag

Wer nach der Ausbildung von einem Betrieb übernommen wird, geht ein Arbeitsverhältnis ein. In diesem werden die Beziehungen zwischen einzelnem Arbeitgeber und einzelnem Arbeitnehmer geregelt. Grundlage dieses Arbeitsverhältnisses ist ein Arbeitsvertrag, den diese beiden Parteien miteinander schließen.

Der Arbeitsvertrag muss dabei wichtige Gesetze und Regelungen berücksichtigen, z. B.
- das Jugendarbeitsschutzgesetz (wenn der Arbeitnehmer noch Jugendlicher ist),
- den geltenden Tarifvertrag (s. S. 140 ff.),
- Regelungen, die direkt zwischen dem Arbeitgeber und Arbeitnehmer getroffen werden.

Der Arbeitsvertrag enthält weitere Bestimmungen, z. B.
- Vereinbarungen über Arbeitszeit, Urlaubsregelungen, Kündigungsfristen usw.
- Pflichten des Arbeitnehmers (z. B. Arbeitspflicht, Verschwiegenheit über Betriebsgeheimnisse usw.),
- Pflichten des Arbeitgebers (z. B. Zahlung des Arbeitsentgeltes, Fürsorgepflicht, Zeugnispflicht, Datenschutz usw.).

138.1 Der Ausbildungsvertrag ist ein Arbeitsvertrag.

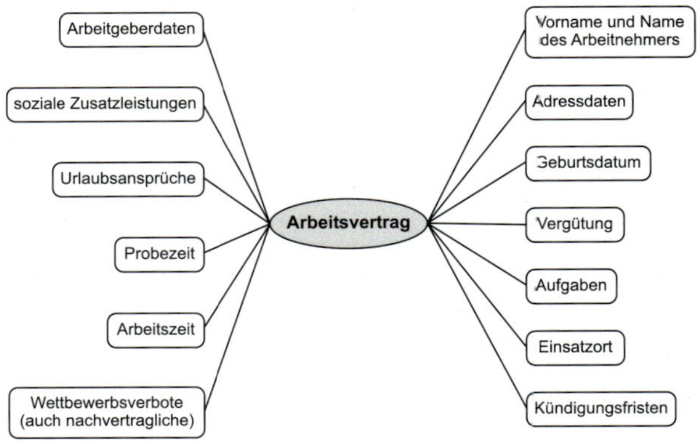

138.2 Die Bestandteile des Arbeitsvertrages

138.3 Ausbildung zur Zerspanungsmechanikerin

Aufgaben

1 Untersuche drei Paragraphen des Arbeitsvertrages und ermittle die jeweiligen Inhalte (s. auch Abb. 134.1).

2 Unter welchen Bedingungen kann ein Arbeitsvertrag fristlos gekündigt werden?

3 Warum sind die Vereinbarungen über Datenschutz und Betriebsgeheimnis besonders wichtig?

4 Suche einen Musterarbeitsvertrag im Internet und fülle diesen mit deinen Daten aus.

M Methode: Karikaturen auswerten

In vielen Tageszeitungen gibt es jeden Tag eine neue Karikatur. Frei übersetzt bedeutet das Wort Karikatur so viel wie „Übertreibung". Überzeichnet dargestellt werden dabei sowohl die abgebildeten Personen als auch die Situation. Durch die Überzeichnung wirken Karikaturen auf den ersten Blick oft komisch.

Aufgabe der Karikatur ist es, aktuelle Ereignisse oder auch gesellschaftliche Zustände zu kritisieren. Karikaturen sollen ihre Betrachter zum Nachdenken anregen. Manche Cartoons haben eine ähnliche Aufgabe wie Karikaturen. Sie sind jedoch oft weniger politisch und bilden auch keine realen Personen wie z. B. Politiker ab.

Um eine Karikatur auszuwerten, geht man so vor:

Schritt 1: Beschreiben
Versuche, zunächst die Personen zu benennen und ihr Verhalten zu beschreiben.

Werden Tierfiguren wie z. B. der Rabe in einer Fabel verwendet, deute ihre Eigenschaften (z. B. böse, schlau, friedlich usw.).

Beschreibe die Gegenstände, die in der jeweiligen Zeichnung auftauchen, und was übertrieben dargestellt ist.

Schritt 2: Sich über den Hintergrund informieren
Kläre, welches Problem angesprochen wird.

Schritt 3: Die Karikatur erklären
Erläutere, was ungewöhnlich ist und dir auffällt. Beschreibe, welchen Sachverhalt der Zeichner kritisiert.

Die Tarifpartner

Artikel 9 (3) Grundgesetz:
„Das Recht, zur Wahrung und Förderung der Arbeits- und Wirtschaftsbedingungen Vereinigungen zu bilden, ist für jedermann und alle Berufe gewährleistet." [...]

Der Tarifvertrag
Die am Wirtschaftsgeschehen beteiligten Parteien, die Arbeitgeber und die Arbeitnehmer, haben unterschiedliche Interessen. Dieser Konflikt wird in der Bundesrepublik Deutschland in Tarifverhandlungen gelöst.

Ziel dieser Tarifverhandlungen ist ein Tarifvertrag, der die Rahmenbedingungen des Arbeitsverhältnisses für Arbeitgeber und Arbeitnehmer verbindlich regelt. Diese Rahmenbedingungen sind z. B. Arbeitsentgelt, Arbeitszeiten, Urlaubsanspruch, Arbeitsbedingungen sowie die Laufzeit, d. h. wie lange der Vertrag gültig sein soll.

Da nicht jeder einzelne Arbeitnehmer und nicht jeder einzelne Arbeitgeber das direkt aushandeln kann, gibt es in Deutschland für jede Berufsgruppe Organisationen, die diesen Tarifvertrag aushandeln. Man nennt sie Sozialpartner oder Tarifpartner.

Die Arbeitgeberverbände
Die Arbeitgeber haben andere Vorstellungen vom Inhalt des Tarifvertrages als die Arbeitnehmer. Ihre Interessen werden vertreten durch die Arbeitgeberverbände.

Die Betriebe, die in der Metall- und Elektroindustrie arbeiten, sind beispielsweise organisiert im Arbeitgeberverband Gesamtmetall. Arbeitgeber in anderen Bereichen haben andere Arbeitgeberverbände, da deren Interessen völlig anders sein können.

Der Arbeitgeberverband ist also die Vertretung aller Unternehmen in diesem Bereich. So sollen alle Betriebe bei Verhandlungen mit einer Stimme sprechen können.

140.1 Logos verschiedener Arbeitgeberverbände

Die Gewerkschaften
Als Gegengewicht zu den Arbeitgeberverbänden haben die Arbeitnehmer ebenfalls Vertreter, die Gewerkschaften. Die Arbeitnehmer der Metall- und Elektroindustrie werden vertreten durch die IG Metall (IG = Industriegewerkschaft). Diese versuchen natürlich, in den Tarifverhandlungen die Interessen der Arbeitnehmer durchzusetzen.

140.2 Logos verschiedener Gewerkschaften

Tarifautonomie
Arbeitgeber und Gewerkschaften sind bei ihren Verhandlungen autonom, d. h. sie sind für den Abschluss von Tarifverträgen allein verantwortlich. Jeder staatliche Eingriff ist unzulässig. Möglich sind nur indirekte Beeinflussungen, zu denen sich der Staat verpflichtet fühlt, um gesamtwirtschaftliche Störungen (z. B. Arbeitslosigkeit) zu vermeiden. Sie haben aber lediglich den Stand einer Empfehlung.

Die Tarifverhandlung

Die unterschiedlichen Interessen der Tarifpartner sind klar. Für den Arbeitgeber sind die Löhne Kosten, die er nach Möglichkeit niedrig halten möchte. Für den Arbeitnehmer ist der Lohn Einkommen, das er gerne erhöhen möchte, um seine Lebenssituation zu verbessern.
Wenn sich die Tarifpartner zu ersten Verhandlungen zusammensetzen, werden sie sich vorher natürlich ihre Argumente zurechtlegen. Dabei müssen beide Seiten die wirtschaftliche Lage berücksichtigen.

Die Gewerkschaften verfolgen dabei folgende Ziele:
- Die Arbeitnehmer müssen am wirtschaftlichen Erfolg der Unternehmen beteiligt werden.
- Schwächer Verdienende dürfen nicht benachteiligt werden, deshalb müssen auch die Grundbeträge pauschal erhöht werden.

Die Arbeitgeber verfolgen andere Interessen:
- Lohnkosten verteuern die Produktion, was die Konkurrenzfähigkeit gegenüber ausländischen Konkurrenten verschlechtert.
- Arbeitsplätze können ins Ausland mit geringeren Lohnkosten verlegt werden.

Es gibt aber auch gemeinsame Interessen:
- Die Erhaltung des Betriebes.
- Ein gesunder Betrieb und ein gutes Betriebsklima bieten Schutz vor Entlassungen und sind die Basis für Gewinnerzielung.
- Flexibilität (z. B. Arbeitszeit) bringt Vorteile für Mitarbeiter und Betrieb.

141.1 „Haltet den Dieb!"

Ausgangspunkt der Verhandlungen ist normalerweise ein bestehender Tarifvertrag, der von einer der beiden Parteien zum Ablauf fristgerecht gekündigt wird.
Die Verhandlungen laufen meist über mehrere Runden. In den meisten Fällen der Tarifverhandlungen steht am Ende ein neuer Tarifvertrag mit einer Laufzeit, in der der neue Tarifvertrag gültig ist. In dieser Zeit herrscht „Friedenspflicht". Das bedeutet, dass sich während der Laufzeit die Tarifpartner an die ausgehandelten Bedingungen halten.

Die Friedenspflicht ist für beide Seiten wichtig, denn in dieser Zeit können Arbeitgeber und Arbeitnehmer mit ihren Kosten bzw. ihrem Einkommen kalkulieren. Damit haben beide Seiten zunächst einmal wirtschaftliche Planungssicherheit.

Aufgaben

1 Erstelle eine Tabelle: Welche Interessen haben die Arbeitnehmer, welche Interessen haben beide?
2 Was sind die wesentlichen Inhalte eines Tarifvertrages?
3 Erkläre den Begriff „Tarifautonomie".
4 Beschreibe die Karikatur.
5 Warum ist es auch im Interesse der Arbeitnehmer, dass Lohnerhöhungen nicht zu hoch ausfallen?

Der Arbeitskampf

Bei manchen Tarifverhandlungen können sich die Tarifpartner nicht einigen, weil die Forderungen der Gewerkschaft und das Angebot des Arbeitgeberverbandes zu weit auseinanderliegen. Dann droht der Arbeitskampf. Die Tarifpartner können dann ihre stärksten Möglichkeiten einsetzen, um die jeweiligen Forderungen durchzusetzen: Streik und Aussperrung.

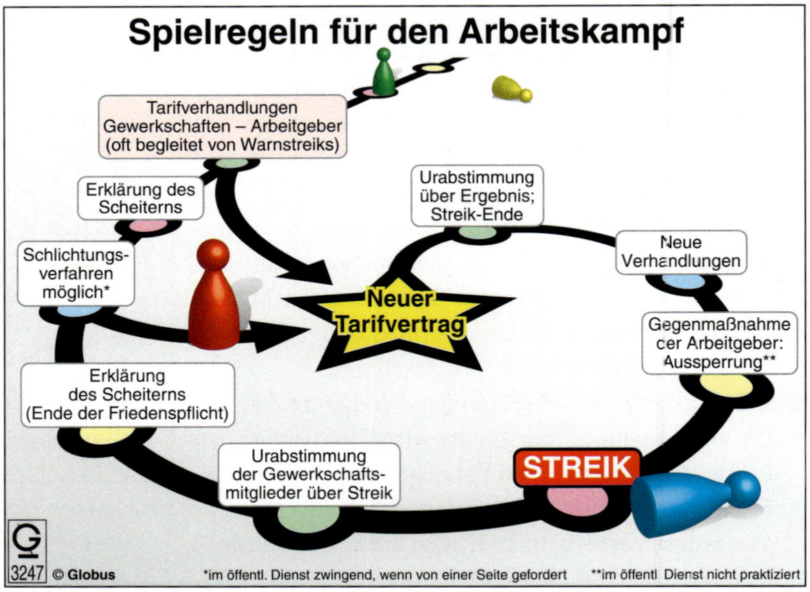

142.1

Die Schlichtung

Wenn die Verhandlungen nicht mehr weiterkommen, ist der Schlichtungsversuch die letzte Möglichkeit, einen drohenden Streik abzuwenden. Beide Seiten versuchen, einen Vermittler zu finden, der eine Lösung vorschlägt, mit der die Tarifpartner doch noch einverstanden sein können. Der Schlichter muss selbstverständlich eine neutrale Person sein, die von beiden Seiten auch akzeptiert wird. Die Schlichtung selbst muss ebenfalls von beiden Seiten akzeptiert werden.

Der Streik

Scheitert die Schlichtung, dann stimmen die Gewerkschaftsmitglieder darüber ab, ob es zu einem Streik kommen soll (Urabstimmung). Wenn mehr als 75 Prozent dies befürworten, wird gestreikt. Die Arbeitnehmer legen die Arbeit nieder. Streikende Arbeitnehmer sind gesetzlich geschützt. Ihnen kann vom bestreikten Betrieb nicht gekündigt werden.

Die Aussperrung

Die Arbeitgeber können als Gegenmittel mit Aussperrung und Betriebsstilllegung antworten. Dabei werden alle Beschäftigten des Betriebes von der Arbeit ausgeschlossen. Dies ist deshalb von Bedeutung, weil in dieser Zeit den Beschäftigten kein Arbeitslohn gezahlt wird. Gewerkschaftsmitglieder erhalten während des Streiks und der Aussperrung von der Gewerkschaft Streikgeld, um die finanziellen Einbußen, die dadurch entstehen, abzufedern.

Die Einigung

Streik und Aussperrung haben Auswirkungen auf die wirtschaftliche Situation des anderen und auch auf die Gesamtwirtschaft. Deshalb sollte ein Streik nur so lange wie nötig dauern. Auch während des Arbeitskampfes gibt es deshalb Verhandlungen. Die Notwendigkeit, einen Kompromiss zu erzielen, steht dabei im Vordergrund. Der Streik wird dann beendet, wenn mindestens 25 Prozent der Gewerkschaftsmitglieder für ein Streikende und somit für den neuen Tarifabschluss stimmen.

Aufgaben

1. Beschreibe den Ablauf der Tarifverhandlungen.
2. Welche Voraussetzungen muss ein Schlichter besitzen?
3. Warum ist es für den Arbeitnehmer von Vorteil, Mitglied einer Gewerkschaft zu sein?
4. Informiere dich über einen Arbeitskampf: Welche Forderungen und Angebote gibt es?

Streik und Aussperrung: Schlecht für die Wirtschaft?

Petra Müller ist seit ihrer Ausbildung Gewerkschaftsmitglied in der IG Metall. In der Urabstimmung hat sie für den Streik gestimmt, da nach ihrer Meinung nur so die Forderungen durchzusetzen sind. Sie sieht dem Streik aber mit Skepsis entgegen: Viele ihrer Arbeitskollegen sind nicht in der Gewerkschaft und müssen während des Streiks arbeiten. „Es ist doch ungerecht: Die Kollegen untergraben damit unseren Arbeitskampf und am Ende profitieren sie vom Ergebnis genauso wie wir!"

Andreas Karn ist Unternehmer. „Die Gewerkschaften haben Forderungen gestellt, die mein Betrieb nicht finanzieren kann. Kommen die mit ihren Forderungen durch, kann ich nicht mehr kostendeckend produzieren. Ich muss ein Teil der Produktion nach Osteuropa auslagern. Dort sind die Lohnkosten geringer. Gern mache ich das nicht, denn bisher war ich mit der Leistung unserer Arbeiter immer zufrieden."

Joachim Dietz gehört ein Betrieb, der Teile für die Automobilindustrie herstellt: „Wenn mein Betrieb bestreikt wird, werden sich meine Kunden bedanken. Ich stelle wichtige Teile her, die in fast jedem Auto zu finden sind. Das wird deren Produktion schön durcheinanderbringen. Die Menschen, die ein Auto bestellt haben, werden das Nachsehen haben, denn sie werden länger auf ihr neues Auto warten müssen."

Gesine Wagner arbeitet im Betrieb von Herrn Dietz: „Wenn gestreikt wird, bekomme ich Probleme: Ich muss weiter arbeiten, denn ich bin nicht in der Gewerkschaft und brauche meinen Lohn. Natürlich werde ich von den Gewerkschaftsmitgliedern schief angesehen. Manche werden mich als ‚Streikbrecherin' bezeichnen. Wenn der Chef alle Arbeiter aussperrt, bekomme ich kein Streikgeld. Dann wird es finanziell eng für mich werden!"

Aufgaben

1 Beschreibe die Auswirkungen des Arbeitskampfes für den Arbeitnehmer, den Betrieb und die Wirtschaft anhand der Aussagen auf dieser Seite. Lege eine Tabelle an.

2 Warum sollte der Arbeitskampf das letzte Mittel sein, um die Forderungen in Tarifverhandlungen durchzusetzen?

3 Bei einem Arbeitskampf sind oft unbeteiligte Personen von den Auswirkungen des Streiks betroffen. Finde dafür aktuelle Beispiele.

Betriebliche Jugend- und Auszubildendenvertretung

Im Betrieb von Timo finden Betriebsratswahlen statt. Er darf an der Wahl nicht teilnehmen, weil er noch nicht volljährig ist. Von Daniel weiß er aber, dass die Jugendlichen einen eigenen Vertreter wählen dürfen, der ihre Interessen beim Betriebsrat vortragen kann.

Timo: „Das ist ja eine gute Sache, wenn wir Jugendlichen einen Sprecher haben. Du bist doch im Betrieb engagiert und bei uns von allen akzeptiert. Können wir dich wählen?"

Daniel: „Der Betriebsrat darf nur von Beschäftigten über 18 Jahren gewählt werden. Das bedeutet aber nicht, dass die Jugendlichen automatisch von der Mitbestimmung ausgeschlossen sind. Ihr Azubis könnt die Jugendvertretung wählen, weil in unserem Betrieb mehr als fünf Jugendliche bzw. Auszubildende beschäftigt werden. Allerdings müsst ihr jemanden wählen, der älter als 18 ist."

Timo: „Aber du bist doch über 18 Jahre. Können wir dich überhaupt wählen?"

Daniel: „Wenn ihr denkt, dass ich geeignet bin, dann ja. Es können nämlich alle Beschäftigten bis 25 Jahre zum Jugend- und Auszubildendenvertreter gewählt werden. Aber: Sie dürfen nicht Mitglied des Betriebsrates sein."

Timo: „Welche Möglichkeiten habt ihr denn, euch für uns einzusetzen?"

Daniel: „Einige Möglichkeiten sind so ähnlich wie die der SV an einer Schule. Wir kümmern uns um die Interessen der Azubis und geben deren Anregungen an den Betriebsrat weiter. Wir überwachen die Einhaltung von Gesetzen und Verträgen und versuchen, die Probleme der jugendlichen Mitarbeiter zu lösen. Außerdem dürfen wir an Sitzungen des Personalrates und an Einstellungsgesprächen teilnehmen. Weiterhin haben wir Sprechstunden für unsere Jugendlichen und können bei Bedarf Jugendversammlungen einberufen."

Timo: „Mensch Daniel, du kennst dich ja aus! Lass dich aufstellen, meine Stimme hast du!"

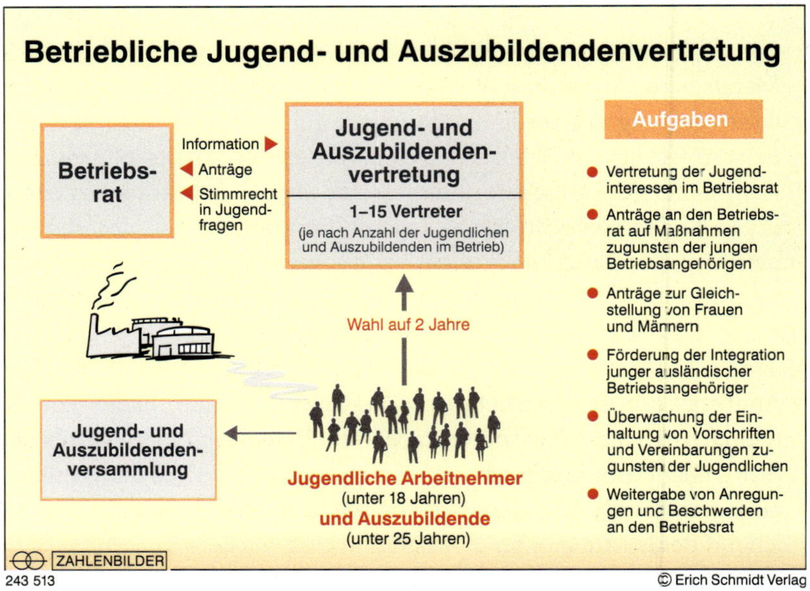

144.1

Aufgaben

1. In welchen Betrieben darf ein Jugendvertreter gewählt werden?
2. Darf Daniel zum Jugendvertreter gewählt werden?
3. Die Jugend- und Auszubildendenvertretung will sich treffen, um eine Weihnachtsfeier für die jugendlichen Beschäftigten und die Auszubildenden zu organisieren. Darf sie das?
4. Gestaltet am Computer einen Infozettel zur Jugend- und Auszubildendenvertretung.
5. Timo und Daniel treffen sich in der Mittagspause. Timo erklärt Daniel die Jugend- und Auszubildendenvertretung. Schreibt dazu ein Rollenspiel.

Mitbestimmung im Betrieb

145.1 Betriebsratswahlen

Timo und Daniel sitzen in der Mittagspause mit Herrn Gillmann zusammen. Herr Gillmann ist Mitglied des Betriebsrates. Er erklärt den beiden:

Herr G.: „Nicht immer konnten die Arbeitnehmer im Betrieb mitbestimmen. Zu Beginn des 19. Jahrhunderts hatten die Menschen keinerlei Rechte im Betrieb und waren dem Arbeitgeber weitgehend ausgeliefert. Die Arbeitnehmer organisierten sich jedoch zunehmend in Verbänden und Vereinen. Daraus entstanden z.B. auch die heutigen Gewerkschaften. Auch einige Arbeitgeber setzten aus eigenem Antrieb Verbesserungen und Mitgestaltungsmöglichkeiten für ihre Arbeiter ein."

Daniel: „Wie kann denn ein Betriebsrat gewählt werden?"

Herr G.: „Der Betriebsrat wird von den wahlberechtigten Betriebsangehörigen gewählt. Ein Betriebsrat kann in Betrieben gewählt werden, wenn diese mehr als fünf wahlberechtigte Mitarbeiter beschäftigen."

Timo: „Im Sozialkundeunterricht habe ich gelernt, dass so etwas gesetzlich geregelt sein muss."

Herr G.: „Das ist richtig. Das wichtigste Gesetz, das die betriebliche Mitbestimmung und die Zusammenarbeit von Arbeitgebern und Arbeitnehmern regelt, ist das Betriebsverfassungsgesetz (BetrVG). Es verpflichtet den Arbeitgeber und den Betriebsrat dazu, vertrauensvoll zusammenzuarbeiten. Die Interessensvertretung der Arbeitnehmer im Betrieb ist dabei der Betriebsrat. Dieser soll an den betrieblichen Entscheidungen beteiligt werden."

Timo: „Welche Aufgaben hat der Betriebsrat?"

Herr G.: „Im Prinzip sind die Aufgaben so ähnlich wie die der Jugend- und Auszubildendenvertretung. Sie gehen allerdings noch etwas weiter und betreffen alle Mitarbeiter des Betriebes. Er soll ihre Interessen vertreten und die Beschäftigung im Betrieb fördern und sichern. Außerdem soll er Maßnahmen zum Arbeitsschutz und zum Umweltschutz durchführen. Weiterhin kümmert er sich besonders um benachteiligte Arbeitnehmer und fördert die Beschäftigung schwerbehinderter, ausländischer und älterer Arbeitnehmer. Falls jugendliche Mitarbeiter beschäftigt sind, soll der Betriebsrat die Wahl einer Jugendvertretung durchführen."

Daniel: „Ich habe gehört, der Betriebsrat ist ein Gegengewicht zur Unternehmensleitung."

Herr G.: „Ich würde den Betriebsrat nicht unbedingt als Gegengewicht ansehen. Auch wir wollen den Betrieb unterstützen, denn wir sind hier beschäftigt. Unsere Hauptaufgabe ist jedoch, die Rechte der Mitarbeiter gegenüber der Unternehmensleitung wahrzunehmen. Diese Rechte beziehen sich auf soziale, personelle und wirtschaftliche Angelegenheiten. Beispiele hierfür sind Einstellung, Kündigung oder Versetzung von Mitarbeitern."

Timo: „Vielen Dank für das Gespräch, Herr Gillmann. Jetzt weiß ich Bescheid!"

Aufgaben

1 In welchen Betrieben kann ein Betriebsrat gewählt werden?

2 Nenne die wichtigsten Aufgaben des Betriebsrates.

3 Die Unternehmensleitung hat beschlossen, dass ein Teil der Produktion ins benachbarte Bundesland verlagert werden soll. 25 Beschäftigte hätten einen erheblichen Mehraufwand, um zu dieser Arbeitsstätte zu kommen. Ein Fall für den Betriebsrat?

Soziale Sicherheit

Art. 20 (1) Grundgesetz:
„Die Bundesrepublik ist ein demokratischer und sozialer Bundesstaat."

Im Grundgesetz ist die soziale Verantwortung des Staates festgeschrieben. Viele Bereiche des Sozialstaates sorgen dafür, dass in Deutschland jeder in seiner Existenz gesichert ist. Weiterhin hat der Staat für soziale Gerechtigkeit zu sorgen. Wie diese soziale Gerechtigkeit aussehen soll, darüber gehen die Meinungen jedoch weit auseinander.

Das soziale Netz

Verschiedene Bereiche bilden in unserem Staat das soziale Netz. Sozialversicherung, soziale Versorgung sowie das Vorhandensein verschiedener gesetzlicher Rahmenbedingungen (Arbeitsschutzgesetze, Steuergesetze) bilden dabei die wichtigsten Maschen des sozialen Netzes.

Sozialversicherungen

Ein wichtiger Bereich des sozialen Netzes ist die gesetzliche Sozialversicherung. Sie umfasst die Kranken-, Renten-, Unfall-, Arbeitslosen- und Pflegeversicherung. Alle Arbeitnehmer, mit Ausnahme der Beamten, sind automatisch darin versichert. Für diese Versicherungen gilt das Solidarprinzip, d. h. alle Versicherten zahlen automatisch in diese Versicherungen ein und finanzieren damit den Versicherungsanspruch der betroffenen Menschen.

Die Beiträge sind einkommensabhängig und werden bis auf die Unfallversicherung in etwa zur Hälfte von den Arbeitnehmern und den Arbeitgebern aufgebracht.

Selbstständige sind nicht in die Sozialversicherung miteinbezogen. Sie müssen sich selbst um einen ausreichenden Versicherungsschutz kümmern.

Personen, die ihren Lebensunterhalt nicht selbst bestreiten können, erhalten eine Unterstützung durch den Staat, mit der das Existenzminimum gedeckt werden kann. Es gibt dabei vier Bereiche der Unterstützung: Sozialhilfe, Grundsicherung für Arbeitssuchende (Arbeitslosengeld II), Grundsicherung im Alter und bei Erwerbsminderung, Existenzsicherung für Asylbewerber und geduldete Ausländer.

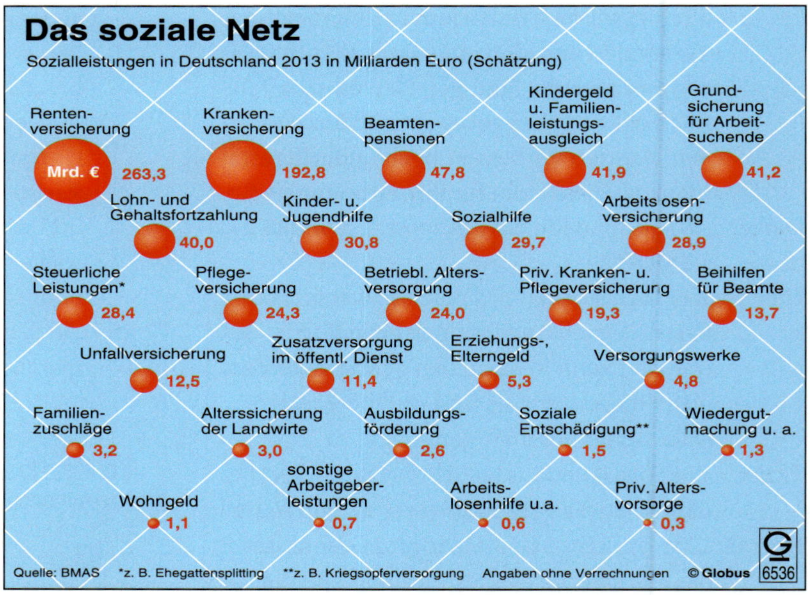

146.1

Aufgaben

1. Welche Bereiche umfasst die gesetzliche Sozialversicherung?
2. Wie finanziert sich die Sozialversicherung?
3. Informiere dich über eine weitere Leistung des sozialen Netzes und stelle diese kurz deinen Mitschülern vor.

Die gesetzliche Krankenversicherung

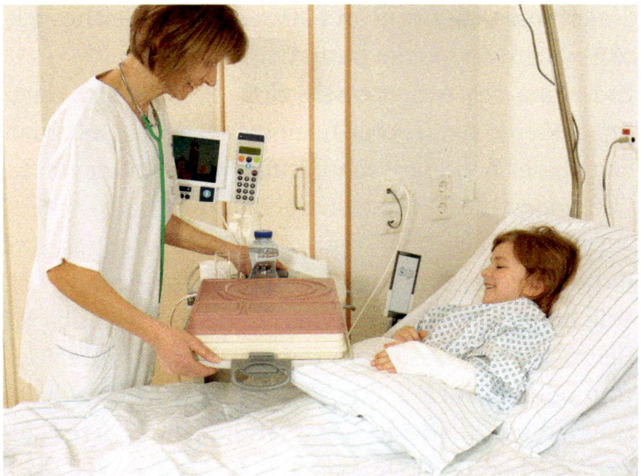

147.1 Jana verbringt einige Tage im Krankenhaus.

Jana musste einige Tage im Krankenhaus verbringen, weil sie mit ihrem Fahrrad einen Unfall hatte. Sie hatte Zeit zum Nachdenken und machte sich Gedanken. „Woher bekommen eigentlich die Ärzte, die Krankenschwestern und die anderen Beschäftigten ihren Arbeitslohn? Und so ein Krankenhaus kostet ja auch Geld ..." Sie fragte ihren Vater und der erklärte: „Jeder Arbeitnehmer ist in einer gesetzlichen Krankenversicherung. Dafür bekomme ich jeden Monat automatisch die Beiträge von meinem Arbeitslohn abgezogen. Mein Betrieb zahlt ebenfalls noch etwas dazu. Auch du und deine Geschwister sind in meiner Krankenversicherung. Diese übernimmt dann die Kosten, die deine Behandlung kostet."

Krankenversicherung
Im Jahre 1883 wurde in Deutschland die gesetzliche Krankenversicherung eingeführt. Dies war weltweit das erste Gesetz, das den Krankenschutz der unteren Einkommensschichten regelte.

Heute gibt jeder Deutsche durchschnittlich fast 3 000 Euro pro Jahr für die Gesundheit aus. Diese Kosten werden durch die Beiträge der gesetzlich versicherten Arbeitnehmer, durch Beiträge der Arbeitgeber und staatliche Zuschüsse gedeckt.

Für alle Krankenkassen gilt seit dem 1. Januar 2011 ein einheitlicher Beitragssatz: 15,5 Prozent des Bruttolohnes müssen an die Krankenversicherung abgeführt werden, davon muss der Arbeitnehmer 8,2 Prozent und der Arbeitgeber 7,3 Prozent tragen.

In der gesetzlichen Krankenversicherung sind der nicht berufstätige Ehegatte und die Kinder des Kassenmitglieds kostenfrei mitversichert.

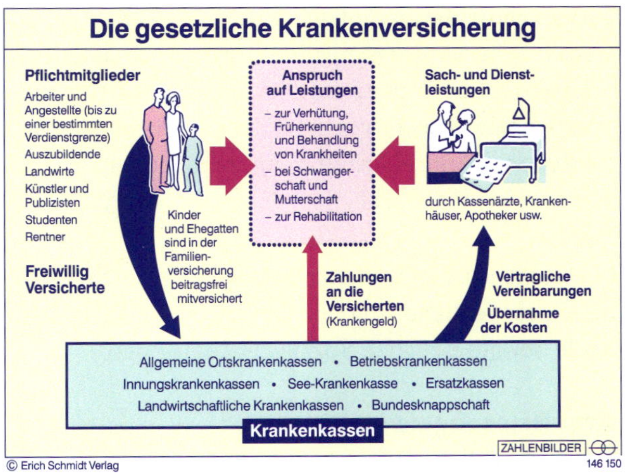

147.2

Aufgaben

1 Welcher Personenkreis ist in der gesetzlichen Krankenversicherung versichert?

2 Wie setzen sich die Beiträge der Krankenversicherung zusammen?

3 a) Ein Arbeitnehmer verdient 2 000 Euro brutto. Welcher Betrag wird von seinem Lohn für die Krankenversicherung abgezogen?
b) Welchen Betrag muss der Arbeitgeber zusätzlich für den Arbeitnehmer an die Krankenversicherung abführen?

Die Arbeitslosenversicherung

Stefan Schwarz,
38 Jahre:
„Vor sechs Monaten wurde ich arbeitslos, weil meine Firma, in der ich als Groß- und Einzelhandelskaufmann gearbeitet habe, Konkurs gemacht hat. Ich habe immer gut gearbeitet, aber es gab keine Aufträge mehr. Jetzt bekomme ich Arbeitslosengeld I. Das ist schon viel weniger, als ich vorher verdient habe. Die Bundesagentur für Arbeit hat zurzeit keine Stelle für mich. Ich habe schon 20 Bewerbungen abgeschickt, auch auf Stellenangebote in der Zeitung. Es ist frustrierend, mir fehlen die Arbeit und die Kollegen. Ich habe auch wenig Lust, den ganzen Tag fernzusehen. Wir müssen uns schon einschränken, aber wenigstens habe ich für die Kinder mehr Zeit und kann sie bei den Hausaufgaben unterstützen. Hoffentlich finde ich in den nächsten sechs Monaten Arbeit, sonst müssen wir vom Gehalt meiner Frau leben!"

148.1 Stefan Schwarz

In Deutschland gibt es seit 1927 eine gesetzliche Arbeitslosenversicherung. Sie wurde damit zur vierten Säule der gesetzlichen Sozialversicherungen.

Arbeitslosengeld I

Wer arbeitslos wird, erhält Unterstützung von der Bundesagentur für Arbeit. Wer mehr als 12 Monate gearbeitet hat und in dieser Zeit Beiträge in die Sozialversicherungen einbezahlt hat, kann Arbeitslosengeld I beantragen. Im Falle der Arbeitslosigkeit werden dem Betroffenen 60 Prozent, wenn er Kinder hat 67 Prozent des letzten Nettogehaltes als Arbeitslosengeld I ausbezahlt.

Arbeitslosengeld II

Nach einem Jahr der Arbeitslosigkeit bekommen alle Personen zwischen 15 und 65 Jahren, die arbeiten und hilfsbedürftig sind, Arbeitslosengeld II. Wer eine Familie oder einen Partner mit ausreichendem Einkommen hat, ist nicht hilfsbedürftig. Gleiches gilt, wenn man Vermögen besitzt.
Die Höhe des Arbeitslosengeldes II, auch als „Hartz IV" bekannt, beträgt für Alleinstehende ca. 360 Euro. Für Kinder bekommt man, je nach Alter zwischen ca. 200 und ca. 280 Euro zusätzlich.

Finanzierung der Arbeitslosenversicherung

Wie bei der Krankenversicherung orientieren sich die Beiträge am Einkommen des Versicherten. Der Beitrag beträgt zurzeit drei Prozent des Bruttogehalts. Die Hälfte bezahlt der Arbeitnehmer, die andere Hälfte der Arbeitgeber (Stand: 2011).

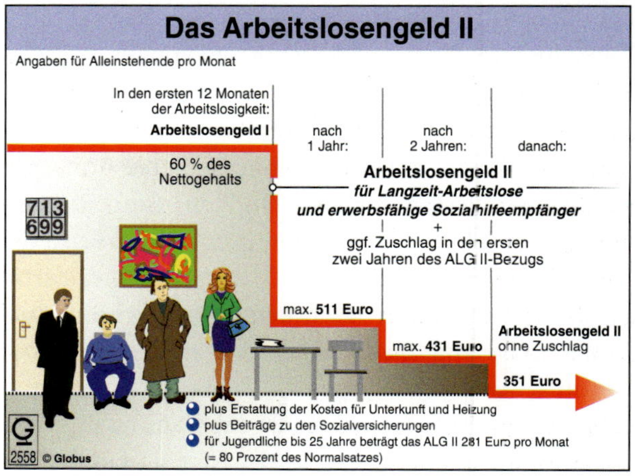

148.2

Aufgaben

1 Stefan Schwarz hat vor seiner Arbeitslosigkeit 2 000 Euro netto verdient. Wie hoch ist sein Arbeitslosengeld I?

2 Informiere dich: Wie hoch ist das Arbeitslosengeld einer alleinerziehenden Mutter, die zwei Kinder von sechs und 14 Jahren hat?

3 Wie hoch ist der Beitrag eines Arbeitnehmers zur Arbeitslosenversicherung, wenn er 3 000 Euro brutto verdient?

Die gesetzliche Rentenversicherung

Oma Paula, 72 Jahre: „Meine Enkelin wundert sich, dass ich ihr zu den Festen immer einen schönen Geldbetrag schenke, über den sie sich immer freut. ‚Du arbeitest doch gar nicht. Ist das von deinem Ersparten oder woher hast du das Geld?', hat sie mich gefragt. Da habe ich ihr erzählt, dass ich Rente bekomme. Dafür habe ich aber auch lange genug arbeiten müssen."

149.1 Oma Paula und Enkelin

In früheren Zeiten war die Familie Garantie dafür, dass man im Alter und bei Krankheit versorgt wurde. Die zunehmende Industrialisierung und die damit verbundene Auflösung familiärer Strukturen führten zu Problemen bei Menschen, die durch diese Veränderungen nicht mehr versorgt werden konnten. 1889 wurde deshalb durch den damaligen Reichskanzler Otto von Bismarck die Rentenversicherung eingeführt.

Leistungen der gesetzlichen Rentenversicherung

Heute werden durch die Rentenversicherung drei Bereiche abgesichert:

- Rente ab einem bestimmten Alter (Altersrente),
- Rente bei Berufsunfähigkeit (Erwerbsminderungsrente),
- Rente an Hinterbliebene (Hinterbliebenenrente).

Finanzierung der Rentenversicherung

Die heutigen Arbeitnehmer zahlen nicht in eine „Rentenkasse" ein, in der die Beiträge angehäuft und später ausbezahlt werden. Wie bei allen Sozialversicherungen finanzieren die heutigen Arbeitnehmer durch ihren Beitrag die heutigen Renten der Arbeitnehmer im Ruhestand.

Die Beiträge richten sich nach dem Bruttoeinkommen des Arbeitnehmers und werden je zur Hälfte vom Arbeitgeber und Arbeitnehmer finanziert. Der Beitragssatz beträgt zurzeit (2011) 19,9 Prozent.

Ist die Rente sicher?

Durch die veränderte Altersstruktur in Deutschland und die höhere Lebenserwartung der Bevölkerung werden die Renten in Zukunft niedriger sein als heute, die Menschen werden länger arbeiten müssen. So wird beispielsweise das gesetzliche Rentenalter schrittweise auf 67 Jahre (bisher 65 Jahre) erhöht.

Damit den zukünftigen Rentnern kein finanzielles Risiko oder eine Altersarmut droht, wird eine zusätzliche private Rentenvorsorge notwendig sein.

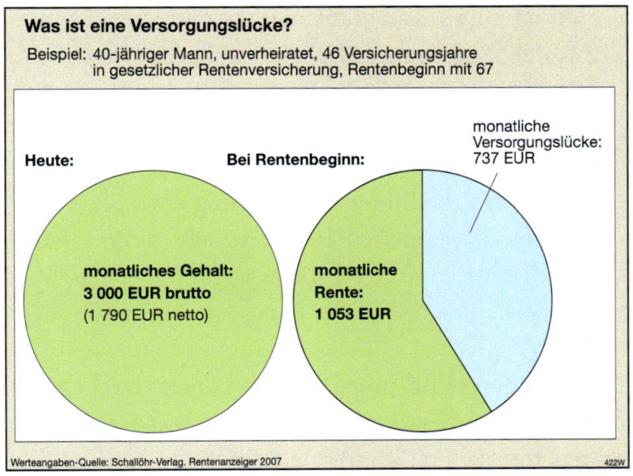

149.2

Aufgaben

1 Wie hoch ist der Beitrag eines Arbeitnehmers zur gesetzlichen Rentenversicherung, wenn er 2 000 Euro brutto verdient?

2 Welchen Beitrag werden dem Arbeitnehmer aus Frage 1 von seinem Bruttogehalt für die Rentenversicherung abgezogen?

3 Erkläre den Begriff „Versorgungslücke" (Abb. 149.2).

4 Wie kann man eine Versorgungslücke im Alter vermeiden?

Die Pflegeversicherung

150.1 Opa Paul

Opa Paul, 78 Jahre: „Durch einen Schlaganfall vor zwei Jahren wurde ich zum Pflegefall. Ich habe Lähmungen im linken Arm und im linken Bein und bin deshalb auf Hilfe angewiesen. Meine Frau ist zu schwach, um mich alleine zu pflegen. Zusätzliche Hilfe erhalte ich durch einen mobilen Pflegedienst, der dreimal am Tag kommt und mir bei der Körperpflege, beim Anziehen und anderen Dingen des täglichen Lebens hilft. Zum Glück übernimmt die Pflegeversicherung einen Teil der Kosten, denn unsere Rente würde dafür nicht ausreichen!"

Die Pflegeversicherung ist im Vergleich zu den anderen Sozialversicherungen relativ neu. Erst 1995 wurde sie aus folgenden Gründen eingeführt:

- Hohe Pflegekosten sind für die Betroffenen kaum aus eigenen Mitteln zu meistern.
- Die traditionellen Familienverbände lösen sich aufgrund einer hohen sozialen Mobilität auf.
- Höhere Lebenserwartung erfordert eine längere medizinische Versorgung.

Häusliche Pflege – Stationäre Pflege

Bei der Pflege unterscheidet man je nach Pflegeaufwand drei Stufen, für die es unterschiedliche Leistungen gibt. Die Pflege kann zu Hause stattfinden oder in Pflegeheimen. Dabei werden je nach Pflegestufe und Unterbringung des Pflegebedürftigen Geldleistungen gezahlt.

Die Leistungen betragen z. B. in Pflegestufe II 440 Euro bei häuslicher und 1100 Euro bei stationärer Pflege (Stand 2011).

Die meisten Menschen, die pflegebedürftig sind, werden im häuslichen Umfeld gepflegt, da sie hier ihr gewohntes Umfeld besitzen und sich meistens wohler fühlen als in einem Heim.

Finanzierung

Die Pflegeversicherung wird je zur Hälfte von Arbeitnehmern und Arbeitgeber bezahlt und beträgt 1,95 Prozent des Bruttolohns des Arbeitnehmers. Kinderlose Arbeitnehmer zahlen 0,25 Prozent zusätzlich.

150.2 Eva Müller

Eva Müller, Altenpflegerin: „Ich arbeite seit einigen Jahren im mobilen Pflegedienst. Dabei betreue ich alte Menschen zu Hause. Ich besuche die meisten morgens und abends und helfe ihnen bei der Körperpflege. Die meisten dieser Menschen sind nett und ich erlebe eine hohe Dankbarkeit in meinem Beruf. Ich muss jedoch auch flexibel sein, denn Wochenenddienst gehört dazu. Dafür habe ich oft mittags frei und bin für meine Kinder da."

Aufgaben

1 Wie hoch ist der Beitrag eines ledigen Arbeitnehmers zur Pflegeversicherung, wenn er 2 000 Euro brutto verdient?

2 Informiere dich über den Beruf des Altenpflegers und stelle ihn deiner Klasse vor.

3 Informiere dich über die Pflegestufen und die Beiträge, die man als Pflegebedürftiger erhält.

Die Unfallversicherung

Christian Böhme, Dachdecker:
„Wir mussten den Rohbau eines Einfamilienhauses regendicht machen, weil eine Schlechtwetterperiode bevorstand. Beim Eindecken des Daches passierte es: Ich war unten mit verschiedenen Arbeiten beschäftigt. Einem Kollegen, der auf dem Dach arbeitete, entglitt ein Ziegel. Der Ziegel rutschte das Dach hinunter und traf mich an der Schulter. Der Kollege versuchte mich noch zu warnen, aber es war zu spät. Jetzt liege ich mit einer Schulterverletzung im Krankenhaus."

151.1 Arbeiten auf dem Dach

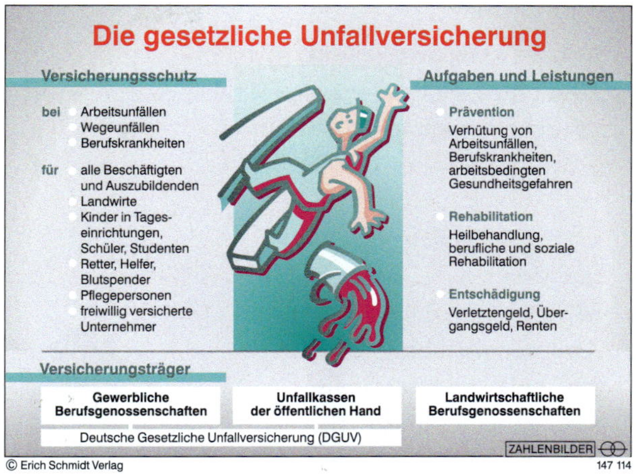

151.2

Aufgabe der Unfallversicherung

Die Unfallversicherung besteht seit 1884. Sie soll Arbeitsunfälle, Berufskrankheiten und arbeitsbedingte Gesundheitsgefahren verhüten. Tritt der Versicherungsfall ein (z. B. ein Arbeitsunfall), kommt die Versicherung für die Kosten auf. Ein Ziel ist auch, die Arbeitsfähigkeit des Versicherten nach einem Versicherungsfall wieder herzustellen.
Auch Schüler sind bei Schulunfällen versichert.

Beitragszahlungen

Die Beiträge zur Unfallversicherung bezahlt im Gegensatz zu den anderen Sozialversicherungen der Arbeitgeber allein. Der Arbeitnehmer muss keine Beiträge bezahlen.

Aufgaben

1 Welche Aufgabe hat die Unfallversicherung?
2 In welchen Fällen bietet die Unfallversicherung Versicherungsschutz?
3 In welchen Fällen gilt die Unfallversicherung bei Schülern? Informiere dich an deiner Schule.
4 Wie finanziert sich die Unfallversicherung?
5 Welche Berufe haben ein hohes Risiko für Berufsunfälle?

Hilfen für Familien

Art. 6 (1) Grundgesetz:
„Ehe und Familie stehen unter dem besonderen Schutz der staatlichen Ordnung."

152.1 Familie mit Kleinkind

Eva Meier, 38 Jahre:
„Ursprünglich hatten wir kein drittes Kind geplant, aber jetzt, wo die Kleine da ist, freuen wir uns riesig. Natürlich will ich zunächst zu Hause bleiben, denn so ein Kleinkind muss betreut werden. Finanziell wird es jetzt etwas enger, aber durch das Elterngeld, das wir für das erste Jahr bekommen, können wir ganz gut planen. Ich bekomme etwa 2/3 meines letzten Nettoeinkommens. Mal sehen, mein Mann könnte sich vorstellen, auch in Elternzeit zu gehen. Dann bekämen wir das Elterngeld etwas länger und ich könnte wieder an meinen Arbeitsplatz zurückkehren."

Das Elterngeld

In Deutschland werden zurzeit zu wenige Kinder geboren. Das wird zukünftige Generationen vor große Herausforderungen stellen. Der Staat hat deshalb durch verschiedene Maßnahmen die Förderung von Familien verstärkt. Eine Maßnahme stellt dabei das Elterngeld dar. Es soll ein zeitweiliges Ausscheiden aus dem Beruf ermöglichen, ohne allzu große Einschränkungen bezüglich des Lebensstandards hinnehmen zu müssen.
Das Elterngeld wird für 12 Monate gewährt und verlängert sich auf 14 Monate, wenn der Partner mindestens zwei Monate Elternzeit in Anspruch nimmt. Die Höhe des Elterngeldes beträgt etwa 2/3 des Nettogehalts des betreuenden Elternteils, jedoch mindestens 300 und höchstens 1800 Euro.

Jürgen Meier, 42 Jahre:
„Kinder kosten ganz schön Geld: Bücher, Kleidung, Hobbies ... Da kommt jeden Monat ganz schön was zusammen. Meine Frau wird nach der Elternzeit wieder halbtags arbeiten, und mein Verdienst ist ja auch in Ordnung. Auch wenn wir uns keinen großen Luxus leisten können, geht es uns nicht schlecht. Zusätzlich zu unserem Gehalt bekommen wir nämlich noch Kindergeld. Deshalb können wir es uns leisten, dass meine Frau nachmittags zu Hause ist und sich um die Kinder kümmern kann."

Das Kindergeld

In Deutschland erhalten die Erziehungsberechtigten Kindergeld für ihre Kinder um die finanziellen Belastungen von Familien abzufedern. Dabei werden für das 1. und 2. Kind jeweils 184, für das 3. Kind 190 und für jedes weitere Kind 215 Euro gezahlt (Stand 2010).

Aufgaben

1 Wie viel Kindergeld erhält Familie Meier für ihre drei Kinder?
2 „Für unser Land ist es wichtig, dass mehr Kinder zur Welt kommen!" – Erkläre diese Aussage.
3 Um wie viele Monate verlängert sich das Elterngeld, wenn Herr Meier auch Elternzeit in Anspruch nimmt?
4 Frau Meier verdiente vor ihrer Elternzeit 1000 Euro netto. Wie hoch ist ihr Elterngeld?
5 Diskutiert zu dem Thema: „Werden Familien in Deutschland ausreichend unterstützt?"

M Methode: Wir arbeiten mit Bevölkerungsdiagrammen

Die Bevölkerung eines Landes ist keine konstante Größe, sondern verändert sich ständig. Faktoren, die die Bevölkerungszahl beeinflussen, sind die Geburtenrate und die Sterberate. Aber auch Zu- und Abwanderungen wirken sich auf die Bevölkerungszahl aus.

Die sich daraus ergebende Altersstruktur der Bevölkerung lässt sich mithilfe eines Bevölkerungsdiagramms darstellen und ablesen.

Wir lesen ein Bevölkerungsdiagramm

Ein Bevölkerungsdiagramm ist die grafische Darstellung der Bevölkerung eines Landes. Daran kann man Folgendes erkennen:

- die Verteilung der Bevölkerung nach bestimmten Jahrgängen oder Altersgruppen,
- die Verteilung nach Geschlechtern,
- den Verlauf der Bevölkerungsentwicklung,
- die Lebenserwartung.

Es muss klar sein, dass ein Bevölkerungsdiagramm kein stabiles Gebilde ist, sondern einem ständigen Wandel unterliegt. Menschen werden geboren und „schieben" mit der Zeit die darüber liegenden Altersgruppierungen schrittweise nach oben.

Unterschiedliche Grundformen

Je nach Form werden drei Grundtypen von Bevölkerungspyramiden unterschieden:

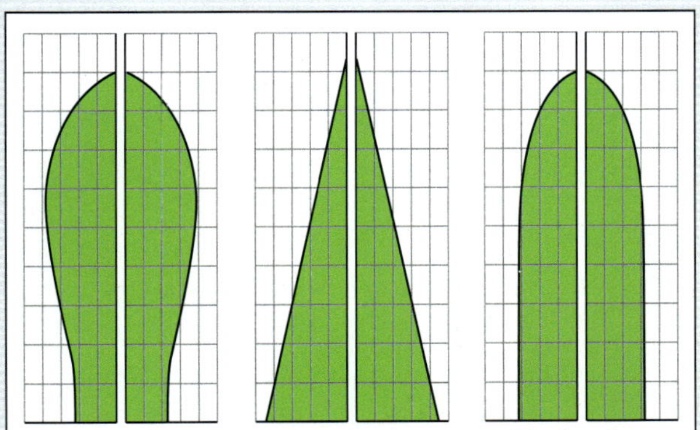

153.1 Drei Grundtypen von Bevölkerungsdiagrammen

Die „Urne" steht für sinkende Bevölkerungszahl. Jeder neugeborene Jahrgang ist kleiner als der vorhergehende.
Die „Pyramide" ist kennzeichnend für eine wachsende Bevölkerung. Jeder neugeborene Jahrgang ist größer als der vorhergehende.
Bei der „Glocke" bleibt die Bevölkerung etwa gleich groß. Jeder neu geborene Jahrgang ist etwa genau so groß wie der vorhergehende.

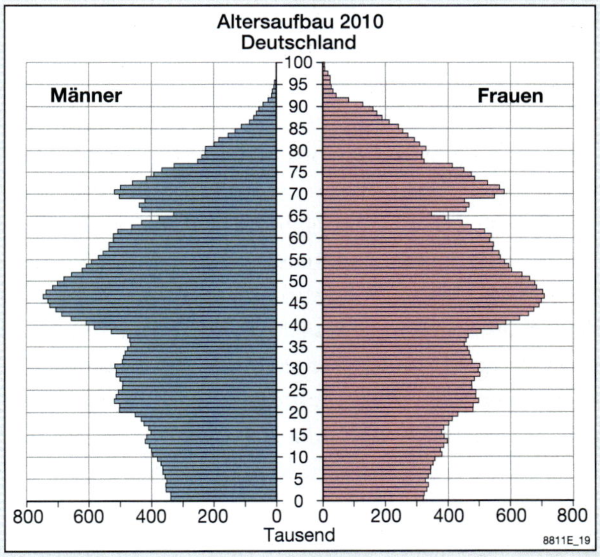

153.2 Der Altersaufbau in Deutschland

Aufgaben

1 Welchem Grundtyp lässt sich das aktuelle Bevölkerungsdiagramm zuordnen?

2 Wurden in den letzten Jahren mehr Jungen oder mehr Mädchen geboren?

3 Wie viele Frauen sind zwischen 20 und 30 Jahre alt?

4 Wie lassen sich die geringen Jahrgangszahlen bei den etwa 65-jährigen erklären?

Der Generationenvertrag

154.1 „Mittelfristig alles OK, Junge. Aber den trägst du, wenn du groß bist."

Eigentlich hat diesen Vertrag niemand unterschrieben und doch funktioniert unsere Gesellschaft nach diesem Prinzip: Die Berufstätigen zahlen einen Teil ihres Einkommens in die Kasse der Rentenversicherung ein. Diese gibt das Geld weiter an die heutigen Rentner, die früher ihre Beiträge zur Rentenversicherung ebenso geleistet haben.
Allerdings gibt es mittlerweile viele Rentner und demgegenüber zu wenige Berufstätige, sodass die Rechnung nicht mehr aufgeht. Immer weniger Erwerbstätige müssen in Zukunft die Rente von immer mehr Rentnern bezahlen. Hinzu kommen Arbeitslose, die keinen Beitrag zur Rentenversicherung leisten können. Auf Dauer kann das nicht gut gehen. Jeder Berufstätige muss deshalb in Zukunft selber für einen Teil seiner Rente sorgen, d. h. Geld freiwillig in eine private Rentenversicherung einbezahlen.

Im Jahr 2050 wird jeder Dritte in Deutschland über 60 Jahre alt sein

In Deutschland wird sich das zahlenmäßige Verhältnis zwischen älteren und jüngeren Menschen in den nächsten Jahrzehnten erheblich verschieben: Im Jahr 2050 wird – nach Berechnungen des Statistischen Bundesamtes – die Hälfte der Bevölkerung älter als 48 Jahre und ein Drittel älter als 60 Jahre sein. Auch die Einwohnerzahl in Deutschland wird, selbst bei Zuwanderung aus dem Ausland, langfristig abnehmen.

Insbesondere für das System der Alterssicherung hat das dramatische Folgen: Im Jahr 2010 kamen auf 100 Personen im Erwerbsalter 46 Rentner. Im Jahr 2030 werden es nach dieser Modellrechnung 71 Rentner sein und im Jahr 2050 sogar 78.

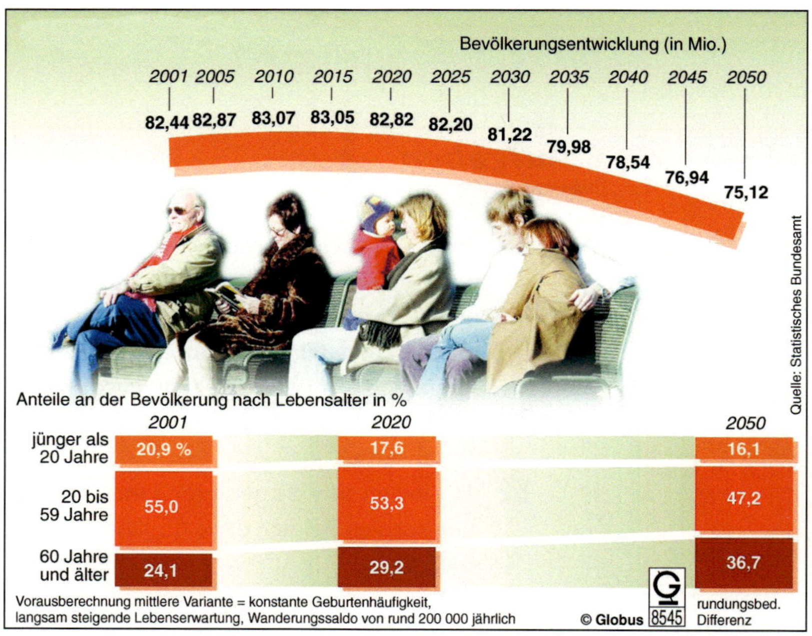

154.2 Abwärtstrend der Bevölkerungsentwicklung

Aufgaben

1. Erkläre den Begriff „Generationenvertrag".
2. Welche Probleme kommen in den kommenden Jahren auf die Rentenversicherung zu?
3. Beschreibe und erkläre die Karikatur 154.1.
4. Was können heutige Berufstätige tun, damit sie im Alter eine ausreichende Rente bekommen?

Zusätzliche Altersvorsorge

Die zukünftigen Rentner müssen damit rechnen, dass ihre gesetzliche Rente nicht mehr so hoch sein wird. Um im Alter einen ähnlichen Lebensstandard zu halten wie im Arbeitsleben, müssen Arbeitnehmer und auch Unternehmer eine private Altersvorsorge betreiben. Der Staat fördert deshalb Geldanlagen, die dauerhaft Vermögen aufbauen.

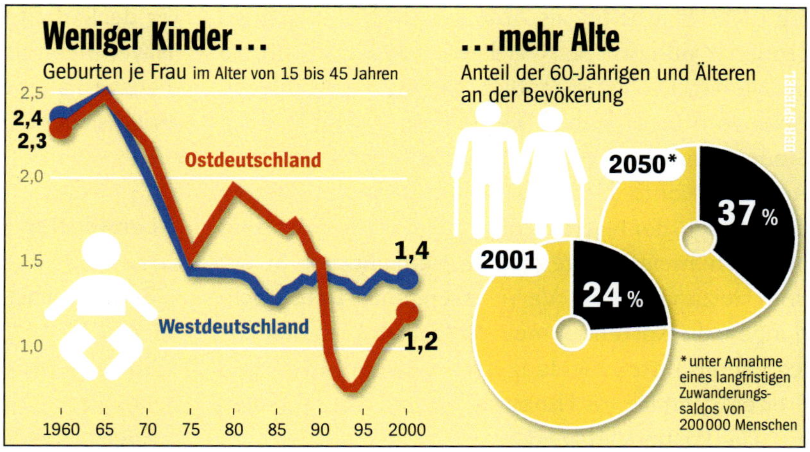

155.2

Dafür gibt es verschiedene Möglichkeiten:

- **Riester-Rente**
  Arbeitnehmer sparen einen vorgegebenen Prozentsatz ihres Einkommens in einer privaten Rentenversicherung. Sie bekommen dafür einen Zuschuss vom Staat. Der Zuschuss erhöht sich, wenn der Arbeitnehmer Kinder hat.
- **Rürup-Rente**
  Diese Anlageform ist an Selbstständige gerichtet. Der Staat bietet diesem Personenkreis Steuervorteile, um diese Art der Altersvorsorge zu fördern.

Außer den staatlich geförderten Rentenversicherungen gibt es noch weitere Möglichkeiten, die Rentenlücke zu schließen:

- **Private Altersvorsorge**
  Fast alle Versicherungen bieten Verträge zur privaten Altersvorsorge an. Dabei wird jeden Monat in einen Versicherungsvertrag einbezahlt, und die Gelder werden von der Versicherung verwaltet. Zu Beginn der Rente werden dann garantierte Beiträge ausbezahlt.
- **Betriebsrente**
  Einige Unternehmen zahlen ihren Arbeitnehmern nach dem Ausscheiden aus dem Erwerbsleben eine Betriebsrente. Diese Form der Rente ist eine freiwillige Leistung des Unternehmens für seine ehemaligen Arbeitnehmer.

Opa Klaus, 66 Jahre, Rentner: „Als ich so jung war wie du, da hatten die Familien mehr Kinder als heute, das war normal. Und die Menschen wurden nicht so alt. Die Renten waren sicher. Auch meine Rente reicht heute zum Leben. In Zukunft wird das nicht mehr so sein."

155.1 Opa Klaus und Enkel Sven

Sven, 22 Jahre, Angestellter: „Wenn ich so alt bin wie du jetzt, werde ich noch arbeiten müssen. Meine Rente wird auch nicht mehr so hoch sein wie deine, weil wegen des Geburtenrückgangs nicht mehr so viele Menschen arbeiten werden wie heute. Am besten, ich schließe eine private Altersvorsorge ab, damit ich auch im Alter meinen Lebensstandard halten kann."

Aufgaben

1. Warum sind die Renten in Zukunft nicht mehr so hoch wie heute?
2. Erkläre den Begriff „Rentenlücke".
3. Welche Möglichkeiten sollten Berufstätige nutzen, um die Rentenlücke zu schließen?

Brutto ist nicht gleich netto!

Frau Mayer arbeitet als Abteilungsleiterin in einem großen Kaufhaus. „Ich verdiene 2 300 Euro brutto im Monat. Das ist eigentlich gar nicht so schlecht. Aber vom Bruttogehalt werden jeden Monat noch Steuern und Sozialversicherungsbeiträge abgezogen. Auf mein Konto wird dann ein viel geringerer Betrag überwiesen, der Nettoverdienst. Davon muss ich alles bezahlen: meine Miete und die Nebenkosten, Strom und Heizung, meine Versicherungen, Telefonrechnungen, die Kosten für mein Auto. Natürlich brauche ich Lebensmittel, Kleidung und so weiter. In meiner Freizeit gehe ich ins Fitnessstudio und mit Freunden aus. Das kostet alles Geld."

Name: Anna Mayer
Religionszugehörigkeit: katholisch

Bruttoverdienst:	2300,00 Euro
Abzüge:	
Lohnsteuer (Klasse I)	293,83 Euro
Kirchensteuer:	26,44 Euro (9 % der Lohnsteuer, Bsp.: Rheinland-Pfalz)
Solidaritätszuschlag:	16,16 Euro
Sozialversicherungsbeiträge:	
Krankenversicherung:	188,60 Euro (8,2 % des Bruttolohns)
Pflegeversicherung:	23,58 Euro (1,025 %)
Rentenversicherung:	217,35 Euro (9,45 %)
Arbeitslosenvers.:	34,50 Euro (1,5 %)
Nettoverdienst (= Auszahlungsbetrag)	**1499,54 Euro**

Für den Arbeitgeber kostet der Arbeitsplatz von Frau Mayer mehr als die 2 300 Euro, die sie als Bruttoverdienst erhält, denn er muss ebenfalls Beiträge zur Sozialversicherung leisten:

Lohnkosten Frau Mayer

Bruttoverdienst Frau Anna Mayer: 2 300 Euro

Sozialversicherungsbeiträge:	
Krankenversicherung:	167,90 Euro (7,3 %)
Pflegeversicherung:	23,58 Euro (1,025 %)
Rentenversicherung:	217,35 Euro (9,45 %)
Arbeitslosenvers.:	34,50 Euro (1,5 %)
Unfallversicherung:	5,60 Euro
Lohnkosten:	**2748,93 Euro**

156.1 Frau Mayer

Aufgaben

1. Berechne: Wie viel Prozent ihres Bruttoverdienstes bekommt Frau Mayer ausbezahlt?
2. Frau Mayer bekommt eine Lohnerhöhung von 100 Euro. Die Lohnsteuer erhöht sich dadurch auf 318,58 Euro, der Solidaritätszuschlag auf 17,52 Euro. Wie hoch ist ihr Auszahlungsbetrag?
3. Wie viel kostet der Arbeitsplatz den Arbeitgeber jetzt?

Zukunft gestalten

Die Ausgaben des Staates, insbesondere für soziale Aufgaben, sind in den vergangenen Jahrzehnten immer stärker gestiegen. Dadurch ist die soziale Absicherung in Deutschland vorbildlich. Die Veränderung der Altersstruktur (siehe 153.2) und die hohe Staatsverschuldung stellen die Finanzierung dieser Aufgaben für die Zukunft jedoch stark infrage.

157.1

Ein Gesundheitsexperte: „Die höhere Lebenserwartung und die gestiegenen Kosten im Gesundheitswesen machen uns Sorgen. Können wir uns die kostenlose medizinische Versorgung der Bevölkerung in Zukunft auch noch leisten?"

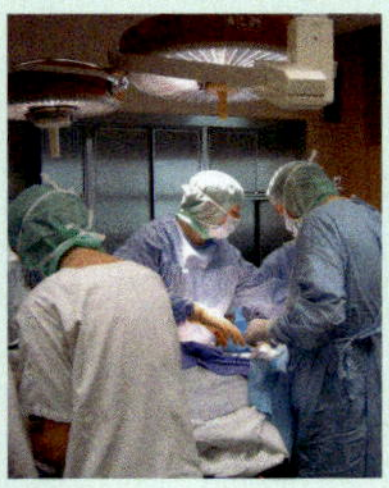

Der Leiter der Bundesagentur für Arbeit: „Auf der einen Seite sind Menschen ohne Schulabschluss und ohne Ausbildung von der Arbeitslosigkeit stark betroffen, auf der anderen Seite suchen die Betriebe qualifizierte Fachleute und finden keine. Gerade Deutschland ist aber auf Fachkräfte angewiesen!"

Ein Mitarbeiter der Rentenversicherung: „Die Bevölkerung wird immer älter und die Beitragszahler immer weniger. Das Renteneintrittsalter wurde ja erhöht, die Menschen müssen also länger arbeiten. Außerdem werden die Renten in Zukunft nicht mehr so hoch sein wie heute."

Ein Bürgermeister: „Die Steuern, die unsere Stadt einnimmt, reichen nicht mehr aus, um alle Aufgaben zu bezahlen. Wir mussten schon das Schwimmbad schließen und eine Stelle im Jugendzentrum einsparen. Wir müssten das Schulzentrum dringend sanieren, uns fehlt aber das Geld. Wir müssen sparen und Möglichkeiten finden, wie wir unsere Einnahmen erhöhen können. Wenn wir noch mehr Kredite aufnehmen, ist das auch keine Lösung. "

Aufgaben

1 Welche Probleme ergeben sich aus den sozialstaatlichen Zielen?

2 Ihr werdet als Berater in ein Team bestellt, um die Regierung zu beraten, wie die Probleme der Zukunft gelöst werden können.

a) Bildet Gruppen, recherchiert das entsprechende Zukunftsproblem und findet Lösungsmöglichkeiten.

b) Stellt eure Ergebnisse (z. B. in Plakatform) der Klasse vor.

R Rückspiegel: Was habe ich gelernt?

Meine Stärken

- Übertragt den Selbsteinschätzungsbogen auf ein Blatt.
- Der Selbsteinschätzungsbogen kann um weitere Punkte ergänzt werden.
- Jede/r Einzelne füllt diesen für ihre/seine Kompetenzmappe aus.

Selbsteinschätzungsbogen Zum Thema: Das soziale Netz	Name: Monika Klasse: 9 c			
	☺☺	☺	☹	☹☹
Ich kenne die Sozialversicherungen.		X		
Eine Karikatur in Schritten zu erklären und zu interpretieren, fällt mir leicht.		X		
Die wichtigsten Bestimmungen des Jugendarbeitsschutzgesetzes sind mir vertraut.	X			
Ich kenne die wichtigsten Inhalte eines Ausbildungsvertrages.	X			
Ich kenne den Unterschied zwischen Arbeitsvertrag und Tarifvertrag.	X			
Ich weiß, wie ein Streik abläuft.			X	
Ich kann ein Bevölkerungsdiagramm lesen und drei Formen unterscheiden.				X
Ich kenne das Zustandekommen des Nettoarbeitslohns.		X		
Ich kann wichtige Instrumente der betrieblichen Mitbestimmung benennen.		X		
Ich weiß, mit welchen Problemen der Sozialstaat in Zukunft konfrontiert ist.			X	
Ich habe gute Noten bekommen.		X		
Zähle zusammen:	3	5	2	1

159.1 Der demografische Wandel

Ein Streik ist für alle Beteiligten unerwünscht, weil ...

Die Arbeitnehmer wollen ...

Die Arbeitgeber wollen ...

Arbeitgeber und Arbeitnehmer wollen ...

Ein Streik kann nur durchgeführt werden, wenn ...

Ein neuer Tarifvertrag entsteht ...

Aufgaben

1 Erkläre die Karikatur Abb. 159.1.

2 Frau Reifel verdient als Erzieherin 1800 Euro brutto. Berechne ihren Nettoverdienst, wenn folgende Beiträge vom Bruttolohn abgezogen werden:

Lohnsteuer:	186,95 Euro
Kirchensteuer:	9 Prozent der Lohnsteuer
Solidaritätszuschlag:	10,29 Euro
Krankenversicherung:	8,2 Prozent des Bruttolohnes
Pflegeversicherung:	2,2 Prozent des Bruttolohnes
Rentenversicherung:	9,95 Prozent des Bruttolohnes
Arbeitslosenversicherung:	1,5 Prozent des Bruttolohnes

3 Führe die oben genannten Sätze sinnvoll fort.

Geld

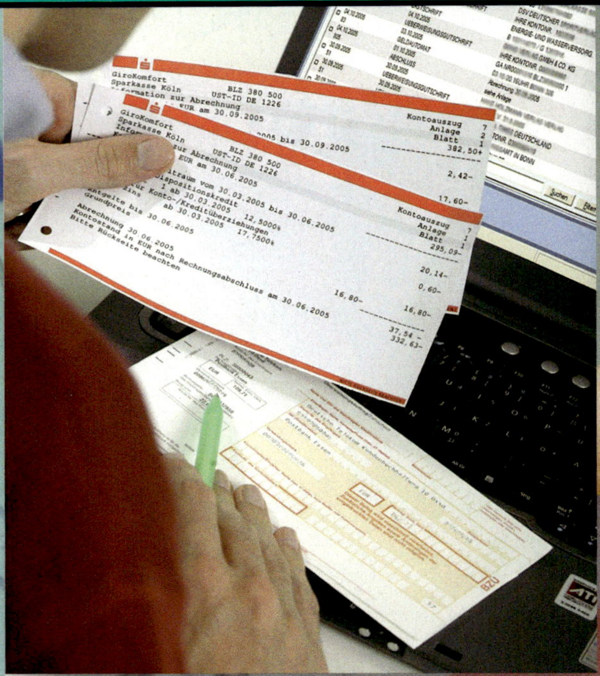

MISSION
FINANZ-CHECK

M Methode: Gruppenarbeit

Die Schülerinnen und Schüler der Klasse 9c nehmen das Kapitel „Geld" durch. Doch statt des herkömmlichen Unterrichts werden die Themen in Gruppen bearbeitet. Das erfordert jedoch einige Abweichungen. Nicht nur die Art des Unterrichts, auch die Sitzordnung wurde verändert. Gestaltet euren Unterricht ebenfalls in Gruppenarbeit. Was dabei zu beachten ist, erfahrt ihr hier:

Vorbereitung

Grundsätzlich gilt: Die Atmosphäre muss stimmen, denn ihr solltet euch wohlfühlen. Dazu gehört eine entsprechende Sitzordnung, genügend Zeit, damit kein Termindruck entsteht (nach Möglichkeit Doppelstunden) und eine entsprechende Gestaltung des Klassenraumes mit notwendigen Arbeitsmaterialien. Auch sollte im Vorfeld bereits eine Möglichkeit der Präsentation ins Auge gefasst werden (Ausstellungsfläche, Medien).
Eine Möglichkeit der Gruppenbildung ist das Zufallsprinzip (losen). Die optimale Gruppengröße beträgt drei bis fünf Schüler. Innerhalb der Gruppen sollten Rollen und Funktionen verteilt werden.
Bilder oder Grafiken unterstützen eure Präsentation. Damit euer Vortrag reflektiert werden kann, solltet ihr Arbeitsblätter oder ein Rätsel vorbereiten.

Durchführung

- Zu Beginn der Gruppenarbeit erstellt ihr einen Fahrplan, der die wichtigsten Arbeitsschritte vorgibt.
- Nach jedem Arbeitsschritt werden die Ergebnisse innerhalb der Gruppe besprochen und Verbesserungsvorschläge gemacht.
- Die Art der Präsentation sollte frühzeitig ins Auge gefasst werden, damit ihr euch zielgerichtet darauf vorbereiten könnt.
- Erarbeitet den Text und die Präsentation gemeinsam.

162.1 Schüler bei der Vorbereitung

162.2 Präsentation in der Klasse

Präsentation/Vortrag

Vor der geplanten Präsentation sollten Gruppenmitglieder bestimmt werden, die das Ergebnis der Klasse vorstellen. Alle anderen machen sich während der Präsentation Notizen darüber, was gut geklappt hat oder was verbessert werden kann. Zum Vortragen noch ein paar Tipps:

- Körpersprache: Versucht, in gerader und aufrechter Haltung zu stehen. Versteckt eure Hände nicht hinter dem Rücken und steckt sie nicht in die Tasche.
- Sprecht laut, deutlich und nicht zu schnell.
- Freies Sprechen erhöht die Aufmerksamkeit. Dabei helfen Karteikarten mit Stichworten.
- Der Vortrag sollte interessant gestaltet sein.
- Die Zuhörer sollten mit einbezogen werden.

Auswertung

Die Zuhörer geben euch Rückmeldung über euren Vortrag anhand der folgenden Fragen:

- Was hat euch an der Präsentation gefallen?
- Was könnte verbessert werden?

Gruppe 1: Funktionen des Geldes

Geld ist erst wichtig, wenn man handeln will. Dabei dient es dem Tauschpartner nicht zur Befriedigung eines Bedarfs, sondern es erfüllt nur die Funktion eines Zwischentauschmittels. Geld macht also nur Sinn, wenn es zum weiteren Tausch eingesetzt werden kann.

Geld ist in erster Linie ein Tauschmittel. Dieser Tausch findet bei den meisten Geschäften des täglichen Lebens statt.
Wenn ihr zum Bäcker geht, wird Geld gegen Backwaren getauscht. Dagegen tauscht beispielsweise der Bäcker beim Fotohändler dieses Geld gegen eine Kamera ein.

163.1 Tausch Ware – Geld – Ware

Der Bäcker hat beim Fotohändler mehrere Kameras zur Auswahl. Die günstigste Kamera war unter 100 Euro zu haben, einige Modelle kosteten über 500 Euro. Die teureren Modelle sind also offensichtlich „mehr wert" als die günstigen Kameras.

Anhand des Preises kann er also schnell den Wert der Kameras miteinander vergleichen. Geld erfüllt also in diesem Beispiel die Funktion des Wertmessers.

163.2 Geld als Wertmesser

Der Fotohändler akzeptiert natürlich das Geld des Bäckers im Tausch gegen die Kamera, denn er kann mit dem Geld überall dort wieder etwas kaufen, wo der Euro akzeptiert wird. Diese Funktion des Geldes bezeichnet man als Zahlungsmittel.
In allen Ländern, die den Euro als Währung haben, ist dieser sogar ein gesetzliches Zahlungsmittel. Das heißt, dass bei einem Kauf der Verkäufer verpflichtet ist, Euro-Bargeld anzunehmen. Andere Zahlungsmittel dagegen, beispielsweise US-Dollar, müssen nicht angenommen werden.

Auf dem Heimweg rechnet der Bäcker nach: Für meine Kamera muss ich hundert Brote à zwei Euro verkaufen. Die Kamera ist also hundert Mal mehr wert als ein Brot. Ich könnte aber auch achthundert Brötchen verkaufen, dann hätte ich denselben Wert. Mit Geld kann ich also den Wert von Waren untereinander vergleichen. Geld ist also auch ein Rechenmittel.

163.3 Geld als Rechenmittel

Einige Wochen später stellt der Bäcker fest, dass seine Knetmaschine defekt ist. Schon seit längerem überlegt er, sich eine neue zu kaufen. Zum Glück hat der Bäcker in der Vergangenheit einen Teil seiner Einnahmen für solche Fälle gespart. Dieses Geld kann er nun bei Bedarf für die Knetmaschine verwenden. Geld hat also in diesem Beispiel die Funktion eines Wertaufbewahrungsmittels, denn Geld kann nicht verderben, und auf der Bank hat er dafür sogar noch Zinsen bekommen.

Aufgaben

1 Nenne und erkläre die Aufgaben des Geldes.
2 Welche anderen Tauschmittel könnt ihr euch vorstellen? Nenne die Eigenschaften, die dieses Tauschmittel haben muss.
3 Stellt euch vor, es gäbe kein Geld. Welche Probleme würde es beim Handel geben?

Gruppe 2: Geschichte des Geldes

Die Geschichte und die Entwicklung der Menschheit sind eng mit dem Handel verknüpft. Kultureller Austausch und die Weitergabe neuer Errungenschaften fand lange Zeit nur über den Kontakt verschiedener Kulturen statt. Der Handel wiederum ist nur vorstellbar mit dem Vorhandensein von Geld.

Vor dem Vorhandensein von Geld versorgten sich die Menschen durch Eigenproduktion. Tauschhandel fand nur in geringem Umfang statt. Dabei wurde Ware gegen Ware getauscht (direkter Tauschhandel).

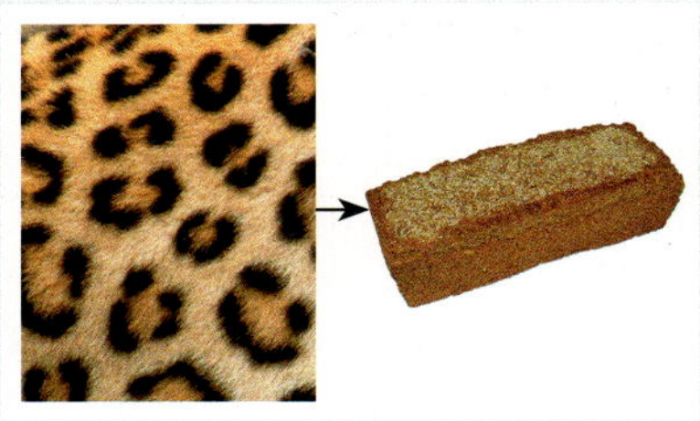

164.1 Direkter Tausch

Erste Zwischentauschmittel waren begehrte, allgemein anerkannte Güter wie z.B. Getreide, Nutztiere, Muscheln oder Edelmetalle. Sie bildeten Vorstufen von Geld und waren z.T. über einen längeren Zeitraum haltbar. Diese Form des Geldes bezeichnet man als Warengeld.

164.2 Tausch Warengeld – Ware

Später wurden Metallbarren, häufig aus Silber, als Zahlungsmittel eingesetzt. Die ersten Münzen wurden schon um 700 v. Chr. geprägt. Sie hatten den Vorteil, dass sie gleich aussahen und nicht mehr gewogen werden mussten, sondern abgezählt werden konnten. Beim Münzgeld unterscheidet man dabei zwischen Kurantmünzen, die so viel wert sind wie das darin enthaltene Edelmetall, und Scheidemünzen, bei denen der Wert höher ist als der Materialwert. Unsere Euromünzen sind beispielsweise Scheidemünzen.

164.3 Alte Münzen

Im 11. Jahrhundert entstand in China das erste Papiergeld. Es entstand nicht als Ergänzung zum Münzgeld, sondern weil Münzen Mangelware waren. Papiergeld war ursprünglich ein Wertpapier mit der Aufforderung, dem Inhaber den Gegenwert in Münzen auszuzahlen.

Das erste Papiergeld in Europa entstand im späten 15. Jahrhundert in Spanien, ebenfalls aus Mangel an Münzen. In Deutschland setzte sich Papiergeld erst im 19. Jahrhundert durch. In den vergangenen Jahrhunderten wurde oftmals von den Notenbanken mehr Geld gedruckt als notwendig war, um beispielsweise Kriege zu finanzieren oder Staatsschulden zu begleichen. Die Folge waren Geldentwertungen und Preissteigerungen. Deshalb wurde Papiergeld häufig als wertloses Geld empfunden. Heute wird häufig Geld von Konto zu Konto überwiesen oder „gebucht". Diese Form des Geldes bezeichnet man deshalb als Buchgeld.

164.4 20-Millionen-Mark-Schein („Inflationsgeld")

Aufgaben

1. Nenne verschiedene Formen von Geld.
2. Beschreibe den Unterschied zwischen Kurantmünzen und Scheidemünzen.
3. Das Vertrauen in Papiergeld war in den vergangenen Jahrhunderten nicht immer sehr hoch. Erläutere.
4. Für Geld werden im Sprachgebrauch unterschiedliche Begriffe verwendet (z.B. „Knete", „Mäuse" usw.). Finde weitere.

Gruppe 3: Der Euro als Zahlungsmittel

Münzgeld und Papiergeld werden auch als Bargeld bezeichnet. Sie sind gesetzliches Zahlungsmittel. Seit 1. Januar 2002 ist der Euro in Deutschland gesetzliches Zahlungsmittel.
Bei Auslandsreisen und Urlaubsaufenthalten in seinem Geltungsbereich erleichtert der Euro den Zahlungsverkehr. Auch der bessere Preisvergleich innerhalb Europas ist mit dieser Währung möglich. Mit der gemeinsamen EU-Währung wurde auch ein Gegenpol zu weltweit wichtigen Währungen wie z. B. US-Dollar und Yen geschaffen.

165.1 Euromünzen

Die Euromünzen gibt es zu 1, 2, 5, 10, 20 und 50 Eurocent sowie zu 1 und 2 Euro. Die Vorderseiten sind gleich. Auf der Rückseite haben die Münzen nationale Motivprägungen. Seit 2007 werden die Vorderseiten der Münzen schrittweise erneuert, um die im Laufe der Jahre hinzugekommenen EU-Länder ebenfalls darzustellen. Auf der Vorderseite der Münzen befindet sich ein versetztes Doppel-L: die Initialen des belgischen Designers Luc Luycx, der die Münzen entworfen hat. Seit 2004 sind auch 2-Euro-Gedenkmünzen im Umlauf. Sie haben ein Sondermotiv auf der Rückseite und sind im gesamten Euroraum gültig.

165.2 2-Euro-Münze mit Sondermotiv

Die Euroscheine zeigen verschiedene Motive zu den Themen Zeitalter und Baustile in Europa. Die Vorderseiten zeigen als Motiv ein Fenster oder eine Fensterfront, die Rückseiten jeweils eine Brücke. Dabei sind keine existierenden Bauwerke abgebildet, sondern es wurden nur Stilmerkmale einzelner Epochen wie z. B. der Antike oder der Gotik eingearbeitet und mit Absicht keine Motive aus den Euro-Ländern verwendet.
Damit Geldscheine nicht so einfach gefälscht werden können, besitzen sie mehrere Sicherheitsmerkmale. Banknoten werden auf einem speziellen Papier gedruckt. Dieses ist für ein ganz besonderes „Papiergefühl" verantwortlich. Man wird deshalb misstrauisch, wenn sich der Geldschein anders anfühlt. Es gibt aber noch weitere Sicherheitsvorkehrungen:

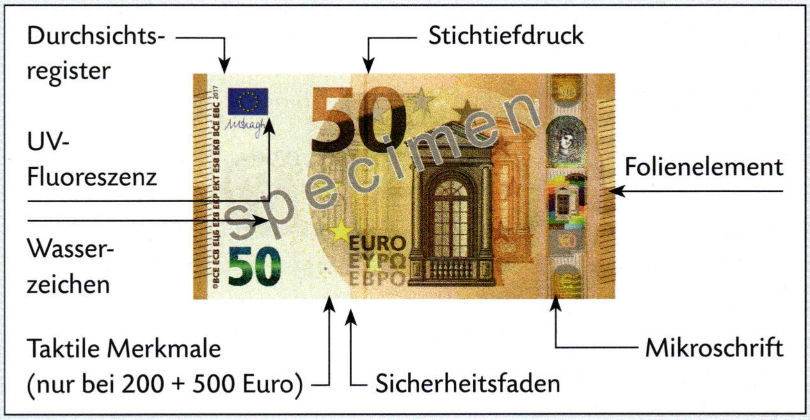

Aufgaben

1 In welchen Ländern ist der Euro gesetzliches Zahlungsmittel?
2 Welche Baustile sind auf den Euroscheinen abgebildet?
3 Informiere dich über die Sicherheitsmerkmale von Euro-Scheinen: www.ecb.int/euro/html/index.de.html

Wie funktioniert eine Bank?

„Die Bank bewahrt das Geld auf. Dafür, dass sie es beschützt, kriegt sie dann die Zinsen."

166.1 Schalter in einer Postbankfiliale

Wenn man Jugendliche befragt, welche Aufgaben Banken haben, kriegt man recht unterschiedliche Aussagen zu hören. Tatsächlich haben Banken heute recht vielfältige Aufgaben. Sie sind, vereinfacht gesprochen, Dienstleistungsbetriebe für Geld und sollen dafür sorgen, dass das Geld seine Aufgaben optimal erfüllen kann.

Eine Hauptaufgabe der Bank ist, ihren Kunden Geld für Anschaffungen bereitzustellen. Dies nennt man Kredit. Gleichzeitig müssen die Banken die Gelder ihrer Kunden verwalten und anlegen (z. B. Sparbuch, Girokonten, Geldanlagen). Vergeben die Banken Kredite, müssen die Schuldner dafür Zinsen bezahlen. Hinterlegen die Kunden umgekehrt Geld bei den Banken, erhalten sie dafür Zinsen.

Die Banken verdienen durch diese Zinsdifferenz, da man normalerweise mehr Zinsen für einen Kredit bezahlen muss, als man für bei der Bank hinterlegtes Kapital erhält.

Die Banken haben allerdings noch weitere Aufgaben:
- Sie führen die Konten ihrer Kunden.
- Sie führen alle Geldgeschäfte durch wie Überweisungen usw.
- Alle Banken haben Schließfächer, in denen man Wertgegenstände, Wertpapiere oder wichtige Unterlagen sicher aufbewahren kann.
- Man kann Geld in andere Währungen tauschen (z. B. US-Dollar, britische Pfund usw.).
- Über die Banken kann man Aktien und andere Wertpapiere kaufen oder verkaufen.
- Sie vermitteln Bausparverträge und Versicherungen.

Diese Tätigkeiten sind meist gebührenpflichtig und dienen den Einnahmen einer Bank.

Info

Schuldner und Gläubiger
Im Kreditwesen unterscheidet man zwischen Schuldner und Gläubiger.
Der Schuldner ist derjenige, der den Kredit aufgenommen hat. Er schuldet also der Bank den Geldbetrag, den er ausgeliehen hat. Die Bank ist in diesem Fall der Gläubiger. Ein Gläubiger glaubt demnach seinem Schuldner, dass dieser die Schuld begleichen wird.
Wenn umgekehrt ein Kunde Geld bei der Bank anlegt, ist die Bank Schuldner und der Kunde Gläubiger, weil er glaubt, dass er sein eingezahltes Geld von der Bank wiederbekommt.

Aufgaben

1. Erstelle eine Mindmap zu den Aufgaben der Banken.
2. Wie finanzieren sich Banken?
3. Welche Geschäftsbeziehungen hast du zu deiner Bank?

Verschiedene Banken

Sicherlich haben die meisten von euch ein Konto bei einer Bank. In Deutschland gibt es drei verschiedene Sorten von Banken: Privatbanken, Sparkassen und Genossenschaftsbanken.

1. Privatbanken
Nur wenige Privatbanken in Deutschland verfügen über ein großes Filialnetz. Dazu gehören beispielsweise die Deutsche Bank, die Commerzbank, die Hypovereinsbank oder die Postbank. Diese Banken haben alle die Form einer Aktiengesellschaft. Die Gewinnmaximierung durch ihre Geschäfte hat daher einen wichtigen Stellenwert.

2. Sparkassen
Sparkassen entstanden zumeist im 19. Jahrhundert, um den ärmeren Bevölkerungsschichten eine Möglichkeit zu eröffnen, Kapital zur Risikovorsorge im Alter oder bei Krankheit zurückzulegen.
Das Geschäftsgebiet einer Sparkasse ist in der Regel auf das Gebiet ihres Trägers, beispielsweise einer Stadt oder eines Landkreises, begrenzt. In diesem Gebiet sind in der Regel Filialen der entsprechenden Sparkasse vorhanden.
Die Erzielung von Gewinnen ist nicht der Hauptzweck der Sparkassen. Mit den Gewinnen werden gemeinnützige Zwecke finanziert oder sie werden dem Träger überwiesen.
In Deutschland gibt es zurzeit etwa 450 verschiedene Sparkassen.

3. Genossenschaftsbanken
Genossenschaftsbanken sind Kreditinstitute, die in Deutschland in der Regel die Rechtsform der eingetragenen Genossenschaft (eG) haben.
Die Ansätze der Genossenschaftsbanken gehen auf die Grundsätze der Selbsthilfe, Selbstverantwortung und Selbstverwaltung von u. a. Friedrich Wilhelm Raiffeisen aus der Mitte des 19. Jahrhunderts zurück.
Noch heute tragen Genossenschaftsbanken den Namen „Volksbank", „Raiffeisenbank" oder „VR-Bank" („Volks- und Raiffeisenbank").
Während Volksbanken vorwiegend in städtischen Bereichen entstanden, gab es in ländlichen Gebieten eher Raiffeisenbanken.
Wie bei den Sparkassen ist nicht die Gewinnerzielung der eigentliche Unternehmenszweck. Vielmehr steht „... die Förderung der Wirtschaft der Mitglieder ..." (§ 1 Genossenschaftsgesetz) im Vordergrund. Die Genossenschaftsbanken, von denen es etwa 1200 in Deutschland gibt, haben das größte Filialnetz im Land.

4. Direktbanken
Mit der Möglichkeit, seine Bankgeschäfte über den Computer online auszuführen, sind in der jüngeren Vergangenheit Direktbanken entstanden. Kennzeichen ist, dass diese Banken ihren Geschäftsbetrieb ohne Filialen betreiben. Direktbanken sind meist Tochterunternehmen von anderen Banken. Bekannt sind z. B. 1822direkt, comdirect oder ING-DiBa.

167.1 Logos verschiedener Geldinstitute

Aufgaben

1. Welche Unterschiede gibt es zwischen den genannten Banken?
2. Erkundige dich, wie viele Filialen deine bzw. die Bank deiner Eltern in ihrem Geschäftsbereich hat.
3. Welche Vorteile hat es, wenn eine Bank ein verzweigtes Filialnetz besitzt?

Das Girokonto

Nur, wer bei einer Bank oder Sparkasse ein Girokonto eingerichtet hat, kann bargeldlos zahlen. Außer der Möglichkeit zur Teilnahme am bargeldlosen Zahlungsverkehr bietet ein Girokonto weitere Vorteile:

- Das Geld ist auf dem Girokonto sicher aufbewahrt. Man braucht nur wenig Bargeld mit sich herumzutragen.
- Wenn man verreist, können wichtige Zahlungen weiterlaufen.
- Auf Kontoauszügen werden alle Gutschriften und Belastungen aufgelistet. Man weiß also immer Bescheid, wie viel Geld auf dem Konto ist.
- Bei manchen Girokonten erhält man für sein Geld Zinsen. Allerdings sind diese sehr niedrig. Andere Anlagen bieten höhere Zinsen.
- Der Kontoinhaber kann noch weiteren Personen die Vollmacht über sein Konto geben. Jedoch müssen diese Personen eine Unterschriftenprobe bei der Bank hinterlegen.

Ein Girokonto kann im Prinzip mit einem Buch verglichen werden, das in zwei Spalten eingeteilt wurde. In der einen Spalte werden von der Bank alle Geldbeträge vermerkt, die der Inhaber des Girokontos von anderen erhält. In der anderen Spalte vermerkt die Bank alle Beträge, die der Kontoinhaber an andere zahlt. Wenn man die Zahlen der beiden Spalten vergleicht, sieht man sofort, ob das Konto im „Plus" ist, der Kontoinhaber also ein Guthaben hat, oder ob es im „Minus" ist.

Jeder Jugendliche kann im Prinzip ein Girokonto eröffnen. Jugendliche unter 18 Jahren brauchen dazu die Zustimmung des gesetzlichen Vertreters, in der Regel also ihrer Eltern.
Um ein Girokonto allein zu eröffnen, muss man mindestens 18 Jahre alt sein. Dann erst ist man volljährig und damit auch rechtlich voll geschäftsfähig.
Eine Ausnahme kann dann gemacht werden, wenn ein Lohn- oder Gehaltskonto aufgrund eines Arbeitsverhältnisses eröffnet wird.

Bei regelmäßigem Zahlungseingang (z. B. Lohn, Gehalt) räumt die Bank einen Dispositionskredit ein. Das heißt, dass man von seinem Konto mehr Geld abheben darf, als darauf vorhanden ist. Damit kann man z. B. vorübergehende finanzielle Engpässe ausgleichen. Allerdings sollte man versuchen, diesen Kredit nicht so oft in Anspruch zu nehmen, da die Bank für diesen „Dispo" sehr hohe Zinsen verlangt.

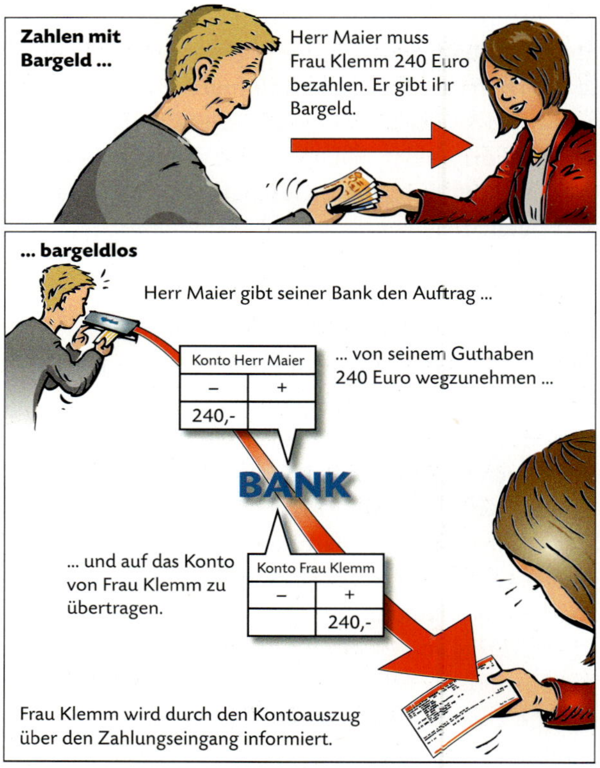

Aufgaben

1 Fast jeder Erwachsene hat ein Girokonto. Warum wohl?

2 Warum darf man erst ab 18 Jahren ohne Einverständnis der Eltern ein Konto eröffnen?

3 In welchem Ausnahmefall kann man auch als Minderjähriger ein Konto eröffnen?

4 Warum kann es sinnvoll sein, eine Vollmacht über sein Girokonto zu erteilen?

Die Überweisung

Die Überweisung ist die am häufigsten genutzte Möglichkeit des bargeldlosen Zahlungsverkehrs. Sie kann immer dann verwendet werden, wenn beide Seiten – also sowohl derjenige, der zahlen muss, als auch derjenige, der das Geld bekommt – ein Girokonto haben. Bei der Überweisung wird durch die Bank ein Betrag von dem einen Konto abgezogen und auf dem anderen Konto gutgeschrieben.

Die Überweisungsformulare der Geldinstitute sind genormt. Beim Ausfüllen muss beachtet werden, dass nur Großbuchstaben und pro Kästchen nur ein Buchstabe oder eine Ziffer verwendet werden. Die Lesbarkeit ist auch dann gewährleistet, wenn die Überweisungsvorlage mit Maschinenschrift ausgefüllt wurde.

Überweisungen müssen folgende Angaben enthalten:

- Name und Kontonummer des Absenders,
- Bankleitzahl der beauftragten Bank,
- Kontonummer des Empfängers,
- Bankleitzahl der Empfängerbank,
- Höhe des Betrages,
- vom Kunden gemachte Angaben über den Verwendungszweck,
- Datum und Unterschrift des Kontoinhabers bzw. des Kontobevollmächtigten.

Oft sind Rechnungen bereits vorgefertigte Überweisungsvordrucke beigelegt, bei denen ein Teil dieser Angaben bereits ausgefüllt ist. Hier müssen nur die fehlenden Bereiche ergänzt werden (z. B. Kontonummer und Unterschrift).

In jüngster Zeit stehen in den Banken häufig Überweisungsterminals, mit denen man seine Überweisungen auch ohne Onlinebanking außerhalb der Öffnungszeiten tätigen kann. Häufig ist auch die Abfrage des Kontostandes oder der Ausdruck von Kontoauszügen möglich.

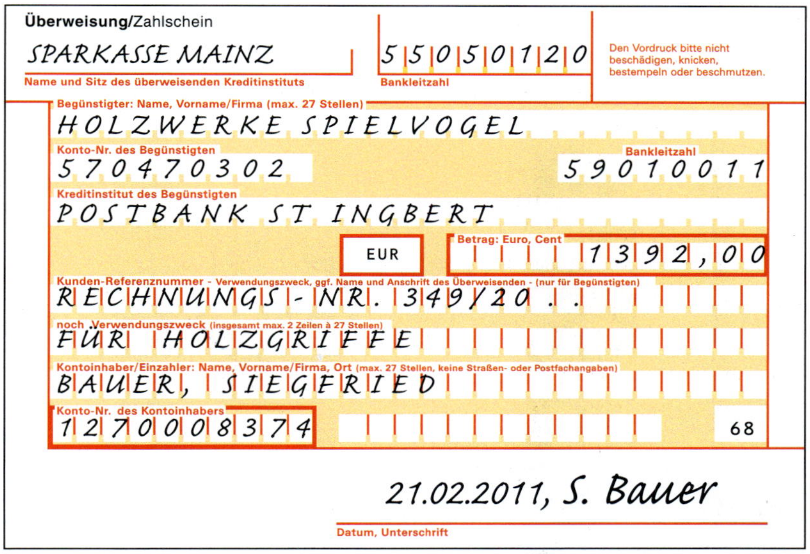
Überweisung/Zahlschein
SPARKASSE MAINZ
Name und Sitz des überweisenden Kreditinstituts
55050120
Bankleitzahl
Den Vordruck bitte nicht beschädigen, knicken, bestempeln oder beschmutzen.
Begünstigter: Name, Vorname/Firma (max. 27 Stellen)
HOLZWERKE SPIELVOGEL
Konto-Nr. des Begünstigten
570470302
Bankleitzahl
59010011
Kreditinstitut des Begünstigten
POSTBANK ST INGBERT
EUR
Betrag: Euro, Cent
1392,00
Kunden-Referenznummer - Verwendungszweck, ggf. Name und Anschrift des Überweisenden - (nur für Begünstigten)
RECHNUNGS-NR. 349/20..
noch Verwendungszweck (insgesamt max. 2 Zeilen à 27 Stellen)
FÜR HOLZGRIFFE
Kontoinhaber/Einzahler: Name, Vorname/Firma, Ort (max. 27 Stellen, keine Straßen- oder Postfachangaben)
BAUER, SIEGFRIED
Konto-Nr. des Kontoinhabers
1270008374
68
21.02.2011, S. Bauer
Datum, Unterschrift

Zahlungsempfänger: Fotofachmarkt ABC, Industriestraße 7, 68999 Neustadt
Bankverbindung: Volksbank Neustadt, Bankleitzahl 123 564 78, Konto-Nr. 6 888 554
Rechnungsbetrag: 256,75 Euro
Verwendungszweck: Rechnungs-Nr. 30976, Kunden-Nr. 2643
Zahlender: Bist du. Dein Girokonto bei der Sparkasse Neustadt hat die Konto-Nr. 76984371, Datum: heute.

Aufgaben

1 Welche Angaben müssen bei einer Überweisung auf dem Überweisungsvordruck stehen?

2 Wie müssen die Angaben eingetragen werden?

3 Besorge dir bei einem Geldinstitut einen Überweisungsvordruck. Fülle ihn mit den Angaben im Kasten oben aus.

Dauerauftrag und Lastschrift

Dauerauftrag

Die Eltern von Linda müssen jeden Monat viele Zahlungen tätigen. „Da darf ich nichts vergessen!" erzählt Frau Schwartz. „Deshalb habe ich bei der Bank Daueraufträge eingerichtet. Die erledigt dann diese Zahlungen regelmäßig für mich, ohne dass ich mich darum kümmern muss."

Man kann bei regelmäßigen Zahlungen mit gleichbleibenden Beträgen seinem Geldinstitut einen Dauerauftrag erteilen, d. h., es wird der Bank einmalig ein Überweisungsauftrag erteilt, der solange regelmäßig ausgeführt wird, bis man der Bank mitteilt, dass der Dauerauftrag beendet ist. Das ist praktisch, denn so vergisst man keine Zahlung, die immer wieder fällig ist. Durch einen Dauerauftrag kann man bequem die Monatsraten für das neue Auto, den vierteljährlich fälligen Vereinsbeitrag oder die einmal im Jahr anfallende Bezahlung des Zeitungsabonnements erledigen.

170.1 Herr Schwartz und Linda sortieren Rechnungen.

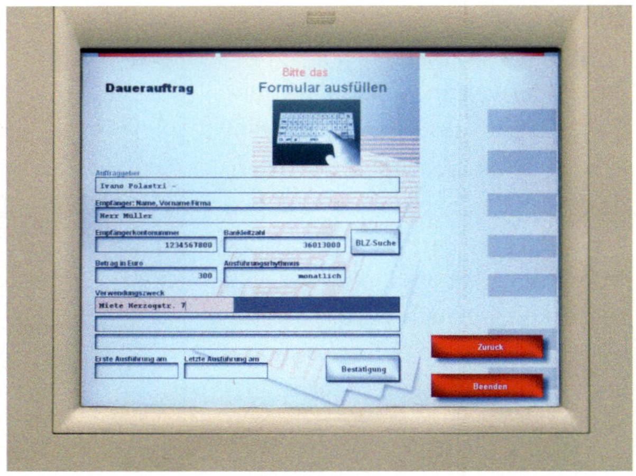

170.2 Ein Dauerauftrag für die Miete

Lastschrift

„Kann ich auch von der Bank Zahlungen durchführen lassen, die unterschiedliche Beträge aufweisen, aber auch regelmäßig bezahlt werden müssen wie z. B. die Telefonrechnung?" fragt Linda. „Ja, dafür gibt es das Lastschriftverfahren", erzählt Frau Schwarz weiter. „Dafür gebe ich dem Zahlungsempfänger, beispielsweise dem Telefonanbieter, die Erlaubnis, die monatlichen Rechnungsbeträge vom Girokonto abzubuchen. Wenn ich merke, dass etwas nicht stimmt, teile ich dies der Bank mit. Dann wird der Betrag wieder dem Konto gutgeschrieben. Zum Glück ist das aber noch nicht vorgekommen."

Damit der Zahlungspflichtige, also in unserem Beispiel die Familie Schwarz, die Zahlungen beim Lastschriftverfahren auch kontrollieren kann, werden die Angaben auf dem Kontoauszug angegeben.

Aufgaben

1 Warum sind Dauerauftrag und Lastschrift sinnvoll?

2 Erkläre den Unterschied zwischen Dauerauftrag und Lastschriftverfahren.

3 Nenne Beispiele, bei denen ein Dauerauftrag und bei welchen ein Lastschriftverfahren sinnvoll ist.

Der Kontoauszug

Bei einem Girokonto gibt es dauernd Änderungen: Zahlungseingänge (+) und -abgänge (–). Auf dem Kontoauszug werden diese Vorgänge aufgeführt. Dem Kontoinhaber wird dies durch Kontoauszüge mitgeteilt. Der Kontoauszug ist in eine Tabelle gegliedert (siehe Abbildung 171.1).

Meistens nutzen die Kontoinhaber dafür den Kontoauszugsdrucker in einer Filiale ihres Geldinstituts. Nach dem Einschieben der Karte werden die letzten Buchungen und der aktuelle Kontostand ausgegeben. Auf dem Kontoauszug stehen außerdem die Adresse des Kontoinhabers und die Kontonummer. Unter „Wert" ist das Datum angegeben, zu dem der jeweilige Umsatz auf dem Konto als Gutschrift („Zugänge", „Haben", „+") oder Belastung („Abgänge", „Soll", „–") gebucht wurde. Der Auszug informiert auch über den alten und neuen Kontostand.

Den Kontoauszug kann man sich auch zu einem vereinbarten Zeitpunkt zusenden lassen. Kontoauszüge sollte man sammeln und mindestens zwei Jahre lang aufbewahren, da man dadurch nicht nur einen Überblick über seine Einnahmen und Ausgaben hat, sondern damit auch nachweisen kann, dass man fällige Zahlungen termingerecht ausgeführt hat.

① Das Konto weist am 31.05. ein Guthaben von 1849,49 Euro auf.

② Das ist die Kontonummer, unter der das Konto von Lisa Franzke geführt wird.

Girokonto 987654321 BLZ 876 543 21 — Kontoauszug 43 (G)
Sparkasse Ahndorf (A) — Blatt 1

Datum	Erläuterung	Wert		
	Kontostand in EUR am 20.05., Auszug 43			785,23+ (F)
25.05.	Überweisung Sabine Kreuter Restzahlung Pkw	25.05.	520,00-	
26.05.	Scheck-Nr. 0000000059422	29.05.	138,22-	(E)
31.05.	Regus GmbH Gehalt April	31.05.		2.152,85+
31.05.	Held Versicherungs AG Vertrag Nr. 52366632 Privathaftpflicht	31.05.	17,83-	
31.05. (B)	Miete - Klaus Hof	24.05.	412,52- (C)	
	Kontostand nach Rechnungsabschluss am 31.05.			1.849,49+ (D)

Lisa Franzke
Hauptstraße 25
98989 Ahndorf

Int. Bank Account Number:
DE22 8765 4321 0987 6543 21
SWIFT-BIC.: SPARDEFFXXX

171.1 Kontoauszug

③ Der Betrag für die Miete wurde am 31.05. vom Konto abgebucht.

⑥ Die Gehaltszahlung für April wurde auf dem Konto als Gutschrift verbucht.

⑦ Vor dem 25.05. hatte Lisa Franzke ein Guthaben von 785,23 Euro auf ihrem Konto.

④ Lisa Franzke musste 412,52 Euro für Miete bezahlen.

⑤ In diesem Jahr ist das der 43. Kontoauszug.

Aufgaben

1 Welche Funktionen hat der Kontoauszug?

2 Warum sollte man Kontoauszüge mindestens zwei Jahre lang aufbewahren?

3 Auf dem Kontoauszug sind einige Stellen mit Buchstaben gekennzeichnet. Welche Erklärung gehört zu welcher Stelle? Ordne zu.

Mit Karten zahlen

Viele Menschen verwenden zur Bezahlung Plastikkarten, die einen elektronisch lesbaren Magnetstreifen haben. Das ist aber nur möglich, wenn man bei einer Bank oder Sparkasse ein Girokonto unterhält. Die Geldinstitute verwenden unterschiedliche Bezeichnungen für ihre Karten. Drei Arten von Karten sind am gebräuchlichsten:

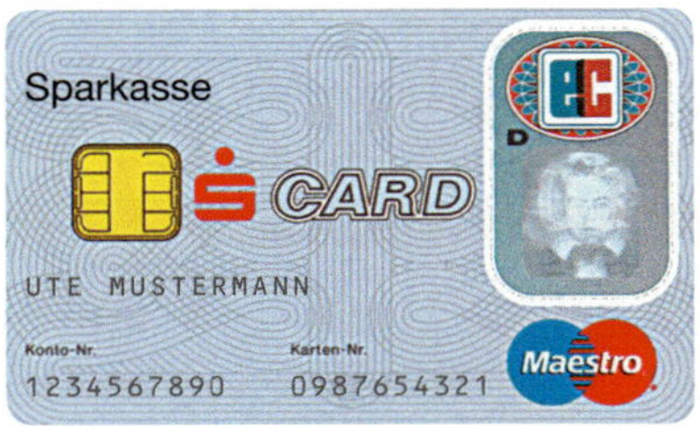

Es gibt Karten, die neben dem Namen des Geldinstituts auch die Bezeichnung „Maestro" tragen. Mit ihnen kann man an Geldautomaten Bargeld abheben. Dazu muss man jedoch eine Geheimzahl benutzen, die sogenannte „persönliche Identifikationsnummer", kurz PIN genannt. Man kann mit der „Maestro"-Karte auch bargeldlos in Geschäften bezahlen. Ist auf dem Girokonto ein ausreichendes Guthaben vorhanden, wird die Zahlung freigegeben und auf der Anzeige des Lesegeräts kann man den Hinweis „Zahlung erfolgt" lesen. Diese Zahlungsart bietet dem Karteninhaber, aber auch dem Geschäft, verschiedene Vorteile:

- weniger Bargeldumlauf vermindert das Diebstahlrisiko,
- wenn man zu wenig Bargeld dabei hat, kann man trotzdem einkaufen,
- bequeme Zahlungsweise.

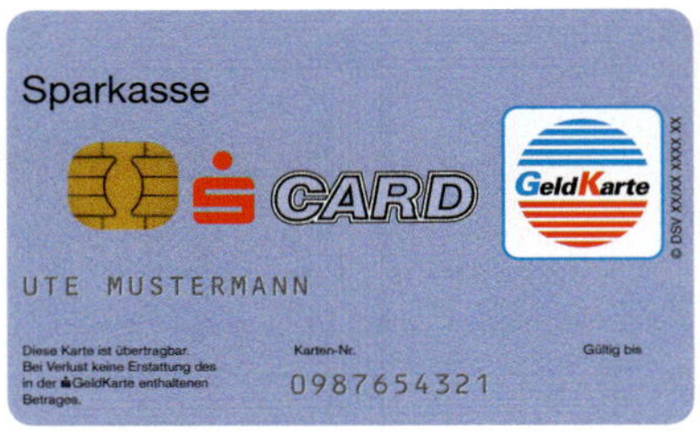

Für die bargeldlose Bezahlung kleiner Beträge wurde die GeldKarte entwickelt. Sie enthält einen Chip, der von der Bank mit einem Guthaben von bis zu 200 Euro aufgeladen werden kann. Will man, z. B. in der Metzgerei, mit der GeldKarte bezahlen, schiebt man die Karte in ein Lesegerät, das den Rechnungsbetrag und das auf der Karte vorhandene Guthaben anzeigt. Wenn der Kunde die OK-Taste des Lesegeräts drückt, wird der Betrag von der Karte abgebucht. Die Banken bieten die GeldKarte als Einzelkarte an oder als Zusatzfunktion zu anderen Karten, z. B. der „Maestro"-Karte.

Beim Verlust der Bankkarte ist allerdings der aufgeladene Betrag, vergleichbar mit dem Bargeldverlust, verloren.

Mit Kreditkarten kann man weltweit bargeldlos zahlen. Sie werden von Kreditkartenunternehmen wie MasterCard oder VISA ausgegeben. Geschäfte, die Kreditkarten akzeptieren, bekommen den zu zahlenden Betrag von dem Kreditkartenunternehmen gutgeschrieben. Das Unternehmen seinerseits bucht in bestimmten Zeitabständen die aufgelaufenen Beträge vom Girokonto des Karteninhabers ab. Für die Übernahme des Zahlungsvorgangs zahlen die Geschäfte einen gewissen Prozentsatz des Kaufbetrages an die Kreditkartenunternehmen.

① Frau Kunz ist während einer Reise in Südamerika erkrankt und muss vor Ort die Arztrechnung bezahlen.

② Frau Walker hat im Einkaufszentrum für das Wochenende eingekauft. Sie muss 67,73 Euro bezahlen.

③ Frau Berner war drei Tage in Hamburg. Nun muss sie die Hotelrechnung über 258 Euro bezahlen.

④ Herr Becker möchte im Parkhaus die Parkgebühren von 4,40 Euro bargeldlos zahlen.

⑤ Herr Volz hat an der Tankstelle getankt. Nun sind 43,78 Euro zu bezahlen.

Aufgaben

1 Welche Vorteile hat die Zahlung mit „Maestro"-Karte?

2 Welche Karte passt zu welcher Situation? Begründe.

3 Was unterscheidet eine „Maestro"-Karte von einer Kreditkarte?

Scheck und Reisescheck

Ein Scheck ist eine Zahlungsanweisung eines Kunden eines Kreditinstituts an einen Empfänger, diesem eine bestimmte Geldsumme zu zahlen. Man unterscheidet den Barscheck, bei dem der Empfänger den Geldbetrag in bar ausgezahlt bekommt, und den Verrechnungsscheck. Hier erfolgt die Zahlung nicht in bar, sondern als bargeldlose Gutschrift auf dem Konto.

Eigentlich ist ein Scheck lediglich die Aufforderung, auf der der Kontoinhaber die Anweisung gibt, von seinem Konto Geld zu nehmen und einem anderen auszuzahlen. Jeder, der den Scheck bei der Bank einlöst, erhält das Geld. Für den Scheck gelten folgende Bedingungen:

- Auf dem auszuzahlenden Konto muss ein Guthaben vorhanden sein (das Konto muss „gedeckt sein").
- Die Unterschrift des Scheckausstellers muss mit der Unterschrift des Kontoinhabers übereinstimmen.
- Der Scheck wird bei der Bank des Kontoinhabers eingelöst. Ist das nicht möglich, muss ein Verrechnungsscheck ausgestellt werden.
- Bei einem Verrechnungsscheck muss ein Vermerk „nur zur Verrechnung" quer auf der Vorderseite angebracht werden. Dieser Vermerk kann auch handschriftlich sein.
- Ist der Scheck verlorengegangen oder gestohlen worden, kann man den Scheck „sperren" lassen, d. h. man gibt der Bank die Anweisung, diesen Scheck nicht einzulösen.

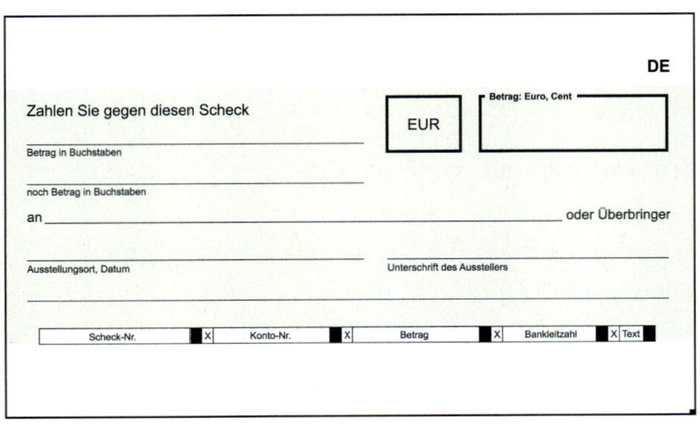
DE

Zahlen Sie gegen diesen Scheck

EUR

Betrag: Euro, Cent

Betrag in Buchstaben

noch Betrag in Buchstaben

an ______ oder Überbringer

Ausstellungsort, Datum

Unterschrift des Ausstellers

Scheck-Nr. | X | Konto-Nr. | X | Betrag | X | Bankleitzahl | X | Text

173.1 Verrechnungsscheck

Die Reiseschecks gibt es von American Express und in unterschiedlichen Währungen und Stückelungen (beispielsweise 50 €, 100 €, 50 $, 100 $ usw.). Gegen eine Gebühr, die in der Regel ein Prozent beträgt, können sie z. B. bei Banken, Sparkassen und dem ADAC gekauft werden. Der Kunde erhält die gekauften Schecks und muss sie noch beim Kauf unterschreiben. Bei der späteren Verwendung des Reiseschecks als Zahlungsmittel ist eine zweite, identische Unterschrift des Kunden auf dem Scheck erforderlich. Dies dient als Kontrolle, damit sichergestellt ist, dass die Schecks nicht gestohlen sind. Dabei ist in den meisten Fällen auch die Vorlage eines Ausweises notwendig.

Reiseschecks können in jedem Kreditinstitut weltweit, aber auch in vielen Hotels oder Geschäften eingelöst werden.
Reiseschecks sind sicherer als Bargeld. Bei Verlust werden sie dem Kunden vor Ort kostenlos und in der Regel innerhalb von 24 Stunden ersetzt. Reiseschecks gelten unbeschränkt.

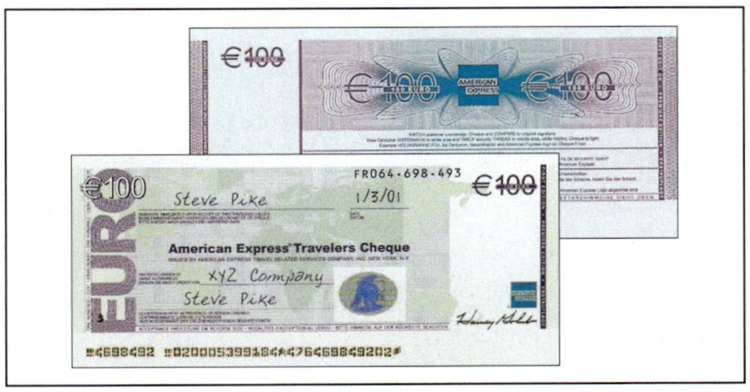

173.2 Reisescheck (Travelers Cheque)

Aufgaben

1. Was ist der Unterschied zwischen einem Scheck und einem Verrechnungsscheck?
2. Worin liegen die Vorteile von Reiseschecks?
3. Wie muss man vorgehen, wenn man Reiseschecks einlösen will?

Onlinebanking für Geldgeschäfte nutzen

In Deutschland entscheiden sich immer mehr Menschen dafür, ihre Bankgeschäfte von zu Hause oder unterwegs mit dem eigenen PC zu erledigen. Mittlerweile nutzen etwa 30 Millionen Menschen diese Möglichkeit.

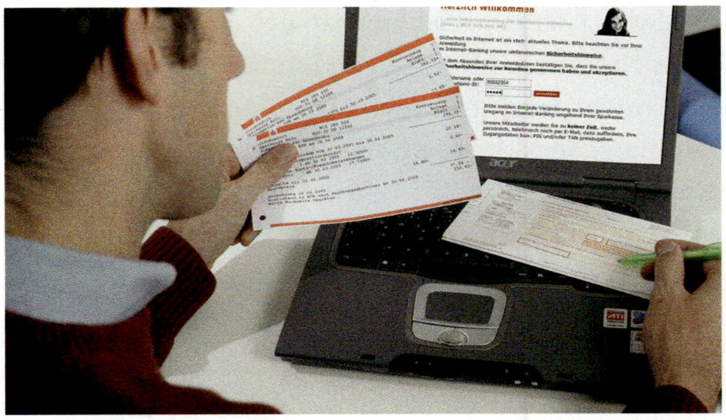

174.1 Immer mehr Menschen erledigen ihre Bankgeschäfte von zu Hause aus.

Mit Onlinebanking (auch Internetbanking oder eBanking genannt) kann man seine Bankgeschäfte überall und jederzeit erledigen. Onlinebanking ist mit jedem PC möglich, der über einen Internetzugang verfügt. Mit einem Onlinezugang zum eigenen Konto kann man sich jederzeit seine Kontodaten, den Kontostand und die letzten Buchungen am Computer ansehen.

Anstatt Überweisungen von Hand auszufüllen, kann dies auf der Internetseite der Bank erledigt werden. Einfache Finanzauswertungen über die Einnahmen und Ausgaben sind beim Onlinebanking auf der Internetseite der Bank ebenfalls möglich. Noch komfortabler ist der Einsatz eines Finanzverwaltungsprogramms zur Abwicklung der Bankgeschäfte. Damit wird zum einen die Sicherheit erhöht, zum anderen bietet es viele weitere Auswertungs- und Analysemöglichkeiten.

Info

Zur Nutzung des Onlinebankings werden benötigt:
- ein Computer mit Internetzugang und Internetbrowser oder ein anderes Gerät (Handy, PDA) mit HTML-Funktion und SSL-Verschlüsselung,
- die Aktivierung des Zugangs zum Onlinebanking durch die Bank für das jeweilige Konto (mehr Informationen dazu unter *www.schroedel.de/downloads-46332*),
- die erforderlichen, von der Bank in getrennten Mitteilungen zugesandten, Zugangsdaten für das Konto.

Anmeldung zum Onlinebanking der Bank

Um die Möglichkeit des Onlinebankings nutzen zu können, muss das Konto von der Bank dafür freigeschaltet werden. Sobald die erforderlichen Bankdaten (Nutzername, PIN, TANs) vorliegen, kann man sich auf der Internetseite seiner Bank einwählen.
Es ist immer hilfreich, sich mit dem Berater der örtlichen Bank vorab in Verbindung zu setzen. Der Berater kann das Onlineportal der Bank möglicherweise auch vorführen.

Tipp

„**PIN**" steht für „Persönliche Identifikationsnummer". Die PIN ist eine mehrstellige Zahl, die nur einer Person bekannt sein darf. Mit der PIN weist man einer Maschine gegenüber nach, dass man zu einer bestimmten Aktion ermächtigt ist.
Zur Ausführung eines Auftrags (z. B. einer Überweisung) benötigt man eine **TAN**. „TAN" steht für „TransAktionsNummer". Die TAN verfällt nach der Nutzung. Sie ersetzt beim Onlinebanking die Unterschrift des Handelnden.

Bei fast allen Banken gibt es auch das Angebot von Demokonten. Zu diesen Konten sind die Zugangsdaten sowie PIN und TAN öffentlich und können von jedem benutzt werden. Die Ausführung von Transaktionen über Demokonten wird nur simuliert, also nicht wirklich ausgeführt. Auf den folgenden Seiten werden die Funktionen des Onlinebankings anhand eines Demokontos vorgestellt. Die Funktionen sind bei allen Anbietern wie Postbank, Sparkasse oder Volks- und Raiffeisenbank ähnlich.

Zugang zum Onlinebanking

1. Die Internetseite der Bank wird aufgerufen.

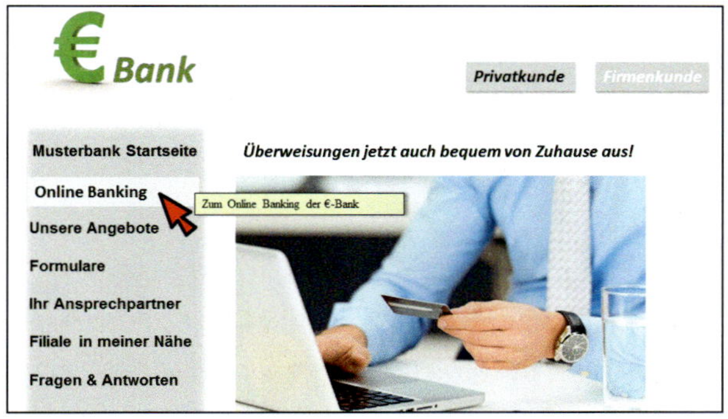

2. In der linken Leiste der Online-Seite wird „Onlinebanking" angeklickt. 1

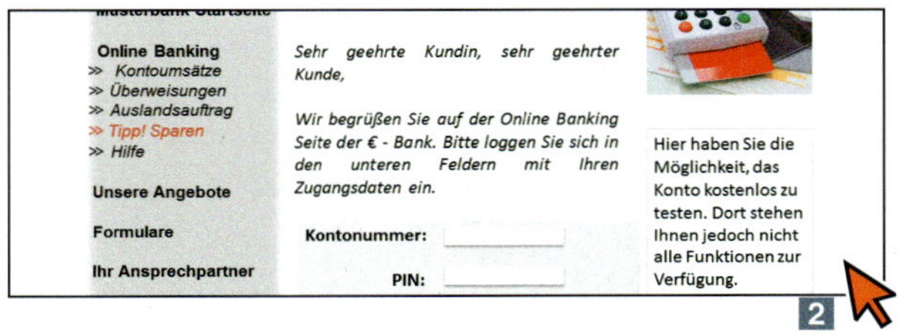

3. Anschließend muss auf dieser Seite unter „Online-Banking" den Link „Demokonto öffnen" auswählen. 2

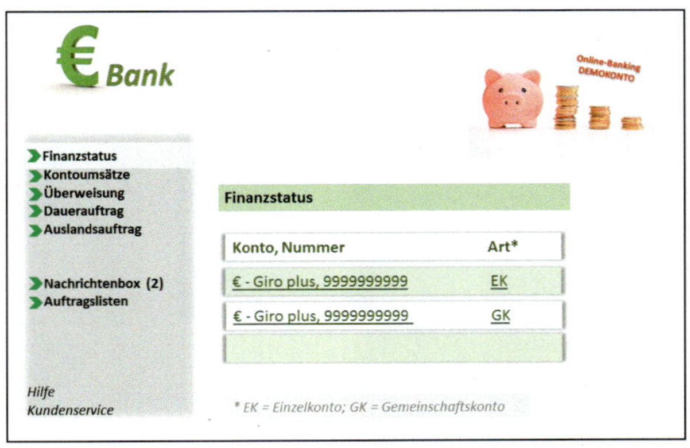

Aufgaben

1. Welche Voraussetzungen müssen erfüllt sein, um Onlinebanking von zu Hause aus zu tätigen?
2. Wähle ein Demokonto aus und mache dich damit vertraut.

Sparen

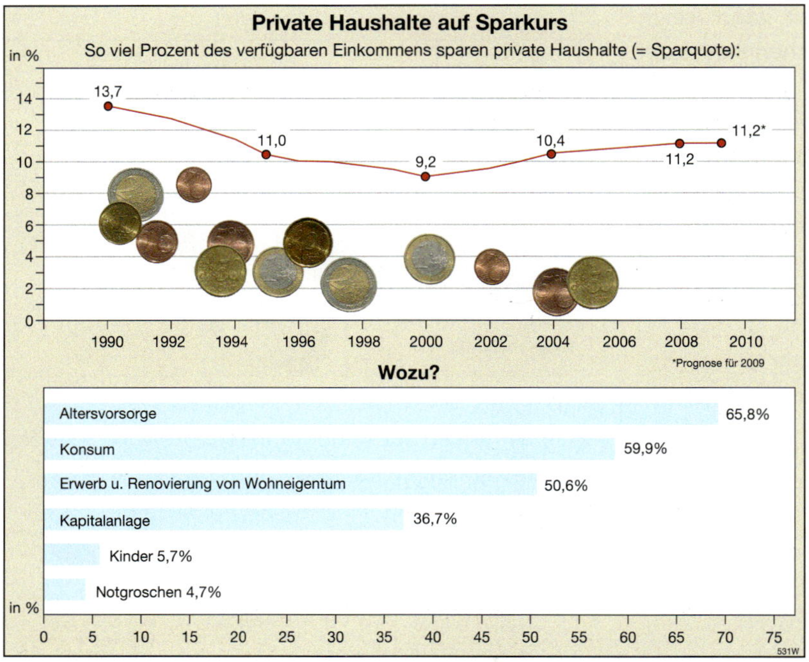

176.1

Sparen ist das Zurücklegen momentan freier Mittel zur späteren Verwendung. Dabei bedeutet dies, dass auf den Konsum vorerst verzichtet wird. Sparen kann man auch als Konsum in der Zukunft ansehen. Man unterscheidet:

- **Zwecksparen**, um später größere Anschaffungen zu ermöglichen (z. B. Auto, Urlaub).
- **Vorsorgesparen**, um sich vor Notsituationen zu schützen. (z. B. wegen geringeren Einkommens aufgrund Rente oder Arbeitslosigkeit).

Eine genaue Abgrenzung ist dabei nicht immer möglich. So kann zum Beispiel das Sparen zum Erwerb einer Wohnung als Zwecksparen oder als Vorsorgesparen angesehen werden.

Tobias Specht

Karin Meisel

Max Horney

Lem Özkan

Lisa Franzke

Corinna Voigt

Gesichtspunkte einer Geldanlage

- **Sicherheit**
  Es könnte sein, dass ein Geldinstitut zahlungsunfähig wird. Damit die Geldanleger in einem solchen Fall ihr Geld nicht verlieren, haben Banken und Sparkassen in Deutschland einen sogenannten Einlagensicherungsfonds gebildet, der die Sparer vor einem Kapitalverlust schützt. Bestimmte Geldanlagen sind riskant, z. B. Aktien. Bei ihnen schwankt der Wert täglich entsprechend der Entwicklung an der Börse. Bricht eine Aktiengesellschaft zusammen, kann für den Geldanleger der völlige Kapitalverlust die Folge sein.

- **Ertrag**
  Was eine Geldanlage einbringt, richtet sich nach den Einnahmen, z. B. Zinszahlungen, Dividenden oder Kursgewinnen bei Verkauf. Dabei muss auch berücksichtigt werden, welche Kosten die Geldanlage verursacht.

- **Verfügbarkeit**
  Damit ist die Möglichkeit gemeint, die Anlage wieder zu Bargeld zu machen. Aktien z. B. können im Normalfall jeden Tag an der Börse wieder verkauft werden. Bei anderen Anlageformen (z. B. Anleihen) legt man sich auf eine bestimmte Laufzeit fest oder es gibt vertraglich vereinbarte Kündigungsfristen.

177.2

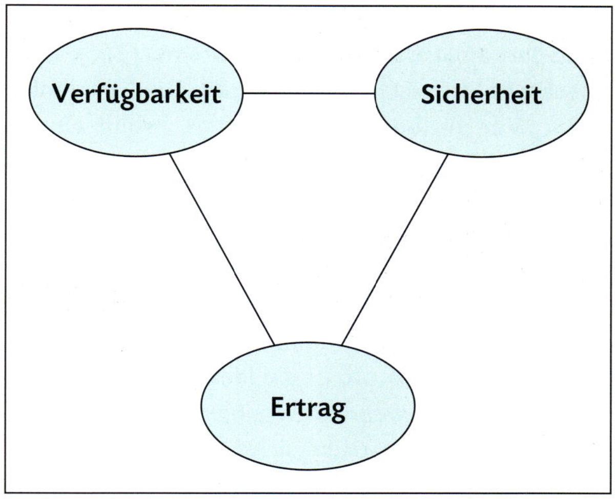

177.1 Sicherheit, Ertrag und Verfügbarkeit stehen in einem Spannungsverhältnis.

Spannungsverhältnis der Ziele

Sicherheit, Ertrag und Verfügbarkeit stehen als Ziele bei einer Geldanlage in einem Spannungsverhältnis, da sich nicht alle drei Ziele gleichzeitig optimal erreichen lassen:

- Wer einen hohen Ertrag will, muss sich meist auf ein Risiko bei der Sicherheit einlassen.
- Für hohe Sicherheit muss man meist einen geringeren Ertrag in Kauf nehmen.
- Rasche Verfügbarkeit bedeutet in der Regel einen niedrigeren Ertrag.

Aufgaben

1. Was ist der Unterschied zwischen Zwecksparen und Vorsorgesparen?
2. Welche drei Gesichtspunkte einer Geldanlage unterscheidet man?
3. Ordne die Aussagen der sechs Personen auf Seite 176 Sparmotiven in der Grafik 176.1 zu.
4. Nimm zu der Aussage in der Sprechblase (Abb. 177.2) Stellung. Überlege dir zuerst deine Meinung und diskutiere dann in der Gruppe darüber.

Möglichkeiten der Geldanlage

Sparkonto

Ein Sparkonto ist ein Konto bei einer Bank oder Sparkasse, auf das man jederzeit Geld einzahlen kann. Wer ein Sparkonto eröffnet, erhält als Urkunde ein Sparbuch, in das – den Ein- und Auszahlungen entsprechend – jeweils der aktuelle Kontostand eingetragen ist.

Das Sparkonto ist auch heute noch eine sehr beliebte Sparform, denn sie ist unkompliziert und praktisch risikolos. Ein Sparkonto ist die ideale Anlageform für „Sparanfänger", weil Einzahlungen, Auszahlungen und Zinsgutschriften übersichtlich dargestellt sind. Man kann auch kleinere Beträge einzahlen und innerhalb von 30 Kalendertagen bis zu 2 000 Euro abheben. Beim Sparkonto gibt es nur eine relativ niedrige Verzinsung. Es gibt auch Sparkonten mit längeren Kündigungsfristen, die in der Regel höher verzinst werden. Die Zinsen werden einmal jährlich in das Sparkonto eingetragen.

Bausparen

Sinn des Bausparens ist es, den geplanten Bau oder Kauf eines Hauses, einer Eigentumswohnung oder die Renovierung von Wohnungseigentum zu finanzieren. Dazu werden in der Ansparphase regelmäßig bestimmte Geldbeträge auf ein Bausparkonto eingezahlt.

Dadurch erwirbt der Bausparer den Anspruch auf ein zinsgünstiges Darlehen, dessen Höhe und Zinssatz vom gewählten Bauspartarif abhängig sind. Während der Ansparphase ist die Verzinsung der Sparbeiträge allerdings niedrig. Auch Abschluss- und Kontoführungspreise sind zu zahlen.

Bei Abschluss des Bausparvertrags werden eine bestimmte Bausparsumme und ein Mindestsparguthaben vereinbart. Ist das Mindestsparguthaben erreicht (in der Regel 40 oder 50 Prozent der Bausparsumme), wird unter gewissen Voraussetzungen die vereinbarte Bausparsumme ausgezahlt.
Beim Bausparvertrag können vermögenswirksame Leistungen beantragt werden, z. B. Arbeitnehmersparzulage und Wohnungsbauprämie.

Vermögenswirksames Sparen

Der Staat ist daran interessiert, dass möglichst viele seiner Bürger Vermögen bilden. Da dies den Schichten, die kein hohes Einkommen haben, schwerer fällt, wurden schon vor Jahrzehnten in Deutschland besondere Förderungsmaßnahmen zugunsten der Vermögensbildung in Arbeitnehmerhand eingeführt.

Vom Grundsatz her ist mit vermögenswirksamem Sparen gemeint, dass ein Arbeitnehmer regelmäßig von seinem Arbeitsentgelt einen bestimmten Betrag langfristig anlegt und dafür als Anreiz vom Staat eine Arbeitnehmersparzulage erhält. Dies erfolgt so, dass der Arbeitgeber diesen Lohnanteil nicht auszahlt, sondern ihn an ein Geldinstitut überweist, bei dem der Arbeitnehmer eine bestimmte Sparform (z. B. Sparvertrag zum Wertpapierkauf, Bausparvertrag) abgeschlossen hat. Die Arbeitnehmersparzulage wird vom Finanzamt jährlich auf Antrag im Nachhinein festgelegt und zum Ende der Anlagezeit ausbezahlt. Viele Arbeitgeber bezahlen ihren Mitarbeitern zusätzlich noch vermögenswirksame Leistungen auf diese Sparform.

Festverzinsliche Wertpapiere

Geldinstitute, große Industrieunternehmen, Städte, Bundesländer oder die Bundesregierung brauchen immer wieder Geld für ihre Vorhaben. Sie leihen sich dieses Geld und geben das Versprechen, die Schulden an einem bestimmten Tag zurückzuzahlen und in der Zwischenzeit dem Gläubiger regelmäßig Zinsen zu bezahlen.

Das ist das Prinzip von festverzinslichen Wertpapieren.

Festverzinslich nennt man diese Wertpapiere, weil ihre Verzinsung während der gesamten Laufzeit unverändert bleibt. Und am Ende der Laufzeit bekommt der Besitzer vom Schuldner den Betrag, der auf dem Wertpapier steht, also den Nennwert, zurück.

Festverzinsliche Wertpapiere können während der Laufzeit verkauft oder gekauft werden. Dabei richtet sich der Preis jedoch nach Angebot und Nachfrage.

Aktien

Eine Aktie ist ein Anteilsschein des entsprechenden Unternehmens. Wenn man Aktien besitzt, ist man also Teilhaber an dem jeweiligen Unternehmen.

Der Aktienbesitzer erhält, sofern das Unternehmen mit Gewinn arbeitet, einen Anteil am ausgeschütteten Gewinn in Form einer Dividende. Daher werden Aktien auch als Dividendenpapiere bezeichnet.

Gehen die Geschäfte einer Aktiengesellschaft gut, steigt in der Regel der Wert der Aktien dieses Unternehmens. Bei einem geschickt gewählten Verkaufszeitpunkt lassen sich dann unter Umständen Gewinne beim Verkauf dieser Aktien erzielen.

Doch so hoch die Gewinnchancen sind, es gibt auch hohe Risiken: Die Dividende kann ausfallen und der Kurs kann abstürzen. Wenn das Unternehmen Bankrott macht, ist die Aktie nichts mehr wert. Der aktuelle Wert einer Aktie, der Kurswert, wird an der Börse aufgrund von Angebot und Nachfrage ermittelt.

Investmentfonds

Investmentgesellschaften sind Unternehmen, die das ihnen zur Verfügung gestellte Geld für die Sparer nach dem Grundsatz der Risikomischung anlegen. Sie sind sozusagen ein Sammelbecken vieler Anleger. Das Management des Fonds übernimmt für den Anleger Kauf, Verkauf und Verwaltung von Aktien und anderen Wertpapieren.

Die Grundidee der Investmentfonds ist es also, Anlagekapital von vielen Kleinsparern in einem großen Topf zu sammeln und gemeinsam anzulegen, sodass die Chancen aufgrund größerer Vermögenswerte besser wahrgenommen und die Risiken besser gestreut werden können. Durch die Streuung des Wertpapierbesitzes, die dem „kleinen Sparer" nicht möglich ist, werden eine erhebliche Verminderung des Risikos und ein einigermaßen sicherer Ertrag erreicht.

Wer Anteile an Investmentfonds erwirbt, beteiligt sich indirekt an Unternehmen, ohne die besonderen Risiken des Aktienbesitzes zu tragen.

(Quelle: Deutscher Sparkassenverlag)

Aufgabe

Welche der genannten Geldanlagemöglichkeiten ist wem zu empfehlen? Begründe jeweils kurz.

Kreditaufnahme: Bedingungen und Formen

Bedingungen für einen Kredit

Wenn für eine Anschaffung die vorhandenen Geldmittel nicht ausreichen, kann man zur Finanzierung einen Kredit aufnehmen. So kann man sich die vorgesehene Anschaffung rasch leisten, muss jedoch zusätzliche Kreditkosten tragen.

Um einen Kredit zu bekommen, muss man voll geschäftsfähig, also mindestens 18 Jahre alt sein. Außerdem wollen die Geldinstitute sicher sein, dass der Kredit zurückgezahlt wird. Daher holen sie Auskünfte ein und verlangen Sicherheiten. Man kann z. B. seinen Anspruch auf die Gehaltszahlung an die Bank abtreten oder einen Bürgen stellen. Beim Kreditkauf eines Autos wird meist als Sicherheit der Kraftfahrzeugbrief bei der Bank hinterlegt. Damit kann der Wagen nicht ohne das Wissen der Bank verkauft werden.
Die Banken prüfen vor einer Kreditvergabe auch die Einkommensverhältnisse. Dazu gehört auch die Frage, ob die Höhe des beantragten Kredits in einem vernünftigen Verhältnis zum Einkommen steht, ob also – mit Blick auf die laufenden Verpflichtungen – Tilgung und Zinsen ohne Problem aufgebracht werden können.

Info

Schufa

Wer ein Konto eröffnet oder einen Kreditvertrag abschließt, gibt seine Einwilligung, seine Daten an die SCHUFA (Schutzgemeinschaft für allgemeine Kreditsicherung) weiterzugeben. Die SCHUFA ist eine Gemeinschaftseinrichtung der deutschen Kreditinstitute, die diese vor Verlusten schützen soll. Bevor eine Bank einen Kredit vergibt, holt sie bei der SCHUFA Auskünfte über den Kreditnehmer ein und versucht dann zu beurteilen, ob er den Kredit auch zurückzahlen kann. Jeder hat das Recht, von der SCHUFA kostenlos Auskunft über die zu seiner Person gespeicherten Daten zu erhalten.

Herr Specht, 32 Jahre alt, arbeitet seit fünf Jahren in einem Verlag. Er will sich ein neues Auto kaufen, seine Ersparnisse reichen jedoch nicht. Letztes Jahr hatte er schon einen Kredit für die Einrichtung seiner Wohnung aufgenommen. Die letzte Rate ist jetzt fällig.

Ingo Buck, 17 Jahre, ist im zweiten Jahr seiner Ausbildung zum Fachlageristen. Seine Vergütung bekommt er monatlich auf das Girokonto überwiesen. Er möchte für den Kauf eines Mofas einen Kredit aufnehmen.

Frau Wolf, 38 Jahre alt, arbeitet seit elf Jahren als Verkäuferin im PLUS-Markt. Alle finanziellen Angelegenheiten hat sie bisher mit der Volksbank im Ort abgewickelt. Da sie ihre Wohnung renovieren lassen und auch eine neue Einrichtung kaufen will, möchte sie bei ihrer Volksbank einen Kredit beantragen.

Herr Meinel, 55 Jahre alt, hat finanzielle Probleme. Seit er arbeitslos ist, haben bei ihm die Schulden zugenommen. Jetzt hofft er, dass er durch einen Kredit seinen dringendsten Verpflichtungen nachkommen kann.

Kreditformen

Bei den Privat- oder Konsumentenkrediten spielen Ratenkredit und Dispositionskredit die größte Rolle.

Ratenkredit

Der Ratenkredit gehört zu den Standardprodukten aller Kreditinstitute. Ein Ratenkredit ist ein Darlehen mit einem festen Kreditbetrag, der über eine vorher vereinbarte Laufzeit mit gleichbleibenden Raten zurückgezahlt wird. Der Kreditnehmer kennt also im Voraus genau die Höhe der monatlichen Rate und die Anzahl der Monate, bis der Kredit vollständig bezahlt ist. Beim Ratenkredit wird eine einmalige Gebühr für die Bearbeitung des Kreditantrags erhoben, die sich prozentual aus der Kreditsumme errechnet und in der Regel zwei Prozent beträgt.

Dispositionskredit

Die einfachste und schnellste Form einer Kreditaufnahme ist die Kontoüberziehung, auch Dispositionskredit oder Überziehungskredit genannt. Voraussetzung ist die Unterhaltung eines Girokontos, auf das regelmäßige Zahlungen eingehen, in der Regel das Monatsgehalt. Je nach Kreditinstitut wird dem Kontoinhaber ein Kreditrahmen in Höhe von zwei bis drei Monatsgehältern eingeräumt. In diesem Rahmen darf der Inhaber über sein Guthaben hinaus von seinem Konto abheben. Die Zinsen auf den jeweils beanspruchten Kreditbetrag werden taggenau berechnet und alle drei Monate vom Girokonto abgebucht.

Aufgaben

1 Welcher der vier Personen auf Seite 180 wird eine Bank einen Kredit gewähren, wem nicht? Notiere deine Entscheidung mit einer kurzen Begründung.

2 Dispositionskredit – Ratenkredit: Nenne wesentliche Unterschiede.

3 Welcher Kredit kommt jeweils für Herrn Wille, Frau Schneider, Anna Paiano und Herrn Özkan in Frage? Begründe deine Entscheidung.

Herr Wille arbeitet seit Jahren in einer Druckerei. Sein Gehaltskonto hat er bei der Volksbank. Er möchte ein Sonderangebot ausnützen – ein toller Flachbildfernseher für nur 1 000 Euro. Allerdings hat Herr Wille gerade wenig Geld zur Verfügung.

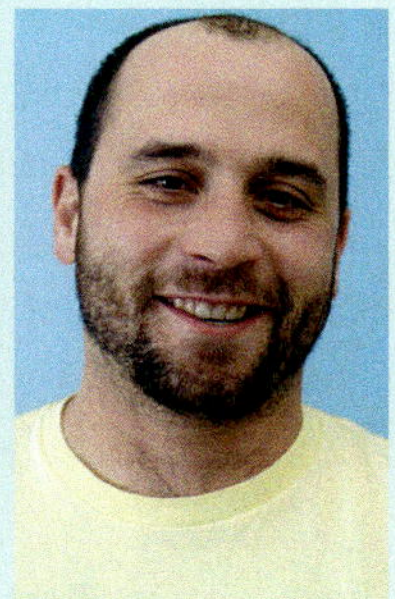

Frau Schneider hat endlich die Wohnung gefunden, die ihr gefällt. Mit ihren alten Möbeln will sie nicht mehr umziehen. Jetzt lohnt es sich, eine neue Einrichtung anzuschaffen. Allerdings würde das 14 000 Euro kosten, weit mehr, als sie derzeit zur Verfügung hat.

Anna Paiano, 19 Jahre alt, freut sich. Die Lehrzeit ist vorüber. Jetzt ist sie fest angestellt und bekommt monatlich Gehalt. Nun möchte sie sich eine tolle Reise leisten – nach Mexiko! 2 000 Euro würde das kosten, die sie im Moment allerdings nicht hat.

Herr Özkan will seinen Dönerstand in der Fußgängerzone umbauen. Dafür benötigt er einen Kredit über ungefähr 15 000 Euro von seiner Bank, bei der er schon lange ein Konto hat.

Kreditkosten: Fallbeispiel Hofer

Herr und Frau Hofer haben zwei Kinder im Alter von vier und neun Jahren. Mit Kindergeld und dem Nebenverdienst von Frau Hofer kommt die Familie im Durchschnitt auf ein monatliches Nettoeinkommen von 2 800 Euro.

Herr und Frau Hofer überlegen sich, in welcher Höhe sie einen Ratenkredit für ein neues Auto aufnehmen können. Dazu notieren sie zunächst ihre monatlichen Ausgaben:

- Miete mit Nebenkosten: 901 Euro
- Heizung, Strom, Gas, Wasser: 234 Euro
- Ratenverpflichtung: 66 Euro
- Versicherungen: 62 Euro
- Lebenshaltung: 716 Euro
- Zeitung, Fernsehen, Telefon: 81 Euro
- Bausparvertrag: 51 Euro
- Autokosten: 198 Euro
- Sonstiges, z. B. Kleidung, Reparaturen, Urlaub: 153 Euro.

Herr und Frau Hofer haben sich bei ihrer Bank erkundigt: Ein Ratenkredit über 10 225 Euro kostet derzeit 2 Prozent Bearbeitungsgebühr und 0,42 Prozent Zinsen im Monat. Hofers überlegen sich, ob sie eine Laufzeit von vier oder von fünf Jahren wählen sollen. Einerseits wollen sie keine hohe Monatsrate, anderseits wollen sie aber ebenso wenig zu lange Raten zahlen müssen.

Kreditberechnung

Kreditbetrag: ??? **Euro**

Kosten:

1. Zinsen:

$$\frac{\text{Kreditbetrag} \cdot \text{Zinssatz pro Monat} \cdot \text{Laufzeit in Monaten}}{100} =$$

??? **Euro**

2. Bearbeitungsgebühr:

$$\frac{\text{Kreditbetrag} \cdot \text{\%-Satz der Bearbeitungsgebühr}}{100} =$$

??? **Euro**

Gesamtkosten: ??? **Euro**

Rückzahlung: $\frac{\text{Kreditbetrag} + \text{Gesamtkosten}}{\text{Laufzeit in Monaten}}$ = Monatsrate

Aufgaben

1 Berechne den frei verfügbaren Teil des Monatseinkommens von Familie Hofer.

2 Berechne dann nach dem Muster links die Höhe der Monatsrate bei vier und bei fünf Jahren Laufzeit.

3 Welche Laufzeit würdest du Hofers empfehlen? Begründe.

Risiken bei einer Kreditaufnahme

Geldmarkt

Kreditsorgen?

Das sensationelle Konzept
direkt aus Holland!
– schnell und einfach –

- bis 9 000 Euro Soforthilfe
- ohne Eintragung
- in schwierigen Fällen
- günstige Konditionen

Sofort anrufen zum günstigen Europatarif oder kurz schreiben:

Schulden?

Schnell, seriös und unbürokratisch fangen wir an, wo andere aufhören, ohne Bankauskunft, ohne Bürgen. Auch bei schlechter Auskunft wie Mahnbescheid, Eidesstattlicher Versicherung, Lohnpfändung usw. bis **50 000** Euro. Problemlösung auch für Selbstständige und Arbeitslose. Keine Rechtsberatung.

BAR bis Euro 100 000

Eilkredite seit 39 Jahren
zum Ablösen, Zusatzkredite, Giroausgleich
ohne Vorkosten – ab **7,89 %** effekt. Jahreszins
Autofinanzierung ohne Anzahlung
Auslandskredite **ohne** Kreditauskunft
Laufzeit 3–2 Jahre – **kleine Raten**

8–22 Uhr, auch Sa. + So.

Wir vermitteln Ihnen noch heute Ihren

Wunschkredit

günstig • seriös • unbürokratisch

Fragen Sie uns, wir wissen fast immer eine Lösung für Ihr Geldproblem

Viele Haushalte machen heute ganz selbstverständlich von der Möglichkeit Gebrauch, größere Anschaffungen im Vorgriff auf spätere Einkommen durch Kredite zu finanzieren. Probleme entstehen im Allgemeinen daraus erst, wenn sich die Einkommenslage plötzlich verschlechtert, z. B. durch Arbeitslosigkeit, Scheidung, Krankheit oder wenn auf Dauer zu wenig Geld zur Deckung des notwendigen Bedarfs vorhanden ist. Dann kommt nicht selten eine Abwärtsspirale in Gang, die immer tiefer in die Verschuldung hineinführt. Am Ende steht die Überschuldung – eine Lage, in der das Einkommen nach Abzug der Kosten für den Lebensunterhalt nicht mehr ausreicht, um die laufenden Zahlungsverpflichtungen zu erfüllen.
Von Überschuldung sind vor allem Alleinlebende und Alleinerziehende betroffen. An zweiter Stelle steht eine durch Trennung, Scheidung oder Tod des Partners ausgelöste Veränderung der Lebensumstände. Weitere Gründe sind Erkrankung, Sucht, eine gescheiterte Selbstständigkeit und unwirtschaftliche Haushaltsführung.

Von Überschuldung bedrohte Menschen bekommen von ihrer Bank meist keinen Kredit mehr. Sie wenden sich oft an Kreditvermittler, die damit werben, finanzielle Probleme schnell zu lösen. Kreditvermittler vergeben selbst keine Kredite, sondern vermitteln sie lediglich. Der private Kreditvermittler ist also ein Mittelsmann zwischen dem Kreditnehmer und einem Kreditinstitut. Dafür verlangt der Kreditvermittler Gebühren zwischen zwei und sieben Prozent des Kreditbetrags. Kreditvermittler sind grundsätzlich daran interessiert, dass ein möglichst hoher Kredit aufgenommen wird, da dann auch ihre Provision, also ihr Verdienst, höher ausfällt.

Aufgaben

1 „Ein Dispositionskredit kann ein Schritt auf dem Weg in die Überschuldung sein." Wie kann diese Aussage begründet werden?

2 Warum sind Kreditvermittler teurer als Banken oder Sparkassen? Wann wenden sich Menschen, die einen Kredit aufnehmen wollen, überhaupt an Kreditvermittler?

Schuldnerberatung

Wenn Menschen ihre laufenden Zahlungsverpflichtungen nicht mehr erfüllen können, dann spricht man von einer Überschuldung (vgl. S. 183).

Wenn ein Schuldner seine Zahlungsverpflichtungen gegenüber dem Gläubiger nicht mehr erfüllen kann, dann spricht man von Insolvenz. In der Umgangssprache verwendet man dafür auch den Begriff Konkurs.

Überschuldung ist eine sehr belastende Lebenssituation. Sie kann alle Einkommensschichten treffen, das Risiko ist jedoch in den unteren Einkommensschichten höher. Nach Schätzungen sind in Deutschland etwa drei Millionen Haushalte überschuldet.

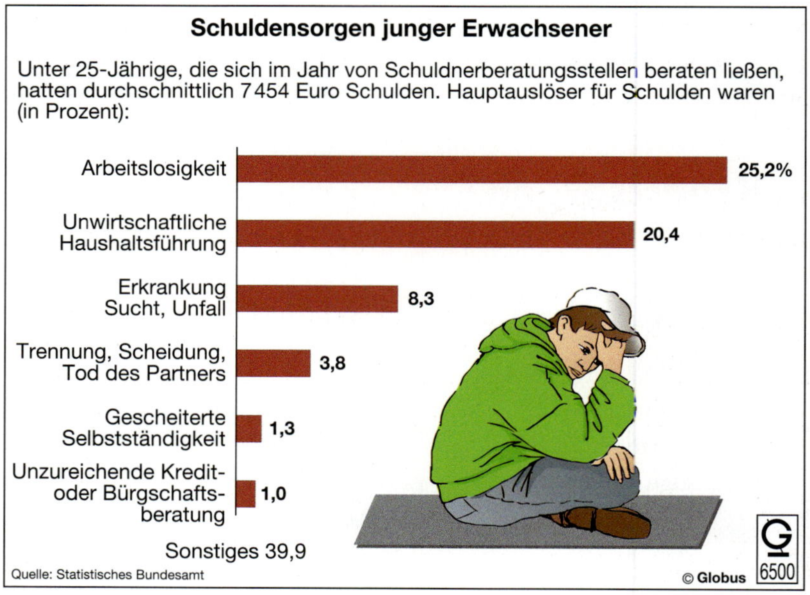

184.1

Schuldnerberatungsstellen

Um diesen Menschen Hilfestellung zu geben und aus dieser sogenannten „Schuldenfalle" zu befreien, gibt es die Schuldnerberatung.

In Deutschland gibt es ca. 1 200 Schuldnerberatungsstellen. Dieser Service ist in der Regel kostenlos, wenn der Schuldner die für ihn zuständige Schuldnerberatung (Kreis bzw. Stadt des Wohnsitzes) aufsucht. Dort sind in der Regel Sozialarbeiter oder Sozialpädagogen als Berater beschäftigt. Sie unterstützen die überschuldeten Menschen und ihre Angehörigen zunächst darin, die dringendsten Bedürfnisse (Wohnung, Lebensmittel, Strom, Heizung) abzusichern. Durch Schuldnerschutzmaßnahmen können gegebenenfalls Pfändungen und Zwangsmaßnahmen gestoppt werden.

In einem nächsten Schritt sollen die Ratsuchenden so geschult werden, dass sie mit ihrem Einkommen selbstständig umgehen können, ohne sich weiter zu verschulden. Im dritten Schritt soll langfristig der Schuldenabbau angestrebt werden.

Der Prozess der Schuldenregulierung dauert normalerweise mehrere Jahre. Es ist deshalb wichtig, in dieser Zeit den Kontakt mit dem Schuldnerberater aufrechtzuerhalten.

Info

Die meisten Schuldnerberatungsstellen werden von gemeinnützigen Organisationen wie z. B. der Arbeiterwohlfahrt (AWO), der Caritas oder dem Diakonischen Werk geführt. Daneben gibt es aber noch Anwälte, die sich auf Schuldnerberatung spezialisiert haben. Diese Beratungen sind in der Regel jedoch kostenpflichtig.

Aufgaben

1 Suche die Adresse der für deinen Wohnort zuständigen Schuldnerberatungsstelle.

2 Erkläre Abb. 184.1.

Privatinsolvenz

Seit 1999 haben die Menschen in Deutschland die Möglichkeit, bei Überschuldung das sogenannte Verbraucherinsolvenzverfahren, auch Privatinsolvenz genannt, einzuleiten. Sinnvoll ist dieses Verfahren bei Menschen, die innerhalb der nächsten sechs Jahre ihre Schulden auch mithilfe von verwertbarem Vermögen nicht tilgen können.

Verbraucherinsolvenzverfahren in Deutschland

Jahr	Anzahl
2003	33609
2006	94389
2007	105238
2008	98140
2009	101102
2010	108798

Quelle: Statistisches Bundesamt, Wiesbaden

Der Schuldner kann nach Abschluss des Verfahrens von den im Insolvenzverfahren nicht erfüllten Verbindlichkeiten befreit werden. Diese Restschuldbefreiung kann sechs Jahre nach dem gerichtlichen Beschluss über die Eröffnung des Verbraucherinsolvenzverfahrens erfolgen. Dies bedeutet, dass dem Schuldner alle Schulden erlassen werden und er somit einen wirtschaftlichen Neuanfang starten kann.
Das Verbraucherinsolvenzverfahren lässt sich in vier Schritte gliedern:

1. Zunächst bittet der Schuldner alle seine Gläubiger, ihre Forderungen aufzustellen (Schuldenbereinigungsplan). Damit versucht der Schuldner, eine außergerichtliche Einigung mit den Gläubigern zu erzielen. Dabei wird, oftmals verbunden mit Unterstützung einer Schuldnerberatungsstelle, ein Plan erstellt, wie die Gläubiger zufriedengestellt werden können. Gelingt eine Einigung, entfällt das weitere Verfahren.
2. Wird dieser Plan jedoch von mindestens einem Gläubiger abgelehnt, kann der Schuldner beim Insolvenzgericht ein Verbraucherinsolvenzverfahren eröffnen. Bevor das Insolvenzverfahren eröffnet wird, prüft das Gericht, ob die Durchführung eines gerichtlichen Schuldenbereinigungsplans Aussicht auf Erfolg hat. Dies ist der Fall, wenn mehr als die Hälfte der Gläubiger diesem Plan zustimmen.
3. Wenn mehr als die Hälfte der Gläubiger den Schuldenbereinigungsplan ablehnen, wird das vereinfachte Verbraucherinsolvenzverfahren eröffnet. Nun wird das vorhandene pfändbare Vermögen des Schuldners verwertet und der Erlös nach Abzug der Verfahrenskosten an die Gläubiger ausgeschüttet.
4. Im Anschluss an das Verbraucherinsolvenzverfahren erfolgt die Wohlverhaltensphase. Sie dauert derzeit sechs Jahre ab Beginn des Verfahrens und ist eine Bewährungsphase für den Schuldner. Dabei muss er z. B.
   - einer Erwerbstätigkeit nachgehen, und im Falle der Arbeitslosigkeit darf er keine zumutbare Tätigkeit ablehnen. Er muss sein pfändbares Einkommen einem Treuhänder übereignen.
   - Vermögen, das ihm in dieser Zeit zufällt (z. B. Erbschaft), zur Hälfte ebenfalls dem Treuhänder übergeben. Der Treuhänder übergibt das pfändbare Einkommen und Vermögen den Schuldnern.

   Danach verfallen evtl. noch vorhandene Verbindlichkeiten. Der Schuldner wird somit schuldenfrei.

Eingeführt wurde die Privatinsolvenz, weil das Leben des Schuldners ohne Perspektive oder Hoffnung auf Besserung war. Mangels Anreiz zu gesteigerter Erwerbstätigkeit des Schuldners bestand auch für die Gläubiger wenig Aussicht, die verbliebenen Forderungen noch durchsetzen zu können.

Aufgabe

Warum hat man die Möglichkeit der Privatinsolvenz eingeführt?

Berufssteckbrief: Bankkaufmann/-frau

Tätigkeiten in diesem Beruf

Bankkaufleute haben die Aufgabe, ihre Kunden in allen Fragen rund ums Geld zu beraten. Sie eröffnen Bankkonten, informieren über Kontoführung und Onlinebanking und bearbeiten Kundenaufträge im Auslandszahlungsverkehr. Sie weisen auf die verschiedenen Möglichkeiten der Geld- und Kapitalanlage hin, z. B. auf Sparbriefe oder Aktien. Eine weitere Aufgabe ist die Bearbeitung von Privat- und Firmenkrediten. Weiterhin schließen sie Bausparverträge, Versicherungen und andere Verträge ab und erledigen den Bargeldverkehr. Sie können innerhalb der Bank zur Steuerung der Betriebsabläufe eingesetzt werden. Auch führen sie Kontrollen im Rechnungswesen durch und überwachen die Einhaltung von gesetzlichen Vorschriften und innerbetrieblichen Richtlinien. Möglich ist auch eine Tätigkeit im innerbetrieblichen Personalwesen.

186.1 Ein Bankkaufmann bei der Arbeit

Wo arbeitet man?

Bankkaufleute arbeiten hauptsächlich in Kreditinstituten wie
- Banken
- Direktbanken
- Girozentralen
- Sparkassen
- Bausparkassen

Sie können auch bei Versicherungen, Immobilienvermittlern oder an Börsen und im Wertpapierhandel geeignete Tätigkeitsfelder finden.

Worauf kommt es an?

Fast alle Banken legen Wert auf ein sehr gepflegtes Erscheinungsbild, das durch entsprechende Kleidung unterstützt wird. Kommunikationsfähigkeit, Kunden- und Serviceorientierung erleichtern das Eingehen auf Kunden in Beratungsgesprächen. In Konfliktsituationen mit anspruchsvollen Kunden sind Beherrschtheit und Selbstsicherheit wichtig, um ruhig und souverän auftreten zu können. Gute Mathematikkenntnisse sind Voraussetzung. Für die Geschäftskorrespondenz sind ein guter sprachlicher Ausdruck und eine sichere Rechtschreibung notwendig. Vertragsabschlüsse erfordern Wissen in Wirtschaft und Recht. EDV-Kenntnisse helfen beim Erstellen von Statistiken und Kalkulationen.

Infos auf einen Blick	
Berufstyp	anerkannter Ausbildungsberuf
Schulabschluss	Keine bestimmte Schulbildung vorgeschrieben; in der Praxis wird mindestens ein guter Sekundarabschluss I erwartet.
Ausbildungsart	duale Berufsausbildung geregelt nach Berufsbildungsgesetz (BBiG)
Ausbildungsdauer	3 Jahre
Lernorte	Betrieb und Berufsschule

Kaufmännische Ausbildungsberufe

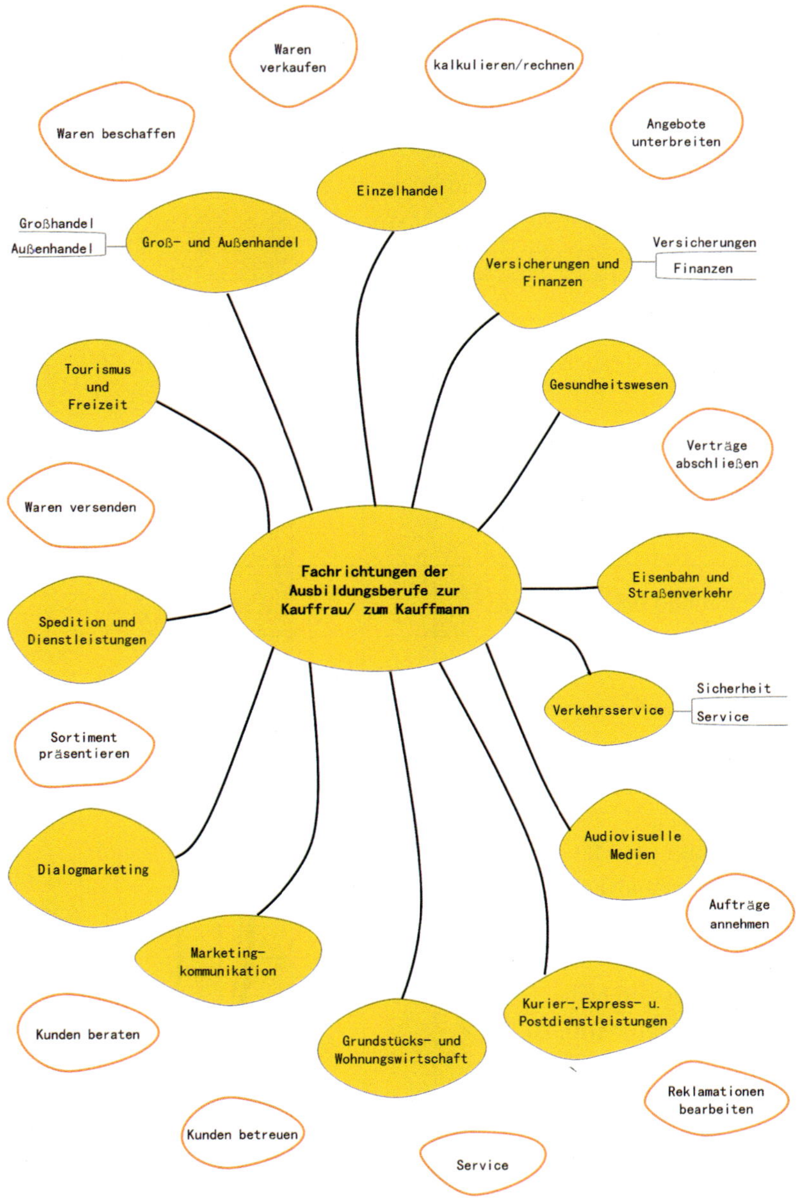

Aufgaben

1. Welche der aufgeführten Tätigkeiten hast du schon kennengelernt?
2. Hast du schon in einem der Berufe eigene Erfahrungen gemacht?
3. Ordne in einer Tabelle den Berufen die passenden Tätigkeiten zu.
4. Welche Tätigkeiten interessieren dich besonders?
5. Erkundige dich über einen oder mehrere zu diesen Tätigkeiten passende(n) Beruf(e) und erstelle darüber jeweils einen Steckbrief nach dem Vorbild von Seite 186.

R Rückspiegel: Was habe ich gelernt?

Meine Stärken

- Übertragt den Selbsteinschätzungsbogen auf ein Blatt.
- Der Selbsteinschätzungsbogen kann um weitere Punkte ergänzt werden.
- Jede/r Einzelne füllt diesen für ihre/seine Kompetenzmappe aus.

Selbsteinschätzungsbogen Zum Thema: Geld	Name: Max Klasse: 9 b			
	☺☺	☺	☹	☹☹
Ich kenne die Sicherheitsmerkmale der Euro-Geldscheine.	X			
Ich weiß, welche Aufgaben Banken haben.		X		
Ich kann online ein Konto führen.				X
Ich kenne mindestens drei verschiedene Möglichkeiten einer Geldanlage.			X	
Ich kann mithilfe eines Mediums (z. B. Plakat) meinen Mitschülern ein wirtschaftliches Thema präsentieren.		X		
Ich bin in der Lage, in einer Diskussion Mitschülern zuzuhören und eigene Argumente zu begründen.	X			
Ich kann die Kosten eines Kredits berechnen.	X			
Ich kann Statistiken und Schaubilder beschreiben und bewerten.		X		
Die Geschichte und die Funktionen des Geldes sind mir vertraut.			X	
Gruppenarbeit fällt mir leicht.	X			
Ich habe gute Noten bekommen.		X		
Zähle zusammen:	4	4	2	1

Sparformen

Zu jeder Sparform gehört ein passender Begriff. Finde die zusammengehörenden Begriffe:

- Investmentfonds
- vermögenswirksames Sparen
- Aktien
- Zinsen
- Dividende
- Sparkonto
- Risikomischung
- Bausparvertrag
- Arbeitnehmersparzulage
- zinsgünstiges Darlehen

Zahlungsverkehr

Zahlungen kann man auf unterschiedliche Weise erledigen. Überlege, welche Zahlungsvorgänge hier getätigt wurden: Electronic Cash – Überweisung – Einzugsermächtigung – Kreditkarte – Dauerauftrag

① Frau Joos hat Waren von einem Versandhaus erhalten. Da sie ein Girokonto hat, begleicht sie die Rechnung bargeldlos.

② Herr Vitek hat eine neue Wohnung bezogen. Er und sein Vermieter haben jeweils ein Girokonto. Der Vermieter möchte, dass die Miete jeweils am Monatsanfang bargeldlos bezahlt wird.

③ Frau Betz hat ein Girokonto und möchte ihre monatliche Telefonrechnung, die in der Höhe schwankt, bargeldlos bezahlen.

④ Herr Romano legt bei der Bezahlung seiner Hotelrechnung eine Karte vor. Diese wird durch ein Lesegerät gezogen. Herr Romano unterschreibt einen Beleg. Der Betrag wird von seinem Girokonto am Monatsende abgebucht.

⑤ Frau Morgil kauft bei einem Einkaufsbummel ein Kleid, das ihr gefällt. Sie steckt ihre EC-Karte in einen Kartenleser, tippt ihre Geheimzahl ein und bestätigt den Betrag. Anschließend erhält sie einen Kassenbeleg. Der Betrag wird von ihrem Girokonto sofort abgebucht.

Aufgaben

Kreditkosten

Familie Becker will ihr Haus renovieren. Dafür muss sie einen Kredit von 50 000 Euro aufnehmen.

1 Berechne die Gesamtkosten des Kredits, wenn der monatliche Zinssatz 0,45 Prozent beträgt und der Kredit nach zehn Jahren zurückgezahlt sein soll. Beachte auch, dass eine Bearbeitungsgebühr von drei Prozent der Kreditsumme berechnet wird.

2 Welchen Betrag muss Familie Becker jeden Monat zurückzahlen?

Planspiel Börse

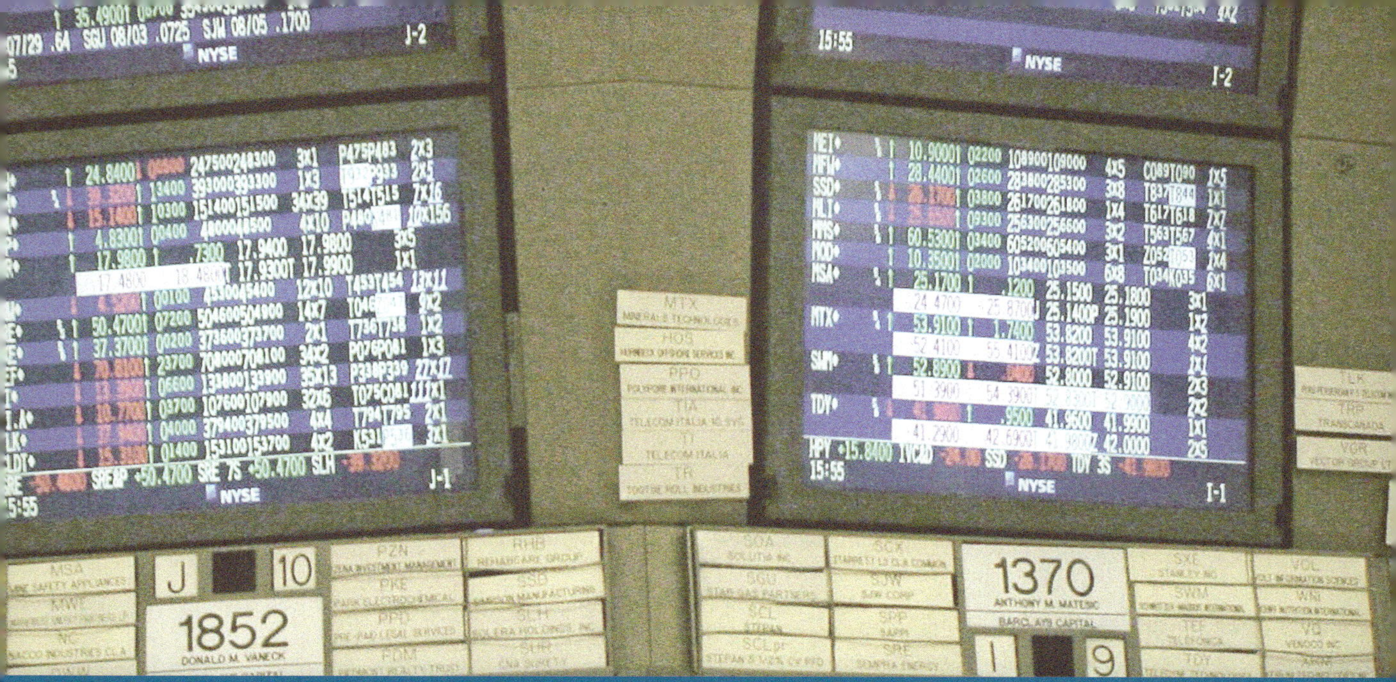
NYSE
1852
1370

Vortag
4017,92
11:10
12:15
13:20
14:25
15:30

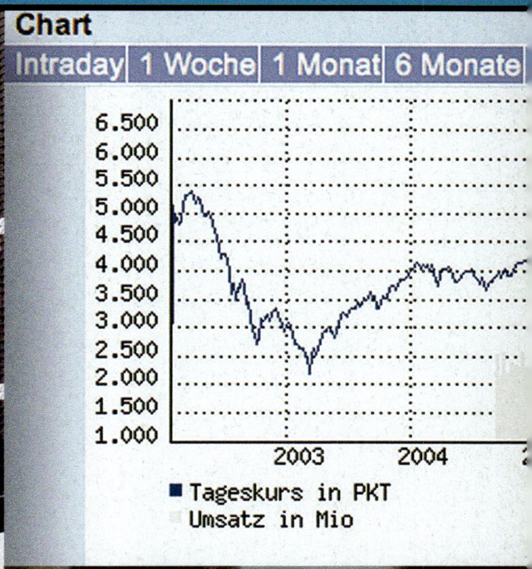
Chart
Intraday
1 Woche
1 Monat
6 Monate
6.500
6.000
5.500
5.000
4.500
4.000
3.500
3.000
2.500
2.000
1.500
1.000
2003
2004
Tageskurs in PKT
Umsatz in Mio

Handeln mit Aktien

Oma Gisela und Opa Emil schenken Emma zum 18. Geburtstag 5 000 Euro und ein Aktiendepot mit zehn BASF- und fünf Siemens-Aktien. In einem Brief erklären die Großeltern ihre Gründe für das großzügige Geschenk.

Happy birthday Emma!!

Liebe Emma,

zu deinem 18. Geburtstag wünschen wir dir alles Gute. Im Laufe deines Lebens wirst du viele Wünsche haben, die du dir erfüllen möchtest. Um dir dies in Zukunft zu ermöglichen, schenken wir dir 5000 Euro und ein Aktiendepot. Opa Emil hat für dich das Depot mit 10 BASF- und 5 Siemens-Aktien bereits im Januar 2007 eröffnet. Wir möchten dich bitten, das Geld nicht sofort auszugeben, sondern es ebenfalls an der Börse für deine Zukunft anzulegen.

Deine dich liebenden Großeltern

Oma Gisela und Opa Emil

192.1 Die richtige Geldanlage?

Emma freut sich riesig über das großzügige Geschenk. 5000 Euro und ein Aktiendepot mit zehn BASF-Aktien und fünf Siemens-Aktien. Doch was ist eigentlich ein Aktiendepot? Und was sind eigentlich Aktien? Sie soll die 5 000 Euro an der Börse anlegen. Doch wo oder was ist die Börse? Sind die BASF- und Siemens-Aktien wertvoll und könnte sie diese jederzeit verkaufen? Fragen über Fragen!

Am nächsten Tag entschließt sich Emma, bei ihrer Hausbank anzurufen. Sie vereinbart einen Termin bei ihrem Bankberater Herrn Müller, um sich näher über ihr Aktiendepot und die Börse zu informieren.

Am nächsten Morgen:
Emma Noll: Guten Morgen, Herr Müller.
H. Müller: Guten Morgen, Frau Noll.
Emma: Ich habe von meinen Großeltern ein Aktiendepot bei Ihrer Bank mit verschiedenen Aktien geschenkt bekommen. Ich kenne mich mit Aktien aber nicht aus. Was sind überhaupt Aktien und was ist ein Depot? Wo sind meine Aktien? Kann ich sie sehen? Und ...?
Herr Müller: Gut, ich werde versuchen, Ihnen alles zu erklären. Aktien sind Anteile an einer Aktiengesellschaft. Der Eigentümer einer Aktie, der Aktionär, besitzt demnach ein kleines Stück des Unternehmens. In Ihrem Fall besitzen sie einen Anteil an der BASF- und an der Siemens-AG. ...

Aufgabe

Lies die folgenden Informationen zur Börse genau durch und entwickle mit deinem Partner ein Rollenspiel zwischen Emma und Herrn Müller.
Ein Schüler übernimmt die Rolle von Emma und der andere die Rolle von Herrn Müller.
Klärt in dem Rollenspiel die im Informationstext hervorgehobenen Begriffe.

Begriffskiste

Börse

Die **Börse** ist ein „Marktplatz", an dem Aktien und andere Wertpapiere gekauft oder verkauft werden.

Da viele Menschen weltweit auf diesem „Marktplatz" Wertpapiere anbieten oder nachfragen, erfolgt der Kauf bzw. Verkauf von Wertpapieren elektronisch, also mit dem PC.

Depot/Depotgebühren

Wer Aktien kaufen oder verkaufen will, muss zunächst ein **Depot** bei einer Bank einrichten. Das Depot dient der Bank zur Aufbewahrung und Verwaltung von Aktien. Emma kann also nicht direkt bei der Börse anrufen und Aktien kaufen oder verkaufen, sondern muss ihre Bank beauftragen, dies für sie zu tun. Die gekauften Aktien liegen nicht in Papierform im Depot, sondern werden elektronisch von der Bank verwaltet. Die Bank verbucht hier Käufe und Verkäufe auf einem **Depotauszug** (wie bei einem Kontoauszug).

Für die Verwaltung von Depots verlangen die Banken **Gebühren**.

Aktie/Aktionär

Eine **Aktie** ist ein Anteilsschein an einem Unternehmen (einer Aktiengesellschaft).

Der Besitzer von Aktien wird **Aktionär** genannt. Er besitzt somit einen kleinen Teil des Unternehmens.

Order

Eine **Order** ist ein Auftrag zum Kauf oder Verkauf von Aktien. Man kann allerdings nicht bei der Börse anrufen und Aktien ordern. Eine Order geht immer über eine Bank. Vorausgesetzt, man hat ein Depot bei dieser Bank. Will Emma ihre Aktien verkaufen oder andere Aktien kaufen, so muss sie ihre Bank anrufen oder diese über den PC (Onlinebanking) beauftragen, dies für sie zu tun. Hierfür verlangt eine Bank Gebühren, sogenannte **Ordergebühren**.

Aufgaben

1 Entwickle ein Flussdiagramm zum Kauf von Aktien. Die einzelnen Schritte sind allerdings ziemlich durcheinander. Bringe diese in die richtige Reihenfolge.

- Ein Depot wird bei einer Bank eröffnet.
- Die Aktien werden im Depot der Bank hinterlegt.
- Die Bank wird telefonisch oder durch Onlinebanking beauftragt, Aktien zu kaufen.
- Die Börse („Marktplatz") regelt den Kauf und informiert die Bank.
- Die Bank leitet die Order weiter an die Börse.

2 Schreibe die Lösungen des Rätsels in dein Heft. Umlaute, wie „ä" schreibst du als „ae", „"ü" als „ue" und „ö" als „oe". Die Buchstaben, die mit einer Zahl markiert sind, bilden am Ende ein Lösungswort. Die 1 ist der erste Buchstabe des **Lösungsworts** und die 6 der letzte Buchstabe.

a) Du benötigst ein _6___ bei einer Bank, um Aktien zu kaufen und zu verkaufen.

b) Ein anderes Wort für den Kauf oder Verkauf einer Aktie. ___3_

c) Den Besitzer von Aktien nennt man ____2____.

d) Eine große Aktiengesellschaft in Ludwigshafen. 1_5_- AG

e) Für jeden Kauf und Verkauf von Aktien verlangt die Bank ______4__.

Chancen und Risiken beim Kauf von Aktien

Die Auswahl der richtigen Geldanlage ist von der individuellen Lebenssituation des einzelnen Menschen abhängig. Dabei muss man die Verfügbarkeit, die Sicherheit und den gewünschten Ertrag berücksichtigen.

Verfügbarkeit
Aktien können im Normalfall jeden Tag an der Börse verkauft werden. Also steht dir dein eingesetztes Kapital jederzeit zur Verfügung. Aber Achtung: Unter Umständen ist die Aktie an dem Tag, an dem du sie verkaufen willst, weniger Wert als beim Kauf. Somit würdest du, wenn du unbedingt an dein Geld kommen müsstest, einen Verlust machen.

Ertrag und Sicherheit
Jede Geldanlage soll dazu führen, dass sich das eingesetzte Kapital vermehrt. Beim Kauf von Aktien können unter Umständen hohe Kursgewinne und Dividenden erzielt werden. Aktienkäufe sind allerdings riskant, da man aufgrund der Kursschwankungen auch Verluste machen kann. Das größte Risiko trägt ein Aktionär, wenn eine Aktiengesellschaft Insolvenz anmelden muss. Der Anleger verliert hierbei den größten Teil seines investierten Kapitals. Dies kommt allerdings selten vor.

Zusammenfassend gilt beim Aktienkauf
Sicherheit, Ertrag und Verfügbarkeit stehen in einem klaren Spannungsverhältnis. Deshalb spricht man auch vom magischen Dreieck der Geldanlage. So besteht das Risiko der Investition in Aktien vor allem darin, dass Aktienkurse stark schwanken. Das heißt, man kann durch den Kauf von Aktien höhere Gewinne erzielen als bei Zinspapieren. Dafür besteht aber auch das Risiko, dass der Anleger Verluste machen kann.

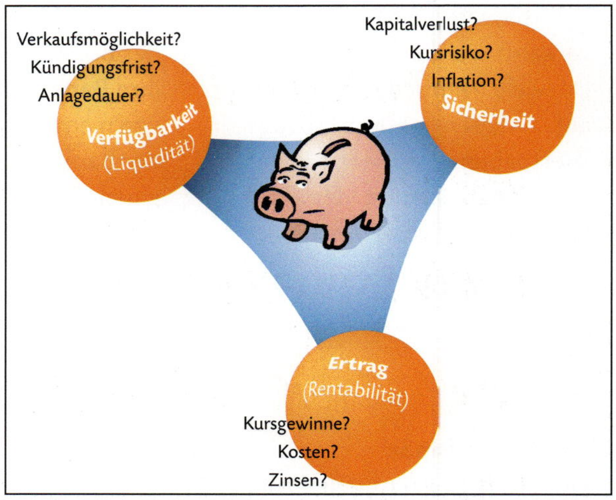

194.1 Das magische Dreieck der Geldanlage

Börsenregeln
1. Handle nicht mit Aktien, wenn du das Geld kurzfristig benötigst. Aktiengewinne brauchen unter Umständen Zeit.
2. Handle nur mit Aktien von Unternehmen, die Gewinne erzielen, da diese Unternehmen „gesund" sind und kein Insolvenzrisiko besteht.

Aufgabe

Erstelle eine Tabelle, welche die Verfügbarkeit, das Risiko und den Ertrag von Aktien, Sparkonten und Tagesgeldkonten vergleicht. Über das Tagesgeldkonto kannst du dich im Internet oder bei einer Bank informieren.

	Verfügbarkeit	Risiko	Ertrag
Aktie			
Sparkonto			
Tagesgeldkonto			

Kursrecherche

Emma möchte mithilfe des Internets einige Informationen über bestimmte Aktien herausfinden. Du bist ein guter Freund von Emma und hilfst ihr dabei.

www.google.de

www.bing.com

www.fireball.de

www.blinde-kuh.de

www.yahoo.de

195.1 Adressen von Suchmaschinen

BASF
The Chemical Company

195.2 Das Firmenlogo der BASF

195.3 Solaranlage

Durchführung einer Internetrecherche
Das Internet bietet viele Möglichkeiten, schnell und aktuell Börseninformationen zu erhalten. Sofern du keine genaue Internetadresse eines Informationsanbieters hast, helfen dir Suchmaschinen, bestimmte Informationen im Internet zu finden. Einige bekannte Suchmaschinen sind: www.google.de, www.web.de, www.yahoo.de.

In diese Suchmaschinen gibst du deine Suchbegriffe ein. Wenn du den Verlauf einer Aktie sehen willst, so gibst du als Suchbegriff beispielsweise „Chart BASF" ein. Suchst du den Kurs, so gibst du z. B. „Kurs Siemens" ein. Willst du Meinungen und Analysen von Fachleuten erhalten, so suchst du beispielsweise nach „Solarworld" und einem weiterem Suchbegriff wie z. B. „Börse" oder „Aktienanalyse".

Aufgabe

- Emma ist neugierig, wie viel ihre BASF- und Siemens-Aktien heute wert sind. Weiterhin will sie herausfinden, wie sich der Wert dieser Aktien seit Januar 2007 verändert hat.
- Emma hat in einer Zeitung gelesen, dass Solarenergie immer häufiger genutzt wird. In dem Artikel stand weiterhin, dass das größte deutsche Solarunternehmen „Solarworld" heißt. Emma überlegt, unter Umständen Aktien dieses Unternehmens zu kaufen. Aber zuvor will sie sich informieren, wie sich die Aktie des Solaranbieters „Solarworld" in diesem Zeitraum (von Januar 2007 bis heute) verändert hat.

Hilf Emma beim Recherchieren dieser Informationen im Internet und zeichne die Kursverläufe (Charts) der Unternehmen grob in dein Heft.

Das Nah-dran-Börsenspiel

Mit echtem Geld tät's mancher nicht

Viel Zeit, ihr Kapital zu vermehren, haben die Schüler bei dem Börsenspiel der Sparkassen nicht – gerade mal zehn Wochen. Somit muss es bei der Wahl der Wertpapiere um kurzfristige Gewinnstrategien gehen, wenn man im Börsenspiel die Nase vorne haben will, um die Geldpreise zu gewinnen.

Affe Luscha spekuliert an der Börse besser als die Börsenprofis

Peinlich, peinlich für die Börsianer. Die kleine Zirkusäffin Luscha nahm an einem Experiment teil: Sie durfte aus 30 bunten Würfeln, die für die Aktien großer Konzerne standen, acht auswählen. Ihr Aktiengewinn wuchs im Lauf des Jahres auf den dreifachen Wert an und übertrumpfte damit deutlich die Gewinne vieler Börsenprofis.

Immer wieder kommt es vor, dass bei Börsenspielen Personen oder gar Tiere, wie im Fall des Affen Luscha, höhere Gewinne erzielen als Börsenprofis oder Privatpersonen, die sich mit dem Thema sehr intensiv auseinandersetzen.

Bei den meisten Börsenspielen, die in der Regel von Banken angeboten werden, versuchen die teilnehmenden Schüler die Siegesprämien zu gewinnen. Dies ist meist aufgrund der relativ kurzen Spieldauer nur mit einer sehr risikoreichen Strategie möglich.

Bei dem in diesem Buch dargestellten Börsenspiel gewinnt nicht unwillkürlich das Team mit dem höchsten Gewinn, sondern das Team, welches in der Lage ist, seine Börsenentscheidungen zu begründen. Hierfür ist ein Punktesystem vorgesehen. Die Punkte werden durch deine Lehrkraft regelmäßig vergeben. Auch ist der Zeitansatz längerfristiger als bei den meisten Börsenspielen. Denn häufig ist es so, dass die Entscheidungen bezüglich eines Kaufs oder Verkaufs einer Aktie sich nicht innerhalb von wenigen Wochen auszahlen, sondern erst nach Monaten oder Jahren.

Ziel des Börsenspiels in diesem Buch ist es demnach, Kursgewinne zu erzielen, ohne dabei den Sicherheitsaspekt und somit das Risiko einer Investition in Aktien zu vernachlässigen.

196.1 Die Entwicklung des DAX

Spielregeln

Gruppeneinteilung

Das Börsenspiel erfolgt in Gruppenarbeit. Da es langfristig angelegt ist, müsst ihr in diesen Gruppen über einen langen Zeitraum zusammenarbeiten. Teamarbeit ist hierbei sehr wichtig.

Spieldauer

Das Nah-dran-Börsenspiel dauert 14 Wochen. Es kann aber ohne Weiteres verlängert werden.

Ausgangssituation

Ihr habt 50 000 Euro Spielkapital, das ihr in Aktien anlegen könnt.

197.1 Aktie der Deutschen Post AG

197.2 Kursverlauf im DAX

197.3 Kurse von Aktien an unterschiedlichen Tagen werden im Börsenteil von Zeitungen gelistet.

Börsenordner

Ihr legt einen „Börsenordner" an. In diesen Ordner heftet ihr alle

- Kaufzettel (Kopiervorlage: Formular Kauf),
- Verkaufszettel (Kopiervorlage: Formular Verkauf),
- die Gesamtübersicht über eure Gewinne und Verluste (Ausdruck der Exceltabelle: Gesamtübersicht: Gewinn und Verlust) und
- die Unternehmensberichte

ab.

Diesen Börsenordner gebt ihr nach jeder Spielphase eurer Lehrkraft ab, sodass diese die Bewertung vornehmen kann.

Kauf von Aktien

Um den Überblick zu bewahren, beschränkt ihr euch in den ersten Spielwochen auf den Kauf und Verkauf von Aktien, die im DAX gelistet sind. Die Abkürzung DAX bedeutet „Deutscher Aktien Index". Dieser Index beinhaltet die 30 größten Unternehmen Deutschlands. Im Laufe des Börsenspiels dürft ihr auch Aktien ordern, die im M-Dax (mittelgroße Unternehmen) und im Tec-Dax (Technologieunternehmen) gelistet sind.

Wie erfolgt der Kauf und Verkauf einer Aktie?

Jede Order (Kauf oder Verkauf) kostet 10 Euro Gebühren bei eurer Hausbank.

Wenn ihr euch für den Kauf einer Aktie entscheidet, so müsst ihr folgendes Formular ausfüllen und bei eurer Lehrkraft abgeben:

Gruppe: ______________ Woche: ______ Datum: ______

Kaufformular:

Unternehmen	Datum	Stückzahl	Stop-buy	Kaufpreis ohne Gebühr	10 Euro Ordergebühr	Kaufpreis inklusive Gebühr
					10,–	

Erklärungen

Unternehmen: Name des Unternehmens (z. B. Deutsche Telekom AG)

Datum: Ab diesem Tag wollt ihr die Aktien kaufen.

Stückzahl: Anzahl der Aktien, die ihr kaufen wollt (z. B. 100 Stück Deutsche-Telekom-Aktien).

198.1

Stop-buy

Der Kurs, zu dem ihr die Aktien kauft, ist immer der Schlusskurs des Kauftages (euer Datum). Solltet ihr eine Aktie nur bis zu einem bestimmten Kurs kaufen wollen, so könnt ihr bei „Stop-buy" einen Betrag eingeben. Liegt der Kurs am Tagesende über eurem Stop-buy-Kurs, so kauft ihr die Aktie nicht. Liegt sie darunter, so kauft ihr die Aktie. Tragt ihr unter Stop-buy keinen Betrag ein, so kauft ihr die Aktie zum entsprechenden Tagesendkurs.

Beispiel

Ihr wollt Aktien der Deutschen Telekom kaufen. Euer Stop-buy liegt bei 11,20 Euro.

- Fall 1: Der Tagesendkurs liegt bei 11,10 Euro.
  Ihr kauft die Aktie.
- Fall 2: Der Tagesendkurs liegt bei 11,30 Euro.
  Ihr kauft die Aktie nicht.

Eure Order (Kaufauftrag) bleibt bestehen. Falls der Tagesendkurs an den Folgetagen 11,20 Euro beträgt, dann kauft ihr die Aktie.

Kam ein Kauf zustande, so gibt euch eure Lehrkraft den entsprechenden Orderzettel mit dem Kurs, den ihr für den jeweiligen Kauf gezahlt hattet, zurück. Ihr heftet das Verkaufsformular in eurem Börsenordner ab und übertragt die entsprechenden Daten in die Exceltabelle „Gesamtübersicht (Gewinn/Verlust)".

Verkauf von Aktien

198.2

Verkauf von Aktien

Wenn ihr euch für den Verkauf einer Aktie entscheidet, so müsst ihr folgendes Formular ausfüllen und bei eurer Lehrkraft abgeben:

Gruppe: ______________ Woche: ______ Datum: ______

Verkaufsformular:

Unternehmen	Datum	Stückzahl	Stop-loss	Verkaufspreis ohne Gebühr	10 Euro Ordergebühr	Verkaufspreis inklusive Gebühr
					10,–	

Erklärungen

Unternehmen: Name des Unternehmens (z. B. BMW)
Datum: Ab diesem Tag verkauft ihr die Aktien.
Stückzahl: Anzahl der Aktien, die ihr verkaufen wollt (z. B. 30 BMW-Aktien).

199.1 Kursverlauf einer Aktie

199.2 Recherche im Internet

199.3

Stop-loss

Der Kurs, zu dem ihr die Aktien verkauft, ist immer der Schlusskurs des Verkaufstages (euer Datum). Solltet ihr eine Aktie nur bis zu einem bestimmten Kurs verkaufen wollen, so könnt ihr bei „Stop-loss" einen Betrag eingeben. Liegt der Kurs am Tagesende unter eurem „Stop-loss"-Kurs, so verkauft ihr die Aktie nicht. Liegt sie darüber, so verkauft ihr die Aktie.

Beispiel

Ihr wollt Aktien der Deutschen Telekom verkaufen. Euer Stop-loss liegt bei 11,50 Euro.

- Fall 1: Der Tagesendkurs liegt bei 11,55 Euro.
  Ihr verkauft die Aktie.
- Fall 2: Der Tagesendkurs liegt bei 11,45 Euro.
  Ihr verkauft die Aktie nicht.

Eure Order (Verkaufsauftrag) bleibt bestehen. Falls der Tagesendkurs in den Folgetagen 11,50 Euro beträgt, verkauft ihr die Aktie.

Kam ein Verkauf zustande, so gibt euch eure Lehrkraft ebenfalls den entsprechenden Orderzettel mit dem Kurs, den ihr für den jeweiligen Verkauf erhalten habt, zurück. Ihr heftet den Zettel in eurem Börsenordner ab und übertragt die entsprechenden Daten in die Exceltabelle „Gesamtübersicht (Gewinn/Verlust)".
Druckt die Tabelle regelmäßig aus und heftet sie in eurem Ordner ab. Somit ist eine lückenlose Dokumentation eurer Käufe und Verkäufe gegeben und ihr wisst jederzeit, wie viel ihr noch investieren könnt.

199.4 Kursverlauf der Google-Aktie

Berichte zu den einzelnen Unternehmen

Ihr müsst in jeder Spielrunde (alle zwei Wochen) Berichte zu mindestens drei Unternehmen in eurem Börsenordner abheften und eure jeweiligen Entscheidungen begründen. Solltet ihr euch noch nicht zu einem Kauf einer Aktie entschließen, so müsst ihr dennoch drei Berichte zu Unternehmen anfertigen, die ihr beobachtet und unter Umständen in den nächsten Tagen oder Wochen kaufen wollt.

200.1 Börsenmakler auf dem Parkett

Folgende Informationen sollte euer Bericht enthalten:
Begründung für den Kauf/Verkauf bestimmter Aktien:
- Warum habt ihr die Aktie XYZ gekauft?
- Warum habt ihr die Aktie XYZ verkauft?

Begründung für die Beobachtung von Aktien:
- Folgende Aktien sind für uns interessant, weil ...
- Wir werden diese Aktien unter Umständen demnächst kaufen/verkaufen, weil ...

Info

Wichtig: Gebt bei euren Berichten immer die Quelle eurer Informationen an und schreibt immer das aktuelle Datum auf den Bericht.

Ziel des Spiels
Ziel des Spiels ist es, einen Gewinn zu erzielen. Gewinner des Spiels ist nicht die Gruppe, die den höchsten Gewinn erzielt, sondern diejenige, die aufgrund von nachvollziehbaren Argumenten bestimmte Aktien kauft und dann entsprechende Gewinne erzielt. Wie gut oder schlecht eure Argumente sind, entscheidet eure Lehrkraft.

200.2 Ziel des Spiels = Gewinn

Nach jeder Spielphase (alle zwei Wochen) erhaltet ihr ...
- Punkte für die Nachvollziehbarkeit eurer Unternehmensberichte (z. B. warum haben wir folgende Aktien gekauft, verkauft, beobachtet?) (0–12 Punkte).

Nach vier Spielphasen (nach acht Wochen) und nach sieben Spielphasen (nach 14 Wochen) erhaltet ihr ...
- Punkte für die Höhe eures Gewinns (0–8 Punkte).

Das Formular mit den Punkten wird ebenfalls in eurem Börsenordner abgeheftet. Auf der Grundlage eurer Gesamtpunkte wird nach sieben Spielphasen des Börsenspiels (14 Wochen) ein Sieger ermittelt.

Jetzt geht's los!

201.1

Der erste Arbeitsauftrag zum Nah-dran-Börsenspiel:
Beantwortet mithilfe des Internets die folgenden Fragen. Zur Informationsbeschaffung helfen immer noch die folgenden Suchmaschinen: www.google.de, www.web.de, www.yahoo.de.
Wenn ihr Internetseiten findet, die für das Börsenspiel sinnvoll sind, so notiert diese Adressen in eurem Börsenordner.

Info

Wichtig! Am Ende der Unterrichtsstunde müsst ihr drei Unternehmensberichte (Kauf/Verkauf/Beobachtung) eurer Lehrkraft abgeben. Vergesst die Quellenangaben nicht. (Woher stammen die Informationen eurer Berichte?) Für diese Berichte erhaltet ihr entsprechende Punkte.

Amtliches Kursblatt

AKTIEN → DAX

Sortiert nach → Aktie

AKTIE ISIN	WKN KÜRZEL	ERÖFFNUNG KASSA	SCHLUSS #PREISFIXINGS
APFEL-SAHARA AG DE0000000123	000123 APF	77,000 n/a	75,000 16
AVATAR AG VNA O.N. DE0000000122	000122 AVA	138,500 n/a	133,000 800
BETT AG O.N. DE0000000121	000121 BET	37,000 n/a	36,700 140
BUS VEREINSBANK O.N. DE0000000120	000120 BUS	20,200 n/a	19,000 179

201.2 Auszug aus dem amtlichen Kursblatt

Beachtet das Kurs-Gewinn-Verhältnis (KGV) eines Unternehmens:
Ob eine Aktie fällt oder steigt, hängt von einer Vielzahl von Faktoren ab. Ein wichtiger Faktor ist der Gewinn eines Unternehmens. Eine relativ einfache Möglichkeit, Gewinninformationen eines Unternehmens zu erhalten, ist das sogenannte Kurs-Gewinn-Verhältnis (KGV). Je niedriger diese Zahl ausfällt, desto besser.
Beispiel: Ein Unternehmen hat ein KGV von 10. Dies bedeutet, dass das Unternehmen in 10 Jahren so viel Gewinn erzielen wird, wie das Unternehmen zurzeit an der Börse wert ist.

Name	Kurs am 22.10.2010	KGV
Dt. Bank AG	41,00	6,6
RWE AG	49,08	7,1
Allianz AG	86,90	8,1

Als Suchbegriffe könnt ihr in entsprechenden Suchmaschinen Begriffe wie DAX, Aktie, Kurs oder den Namen eines Unternehmens eingeben.

Aufgaben

1 Welche Unternehmen sind im DAX enthalten?
2 Informiert euch über drei DAX-Unternehmen. Sind die Nachrichten eher positiv oder negativ? Wie schätzen Fachleute (sogenannte Analysten) diese Aktien ein? Wie schätzt ihr die gegenwärtige Lage ein?
3 Trefft die entsprechenden Kaufentscheidungen. Solltet ihr unsicher sein, beobachtet diese DAX-Unternehmen. Hilfe für eure ersten Entscheidungen findet ihr im Kastentext oben.

Der Staat in der Wirtschaft

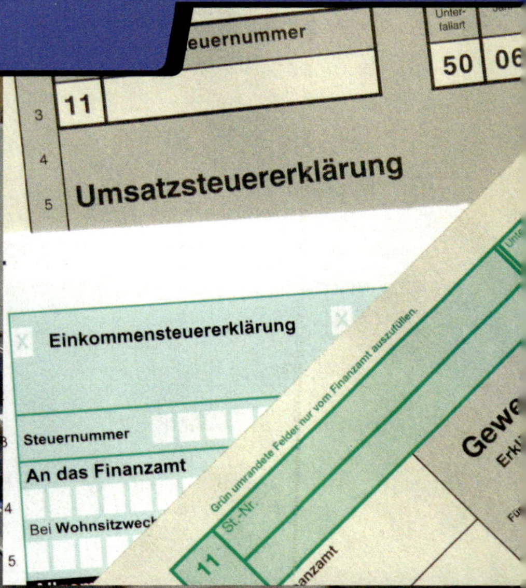

Konjunktur

204.1 Emma beim Zeitunglesen

Durch das Börsenspiel motiviert liest Emma regelmäßig den Wirtschaftsteil der Zeitung. Denn wer sich informiert, ist klar im Vorteil. Hier liest sie eines Tages folgenden Artikel:

Die Konjunktur hat Fahrt aufgenommen – Deutschlands starker Aufschwung

Die Trendwende kam schneller als erwartet: Nach der schweren Rezession im Winterhalbjahr hat die deutsche Wirtschaft im Frühjahr mit einer kraftvollen Beschleunigung auf die Überholspur gewechselt und bescherte das höchste Wirtschaftswachstum seit der Wiedervereinigung vor 20 Jahren. Deutschland wurde zur Konjunkturlokomotive in ganz Europa. Dank der positiven Konjunkturlage ist die Produktionsauslastung der Unternehmen hoch, die Arbeitslosigkeit sinkt und die Börsenkurse steigen weiter.

Emma versteht den Zusammenhang nicht: Was ist eigentlich Konjunktur und warum soll sie gerade der Grund dafür sein, dass die Unternehmen mehr produzieren und die Arbeitslosigkeit zurückgeht? Und warum steigen deshalb meine Aktien?

Am Abend fragt sie ihren Vater, der ein eigenes Unternehmen mit 30 Mitarbeitern führt:

204.2

Emma: „Hallo Papa. Ich musste heute an dich denken. In der Zeitung stand in einem Artikel, dass die Unternehmen wegen der guten Konjunktur zurzeit mehr produzieren. Produzierst du in deiner Firma jetzt auch mehr? Und was hat das mit der Konjunktur zu tun?"

Peter Noll: „Schön, dass du dich für meine Arbeit interessierst. Ja, meiner Firma geht es zurzeit wirklich gut. Wir bekommen viele Aufträge und wir haben erst kürzlich drei neue Mitarbeiter eingestellt. In einer konjunkturellen Aufschwungphase gibt es kaum Arbeitslosigkeit, die Menschen verdienen viel und konsumieren mehr. Diesen konjunkturbedingt erhöhten Konsum spüren wir auch, und unsere Geschäfte laufen gut."

Emma: „Das ist ja super. Aber wenn es deiner Firma immer besser und besser geht, dann ist doch bestimmt auch eine konjunkturbedingte Taschengelderhöhung für mich drin?"

Peter Noll: „Ja, aber die Wirtschaft unterliegt nun mal Schwankungen. Die Gewerkschaften fordern jetzt schon Lohnerhöhungen. Dann kaufen die Leute zwar mehr und der Konsum wird weiter angekurbelt, aber bei uns erhöhen sich die Lohnkosten."

Emma: „Aber das ist doch gut. Den Menschen geht es besser und du verkaufst noch mehr."

Peter Noll: „Klar, Emma. Aber der konjunkturelle Aufschwung hält nicht ewig an. Irgendwann haben wir Probleme, gute Mitarbeiterinnen und Mitarbeiter zu finden, und die Gewerkschaften werden noch höhere Löhne fordern. Um weiterhin Gewinn zu machen, müssen wir die Preise mehr und mehr erhöhen. Aber wenn unsere Produkte zu teuer werden, verkaufen wir weniger. Und dann wendet sich langsam das Blatt."

Emma: „Wieso?"

Peter Noll: „Die geringeren Verkaufszahlen und die hohen Lohnkosten haben zur Folge, dass unser Unternehmen weniger Gewinn macht. Die Produktion ist nicht mehr ausgelastet. Um nicht in die Verlustzone zu rutschen, müssen wir dann wahrscheinlich Arbeitnehmer entlassen. So wie uns geht es Millionen von anderen Unternehmen. Die Arbeitslosigkeit steigt in Deutschland und die Menschen sparen mehr und kaufen weniger. Wer eine Familie zu ernähren hat und seinen Job verliert, hat dann wirklich nichts zu lachen. Um über die Runden zu kommen, muss in der Familie jeder Cent umgedreht werden. Das verstärkt die ganze Sache noch. Die Menschen kaufen noch weniger. Also wird noch weniger produziert."

Emma: „Oje, und dann verarmen alle Menschen in Deutschland. Sag mal, Papa, du bist jetzt schon eine Weile Unternehmer. Geht das dann immer so weiter?"

Peter Noll: „Nein, irgendwann sind die Preise so günstig, dass die Menschen wieder Produkte kaufen, denn viele Produkte braucht man nun einmal zum täglichen Leben. Die Gewerkschaften halten sich mit ihren Lohnforderungen zurück und die Stimmung wird wieder besser. Es wird wieder investiert und die Auftragsbücher füllen sich langsam. Die Talsohle ist dann erreicht und eine neue Aufschwungphase beginnt. So ist die Wirtschaft nun mal! Die Konjunktur verläuft immer in Schwankungen."

Emma: „Aber meine Taschengelderhöhung bekomme ich doch. Immerhin haben wir zurzeit immer noch eine Aufschwungphase und deine Firma läuft ja super."

Aufgaben

1 Wie wirkt sich der konjunkturelle Aufschwung auf die Geschäftslage von Herrn Nolls Firma aus? Nimm bei deiner Antwort Stellung
a) zur Auftragslage,
b) zur Maschinenauslastung und
c) zu den Mitarbeiterzahlen.

2 Wie beurteilt Herr Noll die zukünftige konjunkturelle Lage?

Konjunkturphasen

Das ständige Auf und Ab in der Wirtschaft nennt man Konjunktur. Die Konjunktur verläuft wellenförmig nach einem bestimmten Zyklus. Der Konjunkturbegriff bezieht sich auf die wirtschaftliche Gesamtlage eines Landes (z. B. die Konjunktur Deutschlands) oder einer Branche (z. B. die Konjunktur der chemischen Industrie):

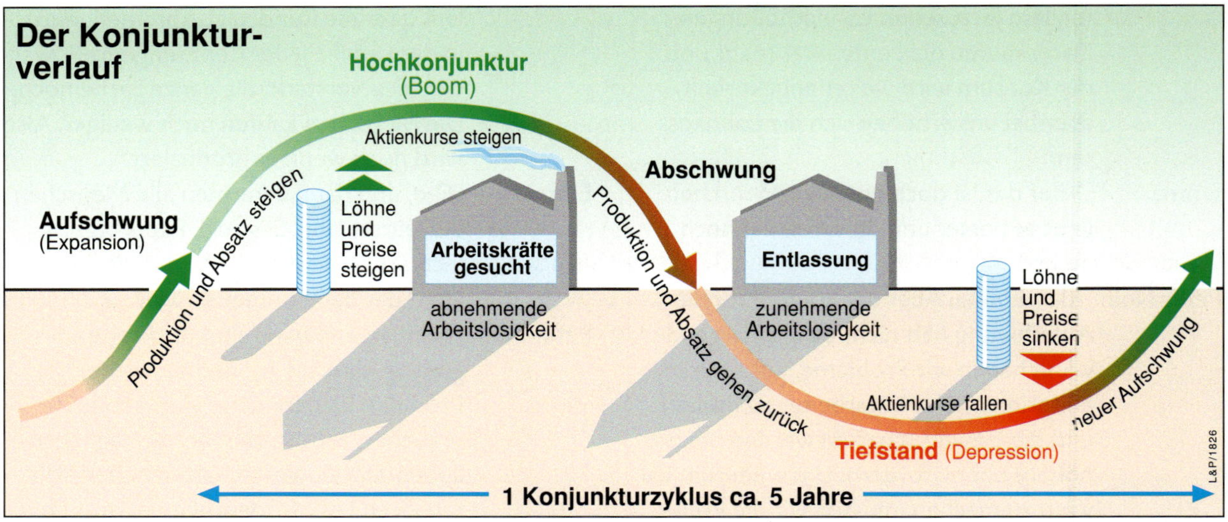

206.1

Der Konjunkturverlauf vollzieht sich in einer Wellenbewegung („Zyklus"). Ein Konjunkturzyklus besteht aus **vier Konjunkturphasen**:

1. Aufschwung (Expansion)
Die Auftragseingänge bei den Unternehmen nehmen zu. Die Produktion wird erhöht und Investitionen steigen aufgrund der positiven Zukunftserwartung. Die Unternehmen stellen mehr Personal ein und somit geht die Arbeitslosigkeit langsam zurück. Die Gewerkschaften können nun Lohnerhöhungen durchsetzen. Durch die Lohnerhöhungen kaufen die Konsumenten mehr Güter.

Info

Bruttoinlandsprodukt
Die Konjunktur eines Landes wird durch die Wachstumsrate des Bruttoinlandsprodukts gemessen. Das Bruttoinlandsprodukt (Abkürzung: BIP) gibt den Gesamtwert aller Güter und Dienstleistungen an, die innerhalb eines Jahres in einem Land (z. B. Deutschland) hergestellt wurden und dem Endverbraucher dienen.

2. Hoch (Boom)
Die Wirtschaft boomt! Durch die gestiegene Nachfrage erhöhen die Unternehmen weiter ihre Produktion. Es werden zusätzliche Arbeitsplätze geschaffen und es herrscht Vollbeschäftigung oder in manchen Bereichen Arbeitskräftemangel. Die Gewerkschaften können weitere Lohnerhöhungen durchsetzen. Aufgrund der weiter steigenden Löhne verteuern sich die Produkte.

3. Abschwung (Rezession)
Durch die Erhöhung der Produktpreise sinkt die Nachfrage. Die Auftragseingänge gehen zurück und die Produktion wird reduziert. Arbeitnehmer haben Angst vor einer möglichen Arbeitslosigkeit und sparen mehr. Dies hat einen weiteren Nachfragerückgang zur Folge und dies wiederum eine Reduzierung der Produktion. Die Unternehmen müssen Arbeitnehmer entlassen und die Gewerkschaften fordern weniger Lohnerhöhungen. Eine negative Spirale wird in Gang gesetzt.

4. Tief (Depression)
Der Tiefstand ist erreicht! Unternehmen melden den niedrigsten Auftragseingang seit Jahren. Die Produktion wird weiter zurückgefahren und die Unternehmen müssen aufgrund der schlechten Produktionsauslastung viele Arbeitnehmer entlassen, sodass die Arbeitslosenquote hoch ist. Aufgrund der sinkenden Nachfrage müssen die Unternehmen die Preise senken.
Bei niedrigen Preisen beginnen die Konsumenten, langsam wieder Güter zu kaufen. Der Tiefpunkt ist bald überschritten und ein neuer Zyklus beginnt.

Aufgaben

1 Wie verändern sich Nachfrage, Produktion, Preise, Löhne und Arbeitslosigkeit in den vier Konjunkturphasen? Erstelle hierzu eine Tabelle in deinem Heft.

2 Stelle dir vor, du wärst ein Journalist und solltest einen Artikel über die gegenwärtige konjunkturelle Wirtschaftslage schreiben. Formuliere vier mögliche Schlagzeilen für deinen Artikel.

3 In welcher Konjunkturphase ist es für dich leichter, eine Ausbildungsstelle zu finden? Begründe deine Antwort mithilfe der Erklärungen der Konjunkturphasen.

Das Stabilitätsgesetz

Am nächsten Tag erinnert sich Emma an die Unterhaltung mit ihrem Vater. Er sagte, dass die Wirtschaft durch Konjunkturschwankungen beeinflusst wird und sich dadurch die Chancen am Arbeitsmarkt verändern.
Das findet Emma unfair. Warum macht die Politik nichts dagegen?

208.1

Kurzerhand entschließt sich Emma, einen Brief an den Wirtschaftsminister zu schreiben.

Mainz, 14. Oktober 20..

Sehr geehrter Wirtschaftsminister,

mein Name ist Emma Noll und ich bin 18 Jahre alt. Ich habe letztes Jahr an der Realschule plus in Mainz meine Mittlere Reife erhalten und arbeite jetzt als Industriekauffrau in einem Mainzer Unternehmen. Anscheinend waren es nicht nur meine guten schulischen Leistungen, die es mir ermöglichten, eine Lehrstelle zu finden. Mein Vater erklärte mir gestern, dass Konjunkturschwankungen die Nachfrage nach Gütern, die Produktion dieser Güter und letztendlich den Arbeitsmarkt beeinflussen. Hatte ich bei meiner Lehrstellensuche einfach nur Glück, dass die konjunkturelle Lage gut war? Das halte ich für unfair! Warum versucht die Politik nicht, diese konjunkturellen Schwankungen zu verhindern und damit eine Chancengleichheit für alle Arbeitssuchenden herzustellen? Über eine Antwort auf diese Frage würde ich mich sehr freuen.

Mit freundlichen Grüßen

Emma Noll

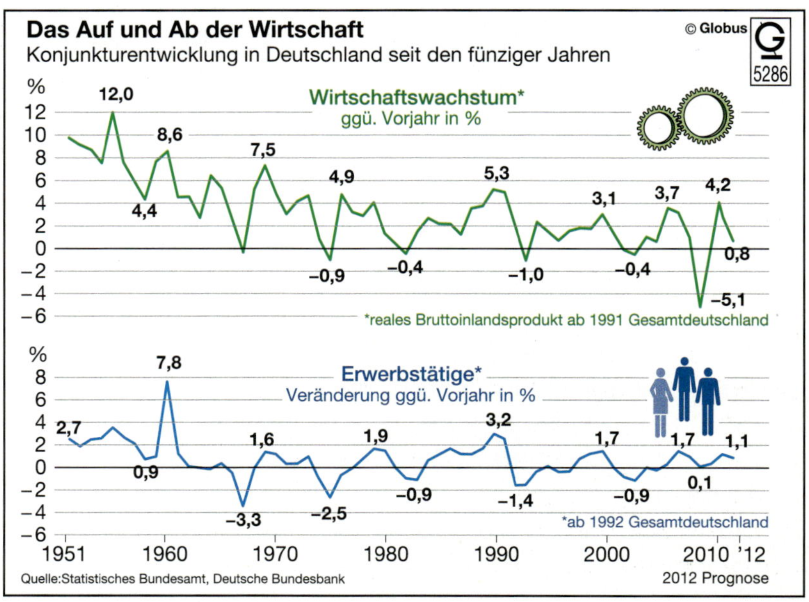

208.2 Auswirkungen der Konjunktur auf den Arbeitsmarkt

Aufgaben

1 Beschreibe den Zusammenhang zwischen dem Wirtschaftswachstum und dem Arbeitsmarkt mithilfe der Grafik 208.2.

2 Wie verändert sich die Erwerbstätigenzahl bei steigendem Wirtschaftswachstum?

209.1

Zwei Wochen später kam die Antwort des Ministers:

Bundesministerium für
Wirtschaft und Technologie
Scharnhorststraße 34–37
10115 Berlin

Berlin, 28. Oktober 20..

Sehr verehrte Frau Noll,

zunächst möchte ich Ihnen mitteilen, dass ich mich sehr über Ihren Brief gefreut habe. Sie machen sich als junge Auszubildende Gedanken über die Wirtschaftslage und wünschen sich Chancengleichheit auf dem Arbeitsmarkt. Das ist lobenswert. Ich muss Ihnen recht geben, dass konjunkturelle Schwankungen unsere Wirtschaft und damit auch den Arbeitsmarkt stark beeinflussen.

Ein Auf und Ab der Wirtschaft hat es zu jeder Zeit gegeben. Schon im alten Ägypten träumte der Pharao von sieben fetten und sieben mageren Jahren. Er baute daher Lagerhäuser und bewahrte sein Volk damit vor einer Hungersnot. Konjunkturschwankungen im eigentlichen Sinne gibt es jedoch erst seit der Industrialisierung. In Deutschland versuchen wir, diese Schwankungen möglichst gering zu halten. Wir haben daher bereits 1967 das sogenannte Stabilitätsgesetz verabschiedet, welches zum Ziel hat, die Preise stabil zu halten, ein außenwirtschaftliches Gleichgewicht herzustellen, ein angemessenes Wirtschaftswachstum anzustreben und letztendlich einen hohen Beschäftigungsstand bzw. Vollbeschäftigung zu erreichen.

Leider ist das Erreichen dieser vier Ziele oft sehr schwierig und sie beeinflussen sich gegenseitig. Aber, sehr verehrte Frau Noll, ich versichere Ihnen, dass mein Ministerium und ich alles Mögliche tun, um für Stabilität zu sorgen und die konjunkturellen Schwankungen möglichst gering zu halten.

Mit freundlichen Grüßen

Ihr Wirtschaftsminister

Info

Das Stabilitätsgesetz

„Bund und Länder haben bei ihren wirtschafts- und finanzpolitischen Maßnahmen die Erfordernisse des gesamtwirtschaftlichen Gleichgewichts zu beachten. Die Maßnahmen sind so zu treffen, dass sie im Rahmen der marktwirtschaftlichen Ordnung gleichzeitig zur Stabilität des Preisniveaus, zu einem hohen Beschäftigungsstand und zu einem außenwirtschaftlichen Gleichgewicht bei angemessenem Wirtschaftswachstum beitragen."

Aufgaben

1 Wie versuchte der Pharao im alten Ägypten, wirtschaftliche Schwankungen auszugleichen?

2 Zur Bekämpfung von Konjunkturschwankungen gibt es in Deutschland das „Stabilitätsgesetz".

a) Seit wann gibt es dieses Gesetz?

b) Welche vier Ziele berücksichtigt das Stabilitätsgesetz?

Die Ziele des Stabilitätsgesetzes

Am nächsten Tag erzählt Emma Lisa, ihrer besten Freundin, von dem Brief des Ministers. Lisa ist Schülerin einer Realschule plus in Mainz und hat Wirtschaft und Verwaltung als Wahlpflichtfach.

Nach einer WuV-Stunde erzählt Lisa ihrem Lehrer von Emmas Brief. Er verspricht, das Thema in der nächsten Stunde zu behandeln.

Aufgaben

Ihr seid in Lisas WuV-Kurs und bekommt Informationen zu den Zielen des Stabilitätsgesetzes:

1 Ihr bearbeitet in **Expertengruppen** eines der vier folgenden Ziele des Stabilitätsgesetzes: 1. Preisniveaustabilität, 2. Vollbeschäftigung, 3. außenwirtschaftliches Gleichgewicht oder 4. angemessenes Wirtschaftswachstum.
Notiert die wichtigsten Informationen auf einem Plakat. Bereitet euch auf einen Kurzvortrag vor, sodass ihr euren Mitschülerinnen und Mitschülern erklären könnt,
- wann das Ziel erreicht ist,
- warum das Ziel für die Stabilität der Wirtschaft und die Menschen wichtig ist,
- welche Auswirkungen die Nichterreichung des Ziels hätte,
- welche weiteren Faktoren für euer bearbeitetes Ziel zu beachten sind.

2 Die Ergebnisse der Expertengruppen werden im Anschluss in einigem Abstand voneinander im Klassenraum aufgehängt. Danach werden die Gruppen neu zusammengestellt. Es werden Querschnittsgruppen gebildet, in denen Vertreter aller vorherigen Expertengruppen zusammenkommen. In jeder Gruppe muss demnach mindestens ein Schüler sein, der als Experte sein zuvor bearbeitetes Ziel der neuen Gruppe erklären kann.

3 Die neuen Gruppen wandern im Anschluss in festgesetzten Zeitabständen von Plakat zu Plakat. Der betreffende **Experte innerhalb der Gruppe präsentiert** den anderen Mitgliedern die zuvor erarbeiteten Ergebnisse. Nach dem Vortrag haben die nicht präsentierenden Schüler die Möglichkeit, Fragen zu stellen und sich Notizen auf dem Ergebnisblatt zu machen. Dieses Blatt erhaltet ihr als Kopiervorlage von eurem Lehrer.

1. Preisniveaustabilität

Die Preise sollen stabil bleiben, sodass der Wert des Geldes und damit die Kaufkraft erhalten bleiben. Das Ziel gilt in Deutschland als erreicht, wenn die Preise im Vergleich zum Vorjahr nicht mehr als zwei Prozent steigen.

Ziel des Stabilitätsgesetzes =
maximal 2 Prozent Preissteigerung pro Jahr

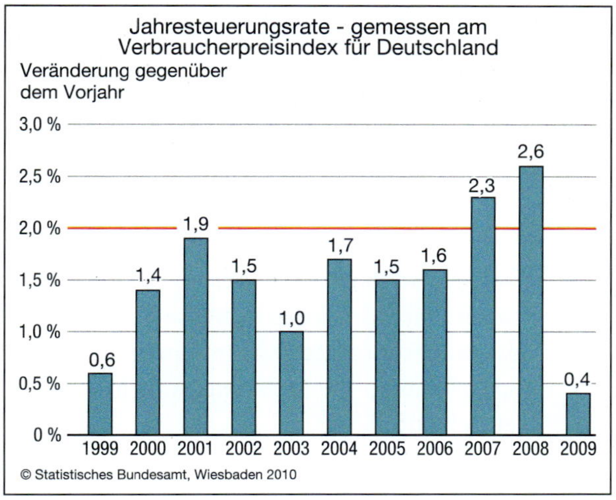

211.1

Warum ist Preisstabilität wichtig?

Stabile Preise haben zur Folge, dass die Kaufkraft und die Preise für Güter und Dienstleistungen gleich bleiben. Steigen die Preise an, so spricht man von einer **Inflation**. Fallen die Preise dagegen, so nennt man dies **Deflation**. Sowohl eine starke Inflation als auch eine Deflation sind für die Wirtschaft schlecht.

Stabilität

Ein Land produziert eine bestimmte Menge an Gütern. Den Menschen des Landes steht eine bestimmte Menge Geld zur Verfügung, um diese Güter kaufen zu können. Wenn von Jahr zu Jahr das Verhältnis von Gütermenge und Geldmenge gleich bleibt, so verändern sich die Preise nicht und es besteht eine Preisstabilität.

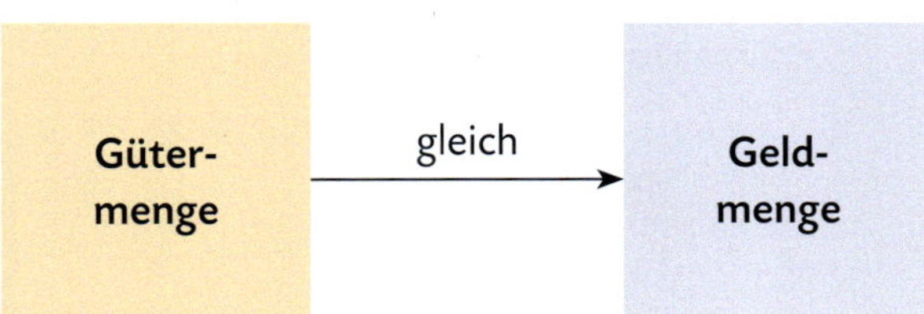

211.2 Stabilität des Preisniveaus

211.3 Die Reichsmark hatte deutlich an Wert verloren.

Inflation

Fall A:
Erhöht ein Land die Geldmenge, so steht den Menschen bei gleicher Gütermenge mehr Geld zur Verfügung.

Fall B:
Die Geldmenge eines Landes bleibt gleich. Gleichzeitig fällt die produzierte Gütermenge in diesem Land geringer aus als im Vorjahr.

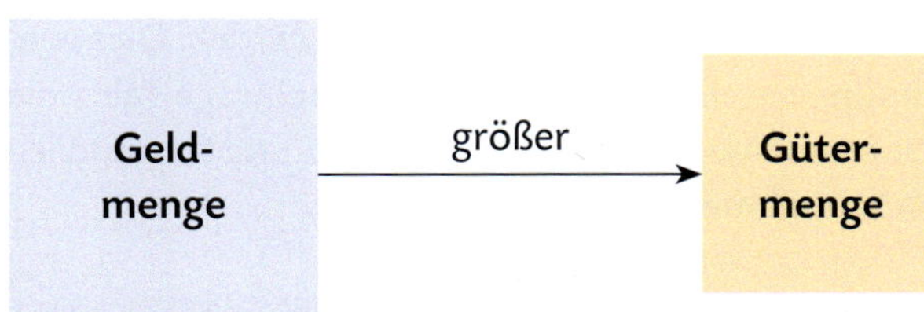

211.4 Inflation

In beiden Fällen ist die Geldmenge im Vergleich zum Vorjahr größer als die Gütermenge. Dieses Ungleichgewicht hat zur Folge, dass die Preise steigen und die Kaufkraft sinkt. Dies nennt man in der Wirtschaft Inflation.
Die Löhne und Gehälter der Arbeitnehmer und die Renten steigen nicht gleichzeitig sondern zeitversetzt in den nächsten Jahren. Die zur Verfügung stehende Kaufkraft der Menschen ist demnach bei einer Inflation geringer.

Deflation

Fall A:
Die Geldmenge eines Landes bleibt im Vergleich zum Vorjahr gleich. Gleichzeitig steigt die produzierte Gütermenge in diesem Land an.

Fall B:
Verringert ein Land die Geldmenge, so steht den Menschen bei gleicher Gütermenge weniger Geld zur Verfügung, um diese Güter kaufen zu können. Dieser Fall tritt allerdings sehr selten ein.
In beiden Fällen ist die Gütermenge im Vergleich zum Vorjahr größer als die Geldmenge. Dieses Ungleichgewicht hat zur Folge, dass die Preise fallen und die Kaufkraft steigt.

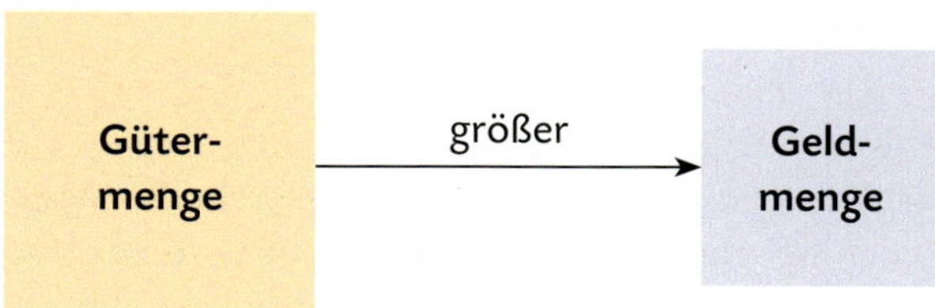

214.1 Deflation

Fallende Preise sind für den Verbraucher eigentlich gut, da er für sein Geld mehr Güter kaufen kann als zuvor. Gleichzeitig führt eine Deflation dazu, dass die Menschen ihr Geld sparen, da die Güter bei einer Deflation im Laufe der Zeit billiger werden. Dies wiederum hat zur Folge, dass die Nachfrage fällt, die Unternehmen weniger produzieren und letztendlich Arbeitnehmer entlassen werden.

212.1

Die Preisstabilität ist deshalb im Stabilitätsgesetz Deutschlands verankert. Die Europäische Zentralbank (EZB) „hütet" unsere Währung, den Euro. Die EZB versucht, die Geldmenge der verfügbaren Gütermenge anzupassen und so für Preisstabilität zu sorgen.

Info

Wie misst man die Preissteigerung?
Das Statistische Bundesamt vergleicht die Einkaufspreise bestimmter Güter und Dienstleistungen („statistischer Warenkorb") mit den Preisen dieser Güter und Dienstleistungen aus dem Vorjahr und errechnet so die Preissteigerung. Dieser Prozentwert wird **Inflationsrate** oder Jahresteuerungsrate genannt und gilt als Maßstab für die Preissteigerung in Deutschland.

2. Vollbeschäftigung (hoher Beschäftigungsstand)

Die Zahl der Erwerbslosen (Arbeitslosen) soll so niedrig wie möglich gehalten werden. Dieses Ziel gilt in Deutschland als erreicht, wenn die Arbeitslosenquote nicht über drei Prozent steigt.

Info

Die **Arbeitslosenquote** errechnet sich aus dem Verhältnis zwischen den bei der Agentur für Arbeit registrierten Arbeitslosen und den angestellten Arbeitnehmern (sozialversicherungspflichtige Beschäftigte).
Beispiel Februar 2011:

- registrierte Arbeitslose: 3,32 Millionen
- Erwerbspersonen: 42 Millionen

Rechnung: 3,32 x 100 : 42 = 7,9

Die Arbeitslosenquote betrug im Februar 2011 7,9 Prozent.

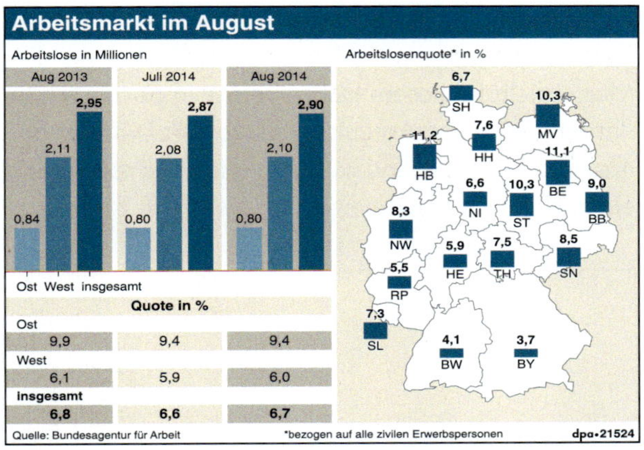

213.1 Quelle: Bundesanstalt für Arbeit

Doch warum versteht man unter Vollbeschäftigung nicht eine Arbeitslosenquote von null Prozent?

Um diese Frage beantworten zu können, müsst ihr euch zunächst über die Ursachen der Entstehung von Arbeitslosigkeit informieren.

Ursachen der Arbeitslosigkeit

Saisonale Arbeitslosigkeit

Die saisonale Arbeitslosigkeit entsteht durch Veränderungen des Arbeitsmarktes im Laufe eines Jahres aufgrund saisonaler Faktoren (z. B. Klimawechsel oder Ferientermine). So kann beispielsweise ein Dachdecker im Winter aufgrund der ungünstigen Witterung oft nicht arbeiten. Ein Hotelbetreiber benötigt in den ferienfreien Zeiten weniger Personal als in den Ferien.
Die saisonale Arbeitslosigkeit ist auf wenige Wochen oder Monate beschränkt und daher kurzfristig.

Friktionelle Arbeitslosigkeit (Fluktuationsarbeitslosigkeit)

Die friktionelle Arbeitslosigkeit entsteht durch den freiwilligen oder unfreiwilligen Wechsel eines Arbeitsplatzes, wenn Arbeitskräfte zwischen der bisherigen Beschäftigung und der Aufnahme einer neuen Tätigkeit arbeitslos sind.

Beispiel: Elektrikermeister Meier wird zum 31. Mai gekündigt. Nach drei Bewerbungen erhält er eine neue Festanstellung bei Elektro-Jäger in Worms zum 1. August. Herr Meier ist daher zwei Monate arbeitslos.

Die friktionelle Arbeitslosigkeit ist wie die saisonale Arbeitslosigkeit auf wenige Wochen oder Monate beschränkt und daher ebenfalls kurzfristig.

Konjunkturelle Arbeitslosigkeit

Die konjunkturelle Arbeitslosigkeit wird durch Konjunkturschwankungen hervorgerufen. In Rezessions- und Depressionsphasen führt die geringere Güternachfrage zu geringer Güterproduktion und letztendlich dazu, dass die Unternehmen weniger Beschäftigte brauchen. Die Arbeitslosigkeit steigt demnach in diesen Phasen an.

Je nachdem, wie lange eine Rezession und Depression anhält, ist die konjunkturelle Arbeitslosigkeit in der Regel von mittlerer Dauer.

Strukturelle Arbeitslosigkeit

Einzelne Branchen, Berufsgruppen oder Regionen unterliegen bestimmten Strukturveränderungen. Der Niedergang der westpfälzischen Schuhproduktion kam zum Beispiel dadurch zustande, dass Schuhe im Ausland billiger produziert werden konnten. Aufgrund der strukturellen Nachteile kam es zu Schließungen der Produktionsstätten und zu erhöhter Arbeitslosigkeit.

Oder: Der Beruf des technischen Zeichners wurde seit vielen Jahren durch Computerprogramme ersetzt, sodass aufgrund der strukturellen Veränderung technische Zeichner auf dem Arbeitsmarkt kaum noch benötigt werden.

Strukturelle Arbeitslosigkeit ist langfristig (viele Jahre). Arbeitssuchende, die aufgrund einer Strukturveränderung arbeitslos wurden, können häufig nur durch Umschulungsmaßnahmen wieder in den Arbeitsmarkt integriert werden.

Was ist Vollbeschäftigung?

Der Arbeitsmarkt ist ständig saisonalen, friktionellen, konjunkturellen und strukturellen Veränderungen unterworfen. Eine friktionelle Arbeitslosigkeit ist selbst bei bester Arbeitsmarktpolitik nicht vermeidbar. Somit ist eine Arbeitslosenquote von null Prozent nicht möglich. Das Ziel der Vollbeschäftigung gilt daher in Deutschland bei einer Arbeitslosenquote von weniger als drei Prozent als erreicht.

3. Außenwirtschaftliches Gleichgewicht

Zwischen den Exporten (Ausfuhren von Gütern) und den Importen (Einfuhren) sollte kein Ungleichgewicht bestehen. Maßstab für ein außenwirtschaftliches Gleichgewicht ist der Saldo der **Leistungsbilanz** (siehe Infokasten, Seite 215). In dieser Bilanz werden die Einnahmen aus den Exporten den Ausgaben der Importe gegenübergestellt.

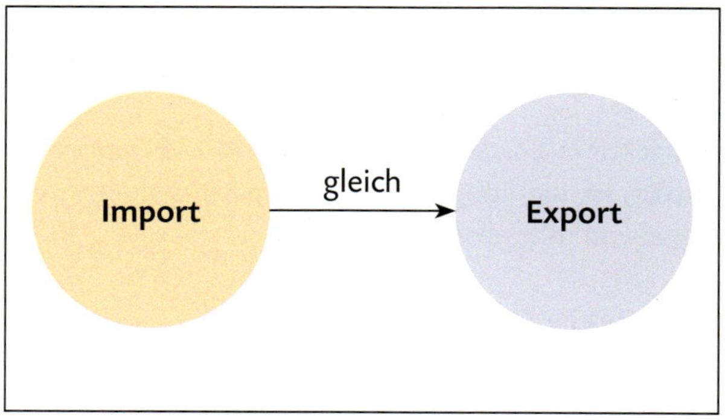

214.1 Ziel: Gleichgewicht

Sind die Importe eines Landes höher als die Exporte (= **Außenhandelsdefizit**), so führt dies zur Verschuldung eines Landes. Länder mit regelmäßig hohem Außenhandelsdefizit werden immer ärmer. Dieses Problem haben vor allem viele Entwicklungsländer, da sie Waren auf dem Weltmarkt einkaufen müssen.

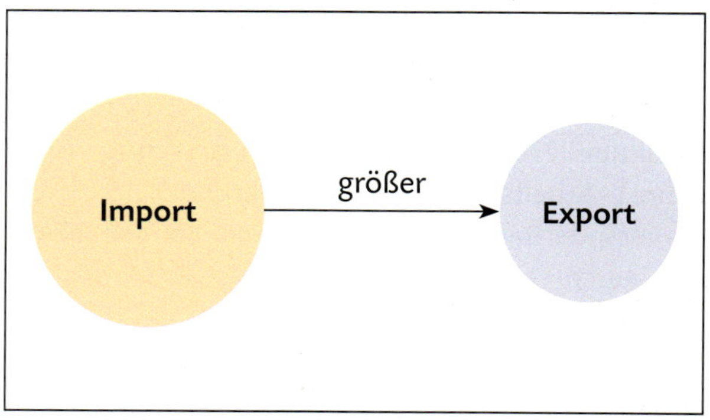

214.2 Mögliche Folge: Verarmung eines Landes

Ein ständiger Exportüberschuss (= Außenhandelsüberschuss) führt dazu, dass sehr viele ausländische Zahlungsmittel ins Inland kommen. Dadurch erhöht sich langfristig die Geldmenge im Inland. Dies kann zu einer Inflation führen, da langfristig mehr Geld als Güter im Land vorhanden ist.

Man spricht in diesem Fall von einer importierten Inflation (siehe hierzu auch: Preisstabilität → Inflation). Als exportstarkes Land weist Deutschland regelmäßig einen Handelsbilanzüberschuss aus (siehe 214.4).

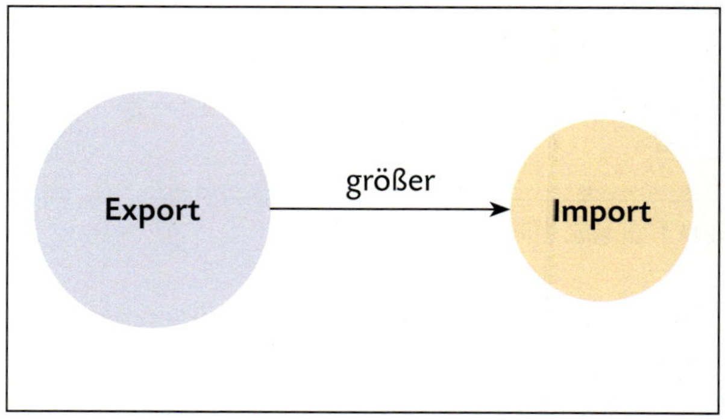

214.3 Mögliche Folge: Importierte Inflation

In WuV-Land steigen die Preise

WuV-Land verkauft sehr viele Waren (z. B. Autos, Computer usw.) an andere Länder. Da das Ausland diese Waren mit Geld bezahlt, erhöht sich die Geldmenge im WuV-Land. Kauft es mit diesem Geld nicht Waren aus dem Ausland, so steigt seine Geldmenge immer stärker. Es entsteht ein Ungleichgewicht zwischen der vorhandenen Geldmenge und dem Warenangebot in WuV-Land. Dies hat zur Folge, dass die Preise dort steigen (= importierte Inflation).

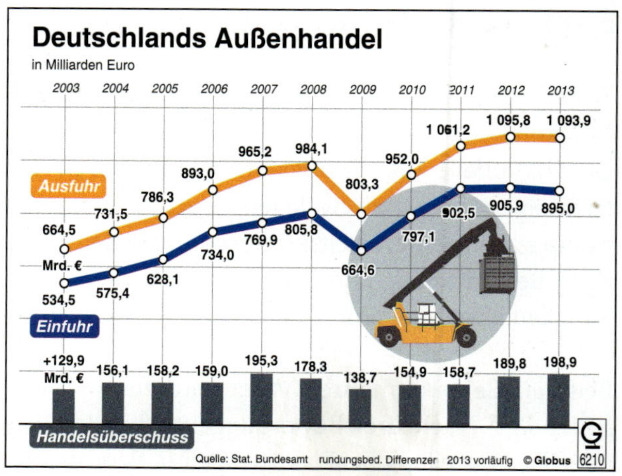

214.4

Aber auch innerhalb Europas bestehen große Leistungsbilanzunterschiede. Dies verdeutlicht die folgende Grafik 215.1:

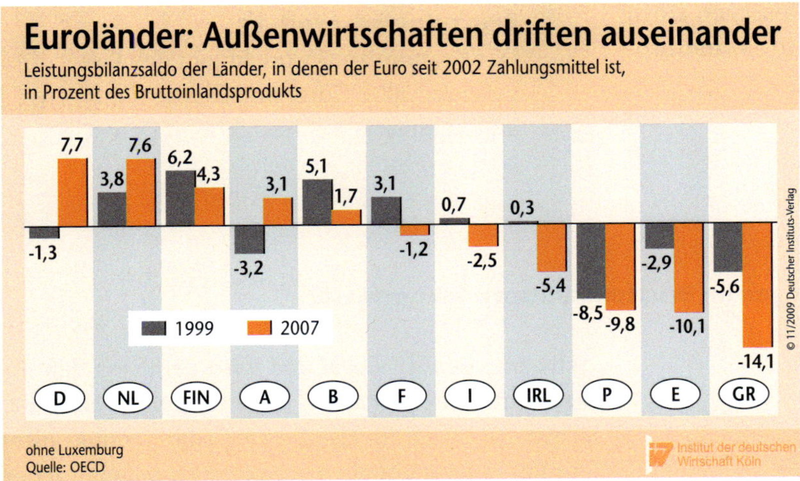

215.1 Leistungssaldo der Länder, in denen mit Euro gezahlt wird

Info

Leistungsbilanz
Gegenüberstellung von Importen und Exporten eines Landes. Diese kann positiv, negativ oder ausgeglichen sein.
- Positive Leistungsbilanz: Export > Import
- Negative Leistungsbilanz: Export < Import
- Ausgeglichene Leistungsbilanz: Export = Import

4. Angemessenes Wirtschaftswachstum

Eine wachsende Wirtschaft hat zur Folge, dass die Unternehmen mehr produzieren und die Beschäftigung hoch ist. Demnach ist ein Wirtschaftswachstum grundsätzlich positiv für Arbeitgeber und Arbeitnehmer. Gemessen wird das Wirtschaftswachstum durch den jährlichen Zuwachs des Bruttoinlandsprodukts (BIP).

215.2

Die Bestimmung, was man unter angemessenem Wachstum versteht, hat sich in Deutschland im Laufe der Zeit verändert. In den 1960er-Jahren sah man Wachstumsraten von vier und mehr Prozent als angemessen an. Heute hält man Wachstumsraten von zwei bis drei Prozent für angemessen.

Jahr	2001	2002	2003	2004	2005	2006	2007	2008	2009	2010
Wirtschaftswachstum (BIP %) *	+ 1,2	+/– 0	– 0,2	+ 1,2	+ 0,8	+ 3,2	+ 2,5	+ 1,3	– 5,0	+ 3,6

* Veränderung des Bruttoinlandsprodukts gegenüber dem Vorjahr

Jahre	1961–1970	1971–1980	1981–1990	1991–2000	2001–2010
Wirtschaftswachstum (BIP %) * Durchschnitt eines Jahrzehnts	+ 4,5	+ 3,0	+ 2,9	+ 1,7	+ 0,86

* Veränderung des Bruttoinlandsprodukts gegenüber dem Vorjahrzehnt

Die Aussagekraft des Wirtschaftswachstums

Mit steigendem Bruttoinlandsprodukt steigt die Wirtschaftsleistung eines Landes und in der Regel gleichzeitig auch der Wohlstand der Menschen. Doch wie genau ist die Berechnung des Bruttoinlandsprodukts?

Bruttoinlandsprodukt + = Wohlstand +

Info

Bruttoinlandsprodukt
Das Bruttoinlandsprodukt gibt den Gesamtwert aller Güter und Dienstleistungen an, die innerhalb eines Jahres in Deutschland hergestellt wurden.

Werden wirklich alle Dienstleistungen im Bruttoinlandsprodukt erfasst?

Schwarzarbeit

Herr Müller ist als Elektriker bei der Firma Kurzschluss angestellt. Samstags arbeitet er regelmäßig schwarz und hat dadurch einen guten Zusatzverdienst. Er sagt: „Je schlechter die konjunkturelle Lage, desto mehr Aufträge bekomme ich schwarz."

Petra 19 Jahre gibt sechsmal wöchentlich Nachhilfe in Englisch und Mathematik. Sie verdient damit zusätzlich zu ihrer Ausbildungsvergütung 432 Euro schwarz.

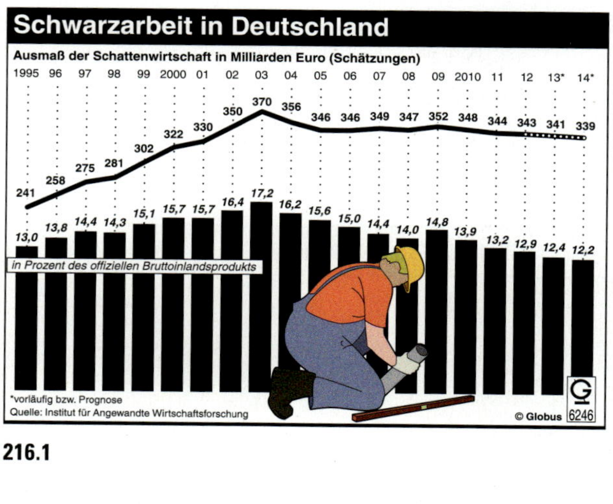

216.1

Schwarzarbeit ist illegal und wird demnach dem Finanzamt nicht gemeldet. Somit steht die Schwarzarbeit statistisch für das Bruttoinlandsprodukt nicht zur Verfügung. Vor allem in konjunkturell schwachen Phasen steigt der Anteil der Schwarzarbeit. Der Umfang der Schwarzarbeit ist, da dies gesetzlich verboten ist, nur schwer messbar. Fachleute schätzen den Anteil der Schwarzarbeit auf bis zu 15 Prozent des Bruttoinlandsproduktes. Das entsprach beispielsweise im Jahr 2011 345 Milliarden Euro.

Eigenleistungen und Gefälligkeiten

Familie Tüftler renoviert schon seit zwei Jahren ihr eigenes Haus. Manchmal helfen Freunde oder Nachbarn dabei.

Familie Eigenbau isst im Sommer immer Obst und Gemüse aus dem eigenen Garten.

Herr Schraub gibt sein Auto nie in die Werkstatt. „Do it yourself" ist seine Devise. Dadurch spart er hohe Reparaturkosten.

Nach dem deutschen Zoll gelten Hilfeleistungen durch Angehörige und Lebenspartner, Nachbarschaftshilfe, Selbsthilfe oder Gefälligkeiten, wenn die Tätigkeiten nicht nachhaltig auf Gewinn ausgerichtet sind, nicht als Schwarzarbeit und sind deshalb gesetzlich erlaubt. Da diese Leistungen in der Regel unentgeltlich erfolgen, finden sie auch keine Berücksichtigung in der Berechnung des Bruttoinlandsprodukts.

Das magische Viereck

Am Nachmittag besucht Lisa ihre Freundin Emma und erzählt ihr, was sie in ihrem WuV-Unterricht gelernt hat.

Info

Das magische Viereck
Die vier Ziele des Stabilitätsgesetzes werden auch das magische Viereck genannt. Magisch deshalb, da es wie Zauberei wirkt (Magie), dass man nicht alle vier Ziele gleichzeitig erreichen kann. Manche Ziele ergänzen sich gegenseitig (z. B. Wachstum und Vollbeschäftigung). Andere Ziele widersprechen sich (z. B. gefährdet die Einschränkung des Exports das Wachstum und die Arbeitsplätze).

Lisa: „Heute Morgen haben wir in WuV das Stabilitätsgesetz behandelt. Du weißt doch noch, das Gesetz, das der Wirtschaftsminister in seinem Brief erwähnt hatte."

Emma: „Klar weiß ich das noch. Erzähl mal, denn ehrlich gesagt, so richtig verstanden hatte ich das mit diesem Gesetz nicht. Und vor allem erklär' mal, was das Gesetz mit den Konjunkturschwankungen zu tun hat."

Lisa: „OK. Bezogen auf die Konjunkturschwankungen sind vor allem die Ziele ‚hoher Beschäftigungsstand' und ‚angemessenes Wirtschaftswachstum' wichtig."

Emma: „Was heißt ‚hoch' und ‚angemessen'? Damit kann ich nichts anfangen!"

Lisa: „Warte einen Moment, ich hole meine WuV-Unterlagen. Hoher Beschäftigungsstand heißt, dass wir in Deutschland eine Arbeitslosenquote von bis zu drei Prozent anstreben. Angemessenes Wachstum heißt, dass wir ein Wirtschaftswachstum von mindestens zwei bis drei Prozent für angemessen halten."

Emma: „Ich habe doch in den Nachrichten gehört, dass die Arbeitslosenquote viel höher ist."

Lisa: „Ja, das Ziel ist noch nicht erreicht. Auch mit dem Wirtschaftswachstum ist es nicht so einfach, denn auch dieses Ziel wurde in den letzten Jahren nicht immer erreicht. Aber ich glaube, das ist alles gar nicht so einfach. Steigt das Wirtschaftswachstum, so gibt es mehr Arbeitsplätze. Entsteht Wirtschaftswachstum durch sehr hohe Exportzahlen, das sind Verkäufe deutscher Produkte ins Ausland, so kann dies dazu führen, dass die Preise in Deutschland steigen, da die Geldmenge in Deutschland sich durch die Verkäufe ins Ausland erhöht."

Emma: „Oh je. Das heißt in der Wirtschaft hängt alles irgendwie zusammen. Verändert sich ein Ziel des Stabilitätsgesetzes, so hat dies Auswirkungen auf die anderen Ziele."

Lisa: „Ja, das ist wohl so. Irgendwie habe ich den Eindruck, dass vieles vom Wirtschaftswachstum abhängt. Wächst die Wirtschaft, dann gibt es weniger Arbeitslose und den Menschen geht es finanziell besser."

Emma: „Hey, im Fernsehen kommt heute Abend eine Talkshow zum Thema ‚Wirtschaftswachstum! – Der Weg zu mehr Wohlstand und Lebensqualität?'. Lass uns heute Abend die Talkshow zusammen anschauen. Ich backe auch eine Pizza für uns."

Lisa: „Tolle Idee. Das machen wir."

Aufgabe

Warum können die vier Ziele des Stabilitätsgesetzes nicht gleichzeitig erreicht werden?

M Methode: Talkshow

Ist das Wachstum des BIP wirklich ein Gradmesser für Wohlstand und Lebensqualität?
Die Talkshow wird nicht im Fernsehen gesendet, sondern findet „live" in eurem Unterricht statt. Ihr baut euren Klassensaal zu einem TV-Studio um und übernehmt die Rollen des Moderators, der Talkshow-Gäste und des Publikums.

Vorbereitung der Talkshow

Bereitet euch in Partnerarbeit auf die Talkshow vor. Dabei übernehmt ihr eine spezielle Rolle. Lest das jeweilige Informationsmaterial zu eurer Rolle genau durch und notiert euch wichtige Argumente auf einem Notizzettel (Kopiervorlage).

Wichtig! Denkt euch in diese Rolle hinein, sodass ihr in der Lage seid, euch mit der Rolle zu identifizieren und aus deren Sichtweise heraus zu argumentieren!

Folgende Rollen werden durch euren Lehrer verteilt:

- Moderator (Diese Rolle kann auch durch den Lehrer gespielt werden.)
- Herr/Frau Pflug: Gebäudereiniger/-in
- Herr/Frau Baum: Bundestagsabgeordnete/r
- Herr/Frau Peters: Hausmann/-frau
- Herr/Frau Schmidt: Arbeitssuchende/r
- Herr/Frau Müller: Unternehmer/-in
- Herr/Frau Dreher: Bundestagsabgeordnete/r

Durchführung der Talkshow

Die Sitzordnung ist für die Talkshow von großer Bedeutung. Sie sollte einer aus dem Fernsehen bekannten Talkshow nachempfunden sein. Vorne sitzen die Talkshowgäste, und das Publikum sitzt ihnen gegenüber. Die Vertreter unterschiedlicher Positionen sollten möglichst auseinander sitzen.

Um der Talkshow besser folgen zu können, ist es hilfreich, Namensschilder aufzustellen. Wichtig ist, dass ihr euch mit euren Rollennamen ansprecht.

218.1 Vorbereitung in der Klasse

Jeweils ein Schüler übernimmt die Rolle, die er mithilfe des Informationsmaterials vorbereitet hat (Herr/Frau Müller, Herr/Frau Schmidt ...). Alle anderen Schüler, die keine Rolle in der Talkshow übernehmen, spielen das Publikum. Diese Schüler beobachten und bewerten die Talkshow mithilfe des Beobachtungsauftrags (Kopiervorlage). Dem Publikum ist es gestattet, den Talkshowgästen Fragen zu stellen oder Kommentare zu geben. Der Moderator entscheidet, wann er dies zulässt.

Die Talkshow „WuV am Morgen" sollte dem Muster einer „echten" Talkshow folgen. Nach einer kurzen Begrüßung durch den Moderator sollten sich alle Gäste kurz vorstellen und ihren Standpunkt zu der Frage nennen, ob Wirtschaftswachstum für sie persönlich mehr Wohlstand und Lebensqualität bedeutet. Im Anschluss wird die Diskussion freigegeben. Der Moderator versucht, durch Fragen und Anregungen das Gespräch im Fluss zu halten.

Nachbereitung der Talkshow

Nach der Talkshow erfolgt eine Auswertungsrunde. Mithilfe des Beobachtungsbogens nennt das Publikum die wichtigsten Argumente und berichtet von seinen Beobachtungen.

Rollenverteilung

Rolle 1: Moderator/-in
Du hast eine besonders wichtige Aufgabe, da du die Talkshow leitest. Du musst in der Lage sein, „Ordnung" in das Gespräch zu bringen, also bei „Hängern" neue Stichworte zu liefern und „Ausbrecher" zum Thema zurückführen. Deshalb ist es wichtig, dass du dich mit den Rollen und den möglichen Argumenten deiner Gäste vertraut machst. Lies deshalb alle Informationstexte deiner Gäste durch und notiere dir den Namen, den Beruf und ein Hauptargument des jeweiligen Gastes. Am Anfang der Talkshow sollst du alle Gäste vorstellen.
Hinweis: Diese Rolle kann auch durch den Lehrer gespielt werden.

219.1

Rolle 2: Herr/Frau Pflug – Beruf Gebäudereiniger/-in
Ich bin von Beruf Gebäudereiniger/-in. Trotz einer Vollzeitbeschäftigung verdiene ich so wenig, dass ich auf staatliche Zuschüsse angewiesen bin. Ich finde es ungerecht, jede Woche 40 Stunden zu arbeiten und davon nicht einmal meine Familie (2 Kinder, 4 und 8 Jahre) ernähren zu können.

Ich bin auf eine ALG II-Aufstockung angewiesen. Das heißt, der Staat zahlt mir die Differenz zwischen dem ALG II-Satz und meinem eigentlichen Einkommen.

Ich fühle mich, trotz einer Vollzeitstelle, als Bittsteller und finde dies erniedrigend. Von mehr Wohlstand sind meine Familie und ich weit entfernt.

Rolle 3: Herr/Frau Baum – Beruf: Bundestagsabgeordnete/r
Ich bin der Meinung, dass Wirtschaftswachstum für Deutschland von großer Bedeutung ist, da dadurch Arbeitsplätze erhalten und geschaffen werden.

Wachstum auf Kosten der Umwelt halte ich allerdings für falsch. Eine umweltverträgliche Produktion ist unumgänglich, sodass die Natur erhalten wird und auch zukünftige Generationen frische Luft atmen und sauberes Wasser trinken können. Vor allem durch die stark wachsende Industrie und die vielen LKWs auf den Autobahnen wird die Umwelt mehr und mehr verunreinigt und eine immer stärker werdende Lärmbelästigung ist in den letzten Jahren erkennbar. Eine höhere Lebensqualität sehe ich bei dieser Umweltbelastung nicht.

Ebenfalls bin ich für die Einführung von Mindestlöhnen, sodass alle Arbeitnehmer, die Vollzeit arbeiten, von ihrem Lohn leben können, ohne staatliche Zuschüsse erhalten zu müssen. Dies wäre ein wichtiger Schritt zu einer gerechteren Verteilung des erwirtschafteten Einkommens in Deutschland und würde Armut verhindern.

219.2

Zusätzliche Argumente zu den Rollen 2 (Herr/Frau Pflug) und 3 (Herr/Frau Baum) bietet dir der Infokasten auf Seite 220.

220.1

Rolle 4: Herr/Frau Peters – Beruf: Hausmann/-frau
Ich bin zurzeit Hausmann/-frau. Vor allem mein zweijähriger Sohn Luis hält mich auf Trab. Ich bin verheiratet und meine Frau/mein Mann verdient bei dem benachbarten Industrieunternehmen gut, sodass wir uns ein schönes Haus mit Garten leisten konnten. Dies ist sicherlich auf das stabile Wirtschaftswachstum und die dadurch gestiegenen Löhne zurückzuführen. Seit dem Hauskauf vor drei Jahren stelle ich allerdings fest, dass aufgrund der stark befahrenen neuen Autobahn die Lärmbelästigung zunimmt und die Luftqualität abnimmt. Sicherlich ist eine gute Infrastruktur für die Industrie und letztendlich den Arbeitsplatz meiner Frau/meines Mannes wichtig, doch die Lebensqualität für mich und meine Kinder nimmt ab. Im letzten Sommer war ich aufgrund des gestiegenen Lärms kaum noch im Garten.

Info

Niedriglöhne
Der Begriff Niedriglohn wird definiert als ein Arbeitsentgeld eines Vollzeitbeschäftigten, welches sich knapp oberhalb oder unter der Armutsgrenze befindet. Als armutsgefährdet gelten nach Definition der Europäischen Union Personen, deren Einkommen weniger als 60 Prozent des Durchschnittseinkommens der Bevölkerung beträgt.
(Quelle: Statistisches Bundesamt)

220.2 Zahl der Niedriglohnempfänger

Tiefe Kluft zwischen Arm und Reich
Die soziale Kluft in Deutschland wird tiefer: Laut dem 2008 veröffentlichten Armuts- und Reichtumsbericht der Regierung ist inzwischen ein Viertel der Deutschen arm. Artikel 20 des Grundgesetzes schreibt vor, dass Deutschland ein Sozialstaat ist. Deshalb bewahrt der Staat die Bürger vor dem Abrutschen in die Armut, indem er sie durch staatliche Leistungen (z. B. Kindergeld oder Arbeitslosengeld 2) finanziell unterstützt.
Im Gegenzug sind die Einkünfte der Reichen weiter gewachsen. Die Schere zwischen Arm und Reich hat sich weiter geöffnet. Während die Niedriglöhne weiter fallen, gehen die Spitzengehälter in die Höhe.
Besonders problematisch ist, dass die Zahl derjenigen, die arbeiten und trotzdem Gefahr laufen, in die Armut abzurutschen, größer geworden ist. Durch Mindestlöhne könnte Armut verhindert werden und die Kluft zwischen Arm und Reich würde sich verringern.
(nach: Armutsbericht der Bundesregierung, 2008)

Rolle 5: Herr/Frau Müller – Beruf: Unternehmer/-in

Ich bin Vorstandsvorsitzende/r einer Aktiengesellschaft, die führend bei der Herstellung von Düngemitteln ist. Aufgrund des guten Wirtschaftswachstums konnten wir in den letzten Jahren unsere Mitarbeiterzahl von 11 000 auf 14 000 erhöhen. Wir wären bereit, eine zusätzliche Fabrik zu bauen und weitere 3 000 Arbeitnehmer einzustellen. Allerdings werden uns immer häufiger Umweltauflagen gemacht, die es uns erschweren, konkurrenzfähig in Deutschland zu produzieren. Sollten diese Auflagen erschwert werden, sehen wir uns gezwungen, unser Werk in Deutschland zu schließen und das auf dem Weltmarkt benötigte Düngemittel im Ausland zu produzieren. Ebenfalls ist für unser Unternehmen eine Einführung von Mindestlöhnen fragwürdig. Viele ungelernte Arbeitnehmer würden durch die Festlegung von Mindestlöhnen arbeitslos werden. Nach unserer Rentabilitätsrechnung würden wir anstelle von 20 ungelernten Arbeitskräften einen weiteren Industrieroboter anschaffen, der diese Arbeit dann für unser Unternehmen kostengünstiger produzieren würde.

Ich bin kein Unmensch, doch wenn ich nicht für eine kostengünstige Produktion sorge, können wir auf dem Weltmarkt nicht mit ausländischen Unternehmen mithalten. Dies würde die Existenz des gesamten Unternehmens gefährden und unsere 14 000 Arbeitnehmer wären arbeitslos.

221.1

221.2 Talkshow im Fernsehen

Rolle 6: Herr/Frau Dreher – Beruf: Bundestagsabgeordnete/r

Ich bin der Meinung, dass ein stabiles Wirtschaftswachstum Vorrang vor allen anderen wirtschaftspolitischen Zielen hat. Wirtschaftswachstum bringt Arbeitsplätze und damit Zufriedenheit und Wohlstand in die Gesellschaft.

Familien mit hohen Einkommen können sich mehr leisten und die Lebensqualität steigt. Nur wenn das Wachstum nicht beeinträchtigt wird, sollten andere wirtschaftspolitische Ziele verfolgt werden. Was nützen uns Umweltauflagen oder Mindestlöhne, wenn die Unternehmen dadurch auf dem Weltmarkt nicht mehr konkurrenzfähig sind.

Mindestlöhne sind zwar für die gegenwärtigen Niedriglohnbezieher positiv, sie könnten aber das Wirtschaftswachstum negativ beeinträchtigen. Manche Unternehmen wären bei einer Einführung von Mindestlöhnen nicht mehr existenzfähig. Somit wären die heutigen Niedriglohnbezieher möglicherweise dann arbeitslos. Ich halte die zusätzliche staatliche Bezuschussung von Niedriglohnbeziehern zur Erhaltung des Existenzminimums für besser.

Zusätzliche Argumente zu den Rollen 5 (Herr/Frau Müller) und 6 (Herr/Frau Dreher) bieten dir der Infokasten und die Grafik auf Seite 222.

Rolle 7: Herr/Frau Schmidt – Arbeitssuchende/r

Zwei Jahre nach meiner Ausbildung als Bäcker/Bäckerin erkrankte ich an einer Allergie, die es mir unmöglich machte, in meinem erlernten Beruf weiter zu arbeiten. Seit einem Jahr suche ich nun eine Festanstellung als ungelernte Hilfskraft in der Industrie. Immer wieder lese ich in der Zeitung, dass Großunternehmen überlegen, aufgrund der hohen Personalkosten und Umweltauflagen ihre Produktion ins für sie kostengünstigere Ausland zu verlagern.

Ich erwarte von der Politik, dass sie Rahmenbedingungen schafft, die es den Unternehmen ermöglichen, konkurrenzfähig in Deutschland zu produzieren.

Vorrangig vor Umweltauflagen, die zur Abwanderung unserer Unternehmen ins Ausland führen, sollte die Politik für ein stabiles Wirtschaftswachstum sorgen, sodass Menschen wie ich, die arbeiten wollen, in unserem Land auch Arbeit finden und so Wohlstand für alle entsteht.

Die Einführung von Mindestlöhnen halte ich grundsätzlich für richtig, da ich der Auffassung bin, dass jeder, der Vollzeit arbeitet, von seinem Lohn auch leben können sollte. Doch bevor ich keine Chance auf dem Arbeitsmarkt habe, ziehe ich es vor, weniger zu verdienen und zusätzlich vom Staat unterstützt zu werden.

Zusätzliche Argumente bieten dir der Infokasten und die Grafik (Zusammenhang von Wirtschaftswachstum und Arbeitslosigkeit).

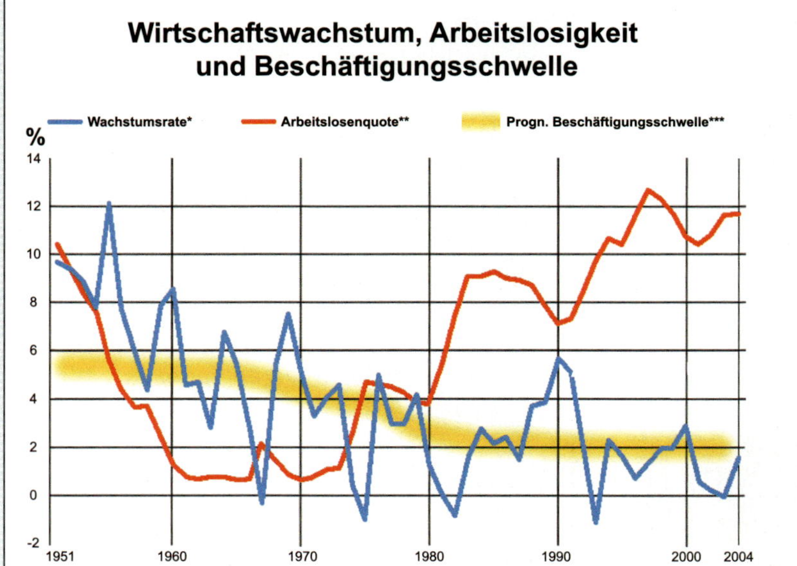

* Prozentwerte im Vergleich zum Vorjahr in Preisen von 1995
** bis 1990 für Westdeutschland, 1991 - 2004 für Gesamtdeutschland
*** Mittelwerte empirisch ermittelter Beschäftigungsschwellen, verschiedenev Autoren, Tabelle ifo-Institut, Dresden 2005

Die Datengrundlage der Grafik für Deutschland (ohne Beschäftigungsschwelle) stammt von:
Statistisches Bundesamt: Jahrbuch 2002, S. 632 f / Jahrbuch 2003, S. 656 f,
sowie Berechnungen des Institutes für Wachstumsstudien (www.wachstumsstudien.de)

222.1 Zusammenhang von Wirtschaftswachstum und Arbeitslosigkeit

Info

Nachteile von Mindestlöhnen

Mindestlöhne erhöhen die Kosten bei den Unternehmen. Das kann dazu führen, dass keine neuen Arbeitsplätze geschaffen, sondern eher abgebaut werden. Vor allem gering qualifizierte Arbeitssuchende haben dadurch geringere Chancen auf dem Arbeitsmarkt. Mögliche Konsequenzen der Unternehmen könnten sein, dass sie gezwungen werden, Arbeitsplätze ins Ausland zu verlagern. Der Arbeitsmarkt sollte frei von staatlichen Einschränkungen sein. Arbeitsverträge auszuhandeln ist eine Angelegenheit zwischen Unternehmer und Mitarbeiter.

Das magische Sechseck

Jede Produktion erhöht das Bruttoinlandsprodukt, gleichgültig, welche Folgen dies für die Menschen und die Umwelt hat. Ein höheres BIP muss allerdings nicht unwillkürlich für mehr Gerechtigkeit, Wohlstand und Lebensqualität sorgen.
Aufgrund dieser Erkenntnis wurde das magische Viereck um zwei weitere erstrebenswerte wirtschaftspolitische Ziele zum magischen Sechseck erweitert, nämlich

- den Wunsch nach einer **gerechten Einkommensverteilung** und
- der Erhaltung einer **lebenswerten Umwelt**.

Die vier Ziele des Stabilitätsgesetzes bzw. des magischen Vierecks sind relativ klar messbar. Der Wunsch nach gerechter Einkommensverteilung und der Erhaltung einer lebenswerten Umwelt hängt allerdings stark von der persönlichen Auffassung eines Menschen ab. Diese Ziele sind daher nur schwer messbar.

Zielkonflikte des magischen Sechsecks

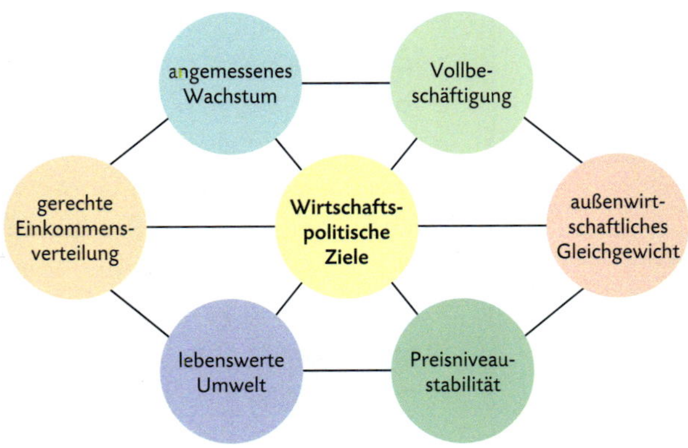

Die Erreichung aller sechs wirtschaftspolitischen Ziele wird durch diese Erweiterung erschwert, da die Maßnahmen der Europäischen Zentralbank und des Staates, die ergriffen werden, um eines dieser sechs Ziele zu erreichen, oft ein anderes behindern. Deshalb auch der Name „magisches Sechseck".

Ein Beispiel für mögliche Zielkonflikte:

Das Wirtschaftswachstum soll durch den Bau von Straßen angekurbelt werden.

Mögliche Folgen:

- Wirtschaftswachstums steigt (+)
- mehr Beschäftigung (+)
- umweltschädliche Produktion (–)
- gerechtere Einkommensverteilung (+)

Info

Ein Teufelskreis!?
Es können nicht alle sechs Ziele des magischen Sechsecks gleichzeitig erreicht werden, da sie sich gegenseitig beeinflussen. Je nach wirtschaftlicher und politischer Dringlichkeit werden daher bestimmte Ziele stärker oder weniger stark verfolgt.

Aufgabe

Welche wirtschaftspolitischen Zielkonflikte könnten in den beiden Fallbeispielen entstehen? Berücksichtige hierbei die Ziele des magischen Sechsecks.

a) Der Staat hat das Ziel, durch die Lockerung von Umweltauflagen die Konkurrenzfähigkeit der inländischen Unternehmen auf dem Weltmarkt zu verbessern.
b) Der Staat hat das Ziel, den Export einzuschränken, um die steigende Inflation zu bekämpfen, die durch den großen Leistungsbilanzüberschuss entstanden ist.

Umweltgerechte Produktion

Am nächsten Tag denkt Emma immer noch über die Talkshow nach. Eine lebenswerte Umwelt ist auch ihr sehr wichtig. Sie entschließt sich, dem Umweltministerium eine E-Mail zu schicken, um herauszufinden, wie in Deutschland Unternehmen zu umweltfreundlicher Produktion bewegt werden. Zwei Tage später erhält sie aus dem Umweltministerium folgende Antwort:

Sehr verehrte Frau Noll,

Anreize für Unternehmen, umweltschonende Technologien zu entwickeln und umweltfreundliche Produkte herzustellen, gibt es viele. So gibt es in Deutschland beispielsweise Umweltsteuern, Umweltzeichen, Prüfsiegel oder Emissionszertifikate. Viele Unternehmen sind auch freiwillig bereit, die Umweltbelastung zu vermindern.
Die umweltpolitischen Anforderungen können Kosten für die Industrie verursachen. Wenn diese Kosten nur bei den heimischen Standorten und nicht im Ausland anfallen, können Standortnachteile entstehen. Daher wird in der umweltpolitischen Debatte immer wieder argumentiert, das Ziel einer Verbesserung des Umweltschutzes sei zwar unstreitig, aber es müsse international einheitlich vorgegangen werden, um Wettbewerbsnachteile für die eigene Industrie oder eine Standortverlagerung in Länder mit weniger strengen Regelungen zu vermeiden. Nachteile für einzelne Betriebe und Branchen können aber ausgeglichen werden, indem andere Wirtschaftszweige von der Umweltpolitik begünstigt werden. Für ein Land kann so insgesamt gesehen doch ein Vorteil entstehen. So ginge eine Energiepolitik zugunsten von erneuerbaren Energien zwar zu Lasten von Kohle- oder Atomkraftwerken und führte dort auch zu Arbeitsplatzverlusten. Diese würden aber ausgeglichen und teilweise übertroffen durch Zugewinne bei der Windkraft oder der Solarenergie.

Sie sehen, wir sind stets bemüht, eine Balance herzustellen, sodass einerseits unsere Umwelt geschont wird und andererseits der Standort Deutschland und unsere Industrie wettbewerbsfähig bleiben.

Mit freundlichen Grüßen,

Ihr Umweltminister

224.1 E-Mail des Umweltministers

Tipp

Achte beim Einkauf auf das Umweltzeichen!

Umweltzeichen

Produkte können Umweltzeichen erhalten, wenn sie im Vergleich zu anderen Produkten weniger umweltschädlich sind. In Deutschland ist der **„Blaue Engel"** das bekannteste dieser Ökosiegel. Dieses deutsche Umweltzeichen wurde bereits Anfang der 1970er-Jahre eingeführt und bisher für 3700 Produkte vergeben. Das europäische Umweltzeichen wird durch eine **Blume** symbolisiert. Es hat sich in Deutschland kaum als Markenzeichen durchsetzen können und wurde bisher nur für etwa 350 Produkte vergeben.
Private Akteure haben ebenfalls Umweltzeichen entwickelt, zum Beispiel das **Label der Zeitschrift Ökotest** oder den **ökotex-Standard** für Bekleidung. In einigen Produktgruppen sind Umweltzeichen Voraussetzung für eine erfolgreiche Vermarktung geworden, zum Beispiel bei Farben und Lacken. Dagegen spielen Umweltzeichen bei anderen Produkten kaum eine Rolle, weil die Verbraucher bei ihren Kaufentscheidungen andere Eigenschaften in den Vordergrund stellen.

224.2 Das Ökosiegel „Der Blaue Engel"

Prüfsiegel für Umweltmanagement

Unternehmen können ihr Umweltmanagement begutachten und zertifizieren lassen. Das bedeutet, dass sich eine Firma ihre Bemühungen um eine umweltfreundlichere Produktion bescheinigen lässt. Das Verfahren beginnt mit einer Bestandsaufnahme der Umweltbelastungen, die dieses Unternehmen verursacht. Dann wird ein Plan zur Verminderung der Umweltbelastung („Umwelterklärung") aufgestellt. Die Bestandsaufnahme und die Umwelterklärung müssen von einem Gutachter überprüft und veröffentlicht werden. Dann kann das Unternehmen ein **Prüfsiegel** bekommen und damit werben. Alle drei Jahre muss das Verfahren wiederholt werden, damit eine ständige Verbesserung erreicht wird.

Umweltsteuern

Umweltsteuern sollen den Verbrauch von Energie und Rohstoffen verteuern. Die Kosten, die durch Umweltschäden entstehen, sollen möglichst vollständig von den Verursachern getragen werden. Wenn die Unternehmen für Umweltbelastungen etwas zahlen müssen, besteht der Anreiz, diese Kosten durch Produktionsveränderungen zu vermeiden. In der Praxis ist es aber schwierig, die Kosten von Umweltschäden zu bestimmen und damit die Höhe von Umweltsteuern festzulegen.

Emissionszertifikate

Da es schwierig ist, die Höhe von Umweltsteuern richtig festzulegen, hat man einen anderen Weg gesucht. Unternehmen, die Schadstoffbelastungen verursachen, bekommen das Recht zugeteilt, die Umwelt für diesen Zweck zu nutzen. Bestimmte Branchen in der EU, die viel Energie verbrauchen, müssen Emissionszertifikate für ihren Schwefeldioxidausstoß kaufen. Wenn ein Unternehmen die Produktion ausweiten möchte und dabei zusätzliche Emissionen anfallen, muss es sich weitere Zertifikate hinzukaufen. Ein Unternehmen, das durch die Modernisierung seiner Anlagen oder durch die Verringerung der Produktion den Schadstoffausstoß vermindert, kann seine Zertifikate verkaufen.

225.1 Auspuffanlage am Auto

Freiwillige Selbstverpflichtungen

Industrieverbände schließen Vereinbarungen mit dem Umweltministerium oder erklären einseitig gegenüber der Öffentlichkeit, dass ihre Mitgliedsfirmen Maßnahmen ergreifen, um Umweltbelastungen zu vermindern. Dadurch sollen bestimmte Vorschriften durch die Behörden vermieden und das Image der Branche verbessert werden. Beispiele für freiwillige Selbstverpflichtungen sind einmal die Erklärung des Bundesverbandes der Industrie zur Minderung des Schwefeldioxid-Ausstoßes; zweitens eine Reihe von Verlautbarungen der chemischen Industrie, auf bestimmte Chemikalien zu verzichten und drittens die Zusage der Automobilindustrie, ein Drei-Liter-Auto zu entwickeln, sowie alte Autos zurückzunehmen und ordnungsgemäß zu entsorgen.

Aufgaben

1. Welche fünf Möglichkeiten zur Steuerung umweltgerechter Produktion werden in der E-Mail des Umweltministeriums erwähnt?
2. Warum sollte Umweltschutz international betrieben werden?
3. Welche Umweltzeichen können Produkte in Deutschland erhalten?
4. Umweltsteuern und Emissionszertifikate verursachen für die Unternehmen Kosten. Warum sind Emissionszertifikate genauer und damit gerechter einem bestimmten Unternehmen zuzuordnen als Umweltsteuern?
5. Warum gehen einige Industrieverbände freiwillige Umweltverpflichtungen ein?

Steuern: Einnahmen des Staates

Am Samstag geht Familie Noll einkaufen. Emma kauft sich ein tolles T-Shirt und eine Jacke. Ihre Schwester Lene bekommt eine neue Jeans. Im Anschluss kaufen sie die nötigen Lebensmittel im Supermarkt und, da der Tank fast leer ist, halten sie kurz an der Tankstelle.

226.1 Emma und Lene im Kaufhaus

Zu Hause angekommen legt Herr Noll die Quittungen des Tages auf den Küchentisch und gönnt sich einen Kaffee. Emma setzt sich zu ihm und schaut sich die Belege sorgfältig an. Es fällt ihr auf, dass auf alle Einkäufe des Tages Steuern verlangt werden. Als sie ihren Vater darauf anspricht erklärt er: „Der Staat verlangt für alle Produkte, die gekauft werden, eine Mehrwertsteuer und beim Benzin sogar noch zusätzlich eine Energiesteuer. Aber der höchste Steuerbetrag, der bei mir anfällt, ist die Lohnsteuer. Stell dir vor, ein Viertel meines Gehalts zieht der Staat bei der Lohnsteuer ab."

Da Emma ihren Vater in Ruhe Kaffee trinken lassen will, entschließt sie sich, im Internet mehr über Steuern herauszufinden. Sie findet folgende Informationen:

Der Staat, also Bund, Länder und Gemeinden, benötigt Einnahmen, um beispielsweise Schulen und Straßen zu bauen, oder um für Sicherheit zu sorgen. Haupteinnahmequelle des Staates sind Steuern. Jeder muss sie bezahlen. Es sind allgemeine Zwangsabgaben, die erhoben werden, damit der Staat in der Lage ist, die Vielzahl der öffentlichen Aufgaben erfüllen zu können.

Die verschiedenen Steuern lassen sich folgendermaßen einteilen:

Steuergegenstand

Bei dieser Einteilungsmöglichkeit unterscheidet man zwischen Verkehrs-, Verbrauchs- und Besitzsteuern. **Verbrauchssteuern** beziehen sich auf den Konsum bestimmter Güter. Zu diesen Steuern zählen unter anderem die Tabaksteuer, die Biersteuer oder die Energiesteuer. **Besitzsteuern** beziehen sich auf den Besitz bestimmter Güter, wie z. B. die Lohnsteuer oder die Hundesteuer. **Verkehrsteuern** belasten bestimmte wirtschaftliche oder rechtliche Vorgänge. Kauft eine Person beispielsweise ein Buch, so ist dies ein wirtschaftlicher Vorgang und es wird hierfür eine Verkehrsteuer, nämlich die Umsatzsteuer, fällig. Eine weitere Verkehrssteuer ist z. B. die Kfz-Steuer. Der Halter eines Fahrzeugs möchte das Recht erwerben, sein Fahrzeug auf öffentlichen Straßen zu nutzen. Nicht der Besitz des Fahrzeugs wird versteuert, sondern das Recht, es auf öffentlichen Straßen zu nutzen. Der Besitzer eines Fahrzeugs, der sein Auto ungenutzt in seiner Garage abstellt, kann dieses abmelden und zahlt dann auch keine Kfz-Steuer.

Wirtschaftliche Wirkung der Steuer

Bei der wirtschaftlichen Wirkung der Steuern unterscheidet man zwischen direkten und indirekten Steuern. Jeder Arbeitnehmer bekommt die Lohnsteuer unmittelbar vom Bruttolohn abgezogen. Auf andere Einkommensarten, wie die Vermietung von Wohneigentum, wird ebenfalls Einkommensteuer direkt verrichtet. Der Eigentümer eines Grundstücks zahlt Grundsteuer und wer ein Vermögen erbt, der zahlt Erbschaftssteuern. Diese Steuern nennt man **direkte Steuern**, da der Steuerzahler persönlich die Steuerbelastung trägt. **Indirekte Steuern** werden auf Waren oder Dienstleistungen erhoben und dem Endverbraucher übergewälzt. Der Verkäufer einer Ware überträgt die Steuerlast auf den Endverbraucher, der die Ware kauft. Dies führt zu Preiserhöhungen, da durch die zusätzliche Steuer das Endprodukt teurer wird. Dies ist beispielsweise der Fall bei der Umsatzsteuer, der Energiesteuer, der Tabaksteuer oder der Biersteuer (siehe Infokasten Seite 227).

Empfänger der Steuern

Die Steuern werden nach bestimmten Regeln auf Bund, Länder und Gemeinden verteilt. Die Einnahmen aus der Umsatzsteuer, der Lohn- und Einkommensteuer und der Gewerbesteuer werden zwischen Bund, Ländern und Gemeinden aufgeteilt. Man nennt sie daher **Gemeinschaftssteuern**. Weiterhin gibt es Steuern, die nur der Bund, die Länder oder die Gemeinden erhalten. Reine **Bundessteuern** sind die Energiesteuer auf Kraftstoff und Heizstoff, die Tabaksteuer oder die Kaffeesteuer. **Ländersteuern** sind beispielsweise die Erbschaftsteuer, die Kfz-Steuer, die Biersteuer oder die Lotteriesteuer. Als reine **Gemeindesteuern** gelten unter anderem die Grunderwerbssteuer, die Schankerlaubnissteuer oder die Hundesteuer.

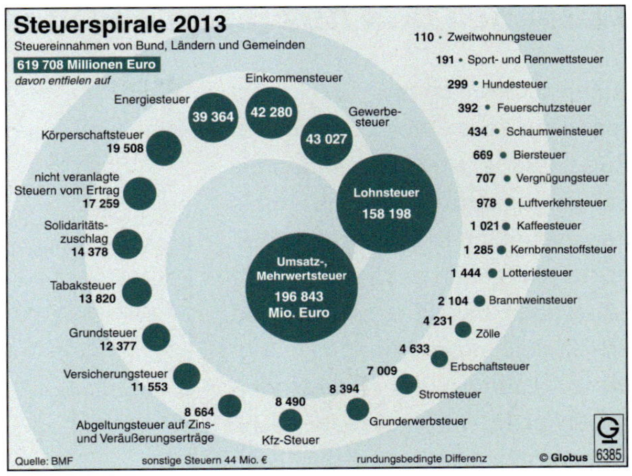

227.1 Steuereinnahmen 2013

Info

Lohnsteuer

Lohnsteuer zahlen alle Arbeitnehmer. Die Erhebung dieser Steuer erfolgt nach dem **Solidaritätsgrundsatz** (Solidarität heißt Zusammengehörigkeitsgefühl). Es gibt keinen festen, sondern einen variablen Lohnsteuersatz (Prozentsatz). Wer viel verdient, der hat einen hohen Lohnsteuersatz. Wer wenig verdient, der hat einen geringen Lohnsteuersatz oder zahlt keine Lohnsteuer. Der Staat will damit für eine größere soziale Gerechtigkeit sorgen, da Arbeitnehmer mit hohem Einkommen einen höheren Beitrag zur Staatsfinanzierung leisten als Arbeitnehmer mit einem geringen Einkommen. Neben der Höhe des Einkommens werden auch der Familienstand (verheiratet oder nicht) und die Zahl der im Haushalt lebenden Kinder bei der Höhe der zu zahlenden Lohnsteuer berücksichtigt.

Umsatzsteuer (= Mehrwertsteuer)

Die Umsatzsteuer fällt an, wenn Waren verkauft oder Dienstleistungen erbracht werden. Der allgemeine Umsatzsteuersatz beträgt 19 Prozent. Wichtige Güter des täglichen Bedarfs wie beispielsweise Lebensmittel oder Bücher haben einen ermäßigten Umsatzsteuersatz von 7 Prozent. Umsatzsteuerbefreit sind Eintrittspreise für Museen und Theater.

Tabaksteuer, Biersteuer, Energiesteuer

Auf den Konsum dieser Produkte werden Steuern erhoben. So lag 2009 der Steueranteil einer Schachtel Zigaretten bei 3,74 Euro. Dadurch soll der Bürger weniger rauchen und damit gesünder leben. Man nennt diese Steuern auch **Lenkungssteuern**, da sie versuchen, das Verbraucherverhalten zu „lenken".

Aufgaben

1 Erstelle eine Mindmap zu den Einteilungsmöglichkeiten der Steuern.

2 Wie versucht der Staat, durch Steuern das Verhalten der Bürger zu beeinflussen?

Aufgaben und Ausgaben des Staates

„Oje, so viele Steuern", denkt sich Emma. „Aber wofür brauchen Bund, Länder und Gemeinden die Steuereinnahmen?" Sie gibt in die Internetsuchmaschine die Suchbegriffe „Aufgaben des Staates" und „Ausgaben des Staates" ein und erhält viele Informationen:
Bund, Länder und Gemeinden haben nicht nur unterschiedliche Einnahmequellen, sondern auch unterschiedliche Aufgaben. Hier eine Übersicht der Ausgaben:

Bund	Länder	Gemeinden
Verteidigung, Wirtschaftsförderung, soziale Sicherung (Schwerpunkt: Renten- und Arbeitslosenversicherung), auswärtige Angelegenheiten, Forschung, Verkehrswesen, Geldwesen	Schulen, Universitäten, Polizei, Rechtspflege, Gesundheitswesen, Wohnungsbauförderung, Kultur, Steuerverwaltung	Kindergärten, Schulbau, Wasser- und Energieversorgung, Müllabfuhr, Kanalisation, Sozialhilfe, Baugenehmigungen, öffentlicher Nahverkehr, Meldewesen, Grünanlagen

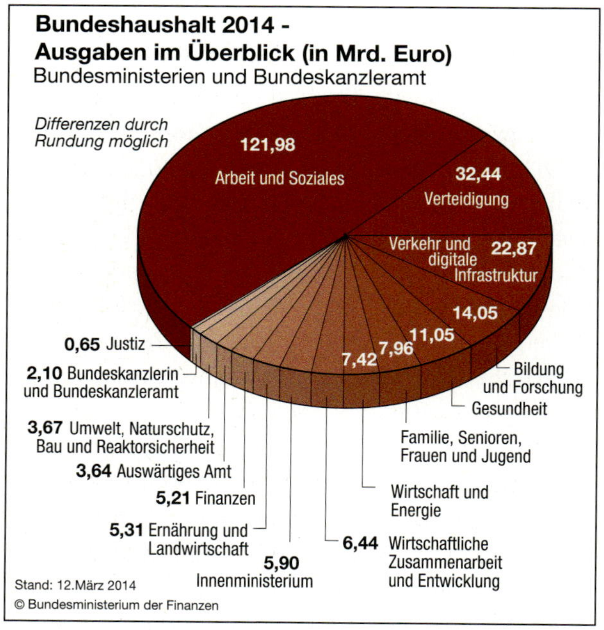

228.1 Ausgaben des Bundes 2014

Info

Die Wirtschaftsordnung Deutschlands
In der **freien Marktwirtschaft** regelt sich der Markt nur über den Ausgleich von Angebot und Nachfrage. Staatliche Eingriffe in die Wirtschaft erfolgen in dieser Wirtschaftsordnung nicht. In Artikel 20 des Grundgesetzes ist festgelegt, dass Deutschland ein Sozialstaat ist. Der Staat hat demzufolge die Aufgabe, für soziale Gerechtigkeit zu sorgen. Deshalb nennt man die Wirtschaftsordnung Deutschlands eine **soziale Marktwirtschaft**. Sie verbindet wirtschaftliche Freiheit und sozialen Ausgleich. Der Staat sorgt bei der Erfüllung seiner Aufgaben entweder für **Sicherheit und Ordnung** oder erbringt Sozialleistungen, die ein menschenwürdiges Dasein sichern sollen (**Daseinsvorsorge**).

Aufgaben

1 Welche der in der Übersicht aufgeführten Ausgaben von Bund, Ländern und Gemeinden dienen der Sicherheit und Ordnung und welche der Daseinsvorsorge? Erstelle hierzu eine Tabelle in deinem Heft.

2 Ist es wirklich Aufgabe des Staates, Schulen zu bauen und für eine allgemeine Bildung zu sorgen? Stell dir vor, die Schulbildung würde privatisiert. Diskutiere diesen Sachverhalt in deiner Klasse.

Staatsverschuldung

Die Ausgaben von Bund, Ländern und Gemeinden waren in den letzten Jahrzehnten höher als die Einnahmen, sodass die Lücken im Haushalt durch die Aufnahme von Krediten ausgeglichen wurden. 2010 beliefen sich die deutschen Staatsschulden auf insgesamt 1810 Milliarden Euro. Umgerechnet auf die Bevölkerung waren dies 21 882 Euro für jeden einzelnen Einwohner in Deutschland. Jahr für Jahr nimmt der Staat zur Deckung seiner Haushaltslücken neue Schulden auf.

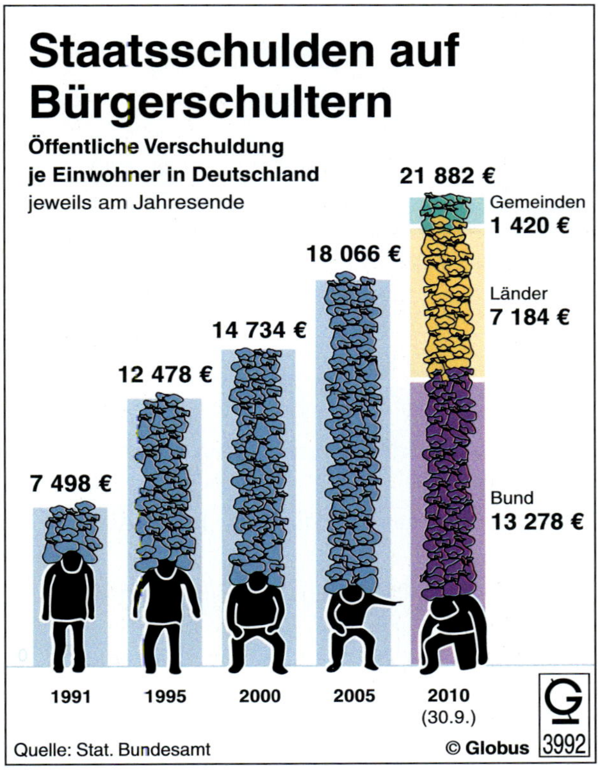

229.1

Info

Bundeshaushalt 2010
Um seine Aufgaben erfüllen zu können, hat der Deutschen Bundestag die **Ausgaben** auf 319,5 Milliarden Euro festgelegt. Dem stehen **Steuer- und sonstige Einnahmen** von 239,3 Milliarden Euro gegenüber. Die Lücke von 80,2 Milliarden Euro wird durch **neue Kredite** gedeckt. Gleichzeitig zahlte der Bund 38,9 Milliarden Euro an Schuldzinsen für Kredite aus den Vorjahren.

Schuldenregelung laut Grundgesetz Art. 19, Abs. 3 (sog. „Schuldenbremse")
Bund und Länder dürfen von 2020 an grundsätzlich keine neuen Schulden mehr machen. Der Bund erhält dabei aber etwas Spielraum: Die Obergrenze der Verschuldung liegt für ihn bei 0,35 Prozent des Bruttoinlandsprodukts (BIP). Das wären derzeit etwa acht Milliarden Euro. Von 2011 bis 2016 erhält der Bund eine Übergangszeit, um das Ziel zu erreichen. Politisch gewollt ist aber auch beim Bund, von 2020 an keine neuen Schulden mehr aufzubauen. In Ausnahmefällen können Kredite aus konjunkturellen Gründen, im Falle von Naturkatastrophen oder in außergewöhnlichen Notsituationen aufgenommen werden.

Aufgaben

1. Beschreibe die Grafik „Staatsverschuldung auf Bürgerschultern".
2. Welche Gefahren siehst du aufgrund der hohen Staatsverschuldung?
3. Wie haben Bund und Länder die Neuverschuldung in Zukunft geregelt?
4. Welche Ausnahmen lassen auch in Zukunft noch eine Neuverschuldung zu?
5. Hältst du die Regelungen der „Schuldenbremse" für ausreichend?

Berufe rund um das Steuerwesen

Rund um das Steuerwesen gibt es eine Vielzahl von Berufen. Privatpersonen und Unternehmen müssen jährlich eine Steuererklärung abgeben. **Steuerberater, Steuerfachwirte** und **Steuerfachangestellte** unterstützen Privatpersonen und Unternehmen bei ihrer Steuererklärung und helfen, deren Steuerlast zu minimieren.

Beamte der Steuerverwaltung prüfen hingegen diese Steuererklärungen und erlassen Steuerbescheide. In der Steuerverwaltung der Finanzämter gibt es Beamte im höheren, im gehobenen und im mittleren Dienst.

Für alle diese Berufe gibt es unterschiedliche Voraussetzungen, um für die Ausbildung, das Studium oder die Prüfung zugelassen zu werden. Weiterhin unterscheiden sich die Berufe in ihren speziellen Aufgaben und Tätigkeiten, ihren Arbeitsbereichen und letztendlich ihren Verdienstmöglichkeiten.

230.1 Ein Steuerberater bei der Arbeit

230.2 Arbeiten in der Steuerverwaltung eines Finanzamtes

Aufgaben

1 Übertragt die unten stehende Tabelle in eure Hefte und recherchiert unter www.berufenet.arbeitsagentur.de verschiedene Berufe des Steuerwesens.

a) Die eine Hälfte der Klasse notiert sich Informationen zu den staatlichen Berufen: Beamte im mittleren, gehobenen und höheren Dienst der Steuerbehörde.

b) Die andere Hälfte der Klasse notiert sich die Berufsinformationen zu den privatwirtschaftlichen Berufen: Steuerfachgehilfe, Steuerfachwirt und Steuerberater.

2 Im Anschluss präsentiert ihr die einzelnen Berufe und übertragt die Ergebnisse in eure Tabelle.

staatliche Berufe	Schulabschluss/ Voraussetzungen	Aufgaben/ Tätigkeiten	Arbeitsbereiche	Verdienst-möglichkeiten
Beamte/r im mittleren Dienst	mittlerer Bildungsabschluss	Prüfen und Bearbeiten von Steuererklärungen	Büroräume, Servicebereich der Finanzämter	
Beamte/r im gehobenen Dienst	Fachhochschulreife Hochschulreife			
Beamte/r im höheren Dienst				

Bildungswege in Rheinland-Pfalz

Viele Berufe verlangen als Qualifikation einen mittleren Bildungsabschluss oder einen qualifizierten Hauptschulabschluss. Andere Berufe oder Studiengänge setzen eine Fachhochschulreife, eine allgemeine Hochschulreife oder mehrjährige Erfahrung in einem bestimmten Beruf voraus.

Du besuchst zurzeit die 10. Klasse einer Realschule plus oder einer IGS und willst vielleicht später einmal studieren. Welcher Weg dich zu deinem Berufsziel führt, zeigt dir die folgende Übersicht.

Info

Bildungswege in Rheinland-Pfalz findest du unter: www.mbwjk.rlp.de/bildung/schule-und-bildung/bildungswege-in-rheinland-pfalz.

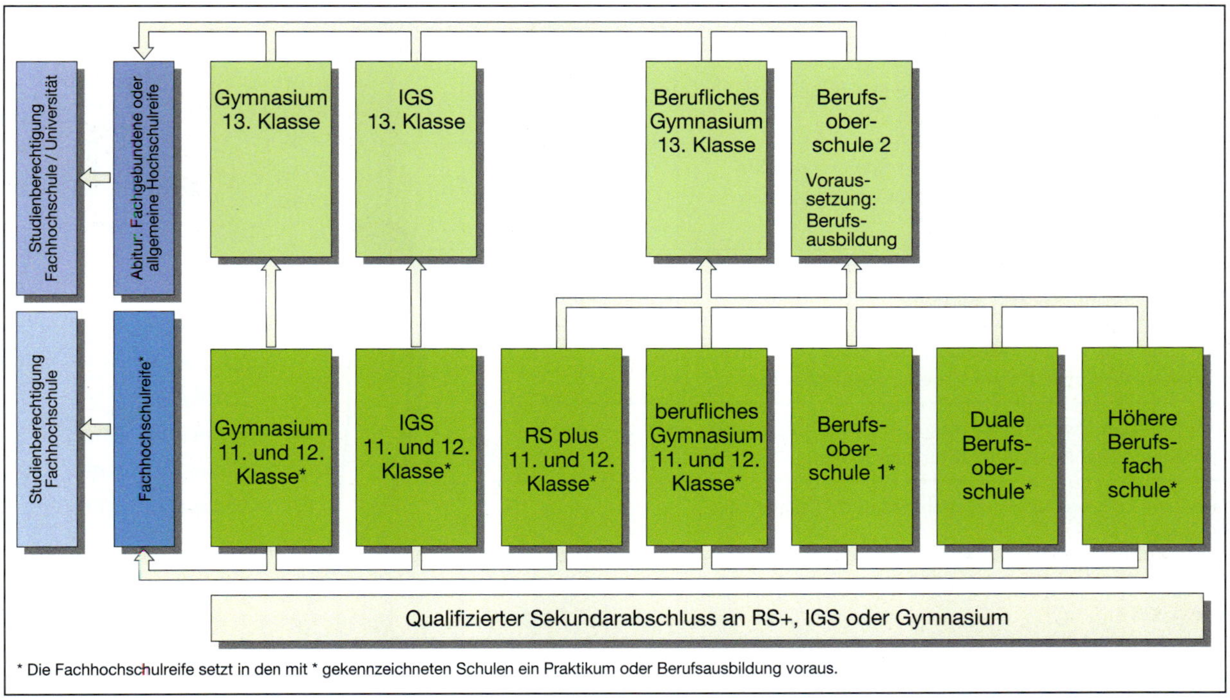

231.1 Bildungswege in Rheinland-Pfalz

Aufgaben

1 Wie kommen die Schüler in den folgenden Fallbeispielen zu ihrem Berufswunsch?

a) Petra besucht zurzeit die 10. Klasse einer Realschule plus. Sie will später einmal Lehramt für Grundschulen an der Universität Koblenz-Landau studieren.

b) Josef ist Schüler der 10. Klasse einer Realschule plus. Sein großer Traum ist es, an der Fachhochschule in Worms Touristik zu studieren.

2 Welche weiterführenden Schulen gibt es in deiner Region?

R Rückspiegel: Was habe ich gelernt?

Meine Stärken

- Übertragt den Selbsteinschätzungsbogen auf ein Blatt.
- Der Selbsteinschätzungsbogen kann um weitere Punkte ergänzt werden.
- Jede/r Einzelne füllt diesen für ihre/seine Kompetenzmappe aus.

Selbsteinschätzungsbogen Zum Thema: Der Staat in der Wirtschaft	Name: Max Klasse: 10 b			
	☺☺	☺	☹	☹☹
Ich kenne die Konjunkturphasen und deren Auswirkungen.		X		
Ich kann die Chancen und Risiken der gegenwärtigen Konjunkturphase für meine persönliche berufliche Zukunft abwägen.	X			
Ich kenne die Ziele und die daraus resultierenden Zielkonflikte des magischen Vierecks und des magischen Sechsecks.			X	
Das Zusammenfassen eines wirtschaftlichen Themas in einer Gruppenarbeit fällt mir leicht.		X		
Ich kann mithilfe eines Mediums (z. B. Plakat) meinen Mitschülern ein wirtschaftliches Thema gut präsentieren.				X
Ich bin in der Lage, in einer Diskussion Mitschülern zuzuhören und eigene Argumente zu begründen.			X	
Ich kenne die wichtigsten Einnahmen und Ausgaben des Staates.	X			
Ich kann Statistiken und Schaubilder beschreiben und bewerten.		X		
Ich kann den Einfluss des Staates auf die Wirtschaft erklären und auf meine eigenes Leben übertragen.			X	
Ich kenne die Weiterbildungsmöglichkeiten in Rheinland-Pfalz und weiß, wo ich in meiner Heimat eine weiterführende Schule besuchen kann.	X			
Ich habe gute Noten bekommen.				X
Zähle zusammen:	3	3	3	2

Begriffssammlung

1. Führe deine zum ersten Kapitel angefangene Begriffssammlung fort, indem du die neuen Begriffe aus diesem Kapitel auf Karten schreibst. Nimm die Anleitung auf Seite 40 und 41 zu Hilfe.
2. Nutze die Karten zur Wiederholung des Kapitels.

Wirtschaftswachstum

① Reinigungsarbeiten bei der Ölkatastrophe in den USA im Jahre 2010 steigerten das Bruttoinlandsprodukt und führten daher zu Wirtschaftswachstum.

② Die Wiederaufbauarbeiten in Indonesien und Japan nach dem Tsunami mit Tausenden von Todesopfern führten zu einer Steigerung des Bruttoinlandsprodukts.

③ Mehr als elf Millionen Deutsche leben laut dem Armuts- und Reichtumsbericht der Bundesregierung unter der Armutsschwelle – rund ein Drittel mehr als vor zehn Jahren. Vor allem junge Leute und Familien sind betroffen. Gleichzeitig stieg das Bruttoinlandsprodukt in diesem Zeitraum um über zehn Prozent.

233.1 „Hurra, wieder 2,5 Prozent höher!"

Aufgaben

1 Wirtschaftswachstum als einzige Maßeinheit für Wohlstand und Lebensqualität der Bevölkerung anzusehen wird mittlerweile angezweifelt.
- a) Beschreibe und erkläre die Karikatur Abb. 233.1 zum Wirtschaftswachstum.
- b) Erkläre den möglichen Konflikt zwischen Wachstum und Lebensqualität anhand der oben stehenden drei Fallbeispiele.

2 Gerechte Einkommensverteilung und die Erhaltung einer lebenswerten Umwelt, um letztendlich Wohlstand und Lebenszufriedenheit für alle zu schaffen, ist sehr schwer messbar. Der Herrscher eines Königreichs im Himalaja hat hierbei angeregt, nicht nur das Bruttoinlandsprodukt, sondern auch ein „Bruttoinlandsglück" zu messen und zu steigern. Dabei kommt es dem Herrscher darauf an, dass die Bevölkerung gesund ist, genug Geld zum Leben hat, lesen kann und traditionelle Handwerkskünste beherrscht.
Was hältst du von der Idee des Herrschers?

3 Frau Müller und Frau Schmidt verdienen beide 3 000 Euro brutto. Frau Müller zahlt 16 Prozent und Frau Schmidt nur acht Prozent Lohnsteuer. Wie kommt dieser Unterschied zustande?

4
- a) Welche Gefahren verursachen zu hohe Staatsschulden?
- b) Durch welche Maßnahme wird der Staat in Zukunft gezwungen sein, die Aufnahme neuer Staatskredite zu reduzieren?

Globalisierung

TERMINAL BURCHARDKAI
BURCHARDKAI
ZPMC

菲亚特
三菱

AUSGEZEICHNET.
FAIR GEHANDELT.
KAFFEE
Café amigos
PEDRO
FIESTA
No.1
Bio
Cappuccino
gepa

Hapag-Lloyd
CMA CGM
MAERSK
HAMBURG SÜD
TERMCOTANK
CAI
EVERGREEN

Fallbeispiel Jeans

236.1

Vor einigen Tagen war Familie Noll einkaufen. Emma kaufte sich eine schöne Jacke und ihre Schwester Lene neue Jeans. Als Lene auf das Etikett der Hose schaute, stellte sie fest, dass die Hose in Taiwan gefertigt wurde. So ein weiter Weg! Lohnt sich das?

Weg einer typischen Jeans
Die Baumwolle kommt aus Kasachstan oder Indien. Diese wird in der Türkei zu Garn gesponnen und in Taiwan zu einem Stoff gewebt. In Frankreich wird dieser Stoff mit chinesischen Farbstoffen gefärbt, um dann in Honduras unter Verwendung britischer Kurzwaren zu einer Jeans genäht zu werden. Die Endverarbeitung der Jeans mit Bimsstein findet in Griechenland statt. Verkauft und getragen wird sie in Deutschland. Die gebrauchte Jeans landet im Altkleidercontainer und wandert von dort nach Rotterdam. Mit Schiff und Lkw wird sie nach Afrika gebracht. Noch einmal verkauft und getragen wird sie in Ghana. Und so kann der Weg einer Jeans um die Welt heute tatsächlich 19 000 km betragen.

Wenn eine Jeans 50 Euro kostet, fließen ...

- 25 Euro in den Einzelhandel (Verwaltung, Miete, Personal und Gewinn),
- 12,50 Euro zur Markenfirma (Entwicklung, Verkauf, Verwaltung, Werbung, Geschäftsgewinn),
- 5,50 Euro zur Transportfirma und an das Finanzamt,
- 7 Euro zur Jeansfabrik (Materialkosten, Miete, Maschinen, Gewinn und Löhne für die Arbeiter und Arbeiterinnen).

236.2

Aufgabe

Nimm deinen Atlas zu Hilfe und verfolge den Weg einer Jeans von Kasachstan bis Ghana.

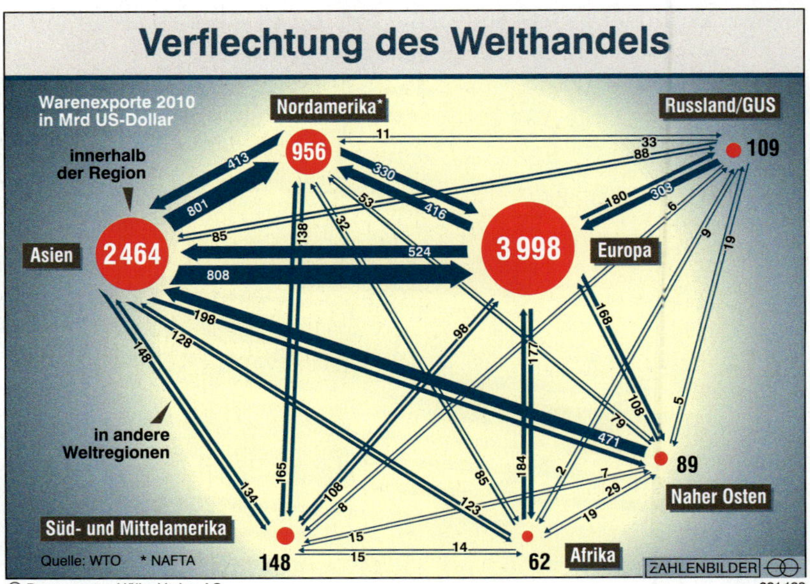

© Bergmoser + Höller Verlag AG

236.3

Bereiche der Globalisierung

Das Wort „global" wird mit „auf die Erde bezogen", „weltumspannend" übersetzt. Unter Globalisierung versteht man heute den Vorgang zunehmender weltweiter Verflechtungen. Globalisierung bezieht sich hierbei nicht nur auf die Wirtschaft, sondern auf alle sozialen Beziehungen wie Politik, Kultur, Sport, Kommunikation usw. Ereignisse an einem Ort werden durch Vorgänge an einem viele Kilometer entfernten Ort geprägt und umgekehrt.

Bei **wirtschaftlicher Globalisierung** denkt man zunächst an das Wachstum des Welthandels und die Entstehung von weltumspannenden Konzernen. So sind Unternehmen wie Coca-Cola und McDonalds mittlerweile auf allen Kontinenten zu finden. Aber auch die Entwicklung der Börsenkurse in Tokio oder New York macht sich Sekunden später in Frankfurt bemerkbar. Ebenso können Konjunktur- und Strukturkrisen in fernen Ländern die wirtschaftliche Situation in Europa binnen kurzer Zeit verändern. Gerade für ein exportorientiertes Land wie Deutschland ist es daher keineswegs egal, wenn in „Hongkong ein Sack Reis umfällt" und sich irgendwo auf der Welt Angebots- und Nachfragestrukturen verändern.

Auch im Bereich der **Kultur und im Sport** schreitet die Globalisierung voran. Vor allem die Unterhaltungskultur verdeutlicht den Globalisierungsprozess. Überall auf der Welt sehen die Menschen die gleichen Kinofilme, Serien und Shows. Mehr und mehr wird eine weltumfassende Universalkultur geschaffen. Mode, Musik und Freizeitaktivitäten gleichen sich überall auf der Welt an. Die weltweite Verbreitung der Popmusik und der internationalen Sportereignisse, wie z. B. eines Formel-1-Rennens, gilt als Ausdruck von Globalisierung. Aus dieser Perspektive erhalten Lady Gaga und Sebastian Vettel trotz aller Unterschiede den Status von Globalisierungshelden.

In der **Politik** nehmen die internationalen Vereinbarungen und Verträge zu. Weltweit berichten Medien von politischen Ereignissen wie den Wahlen in den USA oder den Unruhen in Afghanistan. Die mediale Berichterstattung über globale Ereignisse nimmt mehr und mehr zu.

237.1 + 2 „Wer wird Millionär" in Deutschland und in Indien

Aufgaben

1 Was versteht man unter Globalisierung?

2 Wie entwickelt sich die Globalisierung in den folgenden Bereichen: Wirtschaft, Kultur und Sport, Politik?

3 Wie beeinflusst die Globalisierung dein Leben?

Globalisierte Produktion

238.1

Emma schaut nach dem Herkunftsland ihrer Jacke und ihres T-Shirts. In ihrer Jacke steht „Made in China" und ihr T-Shirt kommt aus Bangladesch. Sie erinnert sich, dass Lenes Jeans in Taiwan hergestellt wurde. Warum lassen so viele Unternehmen ihre Textilien in Asien anfertigen?

Einige Tage später entdeckt Emma in der Tageszeitung den Artikel: „Warum die Jacke aus China so billig ist." Sofort beginnt sie, diesen mit großem Interesse zu lesen.

Warum die Jacke aus China so billig ist

Selbst Niedriglohnländer stehen unter Preisdruck

Stuttgart – Wer in seiner Jacke oder Hose, seinem Hemd oder T-Shirt die Waschanleitung sucht, findet oft den Hinweis „Made in China". Immer mehr Hersteller lassen dort produzieren, denn das Land ist konkurrenzlos billig. (...) Dies liegt vor allem an den niedrigeren Löhnen die in China für die Fertigung von Textilien bezahlt werden.

Eine Jacke, die in China in der Herstellung weniger als acht Euro kostet, geht hier zu Lande in der Regel für ein Vielfaches über den Ladentisch. Die Preisunterschiede sind enorm. (...) Bei Aldi könnte eine Outdoorjacke aus Polyesterstoff mit Teilfutter bis zu 29,90 Euro kosten, bei Kaufhof 39,90 Euro, und wird sie als Nike-Jacke verkauft, könnte sie über 100 Euro kosten. (...)

China kommt nicht für jeden in Frage. „Wenn Sie nur 200 Stück bestellen, brauchen Sie nicht nach China zu gehen, denn die Amerikaner drücken riesige Mengen in den Markt.", sagt Torsten Schwarz, Geschäftsführer des Logistik- und IT-Spezialisten Setlog. Auch liegen die Transportzeiten aus Asien per Schiff bis zu 20 Tage höher als bei der Anlieferung per Lkw aus den europäischen Nachbarländern. Allerdings könnten sich die Transportzeiten aus China um mehr als 20 Tage verkürzen, wenn die Teile per Flieger statt Schiff kommen. Schwarz beziffert die Luftfrachtkosten für die Jacke mit rund 2,50 Euro statt 0,50 Euro bei der Seefracht. In Deutschland zu produzieren, sei uninteressant. Die Jacke würde im Einkauf mehr kosten als beim Discounter im Verkauf. (...)

Aufgrund der geringen Lieferzeiten der Nachbarn aus Osteuropa oder aus der Türkei bleiben diese – trotz der Konkurrenz aus China – für modische Schnellschüsse weiter interessant. Allerdings, sagt Schwarz, zieht es die Textilbranche immer mehr nach Asien. Er spricht von einer Umverteilung der Produktionsanteile von Europa nach Asien, wo nicht nur billig, sondern auch gut produziert wird. Adidas etwa will seinen Produktionsanteil in China in den nächsten Jahren von 15 auf 30 Prozent verdoppeln. Profiteure könnten die Verbraucher hier zu Lande sein. Denn der Wettbewerb unter den chinesischen Produktionsbetrieben wird härter, was sich im Preis niederschlagen wird. Aufgrund der höheren Preistransparenz werde die deutsche Bekleidungsindustrie den Preisverfall an den Handel und damit an die Kunden weitergeben müssen, meint Schwarz.

(nach: Imelda Flaig, in Marburger Zeitung, 01.02.2005, S. 6)

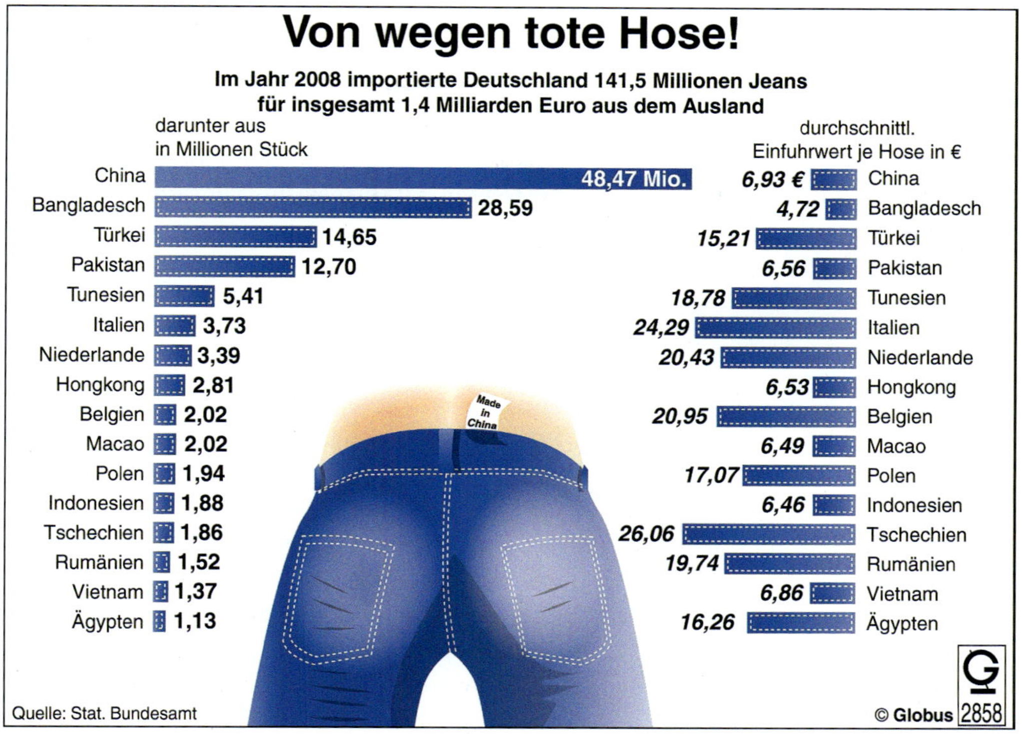

239.1

239.2 Viele Preise für eine Jacke

Aufgaben

Beantworte mithilfe des Artikels auf Seite 238 und den Grafiken auf dieser Seite die folgenden Fragen:

1 Warum lassen viele europäische Unternehmen ihre Textilien in Asien und nicht in Deutschland produzieren?

2 Welche Nachteile hat die Produktion von Textilien in China, wenn diese in Europa verkauft werden sollen?

3 In welchen nicht asiatischen Ländern werden ebenfalls häufig Textilien produziert? Begründe deine Antwort.

4 Warum profitieren die Verbraucher in Deutschland von der Textilproduktion in China?

5 Welche möglichen Nachteile siehst du, wenn deutsche Unternehmen ihre Textilien in Asien herstellen lassen?

M Methode: Schülerpräsentation

240.1 Schüler bei der Präsentation

Eine Präsentation hat das Ziel, andere über etwas zu informieren, das man sich selbst erarbeitet hat. Die Fähigkeit, gut präsentieren zu können, ist aus drei Gründen wichtig:

1. Informationen, die man anderen frei vortragen kann, beherrscht man selbst sehr gut.
2. Andere profitieren von deiner Arbeit, indem du ihnen einen Sachverhalt erklärst.
3. Bei Bewerbungen und im späteren Berufsleben musst du ebenfalls neue Sachverhalte einer Gruppe präsentieren. Je früher du dies beherrschst, desto besser sind deine beruflichen Zukunftschancen.

Vorbereitung

1. Alleine oder in Kleingruppen erarbeitest du ein dir unbekanntes Thema.
2. Gestalte ein Medium (Plakat, PowerPoint-Präsentation ...), welches deine oder eure Präsentation unterstützt.
3. Erstelle einen Notizzettel, auf dem du stichwortartig die nötigen Informationen notierst. Wenn man sich alles aufschreibt, was man vortragen will, so besteht die Gefahr, dass man den Vortrag abliest und das Gelernte herunterleiert. Wenn man sich keine Notizen macht, besteht wiederum die Gefahr, dass man wichtige Informationen vergisst.

Durchführung

1. Für Aufmerksamkeit sorgen:
   Erst anfangen, wenn Ruhe herrscht. Falls nötig, bittet man selbst um Ruhe und Aufmerksamkeit.
2. Festen Stand suchen, aufrecht stehen und Blickkontakt mit den Zuhören aufnehmen:
   Dies signalisiert ein selbstsicheres Auftreten.
3. Arme nicht verschränken und Hände nicht in die Hosentaschen stecken:
   Eine verschränkte Armhaltung wirkt abweisend. Falls du nicht weißt, wohin du die Hände tun sollst, dann halte dich an deiner Karteikarte „fest" oder nimm einen Stift in die Hand.
4. Das Thema nennen und den Aufbau des Vortrags überblickshaft erläutern.
5. Möglichst frei und lebendig reden:
   Die Zuhörer können einem Vortrag besser folgen, wenn der Vortragende frei zu ihnen spricht.
6. Stimme und Tonlage variieren:
   Durch die Variation der Stimme und durch Mimik und Gestik können wichtige Informationen des Vortrags hervorgehoben werden.
7. Kleine Pausen und Wiederholungen beim Vortrag berücksichtigen:
   Die Zuhörer brauchen Zeit, um neue Informationen aufzunehmen oder über neue Sachverhalte nachzudenken.
8. Am Ende des Vortrags einen guten Abschluss für die Präsentation finden:
   Der letzte Eindruck einer Präsentation bleibt in der Regel haften. Deshalb ist ein guter „Abgang" durch einen zusammenfassenden Satz, eine Anregung, einen Witz oder ein Zitat sinnvoll.

Nachbereitung

Die Lerngruppe gibt dem präsentierenden Schüler ein detailliertes Feedback zu den acht Punkten, die unter Durchführung der Präsentation aufgelistet sind, sowie zur Plakatgestaltung.

Gruppenarbeit: Gewinner und Verlierer der Globalisierung

Vorbereitung und Durchführung
Erarbeitet in Kleingruppen von drei bis fünf Schülern die Vor- und Nachteile der Globalisierung aus der Perspektive ...
- der Arbeitnehmer und Verbraucher,
- der Unternehmen und
- der Entwicklungsländer.

Eine Gruppe bearbeitet eine der drei Perspektiven der Globalisierung und gestaltet ein Präsentationsmedium (z. B. Plakat, Folie, PowerPoint-Präsentation, ...), welches die Vor- und Nachteile der Globalisierung dokumentiert. Bereitet euch auf die Präsentation eurer Gruppenergebnisse vor. Berücksichtigt hierbei die vorherige Methodenseite zur Schülerpräsentation.

Präsentation/Vortrag
Das Gruppenergebnis wird durch einen oder mehrere Schüler präsentiert. Berücksichtigt hierbei die vorherige Methodenseite zur Schülerpräsentation.
Die nicht vortragenden Schüler machen sich während der Präsentation Notizen darüber, was gut geklappt hat oder was verbessert werden kann.

Auswertung
Die zuhörenden Schülerinnen und Schüler geben ein detailliertes Feedback zur Präsentation anhand der Kriterien zur Durchführung der Methode auf Seite 240. Berücksichtigt hierbei, welche Aspekte gut umgesetzt wurden und welche bei der nächsten Präsentation verbessert werden könnten.

Gruppe 1: Vor- und Nachteile der Globalisierung aus der Sicht der Arbeitnehmer und Verbraucher in Deutschland

a) Die Sicht der Arbeitnehmer
Einerseits sichert und schafft die Globalisierung Arbeitsplätze in Deutschland. Fast jeder vierte Arbeitsplatz hängt direkt oder indirekt am Export. Die deutsche Wirtschaft profitiert von der Globalisierung aufgrund ihrer hohen technologischen Standards.

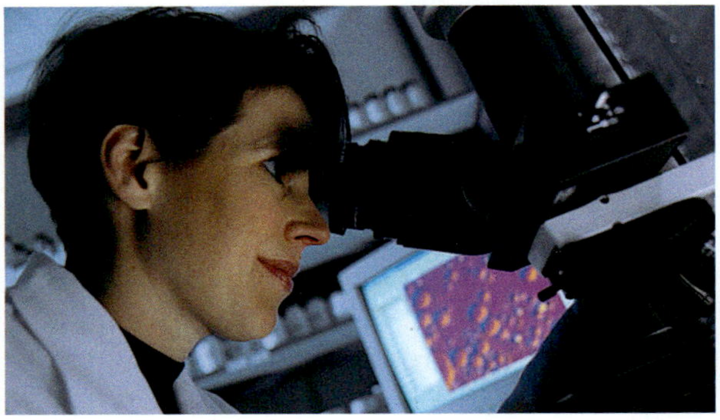

241.1 Beiersdorf: Hautsache – 600 Forscher entwickeln neue Cremes in Hamburg

Deutsche Produkte genießen einen guten Ruf in der Welt, da in Deutschland qualifizierte Arbeitskräfte qualitativ hochwertige Produkte herstellen.
Die Qualifizierung der Arbeitskräfte wird durch eine hochwertige Schul- und Berufsausbildung sowie durch qualifizierte Studiengänge ermöglicht. Neben einer guten Infrastruktur und stabilen politischen Verhältnissen benötigen viele Industriebranchen ausgebildete Arbeitskräfte und produzieren deshalb in Deutschland. Dies gilt vor allem für drei große Industriebranchen: für die Automobilindustrie, den Maschinenbau und die chemische Industrie.
Andererseits verlagern viele deutsche Unternehmen bei weniger anspruchsvollen Tätigkeiten ihre Produktion ins Ausland, da Arbeitskräfte in vielen Teilen der Welt deutlich günstiger sind als in den westlichen Industrienationen. Geringqualifizierte sind deshalb in Deutschland besonders von Arbeitslosigkeit bedroht.

241.2 Adidas produziert Schritt für Schritt in China, Indonesien und Vietnam seine Schuhe.

Die Globalisierung verändert somit die Arbeits- und Lebensverhältnisse der Menschen. Vielen Menschen macht diese Entwicklung Angst.
Sie fürchten um ihre Existenz. Sie haben umso mehr Angst, je älter und unflexibler sie sind oder wenn sie nicht die Qualifikationen vorweisen können, die die globale Wirtschaft fordert.
Globalisierung bedeutet also für den Einzelnen auch die Notwendigkeit, einen möglichst qualifizierten Ausbildungsabschluss zu erlangen.

b) Die Sicht der Verbraucher
Die Verbraucher profitieren weitestgehend von der Globalisierung. Die Vielfalt des Güterangebots hat sich erhöht. Während noch vor wenigen Jahrzehnten Obst und Gemüse nur zu bestimmten Jahreszeiten erhältlich waren, sind viele Sorten Obst und Gemüse heute das ganze Jahr über erhältlich. Trauben aus Südafrika, Erdbeeren aus Spanien, Kiwis aus Neuseeland oder Orangen aus Florida liegen zum Verkauf in den Supermärkten. Außerdem sind viele Produkte durch den globalen Wettbewerb günstiger geworden. Unterhaltungselektronik wie Flachbildschirme, Handys oder MP3-Player werden kostengünstig in Asien produziert. Aber auch Kinderspielzeug aus China, Schuhe aus Vietnam oder T-Shirts aus der Türkei werden hierzulande günstig verkauft. Ein Großteil dessen, was deutsche Verbraucher auf der Haut tragen, wird viele tausend Kilometer entfernt hergestellt.

242.1 Vielfältiges Warenangebot von Konsumgütern

Die große Auswahl und die günstigen Preise haben aber auch Schattenseiten. Nicht immer entsprechen die Produkte den in Deutschland geltenden Sicherheitsvorschriften.
So stellte das hessische Umweltministerium 2009 bei Stichproben am Frankfurter Flughafen fest, dass viele exotische Früchte und importierte Gemüsesorten oft stark mit Chemikalien belastet sind.
19,5 Prozent der exotischen Früchte überschritten die EU-Grenzwerte. Wer exotische Früchte mit gutem Gewissen genießen möchte, sollte daher zu Bio-Obst greifen. Denn bei diesen importierten Früchten wurden keine Überschreitungen der Grenzwerte festgestellt.

(nach: Pressemitteilung des hessischen Umweltministeriums vom 02.06.2010, Autorin: Stefanie Karg)

242.2 Exotisches Obst und Gemüse

Es sind aber nicht nur Lebensmittel, sondern auch Konsumgüter, die unter Umständen gesundheitsgefährdend sein können. China ist beispielsweise einer der größten Exporteure von Spielwaren nach Europa. Der amerikanische Spielwarenkonzern Mattel hatte 2007 knapp 20 Millionen in China produzierte Spielsachen wegen überhöhten Bleigehalts oder gefährlicher ablösbarer Magnetteile zurückgerufen. Der Spielwarenhändler Toys"R"Us nahm Babylätzchen aus China wegen erhöhten Bleigehalts aus den Regalen.

(nach: Süddeutsche Zeitung, 29.08.2007, Autorin: Sybille Haas)

Gruppe 2: Vor- und Nachteile der Globalisierung aus der Sicht der Arbeitgeber

Die Auswirkungen für Unternehmen durch die Globalisierung sind nicht einheitlich. Es gibt unter den Unternehmen „Globalisierungsgewinner“ und „Globalisierungsverlierer“.

Die Globalisierung der Märkte ermöglicht deutschen Unternehmen einen größeren Zugang zu internationalen Märkten. Je mehr Länder sich dem freien Weltmarkt öffnen, desto besser sind die Exportchancen der deutschen Unternehmen. Dies gilt vor allem für die deutsche Automobilindustrie, den Maschinenbau und die chemische Industrie.

Auf der anderen Seite hat der Wettbewerbsdruck auf die Unternehmen zugenommen. Um weltweit konkurrenzfähig zu bleiben, müssen die Unternehmen ständig darauf achten, ihre Produktionskosten gering zu halten. Die Unternehmen sehen sich einem ständigen Rationalisierungszwang ausgesetzt (z. B. Ersatz von Mitarbeitern durch Maschinen in Industriebetrieben) oder sie verlagern Produktionsstätten in Länder mit geringen Lohnkosten.

Als Gründe für die Verlagerung einer Produktionsstätte ins Ausland nennen die Unternehmen vor allem die flexiblen und billigen Arbeitskräfte, die häufig geringeren Steuern und Abgaben sowie den leichten Zugang zu Rohstoffen und Transportwegen.

Deutsche Unternehmen lassen nicht nur in Billiglohnländern kostengünstig produzieren, sondern lagern auch Dienstleistungen in diese Länder aus. So lässt z. B. eine Vielzahl von europäischen Unternehmen Programmiertätigkeiten in Indien durchführen. Möglich geworden ist diese Entwicklung hauptsächlich durch die kurzen und unkomplizierten Kommunikationswege (Internet, Telefon).

243.1 Softwareentwicklung in Indien

Die Vorteile der Globalisierung können aber häufig nur Großunternehmen nutzen. Viele kleinere Unternehmen dagegen geraten durch den hohen Preisdruck, z. B. bei Textilien und Elektronikartikeln, in große wirtschaftliche Schwierigkeiten. Sie gehören zu den Globalisierungsverlierern. Somit wächst die wirtschaftliche Macht der Weltkonzerne.

Adidas-Weltweit auf Tour
Sportartikelhersteller Adidas-Salomon lässt fast alle seine Produkte im Ausland fertigen.

- **95 Prozent aller Adidas-Sporttreter** werden in Asien hergestellt – von der Sohle bis zum Schnürsenkel, der Rest in Europa und den USA. Nur Teile der Entwicklung und des Designs beherbergt Adidas noch in der Zentrale im fränkischen Herzogenaurach. Aber auch in Portland, New York und Tokio feilen Spezialisten am Chic der Schuhe. Fast ein Drittel der Firma (28 Prozent) halten inzwischen US-Großanleger.
- **Die Internationalisierung** des Traditionskonzerns spiegelt sich auch im Vorstandsteam wider: Die Geschäfte der Franken führen zwei Deutsche, ein Amerikaner und ein Neuseeländer.

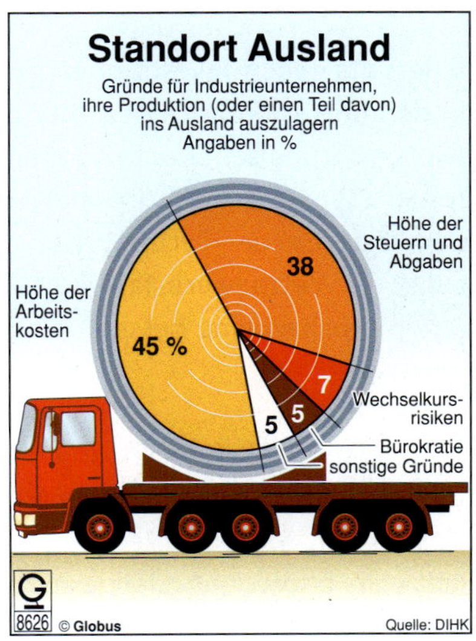

243.2

Gruppe 3: Vor- und Nachteile der Globalisierung aus der Sicht der Entwicklungsländer

244.1 BMW-Arbeiter in China

Die Auswirkungen der Globalisierung auf die Entwicklungsländer werden heute sehr unterschiedlich beurteilt. Während die einen behaupten, die Entwicklungsländer werden durch die Globalisierung einen wirtschaftlichen Aufschwung schaffen, behaupten andere, dass dort die Situation eher verschlechtert als verbessert wird. Sicher steht auf jeden Fall fest, dass man nicht pauschal für alle Entwicklungsländer eine Aussage darüber machen kann, ob die Globalisierung von Nutzen ist oder nicht.
Es kommt hierbei stark darauf an, welche Güter ein Land exportiert. Handelt ein Land mit Fertigungsgütern, so steigt der Anteil dieses Landes am Weltmarkt. Versucht es jedoch, wie die meisten ärmeren Länder, Nahrungsmittel und Rohstoffe zu exportieren, so sind die Einnahmen dieses Landes stark schwankend.

Einerseits geben Investitionen großer Unternehmen in den Entwicklungsländern der dortigen Wirtschaft wichtige Impulse. Durch Kooperationen und Zulieferverträge wird ihre Wirtschaft eingebunden. Durch den Import neuer Technologien und von Know-how steigt die Wettbewerbsfähigkeit des Landes; die Menschen erhalten eine bessere Ausbildung und verdienen mehr.

Andererseits führt der Zwang, ihre Profite zu maximieren, die Weltkonzerne in Versuchung, dies auf Kosten von Menschenrechten, Umwelt und Demokratie in Entwicklungsländern zu erreichen. In den westlichen Industrieländern hat die Entwicklung des modernen Sozialstaates diesem rohen Vorgehen einen wirksamen Riegel vorgeschoben. Die Existenz von Gewerkschaften sichert Arbeitern einen fairen Lohn und die Achtung ihrer Menschenrechte. Strenge Auflagen zwingen Konzerne dazu, die Umwelt nicht als Wegwerfprodukt zu behandeln. Und das allgemeine Wahlrecht beschränkt die Möglichkeit von Konzernen, Regierungen zu kaufen. In den meisten Entwicklungsländern fehlen diese Schutzwälle. Dort gibt es weder sozialstaatliche Regulierungen noch funktionierende Demokratien. Entsprechend frei und skrupellos treiben manche Konzerne dort ihr Unwesen.
Die Beschäftigten in der Bekleidungsindustrie – häufig sind es Frauen und Kinder – arbeiten in den Fabriken oft unter schlechten Bedingungen und haben keinerlei Möglichkeit, sich zu organisieren und ihre Situation zu verbessern. Sie sehen sich konfrontiert mit:

- sehr langen Arbeitszeiten mit 60 Stunden und mehr pro Woche,
- niedrigen Löhnen, die teilweise nicht die Grundbedürfnisse (Essen, Wohnung) decken,
- katastrophalen Sicherheitsbestimmungen, die immer wieder zu Unfällen in den Fabriken führen,
- mangelnder Hygiene (Masken, die vor Textilstaub schützen, sind oft Mangelware, genauso wie Toiletten und sauberes Trinkwasser),
- häufiger Diskriminierung von Frauen: Sie erhalten weniger Lohn, werden manchmal sexuell belästigt und bei Schwangerschaft oder nach Arbeitsunfällen oft entlassen.
- Kinder unter 14 Jahren müssen unter widrigsten Bedingungen arbeiten, um ihre Familien zu unterstützen. Sie erhalten dadurch keine ausreichende Schulbildung.

244.2 Kinderarbeit am Webstuhl

Fairplay beim Konsum

Von fair gehandelten Waren spricht man dann, wenn dafür Sorge getragen wird, dass die Arbeitsbedingungen, unter denen produziert wird, menschenwürdig sind und die Gesundheit der Arbeitenden nicht gefährdet wird. Gleichzeitig wird für die Arbeitnehmerinnen und Arbeitnehmer ein Lohn gewährleistet, der ausreicht, um für die notwendigen Dinge des Lebens – einschließlich Gesundheitsvorsorge und Bildung – zu sorgen. Entsprechend sind fair gehandelte Waren in der Regel teurer als konventionell hergestellte Produkte.

Durch den gezielten Konsum von fair gehandelten Produkten können andere konventionell agierende Unternehmen zu einer Änderung ihrer Produktionsstrategie veranlasst werden. Fair gehandelte Waren kann man in der Regel an einer entsprechenden Kennzeichnung erkennen.

Es wird bereits eine Vielfalt von Produkten fair gehandelt. Im Internet findest du Hintergrundinformationen:

- www.fian.de
- www.fair-feels-good.de
- www.transfair.org
- www.gepa.de
- www.weltlaeden.de
- www.globalrespect.de

245.1

Fairer Handel schützt Kinderrechte

Als die Kinderarbeit in der Fußballindustrie Pakistans und Indiens im Vorfeld einer Fußball-Weltmeisterschaft öffentlich thematisiert wurde, war das Hauptanliegen der Industrie der Versuch, sicherzustellen, dass die eigene „weiße Weste" sauber blieb. Deshalb wurden in einem ersten Schritt Kinder von der Produktion von Fußbällen buchstäblich ausgeschlossen. Die Kosten für die Umorganisation der Produktion und die Kontrollmechanismen wurden überwiegend den Herstellern in Pakistan aufgebürdet. Dadurch wurde Pakistan als Lieferland zu teuer und die meisten Marken bauten stattdessen China als Lieferland auf, wo zwar Kinderarbeit kein Thema ist, dafür aber Gewerkschaftsrechte, Gefangenenarbeit und andere Forderungen des Fairen Handels. Der nächste Schritt war die Einführung maschinengenähter Bälle. Leider ging das Nähen nur mit billigen PVC-Bällen, deren Hülle weich genug war. PVC (Polyvinylchlorid) ist ein giftiger Stoff. Beim Verbrennen kann Dioxin entstehen und mit seiner Verwendung wird auch die Umwelt der billigen Produktion geopfert. Der letzte Schritt ist die Produktion eines Top-Balles ohne Naht – keine Näher, keine Kinderarbeit – Problem gelöst!

(Quelle: Dritte Welt Laden, Erlangen e. V., Lutz Wettig, Ladenbriefe, März 2006)

Aufgaben

1 Wie hat die Industrie reagiert, als bekannt wurde, dass die Fußbälle durch Kinder in Pakistan genäht wurden?

2 Welche Möglichkeiten hast du als Verbraucher, wenn dir solche Arbeitsbedingungen bekannt werden?

3 Der letzte Satz des Textes besagt, dass durch die Produktion eines Balles ohne Naht das Problem der Näher und der Kinderarbeit gelöst sei. Stimmt das?

Verbraucherrechte in der Europäischen Union (EU)

Die fortschreitende Globalisierung macht auch in Europa nicht halt. Daher haben die Mitgliedsstaaten der Europäischen Union (EU) Grundsätze festgelegt, um die Verbraucher aller EU-Länder zu schützen. Im Folgenden werden Verbraucherschutzregeln aufgeführt, die innerhalb der EU gelten. Es handelt sich hier um Mindestschutzregeln, die alle EU-Länder ihren Verbrauchern gewähren müssen. Manche Länder haben nationale Verbraucherschutzvorschriften, die in einigen Fällen einen noch höheren Schutz bieten.

① Du darfst in allen EU-Ländern kaufen, was du willst und wo du willst, ohne dass zusätzliche Zölle oder Umsatzsteuern verlangt werden. Dies gilt sowohl bei Einkäufen vor Ort als auch für Einkäufe per Internet, Post oder Telefon.

② Haustürgeschäfte unterliegen ebenfalls einem besonderen Schutz. Wenn ein Vertreter an der Haustür klingelt und dich zum Kauf eines Produkts überredet, dann darfst du nach EU-Recht diesen Vertrag innerhalb von sieben Tagen kündigen. Ausgenommen sind Käufe mit einem Gesamtwert von 60 Euro oder weniger.

③ Innerhalb der EU sind Vertragsbedingungen, die gegen die guten Sitten verstoßen, unzulässig. Man spricht hierbei von unlauteren Vertragsbedingungen, die manchmal im Kleingedruckten eines Vertrages versteckt sind. Diese Vertragsbedingungen sind dann nicht wirksam, auch wenn du einen solchen Vertrag unterschrieben hast.

④ Nach dem EU-Recht kannst du Produkte, die nicht den Vereinbarungen des Kaufvertrags entsprechen, reparieren oder ersetzen lassen. Alternativ kannst du einen Preisnachlass oder die Rückerstattung des Kaufbetrags fordern. Dieses Recht hast du zwei Jahre lang.

⑤ Es bestehen hohe Sicherheitsstandards für europäische Produkte. Dies gilt sowohl für Konsumgüter wie Spielzeuge, Elektrogeräte usw. als auch für Lebensmittel. Die Regeln der EU können zwar keine hundertprozentige Sicherheit garantieren, doch zählen die Sicherheitsstandards der EU zu den strengsten weltweit. So müssen beispielsweise auf Lebensmitteln alle Angaben zu den Inhaltsstoffen zu lesen sein. Dies gilt auch für Farb- und Konservierungsstoffe sowie alle anderen Zusatzstoffe. Sollte das Lebensmittel gentechnisch veränderte Stoffe enthalten, so muss dies in der EU ebenfalls entsprechend gekennzeichnet werden.

⑥ Ebenfalls ein siebentägiges Kündigungsrecht gewährt die EU bei „Fernverkäufen". Dies sind schriftliche Bestellungen, die Käufer über das Internet oder bei einem Versandhandel tätigen.

⑦ Um Preisvergleiche leichter vornehmen zu können, schreibt die EU vor, dass Supermärkte den Kilo- bzw. Literpreis ausweisen müssen. Die Preise einer 750g-Packung und einer 600g-Packung eines bestimmten Produkts können somit leicht miteinander verglichen werden.

⑧ Die schönste Zeit des Jahres ist die Urlaubszeit. Damit dies auch so bleibt, gibt es genaue rechtliche Vorgaben der Reiseveranstalter. So müssen Reiseveranstalter dich entschädigen, wenn dein Urlaub nicht dem entspricht, was der Katalog ankündigt. Auch wenn ein Flugzeug überbucht wurde und du deshalb nicht mitfliegen darfst, muss der Reiseveranstalter eine Entschädigung zahlen.

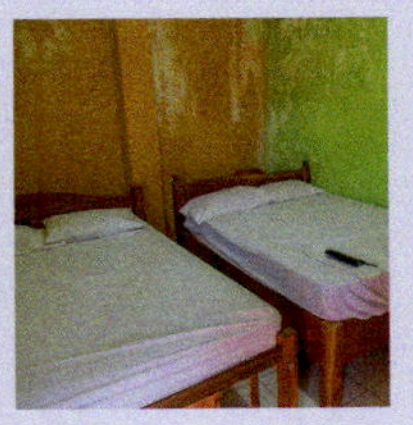

⑨ Irreführende oder betrügerische Werbung ist verboten. Laut EU-Recht müssen Verkäufer genaue Angaben über die Kosten eines Produkts, einschließlich der Liefer- und sonstigen Gebühren, machen.

⑩ Bei grenzüberschreitenden Streitigkeiten hilft das EU-weite Netzwerk der Verbraucherzentren (ECC-Net). Sie versuchen die Verbraucher bei ihrem Rechtsanspruch zu beraten und bei Streitigkeiten zu stärken. Die Adresse der Europäischen Verbraucherzentren findest du im Internet unter: www.ecc-net.info.

Aufgaben

Richtig oder falsch? Löse die Fallbeispiele mithilfe der Verbraucherschutzregeln der Europäischen Union.

1 Du verbringst mit deiner Familie den Sommerurlaub in Rimini. Als ihr euer gebuchtes Hotel erreicht, teilt der Reiseveranstalter euch mit, dass in dem von euch gebuchten 4-Sterne-Strandhotel kein Zimmer mehr frei ist. Ihr sollt deshalb in einem 3-Sterne-Hotel im Nachbarort untergebracht werden. Was könnt ihr tun?

2 Ein Vertreter klingelt an deiner Haustür. Der sympathische Mann verkauft dir ein Abo der Zeitschrift „Kochen leicht gemacht" für jährlich 49 Euro. Zwei Tage später ärgerst du dich über das Abo. Kannst du den Vertrag kündigen?

3 Peter kauft sich einen MP3-Player. Nach vier Wochen funktioniert der Lautstärkeregler nicht mehr. Was kann er tun?

4 Petra bestellt sich ein neues Handy. Das verkaufende Unternehmen verlangt eine Anzahlung von 50 Euro. Im Kleingedruckten liest Petra, dass die Anzahlung nicht zurückerstattet wird, wenn die Ware nicht mehr vorrätig ist. Es kommt, wie es kommen musste. Nach zwei Wochen erhält Petra einen Brief, in dem steht, dass das Handy nicht mehr lieferbar ist und dass die Anzahlung nicht zurückgezahlt wird. Was kann sie tun?

R Rückspiegel: Was habe ich gelernt?

Meine Stärken

- Übertragt den Selbsteinschätzungsbogen auf ein Blatt.
- Der Selbsteinschätzungsbogen kann um weitere Punkte ergänzt werden.
- Jeder Einzelne füllt diesen für seine Kompetenzmappe aus.

Selbsteinschätzungsbogen Zum Thema: Globalisierung	Name: Max Mustermann Klasse: 10 c			
	☺☺	☺	☹	☹☹
Ich kann Beispiele aus verschiedenen Bereichen der Globalisierung nennen.			X	
Ich kann die Chancen und Risiken der Globalisierung für Arbeitnehmer, Arbeitgeber und Wirtschaftsbürger wiedergeben und bewerten.				X
Ich kenne die Chancen und Risiken der Globalisierung für Entwicklungsländer.	X			
Ich kann mich in die Lage der Menschen in Entwicklungsländern hineinversetzen.		X		
Die Begründung, warum die Globalisierungstendenz in der heutigen Welt zunimmt, fällt mir leicht.				X
In einer Diskussion zu den Vor- und Nachteilen der Globalisierung bin ich in der Lage, Argumente zu formulieren und zu begründen.		X		
Ich bin in der Lage, meinen Mitschülern wirtschaftliche Themen mündlich und visuell (z. B. Plakat, PowerPoint) zu präsentieren.	X			
Es fällt mir leicht, Präsentationen weitestgehend frei vorzutragen.			X	
Ich kenne Verbraucherrechte der Europäischen Union.	X			
Ich habe gute Noten bekommen.		X		
Zähle zusammen:	3	3	2	2

249.1

② Thomas freut sich. Zum Geburtstag hat er den gewünschten MP4-Player der neuesten Generation bekommen. Stolz zeigt er seinen Freunden das neue Gerät, doch die Reaktionen sind unterschiedlich.

Peter: „Super! So einen tollen MP4-Player hätte ich auch gerne."

Silke: „Na toll, wieder so ein ausländisches Teil. In Deutschland machen sie die Werke zu und entlassen Mitarbeiter, aber ihr kauft weiter die Dinger und tragt dazu bei, dass immer mehr Arbeitsplätze in Billiglohnländer abwandern."

Thomas: „Oh, Mann! MP4-Player in dieser Form und zu diesem Preis würde es doch gar nicht geben, würden sie nicht in anderen Ländern produziert."

Silke: „Ach ja, und am Ende hat hier keiner mehr Arbeit, nur weil alle billig einkaufen wollen? Man sollte darauf achten, möglichst viele deutsche Produkte zu kaufen."

Peter: „Nun hör aber auf. Deutschland profitiert doch nun mal wirklich mit am stärksten vom internationalen Handel. Schon mal gehört: Deutschland ist nicht nur im Fußball top, sondern auch beim Export. Unser Wohlstand und viele unserer Arbeitsplätze existieren überhaupt nur, weil es internationalen Handel gibt."

③ **Fallbeispiele**

Jan kauft sich bei einem Versandhandel in Frankreich ein neues Handy. Als es eintrifft, sieht er, dass das Gehäuse beschädigt ist. Was kann er tun?

Lena kauft sich ebenfalls bei dem Versandhandel in Frankreich ein neues Handy. Ihr bestelltes Handy ist einwandfrei. Leider gefällt ihr die Optik des Handys nicht. Was kann sie tun?

Aufgaben

1 Was verbindest du, nicht nur aus dem wirtschaftlichen Bereich, mit dem Begriff „Globalisierung"?

2 Buchstabensalat: Die Buchstaben sind durcheinandergeraten. Schreibe die korrekten Begriffe in dein Heft und erkläre, was diese Begriffe mit „Globalisierung" zu tun haben.
a) Weelltndha b) Nielohnlanddrig
c) Gübotgeteran d) Kibeitarnder

3 Beschreibe und erkläre die Karikatur.
- Ich sehe ...
- Auf der Karikatur sind ... dargestellt.
- Die Karikatur will darauf aufmerksam machen, dass ...
- ...

4 a) Welche Vor- und Nachteile des internationalen Handels nennen Peter, Silke und Thomas im Gespräch?
b) Wie ist deine Meinung? Welche Vor- und Nachteile hat die Globalisierung für dich persönlich?

5 Löse die Fallbeispiele ③ mithilfe der Verbraucherschutzregeln der Europäischen Union auf Seite 246 und 247.

Abschwung
Eine Konjunkturphase (→ Konjunktur). Diese Phase wird auch Rezession genannt.

Aktie
Eine Aktie ist ein Anteilsschein an einer Aktiengesellschaft (AG).

Aktionär
Der Besitzer von Aktien wird Aktionär genannt. Er besitzt somit einen kleinen Teil einer Aktiengesellschaft (AG).

Angebot
Waren oder Dienstleistungen, die zum Verkauf oder Tausch bereitgestellt werden.

Angebotskurve
Die grafische Darstellung der verschiedenen Mengen einer Ware, die Anbieter bei unterschiedlichen Preisen der Ware auf dem Markt anbieten.

Annahmeverzug
Bei einem A. legt der Verkäufer das bestellte Gut dem Käufer vor, doch dieser weigert sich das Gut anzunehmen. Jetzt kann der Verkäufer entweder das Gut an jemand anderen verkaufen oder auf den Kauf bestehen. Sollte beides nicht funktionieren, muss der Käufer für eventuelle finanzielle Einbußen des Verkäufers aufkommen.

Arbeitseinkommen
Einkommen, das durch den Einsatz der eigenen Arbeitskraft erzielt wird. Man spricht hier von unselbstständiger Arbeit.

Arbeitslosenquote
Verhältnis der bei der Agentur für Arbeit registrierten Arbeitslosen und der angestellten (sozialversicherungspflichtigen) Arbeitnehmer.

Arbeitsteilung
Aufteilung von Tätigkeiten zwischen Personen oder Betrieben in einer Gesellschaft. Beispiel: Der Müller mahlt das Korn, und der Bäcker backt das Brot.

Arbeitsvertrag
Regelt die Arbeitsbeziehungen zwischen dem einzelnen Arbeitgeber mit dem jeweiligen Arbeitnehmer.

Assessment-Center
Vielfach verwendetes Verfahren der Personalauswahl, das verschiedene Methoden beinhaltet. Es soll die Stärken und Schwächen von Bewerbern erkennen lassen.

Aufschwung
Eine Konjunkturphase (→ Konjunktur). Diese Phase wird auch Expansion genannt.

Ausgaben
Verlust an Vermögen zur Befriedigung eines Bedürfnisses. Man kann zwischen festen und variablen Ausgaben unterscheiden.

Ausgaben, feste
Ausgaben, die sich regelmäßig (meist monatlich oder viertel- bis halbjährlich) wiederholen und von den Einnahmen abzuziehen sind. Feste Ausgaben sind bspw. die Miete, die Kosten des Handyvertrags oder aber auch Steuern und Versicherungen für ein Kfz.

Ausgaben, variable
Nach dem Abzug der festen Ausgaben von den Einnahmen bleibt ein bestimmter Betrag übrig. Diesen Betrag hat ein Haushalt nun für variable Ausgaben wie Lebensmittel, Kleidung, Urlaub, Sparen o. ä. übrig.

Bedürfnis
Gefühl eines Mangels mit dem Wunsch, diesen zu beseitigen. Man kann zwischen Grund-, Kultur- und Luxusbedürfnissen, sowie zwischen materiellen und immateriellen Bedürfnissen unterscheiden. Bedürfnisse regen zu Handlungen an, die den Mangel beseitigen sollen.

Bedürfnis, immaterielles
Bspw. der Wunsch nach Anerkennung, Liebe oder Wissen. Immaterielle Bedürfnisse beziehen sich auf den geistigen Bereich und können in der Regel nicht durch den Einsatz von Geld befriedigt werden.

Bedürfnis, materielles
Bezeichnung für den gefühlten Mangel an einem stofflichen Gegenstand (z. B. Glas Wasser). Er kann durch den Einsatz von Geld befriedigt werden.

Befragung
Mehreren Menschen werden die gleichen Fragen gestellt.

Beruf Aktuell
„Lexikon" der Berufe, das von der Bundesagentur für Arbeit bereitgestellt wird. Es enthält Beschreibungen über Tätigkeiten und Möglichkeiten der Fort- und Weiterbildung.

BerufeNet
Onlineportal zur Berufsorientierung der Agentur für Arbeit.

Berufe-Universum
Selbsterkundungsprogramm zur Unterstützung der Berufswahl der Agentur für Arbeit.

Berufsinformationszentrum (BIZ)
Teil der Agentur für Arbeit. Im BIZ kann sich jeder selbstständig oder geleitet über Ausbildungen, Studium, Berufe und Weiterbildungsmaßnahmen informieren.

Blauer Engel
Zeichen für besonders umweltschonende Produkte und Dienstleistungen.

Bodeneinkommen
Einkommen aus Miet- und Pachteinnahmen. B. zählt man zu der Einkommensquelle → Kapital.

Börse
Die Börse ist ein Marktplatz, an dem Aktien und andere Wertpapiere gekauft oder verkauft werden.

Brainstorming („Gehirnsturm")
Methode, um in einer Gruppe neue Ideen zur Lösung eines Problems zu entwickeln. Dabei ist die Fantasie besonders wichtig und alle Ideen sollten aufgegriffen werden. Damit kann ein Problem aus mehreren Blickwinkeln betrachtet werden.

Branche
Wirtschaftszweig – Unternehmen, die gleiche Produkte und Dienstleistungen herstellen oder vertreiben.

Bruttoinlandsprodukt (BIP)
Das Bruttoinlandsprodukt (Abkürzung: BIP) gibt den Gesamtwert aller Güter und Dienstleistungen an, die innerhalb eines Jahres in einem Land (z. B. Deutschland) hergestellt wurden und dem Endverbraucher dienen.

Budget
Das Budget beinhaltet alle absehbaren und eingeplanten Ein- und Ausgaben eines Haushalts.

Bundeskartellamt
Deutsche Behörde, die dem Schutz des Wettbewerbs dient.

Chart (einer Aktie)
Die grafische Darstellung des Kursverlaufes einer → Aktie (Liniendiagramm).

DAX
Deutscher Aktien Index. In diesem Index sind die 30 größten börsennotierten Unternehmen Deutschlands aufgelistet (gemessen an der Börsenkapitalisierung).

Deflation
Ist die Gütermenge im Vergleich zum Vorjahr größer als die Geldmenge, so nennt man dies Deflation. Dieses Ungleichgewicht hat zur Folge, dass die Preise fallen und die Kaufkraft steigt.

Depot (Aktiendepot)
In einem Depot werden gekaufte Aktien bei einer Bank aufbewahrt. Die Bank verbucht Käufe und Verkäufe auf einem Depotauszug. Für die Verwaltung eines Aktiendepots verlangen die Banken Depotgebühren.

Diagramm
Ist die zeichnerische Darstellung von Werten in einem Koordinatensystem.

Dienstleistung
Die Leistung eines anderen, die für mich nützlich ist. (z. B. Friseur, Fitnessstudio, Versicherung etc.).

Dividende
Gewinnanteil, der auf eine Aktie anfällt.

Emission
Bezeichnung für an die Umwelt abgegebene flüssige, gasförmige oder feste Stoffe, die Luft, Wasser oder Boden verunreinigen. Darüber hinaus zählt man dazu auch Geräusche, Erschütterungen sowie Licht, Wärme oder radioaktive Strahlen.

Einkaufsstätte
Hier kann man Bedürfnisse durch den Erwerb von Gütern befriedigen (z. B. Supermarkt, Frisör oder Onlineshop).

Einkommensquelle
Geldbeträge oder Sach- bzw. Dienstleistungen können aus unterschiedlichen Quellen bezogen werden. Diese Einkommensquellen sind selbstständige und unselbstständige Arbeit, Kapital und staatliche Transferleistungen.

Einnahmen
Alle Geldbeträge oder Leistungen, die einem Haushalt durch den Einsatz eines oder mehrerer Produktionsfaktoren und/oder durch staatliche Transferzahlungen zufließen.

Expansion
→ Aufschwung

extern
Betrifft nur das Außenstehende von etwas.

Fähigkeit
Geistige Ausstattung eines Menschen, die es ihm ermöglicht, Lösungswege bei Problemen zu finden. Fähigkeiten können

durch Übungen verbessert werden. Als Fähigkeit kann man bspw. das Durchsetzungsvermögen oder die Auffassungsgabe eines Menschen bezeichnen.

Gewinn
Differenz zwischen den Einnahmen und den Ausgaben.

Gewinneinkommen
Ein Teil der Gewinne eines Unternehmens fließt in den Haushalt des Unternehmers. Man spricht hier von selbstständiger Arbeit.

Girokonto
Einrichtung bei Banken zur Regelung des bargeldlosen Zahlungsverkehrs.

Gläubiger
Kreditgeber

Gleichgewichtspreis
Preis, bei dem Angebots- und Nachfragemenge auf dem Markt übereinstimmen.

Globalisierung
Der Vorgang zunehmender weltweiter Verflechtungen in allen Bereichen (Wirtschaft, Politik, Kultur, Sport, Kommunikation usw.). Das Wort „global" wird als „weltumspannend" übersetzt.

Grundbedürfnis
Lebensnotwendige Bedürfnisse wie Essen, Trinken und Schutz vor Kälte.

Grundgebühr
Eine Gebühr, die alleine dafür erhoben wird, dass es die Möglichkeit einer Nutzung gibt.

Handy-Branding
Das bedeutet in erster Linie, dass das Gehäuse eines Handys mit dem Logo des Vertraganbieters versehen ist. Es wird gewissermaßen „gebranntmarkt". Darüber hinaus ist auch die Standartsoftware des Handys meist durch Software des Anbieters überlagert. Somit soll der Kunde nicht nur an das Handy, sondern auch an den Anbieter gebunden werden.

Handy-Festvertrag
Eine vertragliche Bindung zwischen dem Käufer und dem Mobilfunkanbieter, die meistens 12 bis 24 Monate dauert. In dieser Zeit verpflichtet sich der Anbieter, dem Käufer vereinbarte kostenlose und kostenpflichtige Leistungen zur Verfügung zu stellen. Der Käufer verpflichtet sich meist dazu, wenigstens eine Grundgebühr oder einen Mindestumsatz in dieser Zeit zu zahlen, auch wenn er das Handy oder die Dienste des Anbieters nicht in Anspruch nimmt. Der Festvertrag kann sich automatisch verlängern, wenn zu einer festgelegten Frist keine Kündigung seitens des Käufers erfolgt.

Handy-Prepaidkarte
Guthabenkarte für ein Handy. Auf diese können Beträge eingezahlt werden. Sind diese Beträge aufgebraucht, ist das Telefonieren nicht mehr möglich. Es entstehen aber auch keine weiteren Kosten wie etwa durch eine Grundgebühr oder einen Mindestumsatz.

Haushaltsplan
Beinhaltet alle zu erwartenden Ein- und Ausgaben sowie Sparvorhaben eines Haushalts in einem bestimmten Zeitrahmen.

Hoch
Eine Konjunkturphase (→ Konjunktur). Diese Phase wird auch Boom genannt.

Inflation
Ist Geldmenge im Vergleich zum Vorjahr größer als die Gütermenge, so nennt man dies eine Inflation. Dieses Ungleichgewicht hat zur Folge, dass die Preise steigen und die Kaufkraft sinkt.

Inflationsrate
Maßstab für die Preissteigerung (→ Inflation) eines Landes ist die Inflationsrate. Dieser Prozentwert wird regelmäßig durch das Statistische Bundesamt ermittelt und veröffentlicht.

Innovation
Erfindung oder Veränderung. Umsetzung technischen Wissens in neue oder verbesserte Produkte und Produktionsverfahren.

Insolvenz
(umgangssprachlich: Konkurs): Zahlungsunfähigkeit eines Schuldners.

Interesse
Die Stärke der Aufmerksamkeit einer Person für eine Sache. Je größer die Aufmerksamkeit desto größer ist das Interesse.

intern
Bezieht sich auf den Ablauf und den Informationsaustausch innerhalb einer bestimmten Gruppe oder Organisation.

Internetrecherche
Suche im Internet nach Informationen zu einem bestimmten Thema.

Jahresteuerungsrate
→ Inflationsrate

Jugendarbeitsschutzgesetz
Deutsches Gesetz zum Schutz von arbeitenden Kindern und Jugendlichen, d. h. die das 18. Lebensjahr noch nicht vollendet haben.

Kapital
Produktionsmittel neben Arbeit und Boden. K. umfasst nicht nur Geld, sondern z. B. auch die Produktionsanlagen.

Kapitaleinkommen
Bezeichnung für das Einkommen aus Zinsen und Dividenden, die man aus angelegtem Vermögen erzielt, sowie aus Miet- und Pachteinnahmen.

Kartell
Zusammenschluss von Unternehmen (derselben Wirtschaftsstufe) mit dem Ziel, den Markt zu beeinflussen und den Wettbewerb damit zu beschränken. In der Bundesrepublik sind Kartelle durch das Kartellgesetz grundsätzlich verboten.

Käuferfalle
Werbungen, Rabattaktionen o. ä. können zu unbeabsichtigten Käufen führen. In diesem Fall spricht man von einer „Käuferfalle".

Kaufvertrag
Bei jedem Kauf wird zwischen Käufer und Verkäufer ein Kaufvertrag abgeschlossen. Dieser muss nicht unbedingt schriftlich sein, sondern kann auch mündlich abgeschlossen werden. Beide Seiten verpflichten sich dabei, ihre Aufgaben zu erfüllen. Der Verkäufer bietet das gewünschte Gut zum vereinbarten Zeitpunkt an und der Käufer bezahlt es zum vereinbarten Preis.

Konjunktur
Das ständige Auf und Ab in der Wirtschaft nennt man Konjunktur. Die Konjunktur eines Landes wird durch die Wachstumsrate des Bruttoinlandsprodukts gemessen. Der Konjunkturverlauf besteht aus vier Phasen: Aufschwung (Expansion), Hoch (Boom), Abschwung (Rezession) und Tief (Depression).

Konsumgüter
Güter, die von Endverbrauchern (Konsumenten) konsumiert bzw. verwendet werden.

Kredit
Überlassung von Geld, üblicherweise gegen Zahlung von Zinsen.

Kurs-Gewinn-Verhältnis (KGV)
In dieser Zahl wird das Verhältnis des gegenwärtigen Aktienkurses zum Jahresgewinn eines Unternehmens ins Verhältnis gesetzt. Je niedriger diese Zahl ausfällt, desto besser.

Leistungsbilanz
Differenz zwischen den Einnahmen aus den Exporten und den Ausgaben für die Importe einer Volkswirtschaft. Ein außenwirtschaftliches Gleichgewicht (= ausgeglichene Leistungsbilanz) wird im Stabilitätsgesetz als Ziel genannt.

Lieferverzug
Kann ein Verkäufer ein Gut zu einem festgelegten Termin nicht anbieten, kommt er in Lieferverzug. Ausgenommen, es handelt sich um höhere Gewalt (Naturkatastrophe), hat der Käufer nun sowohl Rechte als auch Pflichten. Er muss dem Verkäufer die Möglichkeit einer Nachreichfrist einräumen, kann aber bei weiteren Verzögerungen Mahnungen ausstellen oder vom Kaufvertrag zurücktreten. Der Verkäufer muss dann evtl. Verluste selbst tragen.

Magisches Dreieck der Geldanlage
Das Spannungsverhältnis von Sicherheit, Ertrag und Verfügbarkeit bei einer Geldanlage.

Magisches Viereck
Die vier Ziele des Stabilitätsgesetzes (Stabilität des Preisniveaus, hoher Beschäftigungsstand, außenwirtschaftliches Gleichgewicht und angemessenes Wirtschaftswachstum).

Mailbox
Anrufbeantworter, der vom Mobilfunkunternehmen für seinen Kunden meist kostenpflichtig bereitgestellt wird.

Marktwirtschaft, freie
Wirtschaftsordnung, in der sich der Markt nur über den Ausgleich von Angebot und Nachfrage regelt. Staatliche Eingriffe in die Wirtschaft erfolgen hierbei nicht.

Marktwirtschaft, soziale
Die soziale Marktwirtschaft ist eine Wirtschaftsordnung. Sie verbindet wirtschaftliche Freiheit (→ freie Marktwirtschaft) und sozialen Ausgleich.

M-Dax
Index der sogenannten Midcap-Unternehmen. In diesem Index sind die mittelgroßen deutschen börsennotierten Unternehmen aufgelistet. Es sind Aktienunternehmen der „zweiten Reihe", die aufgrund ihrer geringeren Börsenkapitalisierung nicht im DAX enthalten sind.

Mindestumsatz
Ein Unternehmen verlangt von einem Kunden innerhalb eines bestimmten Zeitraums den Umsatz eines bestimmten Betrages. Es kommt dabei nicht darauf an, ob dieser Umsatz tatsächlich erreicht wird. Der Mindestumsatz ist ähnlich wie die Grundgebühr jedoch nicht mit ihr identisch.

Niedriglohn
Niedriglohn ist definiert als das Arbeitsentgelt eines Vollzeitbeschäftigten, welches sich knapp oberhalb oder unter der Armutsgrenze befindet.

Ökonomisches Prinzip
Menschen müssen Aufgrund der Knappheit ihrer Ressourcen wirtschaften. Das Ziel dieses Wirtschaftens kann entweder die Gewinnmaximierung (ein Ziel mit möglichst wenig Einsatz erreichen) oder die Nutzenmaximierung (mit gegebenen Mitteln den größten Nutzen erzielen) sein.

Onlineshopping
Einkauf von Gütern im Internet.

Order
Eine Order ist ein Auftrag zum Kauf oder Verkauf von Aktien. Hierfür verlangt eine Bank Ordergebühren.

Partnerbriefing
Zwei oder mehr Texte müssen innerhalb einer Gruppe gelesen werden. Der Inhalt von Text 1 wird nun denjenigen in der Gruppe vermittelt, die die Texte 2 oder 3 gelesen haben, und umgekehrt. Aus den zusammengetragenen Informationen wird gemeinsam eine Präsentation für andere Gruppen entwickelt.

Preis
Gegenwert für Güter oder Dienstleistungen.

Preisniveaustabilität
Das im Stabilitätsgesetz formulierte Ziel der Preisniveaustabilität gilt in Deutschland als erreicht, wenn die Preise zum Vorjahr nicht mehr als zwei Prozent steigen.

Preisstabilität
Wenn von Jahr zu Jahr das Verhältnis von Gütermenge und die Geldmenge gleich bleibt, so verändern sich die Preise nicht und es besteht eine Preisstabilität.

Produktionsgut
Güter, die von Unternehmern benötigt werden, um ihren Betrieb aufrecht zu erhalten.

Reflexion
Kritisches Überprüfen und Hinterfragen mit dem Zweck einer Verbesserung für das nächste Mal.

Rezession
➔ Abschwung

Rohstoffe
Alle Materialien, die als wesentliche Bestandteile in das Endprodukt eingehen.

Rollenspiel
Reale Lebenssituationen werden von einer Gruppe nachgespielt. Die einzelnen Gruppenmitglieder übernehmen dabei eine bestimmte Rolle.

Sachmangel
Entdeckt ein Konsument an einem Produkt Mängel, die nicht im Verkaufsprozess angesprochen wurden, spricht man von einem Sachmangel. Er kann auf die Beseitigung dieser Mängel bestehen.

Saldo
Der Betrag auf einem Konto, der sich nach der Verrechnung der Sollseite mit der Habenseite ergibt. Die Sollseite beinhaltet die Ausgaben, die Habenseite die Einnahmen. Je nachdem, welche Seite den höheren Betrag aufweist, entsteht ein positiver oder ein negativer ➔ Saldo. Bei einem Kontoauszug wird dies durch das Vorzeichen (+/–) des Kontostands angezeigt.

Schlüsselqualifikationen
Ermöglichen es, das Wissen von etwas einzusetzen und das Wissen über etwas zu erweitern. Sie sind die „Schlüssel" zur Bewältigung von Aufgaben und beim Finden von Lösungen. Dadurch entstehen Kompetenzen. Diese werden oft in Sozial-, Methoden- und Handlungskompetenz unterteilt. Ein Beispiel: Um zu wissen, was Schlüsselqualifikation bedeutet, schaut man in das Glossar. Das Wissen darüber, das und wie man dies tun kann, ist eine Schlüsselqualifikation.

Schuldner
Kreditnehmer

Sozialeinkommen
Einkommen für private Haushalte aus staatlichen Transferzahlungen, die ohne Gegenleistungen oder aufgrund vorher bezahlter Beiträge erfolgen. Beispiel: Kindergeld, Wohngeld, Rente oder Arbeitslosengeld.

Stabilitätsgesetz
Gesetz, nach dem die wirtschaftspolitischen Maßnahmen des Staates dazu führen sollen, dass möglichst gleichzeitig die

Stabilität des Preisniveaus, ein hoher Beschäftigungsstand, ein außenwirtschaftliches Gleichgewicht und ein angemessenem Wirtschaftswachstum erreicht werden.

Startguthaben
Guthaben, das bei dem Erwerb eines Produkts mit laufenden Kosten (bspw. ein Handy) dem Konsumenten gutgeschrieben wird. Somit fallen für ihn zu Beginn des Kaufs weniger Kosten an, als eigentlich angegeben.

Steuern
Allgemeine Zwangsabgaben, die erhoben werden, damit der Staat in der Lage ist, die Vielzahl der öffentlichen Aufgaben erfüllen zu können.

Stop-buy
Der Kaufauftrag für eine Aktie erfolgt nur bis zu einem bestimmten Aktienkurs. Wird dieser Kurs überschritten, so wird die Order nicht ausgelöst und die Aktie somit nicht gekauft. Der Käufer von Aktien sichert sich gegen zu hohe Kaufkurse ab.

Stop-loss
Verkaufsauftrag, der automatisch an die Börse gegeben wird, wenn ein bestimmter Aktienkurs erreicht bzw. unterschritten wird. Der Verkäufer von Aktien sichert sich gegen zu geringe Verkaufskurse ab.

Streik
Arbeitsniederlegung nach einer Urabstimmung, bei der mehr als 75 Prozent der Gewerkschaftsmitglieder für diesen Streik sind.

Tarifvertrag
Regelt die arbeitsrechtlichen Rahmenbedingungen zwischen den jeweiligen Arbeitgeberverbänden und den Beschäftigten einer Branche.

Taschengeldparagraf
Der sog. „Taschengeldparagraf" § 110 BGB besagt, dass die Überlassung von Taschengeld oder Geldgeschenken an Minderjährige gleichzusetzen ist mit dem Einverständnis für ein Kaufgeschäft. Der Minderjährige braucht somit nicht mehr die Erlaubnis seiner Eltern einzuholen, sondern kann selbstständig Geschäfte tätigen. Dies gilt aber nur dann, wenn die gesamte Summe für ein Gut gleich gezahlt worden ist. Ratenzahlungen o. ä. benötigen die Zustimmung der gesetzlichen Vertreter.

Tec-Dax
In diesem Index sind die deutschen börsennotierten Technologieunternehmen aufgelistet.

Tief
Eine Konjunkturphase (→ Konjunktur). Diese Phase wird auch Depression genannt.

Verbraucher
Jemand, der Produkte oder Dienstleistungen zur Bedürfnisbefriedigung erwirbt.

Verbraucherschutz
Bemühung, das Ungleichgewicht zwischen Verbraucher und Unternehmen hinsichtlich der Bewertung der Qualität und des Nutzens eines Gutes zu minimieren. Unternehmen haben mehr Informationen über die Güter als der einzelne Verbraucher. Der Verbraucherschutz hilft dem Verbraucher bei der Informationsbeschaffung und bei der Beurteilung einzelner Güter.

Vollbeschäftigung
Das im Stabilitätsgesetz formulierte Ziel der Vollbeschäftigung gilt in Deutschland bei einer Arbeitslosenquote von weniger als drei Prozent als erreicht.

Wirtschaftsordnung
Die Wirtschaftsordnung legt die Spielregeln fest, nach denen die Akteure eines Landes im Wirtschaftsgeschehen handeln können und sollen.

Wirtschaftswachstum
Das Wachstum eines Landes wird durch das Bruttoinlandsprodukt (BIP) gemessen. Das Stabilitätsgesetz formuliert als Ziel ein angemessenes Wirtschaftswachstum. Dieses Ziel gilt in Deutschland als erreicht, wenn Wachstumsraten größer als 2 bis 3 Prozent sind.

Zahlungsverzug
Ist ein Kunde nicht in der Lage, zu einem bestimmten Zeitpunkt eine Rechnung zu begleichen, so kommt er in Zahlungsverzug. Erfüllt er weiterhin nicht seine Schuldnerpflicht, kann der Gläubiger eine Mahnung ausstellen lassen, die die Kosten weiter erhöht.

|adpic Bildagentur, Köln: 89.1, 196.1, 197.2, 197.3, 198.1, 198.2, 200.2, 201.1; W. Bulgar 199 li. o. |akg-images GmbH, Berlin: 164 mi. |alamy images, Abingdon/Oxfordshire: du Feu, Geoff 180.2; Picture Partners 135.4. |American Express International, Inc., Frankfurt am Main: 173.2. |Ayse Erkmen: Bärbel Högner 45. |Baaske Cartoons, Müllheim: Gerhard Mester 157.1. |Baldus, Frank, Wuppertal: 222.1. |BASF, Mannheim: 195.3. |Bayrhuber, Prof. Dr. Horst, Gettorf: 25.1. |Behrens, H., Lehrte - Arpke: 45. |Beiersdorf AG, Hamburg: 241.1. |Bensch, Peter, Tübingen: 141.1. |Berghahn, Matthias, Bielefeld: 124. |Bergmoser + Höller Verlag AG, Aachen: 144.1, 147.2, 151.2, 236.3. |Bildarchiv Werner Bachmeier, Ebersberg: 112.2. |BilderBox Bildagentur GmbH, Breitbrunn/Hörsching: Erwin Wodicka 27.1. |Blickwinkel, Witten: McPhoto 8.3. |Blinde Kuh e.V. / www.blinde-kuh.de, Hamburg: 53 re. mi. |Brandt: 93.6. |Bundesagentur für Arbeit, Nürnberg: 120.2, 120.3. |Bundesarbeitgeberverband Chemie e.V., Wiesbaden: 140. |Bundesverband der Deutschen Volksbanken und Raiffeisenbanken e.V., Berlin: 167.2. |Canon Deutschland GmbH, Krefeld: Canon 163.2. |Caro Fotoagentur, Berlin: Gabriele Krass 160.3. |coverspot agentur für fotografie, Köln: Bernd Lauter 192.1. |Dägling, Andreas, Wardenburg: 43.1. |ddp images GmbH, Hamburg: Schlüter, Jens 120.1. |Deiseroth, Dieter, Niederaula: 34.1, 236.2. |Deutsche Post AG, Bonn: 197.1. |Dlouhy, Markus, München: 243. |Druwe & Polastri, Cremlingen/Weddel: 135.2 („Linda"), 170.2, 172.1. |eBay Deutschland, Kleinmachnow: 70 re. mi. |Eckel, Jochen, Berlin: 108.1. |Eisenbahn- und Verkehrsgewerkschaft (EVG), Berlin: 140. |Erbar, Ralph, Mainz: 32.2. |Evonik Industries AG, Konzernarchiv, Hanau/Marl: 164.1. |Eyferth, Konrad, Berlin: 124. |Fabian, Michael, Hannover: 30.1, 42, 92.1, 92.2, 93.1, 93.2, 93.3, 93.4, 93.5, 148.1, 162.2, 203 li mi., 209.1. |Feldhaus, Hans-Jürgen, Münster: 6.3, 7.1, 10, 10.1, 10.2, 10.4, 10.5, 12, 12.1, 12.2, 12.3, 13, 14, 15.1, 16, 17, 18, 24.1, 31.1, 35.1, 35.2, 35.3, 35.4, 35.5, 35.6, 35.7, 35.8, 36.1, 39.1, 40, 44, 44, 44, 52, 54, 55, 55, 56, 56, 58, 59.1, 59.2, 59.3, 59.4, 64, 64, 66, 72.1, 72.2, 78, 78, 78, 78, 78, 86, 98.1, 98.2, 98.3, 98.4, 98.5, 98.6, 110, 114.1, 116 o, 117.1, 118.1, 119.1, 122.1, 123.1, 128, 158, 168.1, 182.1, 188, 194.3, 204.3, 204 re. o., 206, 207, 207, 207, 208, 210.1, 217, 218 r. o., 219 l. m., 219 r. u., 220 l. o., 221 re. o., 232, 236.1, 248. |Ford-Werke GmbH, Köln: 89.2. |fotolia.com, New York: 38.1, 121.2, 247 mi. li.; Alta.C 149.1; Andrea Seemann – 95.2; anweber 83 li. o.; Berkmann, Daniel 173 u.; bertys30 - 88; bluedesign 160; bluedesign - 160;Boccius, Uwe 180.3; Brigitte Bohnhorst 150 li.; Carina Hansen 12.1; contrastwerkstatt 112 re. mi., 230 re. mi.; contrastwerkstatt - 88; Dan Race – 95.1; detailblick – 170.1; Dietl, Jeanette 137 re. mi.; Dimitri Peker - 62; dispicture 96; Doris Heinrichs – 156.1; fefufoto 163; Feng Yu 238 li. o.; Franz Pfluegl 130; Franz Pfluegl / 130; János Gehring 9.2; klickerminth 138 li. u.; Kzenon – 62.2; Peter Maszlen 150 re.; philippe Devanne 161.2; pressmaster 226 li. o.; RRF 202.2; runzelkorn 225.1; StefanieB. 147 li. o.; Stephen Coburn - 63; Tatjana Balzer 199 li. u.; Tennert, Manuel 176.6; tm-photo 135.1; © Ionel Handorean 18.2. |Getty Images - Lonely Planet Images, München: Andre Maslennikov/Still Pictures 234.2. |Glow & Tingle Unternehmensberatung GmbH, Nürnberg: 100.3. |Griese, Dietmar, Laatzen: 26.3, 246.5, 247, 247.2. |Gust, Dietmar, Berlin: 235.2 („China, Mercedes-Werbung"). |H. Hugendubel GmbH & Co. KG, München: 8. |Haitzinger, Horst, München: 159.1, 233.1; Horst Haitzinger 139.3. |Haus der Geschichte der Bundesrepublik Deutschland, Bonn: Leger, Peter (Künstler) 139.3. |Henkel, Christine, Dahmen: 91.4. |Herrmann, Jo, Bad Waldsee: 237. |HHLA - Hamburger Hafen und Logistik AG, Hamburg: 234. |Hild, Claudia, Angelburg: 26.4, 138.2, 169.1, 171. |Hoffmann, Klaus, Hannover: 33.1. |IG Bergbau, Chemie, Energie, Hannover: 140 mi. |IG Metall, Frankfurt/M.: 140 mi. |Image & Design - Agentur für Kommunikation, Braunschweig: 26.2, 85.1, 127.1; Bettina Kumpe 77.1. |imagebroker.net, Grünwald: Alker, J.W. 91.2 (Stewardess). |Imago, Berlin: Bernd Friedel 95.4. |Industriegewerkschaft Bauen-Agrar-Umwelt (IG BAU), Frankfurt/M.: 140. |ING DiBa AG, Frankfurt: 172.3. |InGestalt, Leipzig: 135.3. |iStockphoto.com, Calgary: 176.1; aabejon 92.3; ChrisGeorgio 81.1; Christopher Futcher 61; DeannaBean 176.5, 179, 181; Dwight Smith 151.5; Elenathewise 176.4, 179; ianmcdonnell 181.1; Kangah 176.2, 179; narvikk 246.4; peepo 177.1, 180; Pietryszek, Tomasz 83 mi. o.; pink_cotton_candy 176.1, 179, 180; pkline 176.3; sjlocke - 112, 112; wojciech_gajda 181.3; YinYang 181.2. |iwd-Informationsdienst des Instituts der deutschen Wirtschaft Köln, Köln: © 2009, Deutscher Instituts-Verlag GmbH · iwd 11 215.1. |Jöckel, Stefan, Neumünster: 165.2. |JOKER: Fotojournalismus, Bonn: Erich Haefele 9.1; Marcus Gloger/ 234.3. |Keystone Pressedienst, Hamburg: Jan Leidicke 50.1; Schulz, Volkmar 195.4. |KfW Bankengruppe, Frankfurt am Main: 167.3. |Klüppel, Ulrike, Gechingen: 16 mi., 17 u., 121.1. |Kramer, Matthias, Eurasburg: 164.2. |Kurt Fuchs - Presse Foto Design, Erlangen: 143.3. |Kuttig, Siegfried, Lüneburg: 45. |laif, Köln: 33, 109, 186, 186.1; Regina Bermes/ 46.1; Wolf 241.2. |Langner & Partner Werbeagentur GmbH, Hemmingen: 206.1, 239.2. |Lüddecke, Liselotte, Hannover: 91 re. mi. |Luftbild Hans Blossey, Hamm: 83.2. |mauritius images GmbH, Mittenwald: 45.2 („Richard"); age 163.1 (Geld); age fotostock 42 (Mädchen beim Shoppen); imagebroker/Michael Weber 7 (zwei Mädchen in Schule); Pokorski 151 („Fahrradunfall"). |Mediengruppe RTL Deutschland GmbH, Köln: 237.1. |Merck KGaA, Darmstadt: 104.1. |Mester, Gerhard, Wiesbaden: Gerhard Mester 139.1. |Microsoft Deutschland GmbH, München: 20, 20, 21, 21, 21, 22, 22, 22, 48, 48 1, 49, 49, 49, 49, 49, 49, 49, 49. |Minkus Images Fotodesignagentur, Isernhagen: 47.1 (Handy), 79.1. |OKAPIA KG - Michael Grzimek & Co., Frankfurt/M.: Pölking, Fritz 164.1 (Fell). |PantherMedia GmbH (panthermedia.net), München: / Monkeybusiness Images 155.1. |Pflüger, Eckart, Bennigsen/Springe: 69.1. |photothek.net GbR, Radevormwald: Ute Grabowsky 100.1. |Picture Press Bild- und Textagentur GmbH, Hamburg: Ultal 244.2 (Kinderarbeit). |Picture-Alliance GmbH, Frankfurt/M.: Titel, 7.1, 27.3, 68.1, 68.2 (Hintergrund), 69.1 (Einkaufstüten), 88.1 (Hintergrund), 151.3, 154.2, 166.1, 184.1, 190.2, 200.1 (Makler), 203.2 (Baustelle), 208.2, 212.1, 221.2, 227.1, 245; / Arco Images GmbH 202, 202 Hintergrund; / Eibner-Pressefoto 79.2; / KPA/Hochheime 7.3; dieKLEINERT/Schiebel, Andreas 246.3; dpa 130.3 (Rentner); dpa - Report 70.2 (Tankpreise); dpa / Deck, Uli 8.2; dpa /S. Pilick 202.2; dpa-Bildarchiv 145.1; dpa-infografik 51.1, 80.1, 84.1; dpa-Infografik 122.1; dpa-infografik 129.1, 129.3, 142, 146.1, 199.1, 213.1, 214.4, 216.1, 220.2, 229.1; dpa-Infografik 239.1; dpa-infografik 243.2; dpa/Domenico, Gino 190.1; dpa/EPA 237.2; dpa/F. Rumpenhorst 151.1; dpa/Frank May 246.1; dpa/Frank Rumpenhorst 190.2 (Menschenmenge, Börse); dpa/Grubitzsch, Waltraud 157.2; dpa/J. Lübke 88.2; dpa/Jochen Lübke 91.1; dpa/Kemal Hür 132.3; dpa/Koch 164.4; dpa/Mächler, Frank 247.9; dpa/Martin Schutt 107.1; dpa/Roland Weihrauch 94 re. ob., 113.1; dpa/S. Kiefer 113.2; dpa/Schindler 143.4; F.Kleefeldt 42.2 (Jungen mit Handys); Frey, Thomas 100 re. o.; Globus Infografik 148.2; Grimm, Peer/ZB 167.1; HB-Verlag/R. Lueger 79.3; ITAR-TASS/T.A.Kuryanov 157.4; Jens Kalaene 246.6; K. Rose 230.1; KPA/ Theissen 73.1; monster.de/dpa-Report 126.1; PA Green 100; Rolf Haid 70 (Marktstand); S. Simon 163.3; Schierenbeck 131.1; Tagesspiegel/Kitty Kleist-Heinrich 27.2; ZB 38.3, 138.3 (Azubi); ZB / M. Schutt 38.2; ZB/ O. Killing 95.3 (Frisör); ZB/J. Büttner 247.10; ZB/J. Wolf 57.1; ZB/Link, Hubert 43.2 (Handykarussel); ZB/M. Gröning 246.2; ZB/Patrick Pleul 161.2; ZB/Peter Endig 70.5; ZB/Waltraud Grubitzsch 157.2; © picture-alliance/dpa 143.1, 157.2. |Picturefile David Graham, BRIGHTON, East Sussex: 68.3 (Einkaufsstraße). |pixelio media GmbH, München: 211.2, 215.2. |Plaßmann, Thomas, Essen: 249.1. |REUTERS, Berlin: Cortes, Claro 244.1. |Ruthe, Oda, Braunschweig: 124. |Satzpunkt, Ursula Ewert, Braunschweig: 122.2. |Schlottmann, Guenther, Paderborn: 119.1. |Schöpper, Rudolf, Münster: Universitäts- und Landesbibliothek Münster, N. Schöpper K 12,057 154.1. |Schröfel, Karin, Belm: 32.3, 162.1. |Schulz, Andrea, Hannover: 68.2. |Siering, Dirk, Rheinzabern: 102, 109.1. |Simper, Manfred, Wennigsen: 163.1. |SPIEGEL-Verlag Rudolf Augstein GmbH & Co. KG, Hamburg: 155.2. |stock.adobe.com, Dublin: Titel, Titel, Titel; Kneschke, Robert 236 li. o.; Schmitt, Henry 72 re. o.; Schwier, Christian 199 li. mi., 240 li. o.; tashka2000 174 mi.; © Petrus Bodenstaff 190 re. mi. |Storm, Stuttgart: 242.1, 242.2. |Superbild - Your Photo Today, Ottobrunn: / Rainer_Binder 25.2 (Zuse). |TopicMedia Service, Mehring-Öd: Scholz 152.1 (Familie). |TransFair e.V., Köln: 235.1. |transit - Fotografie und -Archiv, Leipzig: Thomas Härtrich 130.2. |ullstein bild, Berlin: 100.5 (Strauss); Bonn-Sequenz 132.1; Kaiser/CARO 25.3 (Näherin). |Umweltbundesamt, Dessau-Roßlau: 224.1. |Van de Biezen, Bram, LE Nunspeet: / Picture on line 70 (Flohmarkt). |vario images, Bonn: 131.2, 160.3; bonn-sequenz 70 (Börse); First Light 194.2; Kalk, Cornelius 63.1. |ver.di - Vereinte Dienstleistungsgewerkschaft, Berlin: 140 re. |Verbraucherzentrale Rheinland-Pfalz e.V., Mainz: 29. |Visum Foto GmbH, München: Sven Doering 143.2; © Thomas Pflaum/VISUM 191.1. |Werbefotografie Weiss GmbH, Gersthofen: 194.1. |Werbefotografie Weiß GmbH, Gersthofen: 172.1. |wolterfoto.de, Bonn: Joern Wolter / 174.1. |www.ing-diba.de: 191.1. |Zentralverband Deutsches Kraftfahrzeuggewerbe e. V., Bonn: 137.2; © Dietmar Gust 137.1. |© Europäische Zentralbank (EZB), Frankfurt/M.: 163 mi. o., 163 mi. o., 165.1, 165 re. u.

Wir arbeiten sehr sorgfältig daran, für alle verwendeten Abbildungen die Rechteinhaberinnen und Rechteinhaber zu ermitteln. Sollte uns dies im Einzelfall nicht vollständig gelungen sein, werden berechtigte Ansprüche selbstverständlich im Rahmen der üblichen Vereinbarungen abgegolten.